各界好評推薦

一本極發人深省的著作，將一舉改變關於資本主義起源、西方崛起與東方沒落的辯論走向。

——《泰晤士報高等教育增刊》（*Times Higher Education Supplement*）

這本書非常重要，任何認為解釋工業革命對我們理解現代世界至關重要的人，都必須認真看待。……本書豐富到幾乎每一頁都有新的見解。

——《美國歷史評論》（*American Historical Review*）

令人信服且有縝密研究為依據的著作。

——《自然》雜誌（*Nature*）

本書最重要、最具影響力且絕無僅有的貢獻，就在於讓我們對導致西方與中國出現大分流的原因和機制，有了全新的認識。……是一次完全嶄新與新鮮的創舉。儘管彭慕蘭是在對歐洲、中國、日本、印度、東南亞等地區進行比較，但他還透過大膽且新穎的嘗試將這些比較彼此連結，足以讓幾乎所有先前的相關作品都顯得過時。

——《亞洲研究期刊》（*Journal of Asian Studies*）

透徹的研究與出色的論證……《大分流》無疑是近年來出版過最細緻、最重要的計量經濟史研究之一，尤其是在世界史領域。

——**《世界史學報》**（*Journal of World History*）

現代社會一個引人注目的特徵，便是收入與生活水平在國際間出現了巨大的差距：一邊是西歐與其分支，另一邊則是廣大的亞洲、非洲、拉丁美洲。彭慕蘭的著作是對既有研究文獻的重要補充，挑戰了每一種關乎歐洲崛起的主要解釋。

——**美國圖書館學會《選擇》月刊**（*Choice*）

彭慕蘭利用歐洲發明的經濟學來推翻歐洲中心論，替我們的世界樹立了一個毋庸置疑的新事實：歐洲人再也無法想像只有他們獨自站在經濟增長的門口，因為彭慕蘭和他的後漢學（new sinology）同事們已讓人重新認識了「中央之國」及其令人讚嘆的史料，並寫下一本不可或缺的書。

——**麥克洛斯基**（**Deirdre McCloskey**），伊利諾大學芝加哥分校經濟系教授，
《經濟寫作》作者

彭慕蘭結合了制度因素與技術和地理上的好運，解釋了這場經濟與生態上的「平局」如何突然演變成西歐對中國的勝利。他結合了對全球的想像力與所需的科學細節，從而使其論點更加堅實。《大分流》值得被廣泛尊重。

——**彼得・林德特**（**Peter H. Lindert**），加州大學戴維斯分校經濟系教授，
《國際經濟學》作者

一本奠基在社會科學與歷史學領域之龐大知識、大量閱讀、以及密切與仔細分析的權威之作。

——**喬爾・莫基爾**（**Joel Mokyr**），西北大學經濟系教授，《富裕的槓桿》作者

這是一本傑出的書，在豐富且紮實的證據與優雅論證的支持下，對傳統概念發起了認真仔細且極具毀滅性地進攻。

——**金世傑**（**Jack A. Goldstone**），喬治梅森大學公共政策學院教授，《為什麼是歐洲：世界史視角下的西方崛起》作者

Kenneth Pomeranz

彭慕蘭——著

黃中憲——譯

現代世界經濟的形成，中國與歐洲為何走上不同道路？

大分流

THE GREAT DIVERGENCE

China, Europe, and the Making of the Modern World Economy

導讀
漫談《大分流》

中央研究院歷史語言研究所研究員　陳國棟

站在當下，回顧晚近數百年的歷史，儘管可以有不同詮釋，但是還是可以有一些能共同接受的認知，例如：東方與西方各自發展，十六世紀以後雙方才展開相互間的密集接觸。先是款步而行，繼而加速前進。到了上個世紀後半，由於貨櫃運輸、網際網路、跨境旅遊……等等活動的發達，不同社會彼此分享的共同點越來越多，差異性越來越少。這種歷史進程有人以一個簡單的名詞來概括：全球化（globalization）。

往細的方面去看，在這五百年的前面階段，東、西方還是以各自發展為主，而東方（以中國為代表）在經濟表現上領先西方（以西歐為代表）。轉捩點差不多就發生在十八世紀末、十九世紀初。從那個時代以後，西方的工業化、資本主義、帝國主義、科學文化……勃然而興、沛然莫之能禦，如火荼毒地左右了世界。

無數的學者想要為十八世紀末啟動的「大分流」找尋一套合理的解釋。有的檢查全面性的要素，有的則指出當中的哪一、兩項才是關鍵性的作用者。彭慕蘭的《大分流：現代世界經濟的形成，中國與歐洲為何走上不同道路？》一書也想為這樣的疑問找答案，並且在方法上採用一種不尋常的比較方式，不單單只做抽離性的比較，而且也考慮被拿出來比較的指標在各自體系中的狀態；不只以被拿來比較的單方面為基準作比較，而是做出雙方都被當作比較基礎的相互式比較。作者彭慕蘭把這種方法稱為「交互式比較」（reciprocal comparison），自覺到透過這樣的處理，能做到更具兼容性、避免掉掛一漏萬的論述。

「分流」這一用詞是說本來走同一條路，現在分開來各走各的路。這種提法，牽扯到世界上不同經濟體（國家或區域）的經濟演變進程與特定時間點上的處境。我們配合書中的內容，用簡單的經濟學的語言來加以概略描述如下：

經濟演變進程如果長期發生進步的現象，我們就稱之為經濟成長。關於經濟成長，經濟學家通常區分出傳統成長與現代成長兩種模式。也有一些研究者，如同彭慕蘭所屬的加州學派那樣，還加上第三種，稱作「亞當・斯密式」的經濟成長。

簡單地說，「斯密式成長」的重點是分工創造經濟成長；至於現代成長（modern growth）的重點則是新科技、新制度創造經濟成長。在許多討論中，也不乏稱之為「熊彼得式成長」或「顧志耐式成長」者，分別得名於經濟學家熊彼得（Joseph Aloïs Schumpeter, 1883-1950）和顧志耐（Simon Kuznets, 1901-1985）。傳統經濟成長不是沒有朝科技創新、區域分工、工序分工、技術創新、制度改革……等方向走，但是這些情況的發生零零落落、斷斷續續。傳統成長曾經存在於西方，也曾存在於中國。歐美研究者一般也深信一直到十八世紀為止，中國沒有落後於西歐，甚至於還一度領先。但是現代科學帶來日新月異的密集發明與創新之後，現代經濟成長就出現了。顧志耐把現代經濟成長稱作「持續成長」（sustained growth）。「持續成長」一旦開始，西方世界就取得經濟、軍事、政治等各方面的領先，其他邦國望塵莫及，所以說是「大分流」。

現代科學的起步肇始於西方的科學革命。科學革命這個主題，學術界既有的討論早已汗牛充棟，而且也不是本書的重點，暫且勿論。不過，現代科學不但帶來接踵而至的發明與創新，而且很早在十八世紀後半就啟動了工業革命。而帶動或者擴大工業革命的力量，包括了煤作為高效率能源被使用與歐洲人海外殖民地在原料和市場兩方面作出的貢獻。《大分流》的部分重點也就針對這兩件事來著墨。

相對於西方在工業革命之後，在優勢經濟條件下發展出來（或者已經現身而趁機加以強化）的資本主義、帝國主義……佔居支配性位置的同時，東方的中國卻在十八世紀末以後「停滯」（stagnated）不前，並且受到西方列強的壓迫，因此為何中國不能在十八世紀以後走出一條和西方相似的道路也就是值得深入剖析的課題。

英國學者李約瑟（Joseph Needham, 1900-1995）很早就詢問過：「雖然中國古代科技曾經對人類做出許多重要貢獻，但是為什麼在近代中國卻沒有發生科學革命和工業革命呢？」其實，二十世紀初以來，中國學者如竺可禎（1890-1974）、馮友蘭（1895-1990）……等等也都認真思考過這個「大哉問」。李約瑟早在一九三〇年代開始研究中國科技史時就已經意識這個問題，而於一九六四年發表〈東西方的科學與社會〉那篇文章時詳細論述了這個問題。有趣的是一位非常特別的美國經濟學家肯尼思・包定（Kenneth Ewert Boulding, 1910-1993）在一九七六年一篇題為〈變遷的大法則〉（The Great Laws of Change）的文章中徑直把這個問題稱作「李約瑟難題」（Needham Problem），無意間成為一個廣被接受的用法。業師史景遷（Jonathan D. Spence）也碰過這個難題。他在回答一個讀者投書時，乾脆引用科學史學者席文（Nathan Sivin）的話說「要去解釋沒有發生的事簡直就像小說一樣嚴肅！」很多人也主張應該問為什麼歐洲先發展出來現代科學，而不是去問為什麼中國沒有發生。

因此，我們也同意彭慕蘭使用「交互式比較」方法的意義與價值。

比較這件事有兩個前題：一、拿來相比較的雙方都必須以一定的概念化方式整理出某些特徵；二、要對這些特徵建立起某種度量（measure）標準。做到這兩點後，產生出可以比較的數值，差異性便自然產生了。問題是一個經濟社會的特徵如何確立？不同的原因能產生相同的結果，拿結果的數據來比較，能有什麼意義？

《大分流》一書使用比較方法來分析中國經濟落後的問題。比較的項目頗為不少，包括人口、技術、資本、土地、市場、消費模式、企業組織、社經結構……。上海社科院的杜恂誠覺得彭慕蘭所做的比較研究有缺點，因為他使用的數據大多還是靜態性的，沒有作動態性考察。杜恂誠所言不無道理，但是彭慕蘭費心建立的數據還算具體、清楚，畢竟能讓我們對十九、二十兩個世紀在不同時間點上，中國與西方的差異表現一目了然，極適合作為往深處探究的基礎。

《大分流》原著出版兩年多之後，作者彭慕蘭為第一次翻譯的簡體中文版作序，他說：「這並不是一個可以期望任何作者作出定論的課題。在我的著作受到非常多的稱讚的同時，它也引起了相當大的爭議。」沒錯，這本書既然染指一個極大、極受注意的課題，並且受到極大的重視，當然也招引許多討論與批評。《大分流》一書的根本論點如何？它招致怎樣的批評呢？在在都值得注意。「大分流」究竟是怎樣造成的？絕對的答案肯定是沒有的，但是作者所探求的問題顯然足夠重要、足夠有趣，也就值得讀者關心與探索。

其實不管是深入鑽研還是只有點到為止，本書所涉及的問題都十分多元。我們不可能在此抽絲剝繭地討論任何一個問題，因為沒有那麼多的篇幅，也不想先讓個人觀點喧賓奪主。不過，我們不妨還是隨意舉個例子來啟動大家的發想吧！

例如，作者在〈導論〉提及，並且在第二章〈歐洲與亞洲的市場經濟體〉詳加討論的、所謂「內捲化經濟」（involuted economy）。帶進「內捲」這個概念，主要是為了駁斥他人的說法，以利於建立或支持自己的說法。對「中國經濟內捲化」說法的批駁，其實未能直接建構出作者的理論。然而跟隨作者的批判，讀者必能獲悉一些前此未必接觸過的有趣知識。

「內捲」（involution）這個概念原本是人類學家紀爾茲（Clifford Geertz, 1926-2006）為研究印尼水稻文化變遷而提出來的說法，簡單化來說，他認為在長期過程中，印尼的水稻種植日益集約、社會也越來越複雜化，經濟上雖然有所成長，但是欠缺顯著的技術、政治方面的改變。美籍華人學者黃宗智（Philip Huang）在其一九八五年討論華北小農經濟的書中加以援用。不過，這樣的說法也不乏挑戰者，包括彭慕蘭。

就中國經濟發達的區域而言，所謂的「內捲化」現象未必支配著整個歷史的動向，因為市場經濟發達與農業生產商品化的影響，明清時期的中國社會與政治也不是一灘死水。以當時的政治參與來說，商人子弟由於受教育的能力與機會大，通過科舉或者靠捐納而取得出仕資格的機會變多，對國家與政策的影響力自然增強。商人有錢，不管是出於自抬身價還是熱心公益，往往也多支持文化活動，自然也讓社會有變動性的發展。

最後，我們不妨蛇足一下說：「大分流」隱喻著分流（divergence）分得太開了，暗示著難以再次合流（convergence）、再走同一條路的可能性。就這點來說，恐怕與事實出入很大。在《大分流》原書於二〇〇〇年出版時，當時的國際經濟還是西方世界（歐美以及步武歐美的經濟體）顯著領先世界其他部分的年代，但是二十年後，中國經濟及華人資本家的崛起卻已大大改變了眼前的面貌。大分流說不定正在走向一個死亡交叉——反向大分流（anti-divergence）前的合流（convergence）。

其實，也正因為華人在科學、工業與經濟……等多方面的表現都不再落後於歐美，因此十八世紀後發生「大分流」的究竟更加惹人關心。對很多人而言，在二十世紀思索這個問題和在二十一世紀初思索同一個問題，不但是兩樣心情，顯然也可能提出不同的說法吧！

目次

第三部　超越亞當・斯密與馬爾薩斯：從生態限制到持續性工業成長

導論

Introduction

歐洲經濟發展的比較、關聯與敘事

現代社會科學大半是源自於歐洲人在十九世紀晚期和二十世紀時，為了瞭解西歐的經濟發展路徑[1]何以獨一無二而做的研究。然而，這些研究並未找到共識。大部分研究著墨於歐洲，意圖解釋歐洲大規模機械化工業的早期發展。例如，有人透過與世界其他地方的**比較**，說明「歐洲」（或在某些闡述裡，說明西歐、新教歐洲、乃至只有英格蘭）境內具有某些獨一無二且源於本土的工業成功要素，或者特別不受某種障礙的制約。

還有些解釋強調歐洲與世界其他地方的關係，特別是各種殖民榨取行為，但這類解釋比較不受西歐主流學界的青睞。[2]這些論點強調，歐洲是靠著強行剝奪美洲印第安人和受歐洲奴役的非洲人（乃至許多歐洲下層階級成員）的財產，才能達成馬克思所說的資本「原始積累」，這個論點也無助於打動主流學者。儘管「原始積累」一詞精準點出這些過程的殘暴性質，但也暗示了透過殖民剝削的積累是大規模資本積累的**起步**階段，因而是「原始的」。然而，隨著學界證明透過歐洲原有的農場、作坊、帳房的留存收益（retained earning），同樣也能在可投資盈餘上取得緩慢但明確的成長，甚至超乎其生存所需，上述立論顯然就開始站不住腳。

本書同樣強調歐洲人對非歐洲人的剝削以及取得海外資源的機會，但不會把它當作促成歐洲發展的唯一動力。本書反倒承認，內在驅動力在歐洲的成長中，具有關鍵的作用，不過同時也強調，直到將近一八〇〇年為止，這種內在驅動力和其他地方的狀況，尤其是東亞，都還是很接近。雖然的確存在一些舉足輕重的差異，但我會提出論證，說明那些差異只有在特定時空環境下，才會產生像十九世紀那樣的大轉型。這個時空環境的形成，也深受歐洲有特權可以取得海外資源的影響。例如說，西歐很可能有較管用的組織機構，能調動龐大的資本，因此相對願意等待較長的時間來回收獲利；但直到十九世紀為止，法人形態的組織（corporate form）除了用於武裝長程貿易和開拓殖民地之外，並無多大用處，而長期聯貸在歐洲則主要用於替戰爭提供資金。更重要的是，十八世紀時的西歐已在多種節省勞動力技術的運用上領先世界其他地方。然而，歐洲又持續在多種節省土地的技術上落後，因此如果沒有海外的資源，西歐本來很可能會因為快速的人口成長和資源需求而不得不走回勞力密集的發展老路。若是如此，則西歐所走的路，就會與中國、日本所走的路沒有太多的差異。根據以上的例子，本書旨在利用歐洲在海外強取豪奪（coercion）的成果，協助說明歐洲與歐亞大陸部分地方（主要是中國和日本）在發展上的**差異**；歐洲發展的全貌或歐洲與舊世界**所有**地方的差異，則不是本書要說明的範圍。還有一些影響因素是無法歸類在上述任一範疇的，例如供煤的地點，因此本書將把比較式分析、某些純地方性的偶然，以及整合性或全球性的探究熔於一爐。

更重要的是，比較性和整合性的探究會相互修正。如果中國也具有使西歐和印度或東歐等地分道揚鑣的那些因素（例如特定類型的勞工市場），那麼就不能在比較時只尋找歐洲的特異之處，也不能把在歐亞大陸兩端都具有的模式解釋成歐洲文化或歷史的獨有產物。（當然也不能把那些模式解釋成普世趨勢的產物，因為它們也使某些社會有別於其他社會）。西歐與其他區域之間的相似之處，迫使我們捨棄純比較性的探究（一種把各自分立的世界視為比較單位的探究方式），改採同時關注全球形勢（conjuncture[1]）的探究。[3]這些相似之處具有重要意涵，暗示我們不能從以歐洲為中心的世界體系角度[2]，來理解西元一八〇〇年前因緣際會下的全球形勢；那時的世界其實是多中心並立的，沒有哪個中心獨霸世界。儘管這樣的全球形勢往往有利於歐洲，但也不必然是歐洲人所創造或強加的。例如，中國從十五世紀起就透過白銀達成再貨幣化一事，不只比歐洲人抵達美洲和輸出美洲白銀還早，更是使位於遙遠「新世界[3]」的西班牙帝國得以財政自立的一大功臣；而始料未及的駭人流行病[4]，則是該帝國得以創立的重要關鍵。只有到十九世紀的工業化已大有進展之後，把歐洲視為一個單一的、霸權的「核心」這件事才有其合理性。

但大部分既有的專題著作仍擺脫不掉「非此即彼」的架構，若非主張有個以歐洲為中心並在海外進行必要原始積累的世界體系，[4]就是主張歐洲的內生式成長，並以這種成長來解釋幾乎所有現象。在這兩個選項下，大部分學者傾向於後者。晚近研究歐洲經濟史的學者，至少普遍從三種方式強化了獨重歐洲內部的研究焦點。

第一，晚近的研究發現，發展健全的市場和其他「資本主義」建制早已存在，甚至是在往往被認為和資本主義背道而馳的「封建」時期亦然。[5]（類似的修正觀點也已出現在對中世紀科學與技術的分析中，這種分析把曾被貶為「黑暗時代」的中世紀，視為頗富創造力的時期）。這樣的研究往往強化了某種既定看法，即西歐早在開始海外擴張之前，就已走在一條特別的康莊大道上。在晚近某些這類的論述中，工業化本身不再被視為轉捩點，而是被視為數百年無差異「成長」

的一部分。

稍微換句話說，舊著作多半強調現代西方與其過去之間，以及現代西方與非西方之間的根本對立；從十九世紀晚期的社會理論經典著作到一九五〇、六〇年代的現代化理論著作皆屬此類。而較晚近的著作則往往縮小第一個差距，從而間接表示「歐洲例外論」這第二個差距要追溯到比我們所以為的還要早。然而，本書的一個主要論點便在於，我們同樣也可以輕易地找到根據，縮小十八世紀西方與歐亞大陸之間（至少某些地方）的差距。

第二，隨著在據說不利市場發展的中世紀文化和建制裡看到更多市場動態（market dynamics），人們愈發想以市場驅動成長來解釋整個歐洲發展的軌跡，而忽視無數政府政策和地方習俗等雜亂細節的各種影響。[6]如果國內的立法只不過讓歐洲的發展道路多兜個小圈子或偶爾抄條捷徑，那麼我們為什麼還要特別關注（距離「市場驅動論」的主要故事線那麼遙遠的）海外強取豪奪？同時，這類愈來愈只看民間能動性的解釋，故事情節不只清楚得叫人羨慕，還與現

[1] 編注：形勢（conjuncture），又譯「因緣際會」、「偶合」等，指的是原本平行發展的事件或條件於因緣際會下結合，從而創造出特殊的形勢。本書會依上下文義譯成「形勢」或「因緣際會」等。

[2] 編注：世界體系理論將世界的經濟分工劃分成了核心區域、半邊陲區域與邊陲區域。核心區域資本密集、工業發達，而邊陲地區則勞力密集、大抵輸出原物料產品且缺乏高技術勞工，而這有助於解釋何以核心區域得以維持對邊陲地區的支配。其理論大家包括伊曼紐・華勒斯坦（Immanuel Wallerstein）、安德烈・貢德・法蘭克（Andre Gunder Frank）等人。一般認為此一理論受到馬克思主義與布勞岱爾（Fernand Braudel）等人所代表的年鑑學派的影響。

[3] 編注：「新世界」即以歐洲人角度所指的美洲大陸與周邊群島，以和身為「舊世界」的歐洲所區隔，又譯「新大陸」。

[4] 編注：歐洲人在進入美洲時帶去了天花等流行病，並導致美洲原住民因缺乏抗體而大量死亡，成了西班牙得以順利征服當地政權的主因之一。

今蔚為主流的新自由主義觀念相吻合。

第三，由於這些發展中的商業化過程觸及到前工業時代西歐的許多地方，因此，許多晚近的著作把工業革命的餘緒看成**歐洲**現象，而非如曾經普遍認為的，是英國現象擴散到歐洲其他地方。[7]這個觀點所受到的挑戰，有來自大量較早期的學術著作，還來自那些認為英格蘭早在工業革命前數百年，就已在幾個重要方面和歐陸分道揚鑣的較晚近著作。[8]促成這項把焦點從英國轉移到歐洲的觀點轉移的原因，是如前頁所說：貶低政治的重要性，以及淡化「傳統」習慣與理性自私的個人之間衝突的趨勢，這樣一來也更容易淡化西歐內部的差異。

這一著重「歐洲奇蹟」而非英國奇蹟的假設影響甚大。首先，它再度使歐洲與歐洲境外之間的關聯變得較不重要：由於西歐大部分地方涉入歐陸外貿易的程度遠不如英國，因此，如果順利促成工業成長的是「歐洲」的商業成長而非「英國」的商業成長，那麼想必一國之內的市場、資源等因素就已足夠進行此一轉變。此外，如果透過逐漸完善競爭市場就能達成大部分的經濟成長，那麼我們似乎就沒有理由認為，歐洲海外殖民地會具有足以大大影響其母國的動能（而且殖民地還受限於重商主義和不自由之勞力等諸多難題的影響）。於是我們便看到，儘管倡導「歐洲奇蹟」觀點的大將派翠克・奧布萊恩（Patrick O'Brien）也承認，有鑑於棉花在英國工業化過程中扮演的重要角色，若沒有殖民地和奴隸（所帶來的棉花）則英國工業化將難以想像，但卻又接著說道：[9]

> 只有把棉花當成主角，並把英國的創新視為西歐成長引擎的這種簡化過的成長模式，才能

支持蘭開夏棉業是核心地區工業化所不可或缺的這個論點。由於這個過程是在過於廣闊的面向上進行，因而，把一支補給線橫越大洋而遠及亞洲和美洲的先遣隊打敗，並無法將它止住。

然後他推斷，「對核心地區的經濟成長來說，邊陲地區的影響是邊緣的。」[10]

這類論點使歐洲的海外擴張，在以新興經濟優勢為主軸的故事裡變得次要。帝國或許可以用歐洲的經濟優勢來解釋，或也許與該優勢無關，但與創造此經濟優勢一事關係不大。這類論點在兩個重要方面上，能自圓其說：它們鮮少需要將目光投到歐洲之外，也鮮少需要超越主流經濟學核心的買家、賣家自由競爭模式。而對那些主要從更能保障創意所有權的專利制度來解釋技術快速變遷的學者們來說，這種將目光完全放在歐洲內部的敘述已接近完整無缺。

把重點擺在「歐洲的」工業化，還形塑了我們進行比較時所用的單位，但是這樣的形塑對比較往往沒有幫助。在某些情況下，我們只是把當代的民族國家當作比較單位，於是英國被拿來與印度或中國相比。但無論是在國土、人口、內部多樣性上，印度和中國都比較類似於整個歐洲，而和個別的歐洲國家不在同一個檔次上；而不管是在中國還是印度境內，那些可拿來和英國或荷蘭相提並論的地區，則又淹沒在全國的平均值裡而看不出其特出之處，因為它們被拿來與亞洲境內類似巴爾幹半島、南義大利、波蘭的地方一起加總得出平均值。因此，除非國家政策是我們所要講述之故事的核心，否則「國家」並非理想的比較單位。

另一個歷久不衰地探究方式，乃是先尋找使整個「歐洲」與眾不同的事物（儘管被選出的特色其實往往只描述了這塊大陸的局部），然後，一旦把世界其他地方排除在外，即在歐洲內部尋找使英國與眾不同的事物。我們很難完全擺脫這些大陸單位或「文明」單位，因為它們已強烈形塑了我們的思維。儘管這些單位也會出現在這本書中，但由於諸多考量，嘗試別種探究方式似乎較為有用。而在這點上，我的同僚王國斌（R. Bin Wong）已在許多方面著了先鞭。[11]

我們該承認以下三件事實：第一，在荷蘭和烏克蘭之間，或甘肅和長江三角洲之間，都只存在少許共通的基本特色；第二，像是長江三角洲之類的地區（約一七五〇年時長江三角洲人口約三千一百萬至三千七百萬，視精確定義而定）肯定大到足以和十八世紀的歐洲國家相提並論；第三，包括長江三角洲、日本關東平原、英國和荷蘭、古吉拉特（Gujarat[5]）等，這幾個零星分布於舊世界的核心地區彼此之間共同享有某些重要特質（例如較自由的市場、龐大的手工業、高度商業化的農業），但這些特質卻並未出現在它們所在大陸或次大陸的其他地方。既然如此，那麼與其導入主觀認定且與日常生活、貿易和技術擴散等模式沒多大關係的大陸單位來作比較，為何不直接比較這些區域呢？[12]此外，如果這些散布於多處的核心地區真的有許多共通之處（而且我們願意承認偶然事件與客觀形勢的作用），則把我們對這些地區的比較作到真正的交互式比較（reciprocal）就說得通。也就是說，除了採取常見的作法，去尋找有哪些因素會阻礙非歐洲地區完全複製「正常」歐洲的途徑，還要尋找究竟是哪些事物、意外與障礙，才使英格蘭偏離了原本可能走上比較類似於長江三角洲或古吉拉特的道路。

在此，我也遵行王國斌在晚近著作《轉變的中國》（China Transformed）裡所概述的一項作法。誠如他所指出的，雖然有許多十九世紀的權威性社會理論已因為流於歐洲中心論而受到合理的指責，但現今某些「後現代」學者所青睞的另一條路子（也就是徹底揚棄跨文化比較，幾乎完全著重於揭露歷史轉折點的偶然性、特殊性和或許是不可知性），則使人連探究歷史上（和當時生活上）的許多最重要疑問都不可能。比較可取的應該是努力做出較好的比較，以對抗懷有偏見的比較。而要達成這個目標，其中一個方法就是從比較的雙方各自的角度來看待對方，並把雙方都視為「偏差」，而非把某一方始終視為常態。儘管我對這一交互式比較方法的具體運用，與王國斌的具體運用上有一些重大差異，但我仍會在本書許多地方採行這項作法，並把這項探究方法帶到大不相同的領域。[13]

這一相對來講較未經檢驗的探究方法，至少產生一些新疑問，從而使人以不同的角度看待世上數個地方。在此我還是大體上同意王國斌的看法。例如我會主張，在經過一連串公允的比較後，可看出晚至一七五〇年，歐亞大陸數個地方在農業、商業、原始工業（例如市場取向而非家用取向的手工品製造）的發展上有好幾個令人意外的相似之處，因此只有西歐在十九世紀期間突然進一步成長一事，再度成為一個有待解釋的突兀斷裂（rupture）。與此相對的，有些晚近的著作，只著眼於跨時期的歐洲比較和找出其中的相似之處（的確有相似之處），往往矇蔽了這個突兀的斷裂。於是，這類著作也往往忽略了某些對工業化有重大貢獻的因素（特別是客觀形勢），因為這些貢獻在只拿歐洲境內不同時期來比較時，可能會被視為理所當然的「背景」。

採用雙向比較的策略，也讓最初看似互不相干之議題得以有理由掛鉤在一塊。西歐成為富

[5] 編注：位於印度最西部之一邦，緊鄰阿拉伯海。該邦曾是蒙兀兒帝國的貿易重鎮，詳見本書第四章。

裕經濟體的時間點，未必和它衝出馬爾薩斯式世界[6]、進入持續性人均成長的時間一樣。事實上，我所謂的那些「以歐洲為中心」的探究方法，大部分主張西歐在工業有突破性進展之前許久，就已達到獨一無二的富裕境地。如果我們只問中國（或印度或日本）原本是否也可能像歐洲一樣自行突破而達到這樣的境地（亦即把歐洲經驗當標準，將工業突破視為在沒有「阻礙」或「失敗」的情況下所必然會出現的模式），那麼「歐洲何時真正逃出馬爾薩斯式世界」這個問題就會顯得無關緊要；因為在此一思考模式下，更加重要的是認識到西歐走在這條最終必然會有突破性進展的道路上已有很長的時間。與此同時，就算掌握西歐確切超越其他地方的年代，也只有助於知道其他地方是在何時兜了個圈子而陷入停滯，並無助於我們瞭解歐洲是否存有其他發展的可能性。

但如果我們做了交互式比較，並考慮歐洲本有可能變得像中國一樣（亦即考慮到沒有哪個地方必然會達成顯著且持續性的人均成長），則這兩個問題之間的連結就會變得更緊密。誠如我在後面幾章會主張的，如果我們進一步主張世界的某些地方在十八世紀時就和歐洲一樣，能在未大幅減輕資源限制的情況下（例如歐洲靠化石燃料和「新世界」而得以減輕來自資源的限制）最大化自身的經濟發展潛力，那麼這兩個議題間的連結又更緊密。

這兩個疑問仍舊是可分開的：氣候、土壤等事物方面的差異，可能賦予不同的區域不同的前工業時代發展潛力。但歐洲似乎不大可能在那些發展潛力上都比其他人口稠密地區還占上風，特別是因為本書後面會提出的證據間接表明，直到在工業化之路走上很長時間後，歐洲才變得比東亞富裕許多。還是說，說不定研究後會發現，歐洲雖然直到工業化前夕才領先東亞，但某些使工業化必然會發生的建制卻在更早以前就已在運行，並使歐洲即便沒有美洲和享有地利之便的化石燃料，其技術創新已經足夠在任何資源短缺時維繫住經濟成長，而且不必動用那些雖能維繫住整體成長但無法維繫人均成長的極度勞力密集的解決辦法？然而，一旦我們真的拿其他前工業時代經濟體的標準來衡量歐洲，這一篤定的必然論所必須依據的有力假設，就開始顯得站不住腳，特別是因為在工業化之前的最後幾百年，歐洲經濟史並未顯露始終如一且強勁的人均成長。因此，雙向式比較可以讓我們提出新的問題，也能改造舊疑問之間的關係。

因此，本書會將重點放在歐洲**部分地區**與中國、印度等地部分地區之間的交互式比較，因為這些地區在我看來分別在各自的大陸性世界裡處於相似的位置。只有當我們討論像是核心地區相對於其腹地之關係的疑問時，才會再度談起大陸單位和大西洋世界之類的更大單位。在某些情況下，我們會必須把整個世界視為一個單位，因此也會需要另一種有點不同的比較，這也就是查爾斯・悌力（Charles Tilly）所謂的「涵括式比較」（encompassing comparison）。這種比較法不像傳統社會理論那樣去比較兩個互不相干的事物，而是檢視一個更大整體的兩個部分，瞭解它們的本質如何被體系裡各自位置和功用所形塑。[14]在這個層面上，比較與對關聯性的分析這兩者將變得無法區分（這也是我比王國斌更加強調之處）。儘管如此，維持這一分析的對等交互性，仍然很重要。我們不能因為認識到一個互動體系中有某個部分比其他部分受益更大，就順理成章的將那個部分稱之為「中心」，並誤以為它既能形塑其他部分，同時又不受其他部分所形

[6] 編注：馬爾薩斯式世界。在此指英國政治經濟學家托馬斯・馬爾薩斯（Thomas Malthus，1766-1834）的著名理論，又稱馬爾薩斯陷阱或馬爾薩斯災難。指在沒有自然與災難等限制因素的情況下，按等比級數增長的人口將超過按等差級數增長的食物供應速度，並導致人均所能支配的食物變少。

塑。我們反倒要能看到這個互動體系內存在著往不同方向移動的諸多影響力。

大同小異的幾種歐洲中心論：人口、生態、積累

那些認為唯獨西歐經濟才有本事產生工業轉型的論點，通常分為兩大類。第一類以艾瑞克·瓊斯（Eric L. Jones）的著作為典型，主張十六至十八世紀結束時的歐洲，儘管表面上與歐洲以外的地方一樣具有「前工業時代」的相似性，但實際上在物質資本和人力資本的積累上，都已遠遠超越當時世界的其他地方。[15]這一觀點的主要信條之一，乃是加諸生育力的幾個習慣性制約（晚婚、神職人員獨身不婚等），使歐洲有機會擺脫原本是普世現象的「前現代生育力當道」的狀況，從而擺脫人口成長吃掉幾乎任何產量增加的普世狀況[7]。於是，唯獨歐洲能調整其生育力以因應艱困時期，並能長期增加其人均（而非只是整體）的資本存量。

因此，照這一觀點來看，普通農民、工匠和商人在人口行為、經濟行為上的特點，造就出一個能供養較多非農民的歐洲，而這樣的歐洲能讓其人民擁有較佳工具（包括較多牲畜），得到更好營養、更健康、更有生產力，還能為基本民生必需品以外的物品創造較大市場。三十多年前，約翰·哈伊納爾（John Hajnal）提出了支撐這一看法的主要論點，[16]此後這些論點得到詳盡的闡述，但未被徹底更動。不過，誠如第一章裡會再提到的，晚近談中國、日本和（較理論性地談）東南亞境內的出生率、平均餘命等人口方面變數的著作，已使哈伊納爾眼中獨一無二的歐洲成就顯得愈來愈普通。

儘管這些研究結果的意涵尚未得到充分體認，但已在某項重要看法裡得到局部的承認，並在晚近被添加到受人口驅動的故事情節裡。這項看法承認，在前工業時代歐洲以外的地方，也存在經濟榮景和日漸提高的生活水平。但這些繁榮始終被視為是一時的，若非禁不住政治變遷的衝擊而消失，就是隨著提高生產力的創新發明終究敵不過繁榮所助長的人口增加而自行式微。[17]

這類故事已代表著重大進步，至少相較於更早期的專題著作來說。這些著作或含蓄或挑明地主張，在歐洲於近代早期取得突破之前，全世界都很貧窮，積累也再少不過。這類著作造成許多影響，其中之一是迫使學者在審視「歐洲的興起」時也一併審視「亞洲的衰落」。[18]但這些描繪此一故事的說法，往往在至少兩個重要方面上犯了時代錯置的毛病。

首先，它們常把太多在十九、二十世紀才侵襲亞洲許多地方的生態災難（和人口稠密所帶來的根本問題）解讀成在更早時期就存在，並宣稱十八世紀的亞洲社會已耗盡所有發展潛力。有些說法更認為，這就是存在於整個人稱「亞洲」這個人為單位在西元一八〇〇年左右時的情況。但誠如後面會看到的，印度、東南亞，乃至一部分的中國，都在既沒有重大技術突破且生活水平也未下降的情況下，仍有許多空間來容納更多人。大概只有中國和日本兩地的少數地方，才真正面臨到生態災難的情況。

[7] 編注：此普世狀況指的也就是前文所謂「馬爾薩斯式世界」。

第二，這類故事往往把歐洲人從「新世界」得到而難得一遇的豐厚生態贈禮給「內部化」。有些故事藉由將海外擴張比作歐洲內部「正常」的邊疆擴張模式（例如對匈牙利平原或德國森林的清理和移居）來達到「內部化」。但這個故事忽略了「新世界」特別龐大的意外收益、歐洲人在當地開拓殖民地和組織生產時格外的壓迫手段、乃至於全球情勢等因素，對確保歐洲人在美洲成功擴張所起的作用。[19]在匈牙利和烏克蘭開闢新農地之事，也能在四川、孟加拉和舊世界裡其他許多地方見到；但在「新世界」所發生的事，則大不同於在歐洲或亞洲所發生的任何事。此外，由於歐洲在十九世紀時的生態負擔得以藉由境外而得到大大的紓解（既從境外取得資源也向境外輸出移民）[20]，是以這類敘述鮮少考慮到歐洲境內某些人口稠密的核心地區，是否也在十六至十八世紀這段期間，同樣面臨與亞洲核心地區差異不大的生態壓力和選項。

於是，那些探討「亞洲的衰落」的著作，往往過度簡化地將「生態耗竭」的中國、日本與印度，拿來對比「還有許多成長空間」的歐洲，甚至把這樣的歐洲說成具有某種「落後的優勢」，[21]因為它的發展程度使其內部資源尚未能被充分利用。

為了超越這類流於主觀的主張，本書第五章將會選定中國、歐洲境內的重要區域，針對生態方面的限制因素作系統性的比較。而探究結果也將表明，儘管十八世紀歐洲某些地方相對於東亞的同類地方確實享有某些生態優勢，但卻不是在每一處都占上風。事實上，中國重要地區在某些出人意表的方面，例如人均可取得的燃料供應量上，其經濟情況似乎比歐洲的重要地區還要好。不只如此，就連英國這個工業化的起始地，也只擁有少許仍保留在歐洲其他幾個地方的低度利用資源。而在木材供應、地力衰竭等重要的生態衡量指標上，英國實際上的情況似乎和中國境內與其差不多對等的江南地區一樣糟。因此，如果我們同意人口成長和其生態效應使中國「衰落」的說法，我們也就不得不得出這樣的結論：與其說歐洲在獲得海外資源挹注與英格蘭在運用地下蘊藏能源上的突破性進展（部分拜地理上交好運之賜）這兩項因素的加持之前，正處於「起飛」的前夕，不如說歐洲內部也正同樣因為人口成長和生態效應而面臨非常接近於中國的險境。反過來說，如果歐洲尚未陷入這樣的危機，那麼中國很可能也未陷入危機。

本書所做出的這一論點，與杉原薰（Sugihara Kaoru）在論及全球發展的著作裡所提出的某些論點若合符節。我太晚發現他的著作，因而來不及在此書中予以詳細探討。[22]杉原和我一樣，強調不該把一五〇〇至一八〇〇年間東亞人口的高成長視為阻礙「發展」的病變。相反的，他主張這是在供養人民、創造技能等方面的一場「東亞奇蹟」，其經濟成就完全比得上「歐洲（的工業化）奇蹟」。杉原也和我一樣，強調十八世紀日本和中國（在他眼中低於日本）的高生活水平，以及當時兩地的先進建制。當時中、日雖然沒有對財產與合同給予官方保障（許多歐洲人所認定形成市場的先決條件），其先進的建制仍製造出許多有益的市場效應。[23]他還主張，長遠來看對世界GDP貢獻最大者，不是西方成就的擴散，而是西歐式成長與東亞式成長的結合，因為這使西方技術有機會被運用在人口多上許多的東亞社會裡。這個觀點與我的論點不謀而合，儘管超出本書所探討的範圍。

不過，杉原還表示這兩個「奇蹟」間有個根本差異，那就是早在西元一五〇〇年時，西歐就已走在資本密集的道路上，而東亞則走在勞力密集的道路上。我的主張與他正好相反，我認為歐洲本也可能和「東亞」一樣走上勞力密集之路。這一主張既符合晚至一七五〇年兩地仍有驚人相似之處的發現，也符合我要把「為何英格蘭未成為長江三角洲？」和「為何長江三角洲未成為英格蘭？」這兩個疑問同等看待的決心。歐洲之所以沒有走上這條路，乃是因為它碰上了重要且劇烈的斷點所致。這些斷點以化石燃料和有機會取用「新世界」的資源為基礎，並在這兩者的共同加持下，使西歐沒必要以集約的方式管理土地。事實上，有許多跡象顯示，歐洲境內許多地區原本正朝著勞力較密集的方向前進，是十八世紀晚期和十九世紀的急劇發展，才使它們調頭往反方向走。我們可以在歐洲全境（包括英格蘭）的農業、原始工業方面，以及在丹麥的幾乎各種事物上，找到這樣的證據。[24]東、西方在勞力密集程度上的發展差異並非理所當然，而是具有高度的偶然性；後來的發展表明，人口成長的分布情況（而非總人口數）是重要的變數，而這個變數與十六世紀至十八世紀歐洲境內的市場**扭曲**[8]，以及十九世紀人口往「新世界」遷徙一事，有著很大的關係。

中、日兩國在一七五〇年後的人口成長主要出現在開發程度較低的地區，當時那些地區可藉由與渴求資源的核心地區貿易來「排放」出去的剩餘穀物、木材、原棉等土地密集性產物較少；而由於這些邊陲區域增加的人口有一部分又投入原始工業，因此這些區域也較不需要與核心地區貿易。另一方面，歐洲在一七五〇至一八五〇年間人口大幅成長的區域，大部分是已較進步和人口稠密的區域。例如，東歐大部分地方在一八〇〇年後人口才開始急速成長，而南歐（特別是東南歐）則更晚才開始趕上。對導致這些差異的政治經濟基礎、生態基礎和它們對工業化所具有的重要性，我們在第五、第六章會有更多著墨。在此也值得強調的是，這些差異並無法看出東亞（更別提南亞）境內，在資源上有著比歐洲更嚴重的**全面**吃緊。而在談過與可取得資源數量（那些已積累的資源或尚未開發利用的資源）有關的論點之後，我們接下來不妨來談談另一種論點：這類論點聲稱，歐洲的建制能夠以一種較有利於長期維持自主成長的方式來**分配**資源。

其他的歐洲中心論：市場、商行、建制

我們得以在費爾南・布勞岱爾（Fernand Braudel）、伊曼紐・華勒斯坦（Immanuel Wallerstein）、喬杜里（K. N. Chaudhuri）的著作裡，以稍有不同的方式，看見以歐洲為中心的第二種論點；或是以大不相同的方式，在道格拉斯・諾思（Douglass North）的著作[9]中見到。這種論點比較不關注富裕的**程度**，反倒強調在近代早期歐洲（或近代早期歐洲的某個部分）出現了據說比其他地方更有利於經濟發展的建制。這些論點的重心通常會擺在有效率的市場和產權體制的出現上，而這兩者會讓那些較能有效運用土地、勞力、資本的人得到獎賞。與這些論點同時出現的，還包括另一個常見但還不到放諸四海皆準的說法：其他地方（特別是中國和印度）的經濟發展往往受阻於官方，因為官方若非太強勢且敵視私人財產，就是太弱勢而無法在企業家與本地習俗、神職人員或強人起衝突時，保護追求合理化改革的企業家。[25]

[8] 編注：在經濟學理論中，市場扭曲（market distortion）通常是政府干預的結果，且容易導致市場失靈（market failure）。

[9] 編注：可參見道格拉斯・諾思（Douglass North）與羅伯・保羅・湯瑪斯（Robert Paul Thomas）合著之《西方世界的興起》一書。

羅伯特・布倫納（Robert Brenner）的著作與這些論點大相逕庭，卻可能不相牴觸。他的著作把歐洲內部分歧的發展路徑，說成了改變產權體制的階級鬥爭的產物。據布倫納的觀點，西歐農民於十四世紀黑死病後的約一百年裡，打贏了與領主的第一輪鬥爭，從此免於被迫的勞動；東歐農民則打輸這場鬥爭，並導致統治階級得以藉由更加緊迫壓榨農民來繼續存世數百年，且在這期間從未進行農業現代化或引進節省勞動力的新技術。布倫納接著說道，在西歐境內，第二輪鬥爭接著上場，這時名下只有土地的領主，想擁有自主管理土地的權利以獲取最大利潤，而其作法往往是除掉不具生產力或「額外」的佃農。據布倫納的說法，法國菁英輸掉這場仗，法國此後便擺脫不掉以數百萬小地主為基礎的農業體系，而且這些小地主既無法創新，也對會使他們之中某些人被淘汰的創新不大感興趣。但在英格蘭，領主打贏此仗，投注心力於使他們得以減少勞動成本的創新，從而把大批不需要的勞動者趕離土地。這些窮途潦倒的農民，至少有一部分最後成為英格蘭的工業勞動力。他們購買來自剩餘農產品的食物，而這些剩餘農產品係因他們遭驅離而誕生，且由他們的前領主行銷到市場。

在布倫納的論證裡，推動這段歷史進程者既非馬爾薩斯口中的人口壓力，也非「自然」形成的完全競爭市場，而是階級鬥爭；但目的地差不多。社會最終的發展相近於新古典主義經濟模式的程度，決定了該社會此後生產力的高低；特別值得一提的是，英格蘭這個土地與勞動力最終最涇渭分明（且最徹底商品化）的國家，被認定為**因此**發展出最有活力的經濟。在這點上，布倫納最終頗為突兀地與道格拉斯・諾思不謀而合。諾思不同意將階級鬥爭視為產權制誕生的根由，但也主張隨著經濟體為商品化的土地、勞動力、資本和智慧財產發展出愈來愈競爭的市場，經濟體的發展能力將愈來愈強。

諾思和布倫納的論點都聚焦於大部分人活動所在的建制性環境：散工市場、租約市場、一般人所生產和消費之產品市場。在這點上，它們類似前面所討論過的論點，也就是主張前工業時代的歐洲人已獨一無二的繁榮和富有生產力；且往往和那些論點合流。

不過，另一組重要的論點，即布勞岱爾和其學派的建制主義（institutionalist）論點，更著重於某些非常富有者所積累的利潤，而有利於這類積累的建制往往涉及妨礙到新古典主義市場的特權。因此，這些學者比較關注以運用脅迫和共謀行徑為基礎的利潤[10]。由於他們所聚焦的大商人，有許多涉入長程貿易，因此這些學者也較關注國際政治和歐洲與其他區域的關係。尤其華勒斯坦把「封建」東歐與「資本主義」西歐間的貿易成長，視為一個世界性經濟體的真正開端，並強調走自由勞動路線的「核心地區」，其利潤之所以能在該經濟體裡持續積累，有賴於貧窮且普遍不自由之「邊陲地區」的持續存在。

但在華勒斯坦筆下，西歐仍是這段歷史進程的推動者，因其能夠獨一無二地結合以下三個因素：較自由的勞動力、龐大且富生產力的都市人口、使長程貿易和利潤的再投資更為容易的商人與政府。而從這個貿易中浮現的國際分工，則加大了西歐與西歐以外的財富落差，因為邊陲地區愈來愈專門生產那些倚賴低廉（且往往受強迫）勞力的物品，而非那些需要工具與建制提高生產力後才能生產的物品。然而，這樣的一個國際分工仍是建立在某套既存的社會經濟差異之上，才使西歐最初得以占其他地區便宜。

[10] 編注：多指歐洲貿易剝削與海外殖民所產生的利潤。

歐洲中心論的問題

雖然本書借用了這些論點（大部分是諸多「建制主義者」的論點），但最終仍提出不同的主張。首先，不管我們能把資本主義的起源推到多早，能大規模運用非動物性能源、擺脫前工業時代普遍限制的**工業**資本主義，卻一直要到十九世紀才出現。而在此之前，西歐的經濟，不管在資本存量上，還是在經濟建制上，都沒有多少跡象顯示已具有足以使工業化在該地變得極為可能、在其他地方變得不大可能的決定性優勢。在那之前的幾百年裡，西歐境內的核心地區的確出現受市場驅動的成長，而且這一成長無疑是工業化的重要前兆，但此成長有利於工業轉型的程度，跟亞洲幾個核心區域相比並沒有**比較**高，因為這些區域也出現了非常類似的商業化與「原始工業」的成長過程。[26]儘管歐洲境內在近代早期正在逐漸形成一套比較不一般的科學與技術發展模式，但我們也將看到這些模式本身仍然未保證西歐最終會走上一條與東亞等地截然不同的經濟道路。

第二，歐洲的工業化程度在英國之外仍相當低，至少在一八六〇年前是如此。因此，建立在西歐共有之特徵上的「**歐洲**奇蹟」一說便值得商榷，特別是這些普遍共有的特徵，有許多至少在歐亞大陸其他地方也同樣常見，因此這一假說就更讓人存疑。

本書第一部分質疑歐洲在一八〇〇年前就擁有內生性經濟優勢的多種論點，並代之以描述舊世界那些人口最稠密、商業化程度最高的地區共有的粗略相似之處。第一章利用來自多個地方的證據，說明一八〇〇年前歐洲在物質資本上並未積累出重大優勢，且相較於其他許多大型經濟體，也並未比較不受馬爾薩斯式人口壓力的約束（從而並未比較能進行投資）。那些在其他幾個區域裡的人，似乎有和歐洲人一樣長的壽命，似乎生活過得一樣好，且似乎同樣願意為了家庭層次的資本積累而限制生育力。本章的下半部，將探究歐洲在工業革命之前就享有重大技術優勢的可能性。在此，我們的確找到一些舉足輕重的差異，但若沒有攸關促成能源革命的幸運地理性偶然因素，和歐洲得天獨厚取用海外資源的機會，這些差異將只會起到較小、較晚出現、且在質的方面可能有所不同的作用。技術上的創新乃是工業革命所不可或缺的，但光有它還不夠，或者說這類創新並非歐洲所獨有。我們並不清楚技術創新力的**高低**，是否攸關能否逃出馬爾薩斯式世界（技術突破的傳播很可能持續稍長時間），但可以確定的是，那些有助於緩和歐洲在資源上受限局面的全球性差異的確非常大，從而使沿著特定的（利用土地的、利用能源的、節省勞動力的）道路進行創新的過程變得成果豐碩，乃至自我強化。

第二章探討市場和相關的建制，主要著墨於西歐與中國之間的比較。此章證明西歐的土地、勞力和農產品市場，相較於中國大部分地區境內的這些市場來說，大抵離完全競爭的境地**更遠**，也就是說較不可能由多種買家和賣家構成，並有機會在許多貿易夥伴裡自由挑選合作對象，因而較不適合亞當．斯密所設想的那個成長過程[11]。我首先比較那些規範所有權、土地利用的法律

[11] 編注：亞當．斯密在其知名的著作《國富論》中，提出了其經濟學原理的基本假設，也就是市場機能會使生產者和消費者雙方都基於各自最大化其利潤的私利考量，更有效率地運用生產資源，從而促成勞動分工與專業化的發展，並在完全競爭市場中，透過「一隻看不見的手」，替社會營造公利。本書後續會一再提及的斯密式成長、斯密式市場、斯密式市場動態（Smithian market dynamics）等，皆是由此基本假設延伸而來。在本書的論證中，斯密式的經濟成長雖可促成人口成長，但由於土地資源有限，人口增加將導致土地與資源不足，從而陷入馬爾薩斯陷阱，產生（往往是勞力密集的）內捲化社會而無法持續發展。是以對彭慕蘭來說，尋找某些社會得以跳出此一迴圈的原因，就成了本書的重要切入點。

與習俗，以及農業生產者在選擇賣家上的自主程度。接著在此章的下一節觸及勞動：包括強制性勞動的程度、對遷徙的限制（或鼓勵）、對轉換職業的限制，諸如此類。

第二章最後一節最為複雜，探討家戶作為一種消費單位與分配勞力（特別是婦女與小孩之勞力）的建制，這兩種角色間的關係。有些學者主張，比起西歐家庭，中國家庭更容易使婦女和小孩所產出的邊際效益，不致低於餬口工資之價值，並在此情況下繼續勞動，從而製造出「內捲化經濟」（involuted economy）[12]；我則要證明此說不大站得住腳。[27]中國家庭裡的勞動力調度反倒似乎非常類似於把勞動、閒暇、消費轉向市場一事，也就是非常類似揚．德佛里斯（Jan DeVries）所謂的歐洲「勤勞革命」（Industrious Revolution）。[28]總的來看，中國、日本境內的核心地區在一七五〇年左右似乎與西歐最先進的地區相近，以類似的、堪稱更完美的方式結合了先進的農業、商業與非機械化工業。因此，我們必須把目光轉向這些核心地區之外，才能說明它們後來為何分道揚鑣。

打造一個更兼容的論述

本書的第二部分包含第三、第四章。第三章把目光移離生存導向的活動，轉而審視新式的消費者需求、伴隨這些需求而來的文化性與建制性改變，以及需求改變對生產所可能導致的重要影響。在此，我們找到很可能使中國、日本、西歐有別於其他地方，但未使它們三者彼此差別很大的差異。這三個社會在可取得物品的數量和對「消費主義」的態度這兩方面的差異似乎不大也不明確（例如，十八世紀中葉的中國，糖的消耗量大致上高於歐洲人，而位於長江下游核心地區的人，一七五〇年時的人均布產量可能和一八〇〇年時的英國人一樣高）。這些社會裡的建制，似乎已發展到使增加的產量會一再創造出需求的程度，但增加的需求是否能創造出供給，則較不清楚得多。最後，那些有利於歐洲的消費行為差異，似乎深受歐洲以外因素的影響，例如對「新世界」白銀的採掘和亞洲境內對此白銀的需求（這兩者把其他「異國」物品吸進歐洲），或是受到「新世界」種植園和蓄奴所左右的生產體系。

第四章探討把第三章那些新「奢侈品」帶到市場的商人和製造商，不管是進口的、仿製的（例如韋奇伍德陶瓷）、還是純本土製造的。如此一來，本章即不再把焦點擺在「典型的」家戶和那些家戶所參與的土地、勞動力、消費品市場，而是檢視經營格局更大的參與者，探查最後一個生產因素（資本）的市場和關於一獨特歐洲資本主義的論點。因此本章不再探討那些只聚焦於西歐境內、宣稱是完全競爭市場成長的那些建制性論點，而是探討那些較關注外部聯繫，為某些不完全競爭市場的重要參與者找到優勢，從而也較關注經濟以外的脅迫（extraeconomic coercion[13]）的論點。

有幾種論點主張，歐洲社會的整個結構，或是歐洲與商業財產關係密切的具體規則，使歐

[12] 編注：「內捲化」（involuted）社會，指的是該社會長期停留在一種簡單重複、缺乏進步與變革的輪迴狀態。本書第二章會對此有更詳細的說明。

[13] 編注：經濟以外的脅迫（Extraeconomic coercion）多半指的是政治上的脅迫。對布倫納等馬克思主義者來說，資本社會透過市場來榨取勞動者的剩餘產品，因而其脅迫往往是經濟性的。然而在封建社會則不然，由於農民的生產並未在市場流通，因此榨取其生產剩餘產品的領主，其脅迫往往便是政治或軍事性的。

洲人在積聚資本、保住資本不被官方侵奪或合理運用資本上，享有重大優勢。第四章一開始即駁斥這些論點。雖然在歐洲境內（或至少在英格蘭、荷蘭和義大利諸城邦境內），某些金融資產可能得到較明確的界定而較為安穩，這類差異終究太小，不足以兼負起費爾南．布勞岱爾、喬杜里、道格拉斯．諾思等這些立場各異的學者所賦予的解釋重任，更難以和早期工業革命搭上關係，畢竟早期工業革命的資本密集程度並不高。例如，肯定有某些較大型的中國商行，其所積聚的資本常常大到足以在鐵路誕生前的時代實行重大的技術創新。

西歐的利率大概低於印度、日本或中國的利率；但研究發現，很難證明這對農業、商業或原始工業的擴張速率有重大影響，更難證明對機械化工業的早早崛起有大幅影響。值得注意的是，儘管十八世紀的歐洲人挾著據稱較為優越的商業組織，在不動用武力的情況下與來自舊世界其他地區的商人競爭，它們卻在此表現平平。只有在開拓海外殖民地和武裝貿易上，歐洲的金融建制才真正賦予歐洲重大優勢。這些金融建制係在彼此競爭、靠舉債籌資的國家體系加持下，所發展出來的。

誠如布勞岱爾所強調的，更為重要的乃是這一點：在十八世紀時，資本並非特別稀缺的生產因素。[29]與能源有關和最終與土地數量（特別是歐亞大陸各核心區域裡日益縮小的森林）有關的限制，反倒對進一步成長有著較不為人知但卻遠更重要的阻礙。勞動力與資本兩者都要比土地來得充裕，才能構成發展的要件。但若要生產任何一種馬爾薩斯所說的四種生活必需品：糧食、纖維（衣服）、燃料、建材，仍需要土地才能辦到。

資本和勞動力在某種程度上能創造出更多土地（開墾），或透過灌溉、施肥或特別用心地除草來提高土地的糧食、纖維產量，但相較於十九世紀晚期的化學業所促成的產量提高，這一增加的幅度相當小。而說到在大量使用化石燃料之前生產燃料和建材一事，勞動力和資本取代土地的能力實在很低。因此，即使歐洲在積聚投資資本上享有優勢，這本身並不會解決所有最高度「開發」的原始工業地區都面臨的生態瓶頸。即使在歐洲境內，肯定都有夠多富含資本但遲遲才工業化的區域來作為例子，可使人對將較大規模的資本積累和向工業主義過渡兩者掛鉤一事產生質疑。北義大利與荷蘭就是顯而易見的例子，儘管它們是極先進的商業經濟體；西班牙亦然，儘管它是以不同的方式說明同樣的道理。在西班牙，大量白銀流入較低度開發的經濟體很可能阻滯了成長。[30]

布勞岱爾自己並未系統性的探究他認為西元一八〇〇年前資本相對較充足的這個洞見，會如何影響他說明歐洲獨特性的起因；反倒是重拾歐洲的財富較為穩固這個未經證實的說法。[31]不過，布勞岱爾學派的論點的確把我們的目光導向長程貿易，導向國家、殖民地冒險事業、非市場性的榨取等現象，我認為這些現象在歐洲的突破性進展裡所起的作用，比大部分晚近專題論著中所見來得大。我尤其要主張，不管是在近代早期歐洲所創造出的財產新形式（例如法人和對未來所得流量的幾種證券化的求償權），還是相互競爭且渴求稅收的歐洲諸國的國內政策，都未能使西元一八〇〇年前的歐洲，成為更理想的生產活動環境；但國與國把競爭投射到海外，則的確有所影響。同樣的，就武裝長程貿易的實行和出口導向的殖民地的創立來說（這些是當時需要格外大量願意等待較長回收期的資本投入才能遂行的活動），股份公司和特許的壟斷事業最終享有某些獨有的優勢。在這個歐洲資本主義觀裡，與國家的連結，攸關著使用武力、搶先占有某些市場的權利。而當我們把這個資本主義觀與各地的先進市場經濟體都面臨日益嚴峻的生態難題一說相結合，我們即能對於歐洲的最重大不同之處，有了新的理解。

第三部分（第五、第六章）概述了一套新的思考框架，用以思考歐洲發展過程中，內、外因素間的關係。第五章一開始，主張歐亞大陸所有人口最稠密、最受市場驅動、商業最先進的區域裡，都存有不利於**進一步**成長的嚴重生態障礙，且提出理由支持此說。這些障礙未嚴重到造成重大的糧食危機，但可在燃料、建材與（在某種程度上）纖維的短缺中，或在某些區域的土壤可能失去肥沃的情況下，感受到障礙的存在。探查過這些限制因素後，第五章的最後部分將探查所有這些核心區域欲透過與人口較稀疏之舊世界區域間的長程貿易，來解決短缺的作為，並主張這類貿易無法盡如人意地解決那些問題。蒸汽時代之前高昂的運輸成本是原因之一，但還有些原因，則源於許多「邊陲」地區的政治經濟體制、那些地區相對較低的需求水平，導致難以持續用核心製造物來換取原物料，除非透過殖民體系的強取豪奪，或是透過十九世紀晚期起出現的製造業生產力落差（這些生產力落差往往體現在新技術的資本設備之類相對較固定不動的因素上）。

第六章思考工業化期間，歐洲的土地限制得到大幅紓解一事。此章簡短檢視了從木頭到煤炭的轉移（一段重要的故事，但也是在其他地方已有徹底探討的故事），然後轉而審視歐洲與「新世界」的關係帶來的生態壓力紓解。這一紓解不只是靠著「新世界」豐富的自然資源，還要靠奴隸買賣與歐洲殖民體系的其他特徵創造出一種新邊陲的方式，使歐洲得以拿愈來愈多的出口製造品換取愈來愈多的土地密集性產品。

在整個工業時代早期，這個互補性的關鍵部分係由蓄奴達成。「新世界」的種植園（plantation）從國外買進奴隸，它們自用的生產量往往不大。因此，蓄奴地區的進口量大大多於東歐和東南亞之類地區，在後者這類地區，出口作物的生產者係在本地出生，他們大部分的基本需求都已獲得滿足，也沒什麼錢可購買別的東西。

種植園區域也在幾個重要方面不同於中國內陸之類的自由勞動邊陲地區。在東亞，稻米、木材、原棉的出口者，購買力高於被強制種植物商品作物之地區的農民，而且有較強烈的動機與彈性來回應外部的需求。但這個大體上自由勞動且創造出這些充滿活力之邊陲地區的體系，也允許人們捨棄收益日低的活動。久而久之，這些區域往往經歷可觀的人口成長（部分因為收入上升）和它們自己的原始工業化，從而降低了這些區域進口製造品的需求，可出口的剩餘初級產品[14]也同樣減少。

相對的，環加勒比海種植園區域較不傾向於將其產品多樣化，更沒有打算降低對進口奴隸和食物的需求。歐洲運去「新世界」以換取製造品（尤其是布）的奴隸，大部分係歐洲自己所買入，因此，雖然送到加勒比海地區的穀物和木材有許多來自英屬北美，使那些殖民地得以買進歐洲的製造品，但「新世界」的所有進口需要，乃至對穀物與人的需要，卻有助於歐洲運用勞力和資本來解決它的土地短缺。最後，我們也會在第六章看到，從殖民地時期開始運行的動能，創造出一個架構，使資源從奴隸區和自由區流入歐洲。在整個十九世紀期間，儘管出現獨立與

[14] 編注：初級產品（primary product）泛指能夠直接利用原物料或未經加工的產品，例如農產、漁獲、礦業、木材等。

解放風潮，資源流入的速度有增無減。

第六章也表明，不同的長期核心—邊陲關係，如何能在這個過程中改變一個歐亞大陸諸核心地區所共有特徵的重要性。這一共有特徵就是「原始工業化」，即非機械化工業的大規模擴張。非機械化工業的參與者，大部分是替（往往遙遠的）市場製造產品的鄉村勞動者，他們的產品透過商人的中介送到市場。創造這一概念的歐洲歷史學家，因為對原始工業化和真正工業化之間的關係意見分歧而分為兩派。有些史學家主張，原始工業化促成利潤的積累、市場導向之活動與專業化，催生出對難以在本國製造之產品的喜好。而喬爾．莫基爾（Joel Mokyr）已證明，在原始工業裡所發展出來的大批「偽剩餘勞動力」，能大有助於工業化，同時也不會有工業工人從農業的「剩餘勞動力」裡出現時所會產生的許多難題。而我認為他這個論點既適用於他所舉例的歐洲，也適用於約一七五〇年時亞洲部分地方。[32]

但莫基爾的原始工業化模式假定，原始工業區域能不斷擴大他們的手工製品出口和農產品進口，同時不會影響他們所屬「世界」裡的相對價格。思考這一假設的侷限之處，會將原始工業化的另一面清楚呈現在眼前。

原始工業的成長，通常與人口大幅成長密不可分（但這一關聯的確切本質爭議甚烈，莫衷一是）。在許多情況下，原始工業區域裡的人口急速成長與以下的惡性循環密不可分：極低的計件工資率，使得那些往往沒什麼機會取得土地的工人，為了購買足夠食物而拼命增加產出，然後計件工資率因而變得更低。相對價格方面的任何變動，不管那是原始工業人口在出口市場上供過於求同時又需要進口更多食物且人數變多所造成，還是外部供給與市場減少所造成，都會強化這個貧困化模式。一般來說，無論人口成長與原始工業化的關係為何，人口成長都會使土地嚴重吃緊，因為要提升燃料、纖維和其他工業發展的必需品之產量也需要這些土地。除非能藉由貿易取得這些物品，否則要維持產出的增長勢頭於不墜，就只剩一個辦法，那就是更加密集地利用土地。但以當時可取得的技術來看，此舉意味著更高的農產品價格與更低的人均生產力，而且是在扯工業成長的後腿。

嚴重的生態瓶頸和人數過多的原始工業工人、未能找到足夠活兒幹的農業工人日益加速貧困化的跡象，可在十八世紀中葉歐洲的許多地區中明顯見到，甚或可在中國或日本境內的類似地區中，更為明顯地見到。然而，我主張歐洲與東亞接下來的處境開始易位。

舉例而言，中國長江下游要售出一定數量的布和進口一定數量的食物與木材，才足以維持原始工業的成長或該地工人相對較高的生活水平，但該地要達到這個數量已愈來愈吃力。這不是因為該地區有什麼內部「瑕疵」，而是因為與該地有貿易往來的區域，其人口和原始工業也都正急速成長，使其與長江三角洲的互補性開始變低。長江三角洲作為首要區域，在某種程度上發揮了此類區域應有的補償作用：藉由專門生產較高品質的布，提高附加價值；但這還不夠。簡而言之，在中國的八或九個大區（macro-region，值得一提的是，每個大區都比大部分歐洲國家還大）裡，市場非常活絡，從而鼓勵內陸許多地方的人投入更多時間製造布等產品。他們填土闢地，砍掉最靠近河川的樹，諸如此類。但這些運作平順的地區性市場和互賴關係，與全帝國性市場的成長相衝突，特別是在約一七八〇年後；這使一或兩個龍頭區域更難保持成長，也更難避免被迫採取更勞力密集型的策略來保存土地和土地密集型產品。於是，沒有劇烈技術變革的邊陲地區，其境內的自主和成長帶領全國走向經濟死胡同。

相對的，在一七五〇年後的百年間，西北歐開始能以前所未見的程度專攻製造品（包括原始工業和工業製造品）的生產，並開始能在這期間把它顯著的人口成長化為助力。當然，這一轉型大部分表現在製造和運輸兩領域裡一連串了不起的技術進步（在製造方面，這些進步帶來可供換取土地密集型產品的大量較便宜物品，而在運輸方面的技術進步則大有助於專業化）。但這些較為人知的發展，只道出部分情況。即使十八世紀的水平都讓許多人覺得已接近生態潛能的極限時，西歐也能增加其人口，並提升對製造業的專業化程度和人均消費水平，因為該地有限的土地供給所加諸的限制，突然變得較有彈性且較不重要。這有一部分是因為西歐本身的制度障礙，已在德國一地留下許多未開發的農業資源，可供人在法國大革命和後拿破崙時代的改革之後開發利用；部分則因為東歐（與中國的長江上游、亦即與西南部相對應的區域）境內更極端的制度障礙（尤其是農奴制），留下許多閒置的農業資源；還有一部分是因為，十九世紀初期時有人將新的土地管理方法從帝國帶回母國。在上述這些方面，有人或許會說歐洲正在第一流和普通的農林業實踐上迎頭追趕中國和日本，而非開闢新路徑。即使如此，歐洲的轉型也需要遵循獨一無二的路徑才能實現：人口減少、奴隸買賣、亞洲對白銀的需求、殖民地立法和重商資本主義，即藉由這些路徑將「新世界」塑造成幾乎永不耗竭的土地密集型產品的來源，以及西歐較充裕之資本和勞動力的出口地。因此，是創新、市場、武力脅迫、有利的全球形勢等因素的結合，才在大西洋世界製造出突破性的進展；而東亞境內很可能運作較良好的市場，其更早許多的擴散，反倒使它們走上經濟絕境。

於是，第六章不從贏利和資本積累的角度，也不從對製造品的需求角度（歐洲本土生產的製造品很可能已能滿足需求），[33]而是從製造品如何紓解歐洲真正稀缺之物（土地與能源）的供給吃緊狀態的角度，點出大西洋貿易的重要性。歐洲的海外榨取有助於紓解這些基本且實質的限制，因此有資格和英格蘭轉而使用煤一事，並列為帶領歐洲走出馬爾薩斯式侷限的重要因素，而不該被拿來與紡織、釀酒或其他產業的發展相提並論。紡織、釀酒或其他產業，不管對金融資本的積累或僱傭勞動的發展有多大貢獻，往往是在強化，而非紓解，西歐核心地區裡的土地與能源緊缺。事實上，根據對這項生態上的意外收穫所作的初步評估，直到進入十九世紀許久以後，海外榨取成果的重要性，大概仍和英國開始使用化石燃料的劃時代壯舉差不多，至少對英國的經濟轉型來說是如此。

比較、關聯與論證的結構

因此，本書在基本上屬比較性質的第一部分中主張，儘管相對較高的積累水平、人口模式和某幾類市場的存在這三個因素的結合，可能使某些地方（西歐、中國、日本，或許還有其他地方）脫穎而出，成為經濟發展前景最可能出現劇烈轉變的地點，但它們無法說明為何那一轉變實際上最先出現於西歐，或者無法說明為何它發生於某個地方。技術上的差異也無法充分說明十九世紀之前的情況（那時歐洲彌補了土地管理上的不足，在其他許多領域上大為領先），而且即使在十九世紀，只有把歐洲與地球其他地方的錯綜複雜且往往充滿暴力的關係納入考量，才能充分說明。

本書的第二部分繼續作跨洲性的比較，只不過是在洲與洲的關聯也開始變重要的時空環境裡作比較。這個部分主張，當我們把目光朝向與餬口所需較無直接關聯，且涉及到較小比例人口的幾類經濟活動時，的確看到西歐在文化和建制上的某些可能重要的差異，甚至是與其他「核心」地區的差異。但這些差異是程度上的差異，而非類別上的差異，在強度和範圍上都很有限。這些差異肯定無法證明任何所謂西歐（以及僅僅西歐）若非擁有「資本主義生產模式」就是擁有「消費社會」的說法言之有理，而且這些差異同樣也無法說明，這個顯著分道揚鑣的現象**為何會**在十九世紀出現。此外，引人注意的是，在可察覺到重大差異的地方，差異總是與偏離斯密式市場動態（Smithian dynamics）的事物有關聯，特別是與國家特許的壟斷事業和特權，與武裝貿易、開拓殖民地的成果，有關聯。

第三部分同樣以比較起頭，說明不管歐洲享有什麼優勢，無論是來自發展程度較高的資本主義和「消費主義」，還是來自制度障礙所留下可供較密集性使用的閒置土地，乃至來自技術創新，那些優勢都完全未能指出一條明路，來走出舊世界諸「核心」區域所共有的生態限制。此外，與舊世界人口較不稠密的地區所進行的純合意性貿易（歐亞大陸所有核心區域都採行的一個策略，規模往往遠大於西元一八〇〇年前西歐所能處理的程度），在紓解這些資源瓶頸上也沒有多大的潛力。但「新世界」的發展前景較為樂觀，主要是因為全球形勢的效應。首先，流行病大大削弱了「新世界」原住民對歐洲人侵吞這些土地的抵抗。其次，在征服與人口減少後出現的跨大西洋關係，也就是重商主義和特別是黑奴買賣，使得亟需的資源流到歐洲一事自我催化，而且是以舊世界的地區間合意性貿易所未見的方式自我催化：它比現代世界主要產品出口者和製造地區間能自行永續的分工還早出現，甚至比工業化還早出現。世界上第一個「現代」核心地區和其第一個「現代」邊陲地區，就此同時問世。拜這一全球形勢之賜，西歐得以有機會在先進經濟體的基礎上打造出真正獨一無二之事物，儘管這一經濟體的主要特徵並非獨一無二。最後，我們用關聯和互動來說明光靠比較所無法說明的現象。

地理涵蓋範圍小記

概述過本書的主要想法之後，理當就本書所涵蓋的地理範圍做個簡短的提醒。本書雖然加入方興未艾的「世界史」領域，但對待世界諸地區仍有著輕重之別。中國（主要是中國東部和東南部）和西歐受到較長篇幅的著墨；對日本、南亞和中國內陸地區的著墨則少了許多；對東歐、東南亞、美洲的著墨更少；對非洲的著墨則又更少，只有在談及奴隸買賣時例外；對中東、中亞、大洋洲則幾乎不提。此外，當本書探討中國、日本、南亞和西歐時，兼採比較與關聯的角度。換句話說，既把它們當成產生基本經濟轉型的合理地域、認為它們的經驗也闡明了這類轉型確實發生的地方，又從它們自身與其他地區間相互影響的角度來探討它們。

另一方面，對東歐、東南亞、美洲和非洲的探討，大抵透過它們與其他地區的互動。這並非暗示它們完全是**被動**而為，正好相反，本書所概述的論點主張，在我們認為「核心」的那些區域裡所得以實現的事，都受到「它們的」邊陲地區的發展路徑和內部動能制約。這也無意暗示只有我以比較方式探討的那些地區，才可能發生重大改變。工業成長只是我們所謂的「現代性」的一部分，儘管那是至關緊要的一部分，而其他部分可能有其他的地理淵源。此外，只理解特定區域，即只理解我們現今視為自身時代的主要特徵的發源地，其後果也非我們所承受得起：這麼做的話，會大大增加把那些特徵視為勢所必然的風險。簡而言之，只是把一些中國、日本的事物加進歐洲故事裡當陪襯，並不會讓歐洲故事成為「世界史」。

但我之所以在此特別著墨於特定地方，除了因個人精力有限外，還有別的原因。有些原因與我想要質疑的故事有關，有些則與我想說的故事有關。

首先，從亞當·斯密、馬爾薩斯到馬克思，再到韋伯，中國在現代西方談及自身的諸多故事裡，一直是扮演首席「他者」的角色。因此，本書的兩個首要目標，乃是弄清楚一旦中國的發展不再扮演歐洲對立面的角色，中國的發展會呈現如何不同的樣貌；同時也弄清楚一旦瞭解歐洲的經濟與最常被拿來與它對比的他地經濟之間的**相似之處**，歐洲史會呈現多麼不同的樣貌。

其次，我論證裡強調的那些過程，把我們的目光導向世上各個人口稠密的地區和它們的貿易夥伴。一方面，方興未艾的專業化受到高人口密度的加持，因為除非市場裡的人夠多，否則人無法靠每個人偶爾才需要做的事來養活自己。[34]人口密度並非決定亞當·斯密之「市場規模」的唯一因素，即使是人煙稀疏的區域，還是可能擁有形形色色的專業人士各自負責其文化中所認為的重要工作。但另一方面，也是因為在許多經濟活動領域裡，包括糧食生產、衣物生產、建造、運輸、交換本身，若要發展出精細的專業化，最終必得有一項無可取代的條件：即在擔負得起的地理範圍和文化範圍裡有足夠多的人（就亞當·斯密的觀點，更難預料得多但顯然很重要的技術變革過程，離不開探查自然世界和追尋操縱自然世界的新方法，而上述道理用在此一探查與追尋工作的專業化上同樣真切）。

與此同時，生態壓力與人口的關係更為密切，這也是我論證的核心成份。[35]當然，從某個客觀角度來看，如果根本供養不起那麼多人，或如果人們以某些方式使用他們的環境，則人口稀疏的區域也可能受到沉重的生態壓力。因此，在第三部分我區別了人口稠密區和我所謂的「人口飽和」（fully populated）區。所謂的人口飽和區，即是除非有重大的節省土地技術變革、建制性改良、或有更多機會透過對外貿易取得土地密集型商品，否則已沒有大幅成長空間的區域，即使它們的每英畝人口數少於別的區域亦然（舉例來說，有鑑於十八世紀的英國擁有更低的每英畝產量和更高的生活水平，其「人口飽和」程度可能比孟加拉還高，即便是在其人口密度較低之時亦然）。但這個評斷標準也使人把焦點擺在西歐、中國、日本，以及較低程度地把焦點擺在印度。我們還可以針對稠密人口、資訊集中使用、特定技術與建制變革的可能性來提出進一步的論點，但這些論點就比較沒那麼簡單明瞭。

最後一個較禁不起思辨論證的觀點，乃是由於我本身所受的訓練，使我寫起中國、歐洲、日本比寫其他地方更為得心應手，並使我在關於這三地的研究成果上，更易於取得相對來講較豐富的既有資料。詹姆斯．布勞特（James Blaut）所謂的「齊一說」（uniformitarianism）是個有用的起始點，但具有我們必須藉助觀察來發現的侷限之處。根據齊一說，在歷史的某一個時間點（在他的分析裡是一四九二年），非洲與歐亞大陸許多彼此相關聯的部分，在持續發展的動能（dynamism）與「現代性」上具有大略相似的潛力。[36]如果最終此說可運用於每個地方，那會是很值得注意的巧合，但許多證據都表明它並非適用於每個地方。誠如前面的推敲，我個人推測人口密度最終會是極重要的因素，因此比較可能的情況是，比如北印度，最終會比中亞乃至鄂圖曼帝國，更適合和中國、日本、西歐劃歸同一類[37]（在這方面，有一點大家應切記：若有人在十年前試圖寫這樣的書，他將會比我更難找到著作來支持有利於中國的解釋；而若是在二十五年前，就連有關日本的著作都會很難找）。但由於現今可取得的著作（受限於我個人和既有的知識侷限所取得的著作），本書所特別著墨的地理範圍似乎已足夠，至少已足以使我們對有待思索的問題提出新的疑問。我比較仔細檢視的地方並未涵蓋全世界，而且世界其他地方也並非只有在與我所檢視的那幾個地方互動時，又或者是充當負面例子（舉東歐為例，藉由點出東歐與中國、西歐兩地的差異遠大於西歐、中國彼此間的差異，來闡明中國、西歐兩者有多少共通之處）時才顯得重要。但我認為，就重新思考我們當今的工業化時代發祥地來說，這樣的地理配置是合理的。

Part I

有著驚人相似之處的世界

第一章 Chapter 1 歐洲領先亞洲？從人口、資本積累與技術解釋歐洲發展

歐洲如何在十九世紀中葉達到絕無僅有的富裕？各方雖然未有共識，然而艾瑞克．瓊斯的《歐洲奇蹟》（European Miracle）一書，大概最接近於當今[1]的「主流」看法。瓊斯的論點兼容並蓄，是以儘管有許多歐洲主義者會駁斥或質疑他的許多說法，但他的幾個通論性觀點還是贏得廣泛的認同。對本書來說，這些通論性陳述裡最重要的一則（同時也見於其他許多學術著作裡），乃是工業化並非歐洲經濟史脫離其他舊世界發展軌跡的起點，而是代表了兩者的差異在悄悄醞釀數百年後的結果。事實上，許多學者根本把這視為理所當然。由於瓊斯清楚說明了他為何贊同這觀點，他的著作可作為本書有用的起始點。

據瓊斯的說法，「歐洲人」[1]早在工業化之前就已是獨一無二的富有。特別值得一提的是，藉由「將人口成長抑制在稍低於該地所能乘載的最大值」，歐洲人已掌握了更多的資本，特別是牲畜。[2]這進而使歐洲人有機會「將他們的消費水平維持在比亞洲稍高的程度」。[3]此外，由於歐洲比起其他地方所遭遇的天災較少，也較早就開始用防火磚石建屋，使歐洲人的資本存量較不易化為泡影。[4]因此，歐洲人只需較少的年度盈餘就能抵銷資本貶值，並使歐洲在資本存量上的

優勢與日俱增，甚至早在工業革命前就是如此。

但事實上，只有少許證據顯示西歐的資本存量在西元一八〇〇年前曾經享有量的優勢，或存在使歐洲在資本積累上大占上風的持久情勢（無論是人口或其他）。歐洲人也不大可能比亞洲較發達地區的人更健康（亦即在人力資本上占優勢）、更有生產力、或者有在其他方面承繼了多年所緩緩積累的優勢。

當我們比較體現於資本存量裡的技術時就會發現，歐洲的確在工業革命前的兩、三百年間在一些重要的領域享有優勢，卻也在幾個領域中屈居劣勢：這些劣勢集中在農業、土地管理領域和對某些土地密集型產品（尤其是薪材）的無效率運用上。就結果而言，歐洲占上風的某些領域最終對真正革命性的發展有著重大影響，但其他社會擁有較高明技術的那些領域則不然。但即使歐洲在幾個領域裡享有技術優勢，若沒有使歐洲比其他社會更能不受其土地基礎約束的其他改變，歐洲也不可能獲得突破性進展而達到自力成長。這有一部分是歐洲在原本落後的某些節省土地技術上迎頭趕上所致（拜海外帝國所得到的知識加持而順利許多），一部分要歸功於意外的好運，讓歐洲人在特別幸運之地找到重要資源（特別是能節省林木消耗的煤），另一部分則要歸因於**全球形勢**。而那些全球形勢其實也是歐洲人的作為（許多是暴力性作為）、流行病的意外助陣、某些基本上自力運行的情勢所共同塑造的（中國經濟轉向以白銀本位便是一例，中國此舉有助於在其他產品問世之前那個漫長期間維持「新世界」的礦場獲利不墜，維繫住歐洲的殖民地）。

---

[1] 編注：指原著出版的二〇〇〇年。

這些全球形勢使西歐人有機會取得數量龐大的土地密集型資源。此外，他們能取得這些資源，同時不必使在十九世紀人口、人均資源使用均急速成長**之前**就已陷入困境的歐洲生態更加不堪負荷，且也不必把自己龐大的勞動力移撥給數種勞力密集型活動，從而使他們保有必要的勞動力來管理土地，以獲得更高的產量和更大的生態永續性。若沒有這些「外部」因素，單單歐洲的創新發明對經濟與社會的衝擊，比起在十八世紀中國、印度和其他地方持續在進行的極小幅技術改良對它們自身的衝擊，可能在程度上大不了多少。

農業、運輸與牲畜資本

歐洲的人均牲畜擁有量的確多於大部分定居型社會。**在歐洲的農業體系裡**，牲畜是極值錢的資本，因此牲畜愈多通常意味著愈富裕。在亞洲某些地方，牲畜的短缺的確使人無法耕作更多土地。例如，在十八世紀孟加拉的某些地方，明明有無人耕種且肥沃的土地，無地的勞動者卻無法拿來用，只因為無從取得役畜；但無從取得役畜，牲畜的短缺只是次要原因，主要還是因為地主擔心失去自己旗下的勞動力，因而特意獨占這些必要的牲畜。[5]由於未被利用的土地仍然很多，要把弄不到牲畜一事歸咎於馬爾薩斯式壓力[2]，也就行不通。

在某些亞洲社會裡，人口的稠密來到了無法輕易取得牲畜的程度；但就算是在這些例子裡，也絲毫沒有役畜的短缺會抑制農業生產的跡象。事實上，如果役畜短缺是個重大麻煩，我們就很難理解為何擁有較多土地、較有錢的農民並未飼養或使用更多牲畜；而且就我們有可觀資料參考的時期來說，華北大、小農田在每英畝所用畜力上並沒有明顯差異。[6]此外，若就歐洲標準來看，這些數量不多的牲畜已足以包辦所有粗活，使幾乎所有可用的耕地不致閒置。另外，根據我最有把握的估計，由於華北地區種植混種作物且生態比產米的南方更像歐洲，因此即便役畜較少，此地中國人在十八世紀晚期施予土壤的糞肥，仍比同時代的歐洲人來得多，且品質也較好。[7]農產量因此足以供養旱作地區格外稠密的人口，[8]而且誠如不久後會瞭解的，其生活水平大概和西歐相當。與此同時，役畜數量更少的亞洲稻米區，農產量卻是舉世之冠。這是因為種稻根本不需要那麼多的畜力，而且收割後的作業所需的畜力，也比製造麵粉所需的還少上許多。[9]其他的亞熱帶和熱帶地區，例如中美洲，即便只有少許耕畜，乃至根本不用耕畜，也供養了稠密人口。如果擁有較多役畜的歐洲農業並沒有特別高的生產力，那我們就很難把擁有「較多役畜」視為重要優勢。

當然，耕畜也可用來拖拉其他貨物。歐洲在前工業時代的陸上運輸方面享有極大優勢，部分就得歸功於有許多農畜可供使用。這些農畜得每日餵食，但只有部分時間用於農業。那麼，歐洲在陸上運輸的資本設備上，享有重大優勢嗎？與牧地極稀少的東亞相比，歐洲或許享有優勢，但中國和日本發達的水上運輸肯定抵銷了自身陸運上的劣勢，使這兩個地方在運輸上與歐洲同樣擁有有價值的資本；亞當．斯密就曾注意到東亞在運輸上的整體優勢。[10]而在亞洲境內那些和歐洲一樣有不少草場和草原的地區，大概也擁有一樣發達的鄉村運輸。印度北部龐大的牛車隊，就是個雖然具有軼事趣聞性質但有力的例子。這類車隊的牛隻，有時多達萬頭。[11]數量估計雖有許多

[2] 編注：即導論中所提之「馬爾薩斯式世界」。

難以掌握之處，但就我們所能掌握的部分來看，十八世紀北印度的牲畜運貨力，就人均來說，和維爾納·宋巴特（Werner Sombart）針對一八〇〇年時的德國所提出的估計數據相差不大。[12] 此外，中國和印度老早就從遍布牧草地的中亞買進戰馬和其他牲畜，而且清朝在一七〇〇年控制泰半中亞後也能自行飼養戰馬。因此中國人如果需要輸入其他牲畜，從生態角度來看也是可行的。[13]

我們同樣也沒有看到其他亞洲運輸資本短缺的跡象。根據推測，這樣的短缺會抑制貨物的行銷，特別是像穀物之類體積龐大的貨物。但在中國這個人口極為稠密的社會，長距離運輸送到市場販售的收成，占所有收成的比例，似乎比在歐洲還高了許多。據吳承明的保守估計，十八世紀時有三千萬石的穀物進入長程貿易，[14] 也就是足以餵飽約一千四百萬人。[15] 比起對西元一八〇〇年前歐洲長程穀物貿易巔峰時該貿易的籠統估算值，多了四倍之多；[16] 若和波羅的海穀物貿易最盛時期一年的貿易量相比，則多了超過十九倍。[17]

此外，吳承明的數據只涵蓋中國境內諸多穀物貿易路線中最大的幾條，且即使是針對這些路線，他也都採用很審慎的估算。例如，他略去山東省。山東省在一八〇〇年時人口約兩千三百萬[18]（比法國人口稍多），商業化程度不特別高，但也不特別落後。十八世紀時，該省一般來講一年輸入足以餵飽七十萬至一百萬人的穀物（比波羅的海貿易量還高），同時也輸出約略相同數量的穀物。[19] 因此，如果把山東這個大小相當於一個國家的省份，其所進出口的穀物量當成歐洲境內的「國際貿易量」，就會發現該省所從事的穀物貿易，足以比得上歐洲境內所有的長程穀物貿易。山東省境內想必也有頗活絡的穀物貿易，因為即使進口如此數量的穀物，也不可能滿足該省城市區的需求（更別提該省的棉農和菸草農）。

這種現象並非中國獨有。許多亞洲城市（以及前殖民時期美洲境內的一、兩座城市）都曾比歐洲任何城市來的大（後來才被十八世紀的倫敦打破），有幾座甚至比倫敦還大。有人估計，十八世紀的日本人口有兩成二住在城市裡，相對的西歐則只有一至一成五；[20]而就馬來群島來說，儘管整體人口分布稀疏，城市人口所占比例卻可能達到一成五。[21]上述的許多城市，以及南亞和中東境內的某些城市，皆極倚賴笨重糧食的長距離輸運。

整體來講，我們似乎很難找到歐洲在運輸上占優勢的證據。最後一個可以考慮的情況是，歐洲的牲畜為轉動磨石之類的工業活動提供了動力，從而對工業發展造成重大差異。但在亞洲的食米區，碾磨穀物的需求本來就不高，因為米與小麥不同，往往不需磨成粉就能食用。就算要把米磨成粉，通常也只是少量碾磨，但這並非是因為缺乏畜力，而是米的特性所致：由於米一旦去殼很快就會壞掉，因此必須以每日少量的方式來手工處理。[22]此外，不管是在歐洲還是亞洲，大部分磨坊和其他工業設施的規模都很小。這類設施也不是每天都在運作，因為需求較低，且有著像節日之類的固定限制和其他短缺（例如鍛鐵爐所用燃料的短缺）。因此，並不是每個地方都需要大量牲畜，更沒有跡象顯示畜力的短缺會大幅抑制工業發展。

因此，就算歐洲的牲畜對發展有所影響，也是以一種消費品項而非「資本財」的形態來造成影響。也就是說，以蛋白質來源的形態造成影響，而且這種蛋白質是其他區域找不到其他東西充分替代的。比起亞洲境內大部分民族，歐洲人肯定食用較多的肉和更多的乳製品。但歐洲的這一優勢在近代早期時非但沒有上升，反而逐漸下滑，而且下滑非常快。例如在德國，從中世紀晚期至一八〇〇年，肉食用量減少了約八成。[23]此外，肉並非不可取代的蛋白質來源，許多中美洲和北美洲的人似乎從玉米、豆類、南瓜屬植物，攝取到肉裡最重要的胺基酸，東亞人則從豆腐裡攝取。

更廣泛的說，凡是以某方面的日常飲食（或以「有較多的磚石建築」等特徵）為基礎的論點，都禁不起推敲。我們要如何決定哪種差異構成「生活水平上的領先」？[24]為何要強調歐洲在住居上很可能擁有的優勢，而不強調日本、中國、東南亞等地在飲用水上安全且出色的供給？[25]或者強調能生產出更舒適與更耐用的棉製品？這類棉製品在亞洲大部分的地方，即使窮人都能夠入手；而在傳入歐洲後，更連富人都喜愛。要回應這樣的質疑，最明確的方式或許是宣稱歐洲人擁有某種混用物質財的方式，使他們活得較健康、較長壽、或較有活力。然而，根據我們堪稱有限的證據表明，這樣的情況並不存在。保羅・貝羅赫（Paul Bairoch）根據二十世紀的資料往回推，估算了世界大部分地方在一八〇〇年左右的人均收入。在他的數據中，「亞洲」在整體上稍稍落後於西歐，但仍領先整個歐洲；而中國一枝獨秀的程度，則是連西歐都比不上的。[26]但貝羅赫在推算時也遇上許多困難，是以與其倚賴貝羅赫對各經濟體所估算的數據，本書打算逐一探討我認為歐洲經濟在十八世紀時表現「平平」的理由。

活得更久？活得更好？

根據英國史家勞倫斯・史東（Lawrence Stone）的研究，一六五〇年時的英格蘭或許是歐洲最繁榮的地區。然而，即使是此地的貴族子弟，其平均壽命[3]（即出生時的平均餘命）也只有約三十二歲；要到一七五〇年後才超過四十歲。[27]約翰・諾德爾（John Knodel）的研究則發現，在整個十八、十九世紀期間，德國西部十四座村子的村民，平均餘命一直處於三十五至四十歲之間。而誠如後面將會看到的，這個數字比十九世紀更廣大德國人口的整合資料所得出的平均餘命還要高。[28]安東尼・里格利（Anthony Wrigley）與斯科費爾德（Roger Schofield）對英格蘭村子進行大規模調查，得到平均餘命在整個十八世紀期間約為三十四至三十九歲的數字，這個數字在十九世紀攀升到四十歲，並要到一八七一年後才會再進一步大幅攀升。[29]

這些數據相當出人意表，因為它意味著在平均餘命的數字上，英格蘭整體只稍低於史東所提的貴族子弟；但我們不該遽然下此定論。有些學者認為里格利和斯科費爾德的數字不夠精確，因為它並未就西元一七八〇年前一般平民普遍少報出生、死亡一事做出相應的修正；而這樣的修正將會降低平民百姓的平均餘命，從而拉大平民與有著較詳細生卒記錄的貴族之間的差距。據彼得・拉澤爾（Peter Razzell）估計，英格蘭在一六〇〇至一七四九年真正的嬰兒死亡率，很可能比里格利與斯科費爾德的數據所指出的還高上六至十成。[30]光是算入拉澤爾對嬰兒死亡率的數字，就會使英格蘭的平均壽命減少三成七，來到三十一・六至三十四歲，而且拉澤爾還表示，其他特定年齡群的死亡率也應往上調整，尤其是在這個時期之初的死亡率。[31]在擁有更多人口的法國，平均餘命則低了不少：法國男、女在一七七〇至一七九〇年的平均壽命都在二十七・五至三十歲之間。[32]德國境內幾個地區稍晚時期（一八一六～一八六〇）的平均餘命也和法國差不

[3] 編注：平均餘命指的是，該年齡平均預期還能活多久。平均壽命即指出生時（也就是零歲）的平均餘命。本書後續譯作平均壽命時，皆指出生時的平均餘命。

多：東普魯士和西普魯士是二十四・七歲，萊茵省是二十九・八歲，西發利亞（Westphalia）則是三十一・三歲。[33]

有幾個亞洲群體的個人壽命似乎和這些西歐人一樣長。蘇珊・韓利（Susan Hanley）和山村耕造（Yamamura Kozo）估算了十八世紀晚期和十九世紀初期兩個日本村子村民的平均壽命：兩村男性分別是三十四・九和四十一・一歲，兩村女性是四十四・九和五十五歲。[34]湯瑪斯・史密斯（Thomas Smith）、伍若賢（Robert Eng）、倫迪（Robert Lundy）則以某個有詳細文獻佐證的十八世紀村子為對象，計算該村裡活過一歲者的總平均餘命，男性為四十七・一歲，女性為五十一・八歲。[35]因此，住在鄉村的日本人（不包含依法得住在城下町的貴族），似乎活得和歐洲人一樣久，而且很可能更久。

儘管中國人的壽命沒像日本人那麼長，但比起歐洲人依舊不遑多讓；亞洲其他地區的人口亦然。泰德・泰爾福德（Ted Telford）考察了中國某個較繁榮區域的族譜，發現該區域十八世紀中期的平均壽命為三十九・六歲，但到了十九世紀初期降到三十四・九歲（但仍比得上英格蘭平均壽命的估計值）。[36]李中清（James Lee）和卡麥隆・坎伯（Cameron Campbell）利用一七九二至一八六七年中國東北某村詳盡的資料，得出如下的研究結果：滿一歲的男性平均餘命為三十五・七歲，女性則是二十九歲。[37]這些數據稍低於泰爾福德所提出的十八世紀中期數據，但就女性來說，平均餘命可能因為這個村子裡特別強烈的重男輕女傾向而降低。無論如何，比起歐洲繁榮的鄉村地區，這個數字仍不遑多讓。威廉・萊夫利（William Lavely）和王國斌找到許多理由，來懷疑十八世紀晚期平均餘命減少之說；他們也從幾份研究報告收集中國人的平均餘命數據，發現在十九世紀之前，中國人大體來講比西北歐類似群體的平均餘命來得高。[38]

滿清皇族可能是世上有著最詳細文獻可茲研究、人口也最多的前現代族群，而且是並非人人都過上好日子的族群。晚近對這個族群的研究，提出了一個正反兼具的論斷，但這個論斷大體上支持「中國人」[39]活得和西歐人一樣久的說法。由於高殺嬰率，此族群的平均壽命似乎不高：或許有高達四分之一的新生女嬰遭殺害，且殺嬰率在十八世紀時來到頂點[40]（當時人普遍以殺嬰作為計畫生育工具，而這個族群所留下的記錄又特別詳細，使後人得以瞭解過去此作法有多普遍）。不過，到了十八世紀晚期，活到一歲者的平均餘命已達到至少四十歲，[41]從而相近於前述西歐最富裕者的平均餘命。而從其他的人口資料，我們也可推斷出中國人的平均餘命與歐洲人相當。誠如不久後會看到的，儘管中國的出生率似乎一直低於歐洲，但其人口成長率從最初較高（一五五〇～一七五〇），到後來變得相當（中國和歐洲兩地人口從一七五〇至一八五〇年都差不多成長了一倍）：這只有在中國人的死亡率也低於歐洲人的情況下，才有可能發生（歐洲移出人口較多，但此事要到這個時期末才足以造成重大影響）。進一步的研究的確有可能得出中國實際上的出生率、死亡率比目前為止所發現的數據還要高的結論（尤其是如果找到有助於瞭解中國較貧窮地區的資料的話），但我們既有的歐洲資料，大部分都已經是來自較繁榮、記載較詳細的區域了。

從我們手上零散的營養統計資料，也可看出中國與歐洲較富裕地區在十八世紀時有著約略相當的平均餘命（中國或許略勝一籌）。我們不該把死亡率和營養兩者的對應關係看得太密切，乃至於認為前工業時代的人沒有刻意使用各種方法來影響死亡率，從而認為可用資源的數量波動（和瘟疫或戰爭之類的外生型危機）是死亡率最大的影響因素。然而，李中清和王國斌已提出有力理由，證明新的公共衛生措施（例如人痘接種法的傳播）、行之已久的個人衛生模式（例如使用肥皂、喝煮沸的水）、個人心態上的改變（從尋求醫療到殺害或疏於照顧嬰兒等各種事物上的心態改變），對十八世紀中國人平均餘命的影響，可能比我們原先根據前現代歐洲人口的研究所認為會有的影響還大。但即使如此，我們仍不能將「人均食物供給量會影響死亡率」這個基本的馬爾薩斯洞見置之不理。令人欣慰的是，我們發現中國人除了活得相對比較久，似乎也有著相對比較充足的食物。

布勞岱爾發現，在西元一八〇〇年前，歐洲的卡路里攝取量報告有著極大的落差，而且這些報告大部分都來自於身分地位較高的階級。布勞岱爾指出，做粗活者（例如西班牙船隊上的船員）每天攝取三千五百卡路里，而「城市大眾」每人每天攝取兩千卡路里左右。[42]格列高里・克拉克（Gregory Clark）、麥可・胡伯曼（Michael Huberman）、彼得・林德特（Peter H. Lindert）所收集的十九世紀英格蘭資料，顯示幾個非務農型勞動家戶群體的每個成年男性當量（per adult male equivalent）為兩千至兩千五百卡路里，而一八六〇年代鄉村農業勞動者則是將近三千三百卡路里。[43]潘敏德（Ming-te Pan）根據十七世紀長江三角洲某份農書，將農業勞動者的配給往回推，指出這些配給光靠穀物就會產生大概四千六百卡路里的熱量。[44]對十八世紀全中國人口之穀物消耗量的估算，各家說法不一，但平均起來約每日二・二石稻米當量，[45]也就是每日每人產生約一八三七卡路里。如果十八世紀的人口年齡結構，和卜凱（John Buck）在一九二〇、三〇年代取樣的年齡結構一模一樣，[46]每個成人當量就會轉化為二三八六卡路里，而這還未計入他們所消耗的非穀物性食物。轉化為成年**男性**當量一事，雖然因為可以和英格蘭比較而令人樂見，但由於十七和二十世紀中國鄉村資料裡的成年男性、女性消耗量之間的差異，比英格蘭取樣的差異大了不少，這一轉化就變得複雜難懂；但如果我們運用十九世紀晚期的英格蘭比率，那麼中國數據就變成每個成年男性二六五一卡路里。除了一個英國取樣，這個數據和其他所有英國取樣（包括那些來自更加繁榮之十九世紀晚期的取樣）相差無幾，而且遠高於布勞岱爾對整個歐洲之「城市大眾」的估計值。[47]

東南亞的資料極為參差不齊，但來自十九世紀初期呂宋的一份堂區記事簿，顯示平均壽命為四十二歲。[48]其他零星的證據則顯示，一五〇〇至一八〇〇年，東南亞菁英的壽命可能比歐洲菁英稍長，而這期間來到東南亞的歐洲人，也常提到當地原住民非常健康。[49]至於其他許多區域，資料根本付諸闕如。

只有印度的平均餘命，才大幅低於西北歐大部分地區。根據來自某區域的不可靠資料，一八〇〇年左右平均壽命大概介於二十至二十五歲之間。[50]誠如後面會一再看到的，差異大加上資料不全，使人特別難以就南亞做出推斷，乃至特別難以針對此地區做出在中國、日本、歐洲所能做出的那類陳述。特別值得一提的是，印度雖然在幅員上比政治上較統一的中華帝國來得小，但勞動體制的多樣性則大上許多，多樣性的程度似乎和整個歐洲一樣大，更大於西歐一地。如果說這會導致收入分配和生活水平上也出現同樣大的差距，甚至在自然條件相似的區域裡亦然，似乎也就不足為奇（當然，這個說法亦適用於歐洲。而在中國，地區生態與生活水平之間的關係似乎一直比較直接）。不過，即使印度的平均餘命只有二十五歲，也只稍低於伊夫·布拉尤（Yves Blayo）對法國的估計數字；此外，晚近一項調查顯示，至少就南印度勞動者（包括農人和工匠）來說，他們在十八世紀中期的食物購買力就已普遍超過英格蘭的同業了。[51]

出生率？

如果歐洲人的死亡率並沒有特別低，他們的出生率亦然；因此，歐洲家庭在確保祖傳財產上，並未特別享有優勢。當約翰・哈伊納爾首度概述歐洲的生育力體制（獨身比率高、青少年和壯丁在能結婚前離家在外當僕役數年的比率高、相對較晚婚），如何製造出比「前工業時代的人口體制」（在這種體制裡結婚後完全不做會阻止生育的事）還低的出生率時，時人普遍認為世上其他地方，或至少大部分地方，都是以這種「前現代」的體制為特色。[52]的確，只有寥寥幾個大型社會有像歐洲這樣推遲婚姻或減少結婚者比例的建制。因此那些從歐洲往外看的比較論者，則根本從未料到，在歐洲境內開始出現有效的婚姻**內**生育控制（差不是十八世紀末）之前，這樣的生育控制早就已存在。如今很清楚的是，亞洲人（或至少東亞人）的確有方法控制已婚婦女的生育率。

首先，日本的資料顯示日本的出生率出奇地低。這一現象似乎大半是某種約定俗成的做法所間接（和可能無意間）造成。在這種習俗下，年輕婦女離鄉背井工作，往往一做就是數年，從而對生育產生類似哈伊納爾在歐洲所觀察到的影響（降低生育率，但比歐洲更為顯著）。[53]此外，我們也有具體無誤的證據，證明當時還會透過更直接的辦法，來控制家中小孩的數量和性別，這包括墮胎和殺嬰，可能還有避孕和禁欲。更發人深省的，我們愈來愈清楚這些直接辦法（包括殺嬰），不只在經濟困頓時作為求生策略，在經濟順遂時也被當成積累資本、躋身更高社會地位的策略一環。[54]事實上，證據表明殺嬰在日本有錢人家裡比在窮人家裡更常見。[55]

來自東南亞的證據相對較零星，較不具說服力，但也強烈顯示夫妻會以數種積極作為控制生育，特別是有婦女在從事流動買賣的人家（這類人家並不少）。[56]最近的研究顯示，中國不同階級的人家，在順遂和困厄時，都會以形形色色的辦法來限制家庭人數、控制小孩的年齡差、選擇小孩的性別。[57]使用最廣的辦法似乎是在結婚後推遲懷孕，然後在已有小孩後避免懷孕；晚近的研究表明，這使得中國婦女儘管大多早婚，其平均生育生涯仍大大短於歐洲婦女。[58]其結果就是中國在一五五〇至一八五〇年間，每樁婚姻和每個婦女的出生率都大大低於西歐。[59]

總的來說，亞洲似乎有幾個群體，在為了維持或改善生活水平而抑制出生率上，表現出毫不遜色於任何歐洲人的能力和意志。[60]此外，那些表明中國、日本出生率低於歐洲的證據，有助於支持中、日死亡率低於歐洲（從而有較高生活水平）的證據，反之亦然。如果東亞人的生活過得和歐洲人一樣好或更好，那就沒有什麼理由認為他們在家戶層級的資本積累上花費了較少的心力。儘管如此，我們會在下一節裡，探討那些使歐洲人在資本積累上較有成效的宏觀因素。

資本積累？

我們似乎沒什麼道理認為，大部分歐洲人、乃至西北歐人，在晚至一七五〇年時的富裕程度都獨步全球。因此，歐洲人的資本存量較有價值一說似乎也就不可能成立，因為那一資本存量並未使他們得以讓自己享有較高的生活水平。不過，瓊斯所提的另一個可能情況，也就是歐洲的資本存量較少貶值一事，則值得予以個別的關注。也就是說，較耐久的資本存量長期遭到其他差異的抵銷（例如較低的總投資率或缺乏具有專業技能的勞動力），但當這些差異之處變得較不重要時，這個資本存量就漸漸產生顯著的影響。這個情況不無可能，但在目前要把這類想像當一回事，似乎沒什麼道理。

歐洲的建築很可能比中國、日本境內的建築更捱得住災難衝擊，畢竟中日兩地較少以磚石為建材。但我們沒有充分的資料可理直氣壯地說，歐洲在這方面領先所有社會，或中、日兩國不存在其他能抵銷資本存量脆弱性的差異。

瓊斯還主張，歐洲最常發生的災難是以流行病、戰爭、歉收為主，其大部分摧毀的是勞動力，而亞洲常見的災難是地震和水災，則較可能摧毀資本。但我們還是有理由存疑，這個說法到底能賦予歐洲什麼重大優勢。

的確可以說，勞動力在遭遇災難打擊後，通常在一兩代內就會恢復，除非遇上最嚴重的天災人禍；而反觀資本存量遭遇到破壞時，影響通常會比較持久：最著名的例子或許是十三世紀的伊朗與伊拉克，由於灌溉系統遭到當時的戰爭摧毀，導致兩地部分地方在數百年內都一蹶不振。[61]但只要社會的基本結構未遭摧毀，即使是重建複雜的基礎設施，往往也只需要比人口從流行病打擊中復原的時間再稍多一些而已。例如，十七世紀中國長江流域的水利系統，在經歷過數年的戰火、瘟疫、經濟蕭條、人口減少的打擊後，一旦局勢恢復穩定，很快就能重建；[62]十九世紀中期該流域又再次經歷過類似程度（類似數量但非類似比例）的破壞後，也是在幾年內就完成重建。[63]考慮到水災和地震摧毀社會基本結構的機率，幾乎和瘟疫或旱災的摧毀機率一樣低，因此除非亞洲基本社會秩序受創於戰爭的程度比歐洲還厲害（這點不大可能，因為近代早期歐洲戰爭頻仍、中日境內戰爭發生率相對低、且大部分東南亞戰爭所造成的實體破壞程度不大）[64]，則歐洲因資本貶值較輕而受惠一說，就很難站得住腳（後面我們會再探討，瓊斯如何在後來的著作中，將重點從真正實體破壞方面的差異，轉移到蒙古人統治所遺留的影響使亞洲出現特別保守之政權[65]）。最後，瓊斯並未提出理由佐證替換被毀的物質資本，必然會比替換人力資本還要費事；而歐洲喪失人力資本的速度，似乎也和中國、日本、或許東南亞一樣快。

同樣的，沒有跡象顯示歐洲的織工、農民或其他工人，生產力大大高於歐亞大陸幾個地區的同業。照理說，如果歐洲的工人擁有較多或較好的資本，應該能看到這樣的跡象，何況我們已知道他們似乎也沒有比較長壽或過得比較好。這一點意義重大，因為它間接表示，在歐亞商品的競爭中，歐洲製造商並未因為支付較高的**實質**工資而處於不利地位。因此，如果他們的工人生產力較高，照理應能在亞洲市場販售他們的產品。但誠如各家說法所一致認定的，歐洲商人在亞洲販售自家商品，比在國內替亞洲商品找到銷路，還要難上許多，不管是就菁英消費還是大眾消費來說都是如此（亞洲人雖然吃得一樣好，但能買到的其他商品不無可能少於歐洲人所能買到的，但誠如第三章會看到的，中國人和日本人在這方面大概也絲毫不遜於歐洲人）。印度次大陸是歐洲境內亞洲製造品的最大來源，也是許多學者眼中，工人生活水平格外低的亞洲大地區（誠如第三章會說明的，生活水平格外低，既因為非常不平等的所得分配，也因為真實的人均生產水平）。但在十八世紀和大半的十九世紀時，中國的紡織品和其他商品在歐美也賣得頗好，且買家也不只是有錢人。[66]

技術呢？

一八五〇年時，至少西北歐已擁有相對於舊世界其他地方來說顯著的技術優勢，而這不可能完全是十九世紀的功勞。但誠如前面幾節所闡明的，十八世紀歐洲人整體來講不會比中國人或日本人更有生產力，因此我們得仔細地限縮那些認為整個歐洲在一七五〇年左右享有「技術優勢」的說法，並對其一一提出我們的解釋。本書的解釋承認文化性與建制性因素的重要性，因其有助於散播「科學文化」；但若沒有進一步的研究，我們也很難論定這些文化究竟有多麼獨一無二。本書所採用的解釋也傾向於貶低許多學者所特別著墨的特定政治與經濟性因素的作用，從專利法到幾無間斷的開戰，再到英國較昂貴的勞動成本。與此同時，本書的解釋不只突顯了來自海外的知識對某些關鍵技術的誕生上所起到的重要性，也讓一套與地理、資源的可取得性有關的「必要因素」（permissive factors）變得更加顯著。

如果一七五〇年時的歐洲人（一如我所主張地）並未在整體生產力上領先，那麼他們在技術上的平均水準就不太可能比其他地方更優越。比較有可能的情況是，歐洲在幾個重要領域已運用世上最先進的技術（大部分在英國、荷蘭共和國和法國部分地區）。若是如此，那些技術在下一個世紀的傳播，將會提升歐洲的平均技術水平，進而創造出我們在一八五〇年之前所看到的許多生產力優勢（例如牛頓力學顯然使一七五〇年時的歐洲人有機會設計出比其他地方已存在之泵和運河水閘還要好的東西，但以中國為例，中國運河的無所不在大概使他們在利用內陸水道潛能的平均程度上持續享有一段時間的優勢，不久後這優勢才被打破）。而即使我們堅持另一種看法，也就是認為一八五〇年歐洲整體的優勢是源於一七五〇年後的發明，也不得不問這一突然迸發的創造力是建立在什麼樣的基礎上。

我們大抵可以把歐洲在一七五〇年後嫻熟技術的加快擴散和新發明的迸現，歸功於「科學文化」的要素。瑪格麗特·雅各布（Margaret Jacob）等人觀察到，在一七五〇年之前的一百五十年裡，特別是在英格蘭，出現了識字率提高、印刷品增加、科學學會的擴散、公開演講也愈來愈多等現象。而在這些現象背後，存在著一股強烈的意識，鼓勵把自然視為機械來探究，因為此舉既帶給個人實質的好處、具有穩定社會之功用，還能取代另外兩個具有政治意涵的認識論。這兩個認識論，一是武斷的「教士本領」(priestcraft)，另一則是以對自然萬物、上帝和社會秩序的知識為基礎的民間看法，無論這知識是直覺性的、受啟發的或玄秘的。[67]這樣的「科學文化」結構，的確有一部分只見於西北歐，但並非全部。一個值得注意的例子是，中國人對自然科學與數學的興趣在十七世紀時大增，特別是一六四四年滿人入主中國後，[68]出版商發現販賣醫學書籍大有助於銷路，既是透過個人努力實現淑世之志的絕佳辦法，又能避開滿人入主後會招來殺身之禍的政治爭議。[69]普遍來說，不管歐洲的「科學文化」結構成就多麼斐然，都不是獲得技術進步的唯一法門。其他地區仍然在幾項技術上領先或保持原有水準，且在創造發明和擴散上，沿襲他們自己的模式。

歐洲以外的幾個社會在許多領域裡依舊處於領先態勢，先前已提過的灌溉或許是最顯而易見的領域；而在其他許多農業技術上，歐洲也落後於中國、印度、日本和部分東南亞地區。一七五三年創立的一個威爾斯農業改良會，便把這一點看成三歲小孩都知道的事，矢志要把威爾斯改善到「和中國一樣發達」。[70]事實上，一旦瞭解歐洲的平均餘命與他地差不多（因而在營養攝取上不可能比他地好太多），歐洲與東亞在人口密度上的巨大差距，就正好有力地說明了前述「歐洲落後」的程度有多大。[71]此外，中、日農業應付得了對紡織纖維暴增的需求（歐洲農業在西元一八〇〇年後就辦不到這一點），以及即使相對較落後的華北在保住地力上都做得比英格蘭或法國還要好（第五章會探討這項證據）這兩件事，或許也可以做為說明歐洲落後程度的證據。誠如後面會說明的，十八世紀末為熱帶殖民地的森林砍伐和土壤退化問題思索解決之道的歐洲人，在印度和中國找到許多值得借鏡之處，但直到進入十九世紀許久以後，他們才開始以有系統的方式將這些心得運用於國內。拿掉歐洲在大西洋彼岸（藉助好運、天花、暴力和航海、商業本事）所入手的遼闊額外土地，不難想像歐洲在十八世紀最大經濟的領域裡呈現的顯著技術落後，其對未來的影響，和歐洲在其他領域裡的任何優勢一樣大。

還有一些領域，是十八世紀晚期歐洲人有待趕上的。在眾多的紡織品織、染領域裡，西歐人仍靠模仿印度、中國的流程來運作，在瓷器的製造上亦然。晚至一八二七和一八四二年，都還有位英國觀察家分別指稱，印度條鐵的品質和英格蘭鐵不相上下或更好，而且其引用的一八二九年條鐵價格，還不到英格蘭境內英格蘭鐵的一半價格。[72]非洲幾個地區也生產大量鋼鐵，而且那些鋼鐵的品質和近代早期歐洲境內所能取得的任何鋼鐵不相上下。然而，在上述地區由於充當燃料的木頭短缺，造成只有某些區域生產鋼鐵，並使鐵在遠離森林的區域相當昂貴。[73]不管在十八世紀晚期世上的哪個地方，藥物的效用大概都不是很強，但東亞（和大概東南亞）的城市，在重要的公共衛生事務上（比如環境衛生和乾淨水的供應），則遠遠領先。[74]天花預防是十七、十八世紀少數幾項重要的醫學成就之一，而且這一技術似乎在歐洲、中國、印度各自發展出來。[75]晚近的研究顯示，至少在婦幼保健領域，清朝的醫學（民間的醫學知識似乎始終傳播迅速）仍優於歐洲，儘管就目前所知，仍未有和哈維論循環[4][76]並駕齊驅的著作，能在基本概念上有所突破。類似的例子還有很多，在此就不一一列出。

整體來講，一七五〇年歐洲的技術水平已首屈一指之說，需要仔細考證。即使在能源的產生和使用上（誠如我後面會主張的，這大概是十九世紀歐洲最重要的優勢），情況還比一百年前更不明朗許多。根據瓦茨拉夫・斯密勒（Vaclav Smil）的估計，中國與西歐在約一七〇〇年時，人均能源使用量大概相差無幾。[77]個別動力生產機器（從水車到不久後問世的蒸汽機）的效率，大概是歐洲最占上風的領域之一，但中國在火爐（包括炊煮用和取暖用火爐）的效率上，享有同樣顯著的優勢。[78]

事後來看，任誰都看得出歐洲在使用熱能上更勝一籌：因為歐洲在十九世紀時改用可取得且數量豐富的化石燃料，比中國在捕捉熱能上更有效率，更具有徹底改變大局的潛力。這純粹是後見之明，而且未考慮到歐洲具有利於開採煤礦地點的優勢。如果當年燃料短缺拖慢歐洲的工業成長，且突破性進展在其他地方首度出現，歐洲壁爐的燃料耗費就可能不是技術優勢日益升高的小「例外」，而會成為技術缺陷如何使這個區域停滯不前的重要例子。或者說，若非當初「新世界」提供數量龐大的紡織纖維，歐洲在機械化紡織上的領先，說不定會比較像是饒富趣味的奇事，而非一場重大轉型的核心；我們甚或會把歐洲每英畝農產量的低水平，當成嚴重技術

[4] 編注：威廉・哈維（William Harvey, 1578-1657），英格蘭醫生與實驗心理學創辦人。他在一六二八年透過《關於動物心臟與血液運動的解剖研究》這本著作提出了動物體內的血液是循環運行的論點。

缺陷的表徵，並迫使大部分土地被用來種植糧食作物以養活人口，從而冷落讓機械化紡織這些高明、但還是有所不足的發明，直到在他地被人師法之前。

在本章末尾，我們會再度談到蒸汽與紡紗的重要例子，還有它們與意外獲得之龐大資源的關係。眼下所要強調的是，非歐洲社會在十八世紀晚期所保有的大幅技術優勢，會在往後變得較不重要這件事，並不是必然會發生的。此外，即使歐洲的技術開始以更快的步幅和更廣的面向往前推進，也不代表這必然會打消、或能在短時間內打消，歐洲在土地管理、土地保育和市場延伸方面尚存的缺陷，從而使歐洲的發展不致於像東亞和西歐一些非典型地區（例如丹麥）那樣，走上勞力密集的道路。

我們也不該假定，歐洲以外的社會所享有優勢的這些領域，只是某種曾經偉大、但如今已停滯不前的殘餘傳統。即便亞洲在十八世紀完全未有喬爾・莫基爾所謂的「宏觀性發明」（macro-invention，也就是完全靠自身之力突然改變生產可能的激進新觀念），歐洲在一五〇〇至一七五〇年這段期間，乃至在通常被界定為工業革命（一七五〇～一八三〇）的那些年，也沒有出現幾項這樣的新觀念。[79]與此同時，各種較小幅的技術改良持續出現在不同地區。曾經在中國風行一時的歐洲染料，很快就被當地創新者仿製，[80]一如許多亞洲產品在歐洲被人仿製。十七世紀時，有人發現某種地窖能保留足夠的濕氣，從而使華北產棉區在乾燥的月份裡也得以紡棉。這一創新發明在接下來的一百多年如野火般迅速傳開，使人口遠超過歐洲任何國家的華北地區，得以自製紡織品並大幅降低季節性失業。這就像化石燃料興起後，使得追求每單位可燃物發揮最大能量的中國火爐，其地位從舉足輕重變得無關緊要。同樣的，正因為我們知道再過不到百年，任何以家庭為基礎的紡織品生產都會變得「落後」，華北地區的地窖才未被今人認為是簡單但重要、且以令人驚嘆的速度散播的技術突破。[81]

華北紡紗地窖的例子發人深省，我們雖然對其如何散播幾乎一無所知，但卻知道它確實有散播出去。地窖的設計很簡單，但需要瞭解它的人，都是社會裡最窮、分布最零散、也最不識字的人。這種擴散能以我們所看不到的機制在廣大地區快速開展，有鑑於此，我們便不該輕率地採信過去對於中國（和其他社會）因缺乏科學學會和相信牛頓觀念的神職人員，從而無法充分傳播實用新知的說法。目前為止，我們連對菁英圈裡的科學討論都所知較少，而且，誠如班傑明．艾爾曼（Benjamin Elman）等人所證實的，十八世紀時這些討論遠比我們所普遍認為的還要熱烈。[82]這些討論的確大部分採文言文，且大半透過書信往返而非在較制度化的環境裡進行，但這些書信其實不是私人文獻。書信裡的討論，題材廣泛，內容複雜，往往頗為切合實際。由於缺乏有組織的會社，複雜研究結果的普及，可能不如在英格蘭或荷蘭那麼快，很可能使菁英科學與工匠知識較難有各蒙其利的交流。但關於以白話寫就的科學、技術出版品的可能分布狀況，還有許多有待探明之處，特別是我們已知道白話醫書的買賣非常熱絡（相較於其他種科學或技術，醫學堪稱是在中國較受尊重的學科）。此外，歐洲的這些正式科學學會，往往是確保科學不受帶有敵意的國教侵犯所不可或缺的；而中國的情況則不同於此，這裡沒有國教這類勢力強大且帶有敵意的組織，因此也就很難說在歐洲發展出來的這幾類建制，就該是任何地方取得科學或技術進步所不可或缺的。於是，我們不需追問為何中國的科學與技術整體上「停滯不前」（事實上也未如此），而得探討為何他們持續進步的道路並未使中國產生經濟上的徹底變革。同樣的，當我們將歐洲科技得以快速與全面性進步歸功於那些建制時，也得思考當中哪些發展道路是經濟發展所不可或缺，並尋找使它們得以如此的因素。借用喬爾・莫基爾的隱喻（但用於不同目的），我們不只必須比較改變技術的發動機，還要比較方向盤，以及不同社會所駛過的地形。

西歐並非在各個技術領域都獨步全球，而且在他們真的獨步全球的那些領域，長遠來看真正重要的也只有其中一部分。例如，西歐人這時已擁有世上最有效率的水車，[83]但光是這個並未使利用水力的歐洲產業取得足以打消高運輸成本（或其他生產方面的高成本）並征服他地市場的競爭優勢。無論如何，這個優勢只在極少數地點才得以發揮，而且即使在那些地點也無法無限期地擴展。其他許許多多技術，不管是在歐洲或其他地方所創造出來的，亦然。

在本章更後面，我會主張「節省土地」乃是促成持續性成長的最重要創新，特別是與化石燃料密切相關而使人較不倚賴森林來取得能源的那些創新。但更為常見的主張，則是認為歐洲技術創新上最重要的現象，乃是對節省勞動力的著重。這個通行的論點認為，經濟差異（主要是西歐勞動力為自由之身且據說領到較高工資一事），使歐洲人（或在這一論點的某些版本裡，英國人）把心力擺在節省勞動力的創新上，而其他社會則認為幾無必要節省勞動力（應該不難看出這一論點倚賴先前已討論過的哈伊納爾的人口學論點，或布倫納的建制性論點）。這個論點認為，西歐在減少昂貴勞動力的使用上有其獨一無二的需要，從而最終催生出機器、現代工業、大幅改善的人均生產力和生活水平；其他社會則較感興趣於找到能儉省土地、資本或使用某種稀缺物質的創新。在這個脈絡之下，歐洲人未必較有創造力，但高工資成本使他們得以把心力用在最終促成真正轉型的方向上。已有形形色色的學者提出數個大同小異的論點，包括哈巴布克（J. B. Habbakuk，英國 vs. 歐陸）、伊懋可（Mark Elvin，中國 vs. 歐洲）、大衛・華什布魯克（David

Washbrook，印度 vs.歐洲）、安德烈・貢德・法蘭克（Andre Gunder Frank，整個亞洲 vs.歐洲）；[84]而這個論點也能吻合於歐洲在工業化之前就比世界其他地方還富裕的這個普遍說法。然而，這個論點或許只在一、兩個特定產業上才說得通。

首先，這與觀察結果有幾個互相牴觸之處。誠如本章上半部已說明的，即使在十八世紀晚期，日本、中國、部分東南亞地區的平均所得都似乎和西歐相當（甚或更高）。如果此說屬實，那麼歐洲製造商面臨較高工資成本一說，就只剩下以下兩種可能情況：一是西歐（或至少在英國，如果同意工業革命始於該地的話）的所得分配可能較為平均，因此西歐工人的實際所得在可比的人均所得裡占較大比例；二是社會裡可能存在非自由勞動的制度，也就是說，即使工人能領到相當高的總工酬，但若更辛勤的加班工作，卻無法再領到額外的報酬，更不能在雇主無法提供生產性工作時另覓工作。在這情況下，儘管工資看來高，但對菁英階級來說，較合理的作法會是想辦法向下屬榨取更多工時，而非投資於節省勞動力的技術。

這很可能可以說明東南亞某些地區的情況。在那些地區，技術極熟練的工匠往往能因奇貨可居而領到豐厚的報酬，卻也只能替「保護」他們並獨占他們工作成果的貴族主人效力。[85]這個情況或許也可用來說明印度某些地區；但在印度，更為常見的仍是形式上自由或半自由（但工酬往往很低）的工匠。一直到被英國統治者立法禁止為止，印度這些紡織工往往使用沿用已久的技法來對抗預先付給他們營運資金的那些人，以維持自主地位。[86]這一模式對十五世紀的中國工匠來說，意義不大，而在朝廷指定世襲工匠的制度於十六世紀瓦解後，更變得幾乎毫無意義。誠如下一章會看到的，中國勞動力很可能比近代早期歐洲勞動力「更自由」，至少自由程度未比歐洲工匠低多少。這種不自由的依附勞動[5]情況，最初可能讓人覺得較切合德川幕府時代的日本：在當時的日本，不同的職業地位、流動性限制、世襲的恩庇—侍從關係，據說受到敕令明確規定。但誠如下一章會看到，實情與法規匯編大不相同。

有關廉價勞動力的論點，則較複雜難解。在第三章中，我們會看到一些證據，證明清代中國與德川日本境內的所得分配，其實比整個西歐和十八世紀晚期的英國還要平均（另一方面，根據第三章提出的大量軼事性質的證據顯示，印度的所得分配則比歐洲還不均；量化的證據很稀少，即使有也是眾說紛紜）。這些來自東亞的證據稱不上是確證，且大多顯示得中國、日本社會最高層的所得占國民所得的比例，和歐洲菁英一樣低。就算如此，中國和日本境內的赤貧人口可能還是比西歐多，並把非技術工作的工資拉得比歐洲境內還低。我認為此說雖不是完全不可能，但並不是很有道理，因為根據大部分在一八四〇年前來過東亞的歐洲人所留下的軼事性證詞，顯示實情正好相反。[87]

此外，還有一項與前述不同但相關（而且可能性較高）的說法，可以解釋為何中、日核心地區的工資比荷蘭、英格蘭還低，卻能維持較高的生活水平。荷蘭、英格蘭的工業在十七世紀中葉和十八世紀時，雖然大多位在鄉村，但有力的證據表明，這兩個國家裡按季節不同在農業和非農業性工作之間遊移的工人已相對較少。[88]不像早前荷蘭許多工業工人會在農忙的高峰季節投身農業，以藉此賺取較高的工資。隨著農業、工業的勞動力市場區隔變得更為清楚，雇主不得不提高每日工資，才能使那些較未充分就業的工人得以存活；這一調漲工資的情況確有其事，但也為此付出失業率升高的代價。[89]相對的，中國、日本許多手工工人，脫離農業的程度幾可肯定沒這麼高；因此，至少在理論上，他們從織造、紡紗或製瓦所賺的錢雖然比較少，卻仍能享有與荷蘭、英格蘭的同性質工人一樣高或更高的生活水平。這一說法雖然有待考證，看來卻頗有道理。如果此說成立，它將使我們的其他研究結果，例如某些歐洲雇主特別想找到辦法來減少勞動力使用一事，不再相牴觸（它也會意味著英格蘭雇主在保持工廠運作的終年不斷上，會比僱用兼打農工之工人的老闆來得順利，於是英格蘭雇主會較願意投資於集中管理的工廠和設備）。歐洲雇主也面臨食物價格較高的問題，也就是說，即使他們不必付較高的實質工資，他們的確支付了比許多（但非全部）亞洲競爭同業還要高的現金工資。[90]

即使我們暫且同意西歐工資比亞洲任何工資都高的論點，若要據此推斷這促進了工業革命的技術改變，仍有其難處。在近代早期的時空環境裡，高工資的確既可能助長節省勞動力的創造發明，也同樣可能抑制整個技術創新。喬爾·莫基爾根據一個似乎相當接近十八世紀真實情況的模型，提出這個看來弔詭的結論。[91]他說，假設新技術必然體現在新的資本設備上，而新的資本設備又必然得花錢才能取得；再假設工資佔大部分製造商成本的大宗，而技術上的諸多預期差距，又只有寥寥幾個差距大到足以使工資較高的商行或國家，享有較低的特定產品總生產成本。於是，那些工資較高的商行或國家，利潤通常會低於競爭對手。如果銀行為新資本設備購買融資之事並不存在，或者有融資之事，但視商行的收益而定（一個直到十九世紀都還普遍的現象），那麼凡是體現新技術的設備都得動用留存收益來買進，而工資較高的商行在這方面就比較力不從心。於是，高工資並未促進節省勞動力的技術創新，反倒可能同樣抑制任何新技術的

[5] 編注：依附性勞力（bound labor），引申為不自由的勞動者。

出現。這一模型如今可能讓人覺得突兀，但在更早時它似乎管用：例如已有人用它來協助解釋，為何經濟非常先進且非常高工資的荷蘭，那麼晚才採納機械化工業。

此外，若我們因為過去兩百年的工業化普遍節省勞動力並亟需資本的特性，就認為這總會是重大創新的根由，那就犯了時代錯置的毛病。雖然將煤與蒸汽動力運用於各種工序一事，最終節省了龐大的勞動力，但十八世紀之所以使用煤來製造鐵、玻璃、啤酒等，其初衷卻是要節省燃料上的開銷（煤比木頭便宜），而非為了節省勞動力；與其說使用把水抽出煤礦的蒸汽機，是為了取代做這份工作的人，不如說只是使人得以開採靠人力也無法採到的某些煤礦。其他像是吹製玻璃、製鐵等產業的發展，也並未特別關注於節省哪個生產要素，而是著重於製造較高品質的產品。如果說工業革命的締造者，主要的貢獻在節省昂貴勞動的使用，他們自己其實對此不知情。研究十八世紀英格蘭專利法的克麗絲汀・麥克勞德（Christine MacLeod）發現，大部分專利取得者所宣稱的創新目的，若非是改善產品品質，就是節省**資本**（只要想想工業革命頭一百年的成果，大部分都體現在較便宜的資本財上，而與一八七〇年後的技術改變大異其趣，這個目標就更容易理解）；其中只有百分之三・七把節省勞動力當成目的。[92] 如果連發明者都並未特別在意勞動力的節省與否，那麼那些評判他們發明成果的人，就自然更加不把這放在心上：晚至一七二〇年代，專利申請者似乎仍可能因為標榜他的機器節省了勞動力而拿不到專利權。[93] 長遠來看，改變所帶來的結果無疑節省了勞動力，但上述為了改善品質與節省成本的考量，會比假設是高工資促成此一改變，更為貼切事情的核心。

最後，由於大部分資本財的成本較低，因此即使是工資負擔相當輕的生產者，也樂於引入資本財一用。事實上，認為工資低廉會降低雇主採用新技術來節省勞力的說法，即使放在現今這個資本財貴上許多的時代，都難以成立[94]（若是在勞動成本差距很大的地方，例如當今的巴基斯坦和德國，這類論點有時還說得通，但在過去工資差距不大的地方，例如維多利亞時代的英國與美國，就說不通了。而在十九世紀中期之前，也很難找到巨大的工資差距，因為當時的國民財富差距遠不如現今那麼大[95]）。如果十九世紀前的企業家追求利潤最大化，那麼會被他們因為勞動力廉價而拒於門外的創新，應該就只有那些在節省勞力上效果不彰者；製造商得擁有幾乎無成本的勞動力，才會單單基於這種理由排斥紡棉之類的技術。我們會在第二章看到幾個不同的例子，說明中國農民投入資金以節省勞動力，儘管伊懋可等「工資誘因說」的提倡者會說中國製造商無視節省勞動力的設備，乃是因為中國勞動力（不同於歐洲的勞動力）很低廉。

但高工資假設或許仍適用於某個特定的重要經濟領域，那就是布勞岱爾和法蘭克都斷言其重要性的棉紡織業。[96]在這個產業，紡紗創新所造成的影響已幾乎是毫無疑義：這些創新減少了紡製每單位紗線所需的勞動力，可能減少了九成多。[97]能夠省下如此多的勞動力，不管是付多高工資的雇主，應該都會心動，特別是英格蘭的棉織品製造者。比起印度的競爭同業，英格蘭棉織品製造者面臨較高的名目工資，進而在價格敏感的幾個市場（位於西非、中東和特別是境內奴隸穿著最便宜棉製衣物的「新世界」的市場）裡競爭時區於劣勢。而中國在這期間輸出的紡織品（乃至中國最大的紡織品生產地區江南賣到中國其他地方的紡織品，且這樣的產品愈來愈多），品質好又不以低價促銷。[98]是以英國若不設法降低工資成本，則英國棉將難以在中東、非洲與「新世界」和印度棉競爭。

當然，英國的紡織品生產者很可能無法順利降低工資成本，從而敵不過印度生產者，畢竟必要性不必然是發明之母。就**整個**英國來說，該國紡織品製造者是否會征服這些市場的這個問題，事前來看就不是很必要：就算這些紡織品市場頗具戰略價值，這個「必要性」也只是對紡織品業者來說，而非對「英格蘭」這個國家來說，因為英國東印度公司本來就會銷售印度市場的棉布（上述市場裡，戰略價值最高者是西非，因為隨時可供給的大量棉布，正是要在該地買進奴隸必要條件。由於這類棉布至少有一部分是昂貴且高品質的布料，英國的奴隸販子在意的便是取得足夠的這種布，更甚於這種布的價格是以他們最初自印度進貨，後來才改自母國進貨[99]）。

因此，即使是英國紡織業這個有所侷限但重要的案例中，「高工資／必要性」論都碰上了麻煩。話雖如此，此說很可能還是有其可取之處，至少它間接表示**世界**紡織品貿易的模式，特別是英格蘭製造商與孟加拉競爭的方式，可能使製造商更致力於追求紡紗與織造的機械化：孟加拉原就是個低工資經濟體（或者至少是個低現金工資經濟體），一七五七年後東印度公司更在該地施以愈來愈多的暴力行動，以將紡織品壓到低於市價的價格[100]。此外，這個例子還說明了，與其分析整體「工業化」的發生緣由，不如研究個案，將重點放在相關產業的具體細節和當時業者對該項創新的認知上，重新思考該項發明的重要性，同時設法挑出關鍵的例子，來解釋「歐洲優勢的成形」這個更廣大現象。

後人由於瞭解工業革命的進程，容易傾向在歐洲兩個最重要、最具活力的領域去尋找歐洲的優勢，也就是紡織業和煤／蒸汽／鐵複合體，尤其是後者。我們的確從中找到某些重要的歐洲優勢，但往往卻是在出人意表的地方。

在紡織業，中國人老早就擁有與詹姆斯・哈格里夫斯（James Hargreaves）的多錠紡紗機（Spinning Jenny，又譯珍妮紡紗機）和約翰・凱（John Kay）的飛梭只在某個重要細部上不同的機器。[101]因此我們也很難說，西歐早在這些發明問世之前，就已在這個領域的技術上大幅領先。我們也不能因為完成這兩項發明所需的最後一步，在事後來看似乎再簡單不過，就以中國尚未走到這一步為依據，斷定中國的技術創新已完全停擺。十八世紀的歐洲技術，有許多幾乎是在一百五十年前就發展出來，但這中間長長的空檔不表示技術「停滯不前」。[102]切記，如今看來淺顯易懂的事物，過去往往絕非如此。

此外，英格蘭在紡織業上的創新，本也很可能成為微不足道的歷史注腳，而非重大的里程碑。當英國人首開先河地大幅改良棉紡作業時，棉製品在歐洲其實仍屬次要織物；亞麻紡和毛紡的機械化，則花上更久的時間。而誠如第五章會看到的，在歐洲，不管是毛織物還是亞麻纖維的生產，其進一步成長都碰上了難以跨越的生態、社會難關。在十八世紀的大半時期，棉花都來自海外，因而能取得的數量相當有限。事實上，新紡紗技術使原棉需求升高，從而造成棉價暴漲，若非美國南部開始大量種植棉花，這項技術的用處恐會大大降低。[103]

這一難題可以用更概括的方式來陳述。研究技術史的學者常會認為，一項突破會創造出「瓶頸」，進而促使人們致力於克服該難題，於是再促成另一項突破；織造技術的進步創造出加快紡紗速度的誘因，就是上述思維的一例。但要對付這類瓶頸，並不一定得要依賴技術上的變革。投入更多資源但在技法上卻一成不變，則是同樣常見的方式。而隨著資源投入愈久，要找到技術性解決辦法的誘因就愈弱（十九世紀晚期大幅增加的煤礦工人就是個絕佳例子，當時各種工序使用的化石燃料暴增，煤礦業的生產力本身卻沒有多大改變）。[104]就紡織品機械化生產這個例子來說，棉花（和其他纖維）產量的增加，產生了需要更多土地和勞動力才能解決的瓶頸。

誠如第五、第六章裡會看到的，化解這一瓶頸所需的土地並不在歐洲（波蘭、俄羅斯境內的綿羊飼養業的確成長，[105]但還是不敷所需，而棉花產量仍然極低），且用在這個瓶頸的勞動力大部分來自黑奴：歐洲勞動力，僅用在航海、貿易、脅迫土著和製造用以換取非洲奴隸和棉花的物品上。誠如第六章會說明的，長遠來看，這一投入勞動力以解決瓶頸的作法，其帶給歐洲的好處遠大於增加農業勞動力以提升國內纖維產量所帶來的好處，即使增產纖維所需的土地不虞匱乏亦然（中國和日本都採後一作法，以勞力密集的方式從某些土地榨出更多食物和燃料，同時把某些林地和糧食作物用地改闢為纖維產地，但為此付出頗大的長期代價）。除了已格外清楚的棉花案例，其他幾種種植業，以及人口對食物需求的日增，也製造出瓶頸，而且這些瓶頸最終同樣是在未利用更多歐洲土地或把更多勞動力投在土地上的情況下得到解決。普拉桑南・帕塔薩拉蒂（Prasannan Parthasarathi）認為工業化是英國得以擺脫「低每英畝產量→昂貴食物→高現金工資→競爭力低」這個惡性循環的憑藉之一，[106]但切記，光是工業化無法解決那個據稱促成工業技術進步的難題，除非工業化也滿足了產業和工人的農業需求。誠如後面會看到的，英國的每英畝產量在一七五〇至一八五〇年間成長不大，因此那一解決辦法得有能把大量額外土地投入使用的貿易夥伴參與才能奏效。

但更根本的是，棉紡織業生產力大增，很可能並未使社會徹底擺脫十八世紀的生態限制。紡織業所需的纖維仍需要靠土地來生產，而馬爾薩斯的生活四要素（食物、燃料、纖維、建材）

對土地的爭奪，在十八世紀歐洲的許多地方正愈演愈烈。只要食物和燃料價格的上漲快過工資[107]（如同十八世紀歐洲的大部分地方），對紡織品的需求就難以無限期成長（即使紡織成本下跌亦然），而且新紡織技術在其他領域又看不出有何用處。生產棉紡織品的這些發展，很有可能只是強化鄉村「手工業」既有成長所反映的過程（將會在第二章進一步探討），這個過程包含人口加速成長、土地所受壓力升高、勞力密集程度變大、實質工資停滯、大概還有最終走上生態死胡同而非突破等等。

本書會在第五章，更徹底探討西歐在十八世紀所面臨的嚴重生態壓力。西歐在「漫長十六世紀[6]」和十八世紀（特別是十八世紀下半葉）的人口、經濟成長，曾在短時間內導致森林遭大肆砍伐，使得西歐的森林覆蓋率和人均木頭供給量落得比人口稠密的中國還低，更比不上印度。砍伐森林還帶來其他問題，來自法國和德國的考古證據顯示，十八世紀是史上土壤侵蝕最厲害的兩個世紀之一；文獻證據不只證實此說，還告訴我們另有幾個區域的森林也遭到砍伐，而且那些區域都遭遇了大型塵暴、產量下跌等生態嚴重不堪負荷的跡象。[108]針對近代早期的土壤侵蝕研究顯示，這往往只是冰山一角。[109]十八世紀晚期經歷了一個人稱「歐洲季風」的異常天氣模式，並以異常漫長的乾旱與為期甚短但異常猛烈的降雨形式交替出現。這類降雨特別會侵蝕土壤，更對農作物的用處不大，尤其是因為歐洲人（與印度人不同的）沒有大規模灌溉系統來貯存、疏導雨水。造成此種異常氣候期的原因尚不清楚，但因為樹木會緩和局部地方降雨模式的季節性

[6] 編注：漫長的十六世紀（Long 16th century），指的並不是十六世紀，而是指大約十五世紀中葉到十七世紀中葉、從西歐開始海外探索到英國內戰結束的這段時間（具體年份因學者而異）。

變化，所以這種氣候期也較常在森林砍伐嚴重的區域出現。[110]如今具有這類「季風」氣候的溫帶地區只有幾個，森林砍伐嚴重的華北是其中之一[111]（華北的緯度也比歐洲北部低了許多，因而較接近熱帶壓力系統）。

這些生態壓力並未造成馬爾薩斯式**危機**，也就是未使歐洲生活水平陷入崩潰邊緣。反倒導致某些地區人口成長與人均消費水平升高。但誠如後面會說明的，這些壓力的確大大阻礙進一步成長。不過，在歐洲人口和人均消費都持續增長的十九世紀，生態變數卻穩定下來：西歐的森林覆蓋率在一八〇〇至一八五〇年間穩定下來，終結了四百年的下滑趨勢，甚至整個十九世紀期間在英國、法國、德國、比利時等地的森林覆蓋率還有所成長；[112]土壤侵蝕程度降低，地力穩定乃至改善；所謂的「歐洲季風」消失，恢復較典型的降雨模式。[113]

於是，顯而易見的，歐洲工業革命的很大一部分成就，就在於避開各種成長必然提高土地需求的這個模式。除了某些例外（例如丹麥），這一成就並不是像埃絲特．博塞魯普（Esther Boserup）[7]所描述的那樣，在保護地力之餘也靠著大量額外勞動力來提升每單位面積產量；十九世紀晚期，每英畝投入的勞動力甚至大幅下降。但今日使資本得以驚人程度地（尤其是透過使用合成肥料和透過製造從地裡長不出來的合成物質）取代土地（和勞動力）的化學突破，乃是十九世紀晚期和二十世紀的事。那麼，歐洲如何能在不加重土地負荷的前提下，又能維持持續性的成長呢？

為瞭解歐洲是如何達成自力成長，得如里格利所主張的，尋找化解土地所受壓力的外在發展。里格利強調煤炭的使用，說明若以同樣土地面積能產生的能量來說，煤炭遠遠超過木頭。[114] 除了里格利的主張，我還要另外加上三個新發展：一、採用「新世界」的糧食作物，特別是使歐洲每英畝產生的卡路里數量來到歷史新高的馬鈴薯；二、在生態理解和土地（尤其是森林）管理上有所改進，而誠如理察·葛羅夫（Richard Grove）所證明的，這些改進要大大歸功於殖民地經驗；三、藉由將既有技能用於海外廣大新領土來取得龐大資源。

在此先不談第三點，這個新發展與技術的改變較無關係，會在第六章再予以重點探討；眼下只需簡單說明，「新世界」既帶來土地密集型產品（棉花、糖和後來的穀物、木材、肉、羊毛），也帶來鳥糞之類能恢復地力的產品。馬鈴薯、生態認識、煤，以及有助於這些因素變得如此重要的大環境，是技術史話的一部分而會於本章一併討論。

馬鈴薯製造的每英畝卡路里，遠遠多於既有的歐洲作物。馬鈴薯在十八世紀中國和日本也得到採用，但幾乎完全被當成高地作物，因為低地的稻米每英畝產量很高，已提供了大量食物。在穀物產量低了許多（不管是每英畝產量還是相對於種子的產量都是）的歐洲，馬鈴薯也征服了愛爾蘭、比利時之類人口稠密區的低地（一七九一年時已取代法蘭德斯一地四成的穀類卡路里），[115] 稍後更征服中歐、歐洲許多地方的低地。

[7] 編注：埃絲特·博塞魯普（Esther Boserup，1910-1999），法國經濟學家。她在其《農業增長的條件：人口壓力下的土地變化經濟學》一書中指出，人口成長會推動土地生產力，而不是像馬爾薩斯所認為的，農業技術和規模會限制人口的數量。

一如馬鈴薯的例子，技術進步是個較不為人知的因素：十九世紀時，歐洲人開始把科學原則運用在森林保育，並逐漸理解保護樹木對整個生態系的重要。理察・葛羅夫已仔細探索過通往這項突破的路徑。有趣的是，這一進步雖然要大大歸功於歐洲科學的實地運用，包括牛頓力學對理解樹木如何回收水再利用和影響當地氣候貢獻很大，某些在歐洲流行的觀念卻構成了阻礙：即使在十九世紀初期的歐洲，仍有許多醫生和植物學家認為森林是致病「瘴氣」的根源，建議將樹木全部砍掉以維護公共衛生。[116]

從後見之明來看，歐洲人對生態認識的充實，似乎來得正時候，並使西北歐得以及時穩定生態，[117]免於落入像地中海地區部分地方、乃至中國華北一樣的下場。而這一認識的充實，又在兩個重要方面與歐洲的海外帝國有關。首先，歐洲人是在熱帶島嶼上才得以觀察到土地使用方式改變、氣候（尤其是乾燥氣候）、土壤品質改變這三者之間的關係是以某種速度演變，而且那樣的演變速度使歐洲人得以解決靠理論探究所無法解決的爭辯。然後，歐洲人在印度境內新闢的殖民地（歐洲人的需求和產權改變使土地使用方式急劇轉變之地）裡，開始看出同樣的關係變化也能影響一塊大陸型陸塊。此外，那些弄清楚這些關係的殖民地植物學家、外科醫生和官員（往往一人身兼三角），也從華南和特別是南印度的習慣作法中，學習如何管理生態系，那些習慣作法往往還比歐洲人自己的作法更先進（日本人的習慣作法或許還更高明，但當時好奇的外國人比較無緣見識到它們）。[118]最後，殖民地裡較薄弱的產權，和殖民地政權相對於當地業主較高的獨立自主地位，使英、法、荷的殖民地官員有機會以在母國辦不到的方式，真正試行環境管制計畫，其中有些還頗激進。這一來自海外的知識，在十九世紀被帶到歐洲（和美國）之後，立即成為森林管理、利用樹木協助維護或改良可耕地之技術手冊等方面的基礎。[119]於是，帝國協助歐洲打消了其在農林業上的技術劣勢（透過馬鈴薯、生態學、植物學上所受的許多重要影響[120]），提供了重要的外來知識，以及後面會探討的外來資源。

不過，最後一個節省土地的重大技術轉變，則毫無歐洲以外的因素參與其中。這個技術轉變就是用煤量的增加（尤其是在英國），既取代了薪材，也使煤成為全新工序的基礎。

早期的工業革命觀，往往把煤視為主角。得到類似程度之關注者，只有棉花、鋼、鐵、鐵路，而其中除了棉花，其他幾項都需倚賴煤。晚近的研究則傾向於貶低煤的重要性。例如有人指出，早期工廠用水力驅動者比用煤驅動者來得多，且英格蘭的煤大部分是用於家庭取暖、炊煮這些單調乏味、談不上什麼創新的工作。里格利計算出一八一五年時，英格蘭靠煤製造出的一年能量，要耗掉一千五百萬英畝的林地（較不保守的換算的話是兩千一百萬英畝）才抵得上，藉此重新申明煤的主角地位。[121]然而，這個數據告訴了我們什麼，並不容易看出。如果當年煤產並未大增，英格蘭並不會多耗掉那麼多的木頭（里格利也未說會如此），因為英格蘭本就未有那麼多額外的木頭；我們也無法百分之百的說，會有多少鍛鐵爐停用、多少玻璃減產、或多少家庭無法取暖。人們大概會以忍住寒冷、多買衣服、減產鐵等等方式來因應，而我們也無法篤定地說，沒有了煤，某些工業的進展會完全停擺，更別提工業化會完全停擺。

不過，由於里格利與其他學者所提出的理由，重拾先前對煤的強調，還是有幾分道理。以水為動力的工廠或許一度比以煤為動力者多，但水受到地理限制、無法轉移到他處、往往在某些季節不可靠。此外，在各種化學、物理過程裡（從釀酒到冶金到製造染料），水無法取代燃料燃燒，在大力促成分工的運輸革命上亦然。在重要的製鐵領域（從而在鋼、鐵路等領域裡亦然），很難看出除了煤以外，還能找到什麼替代品。的確，與先前某些說法相反的，漢摩茲利（G. Hammersley）已證實一六六〇至一七六〇年英格蘭的冶鐵工業並未萎縮，而且買得起的燃料大概也未到嚴重不足的程度：他估計覆蓋英格蘭、威爾斯二％陸地的森林，已足供這期間英格蘭製鐵工業所需。[122]但到了十八世紀末，英國的森林覆蓋率只有五至一〇％。[123]因此，即使在理想情況下，英國境內以木炭燒出的生鐵，最多也只會在大約八萬七千五百噸到十七萬五千噸；但到了一八二〇年，英國實際的鐵產量已達四十萬噸。[124]撇開木頭還有其他用途不說，把所有木頭燒成木炭用以製鐵並不可行。鍛鐵爐也得位在鐵和（用以驅動風箱的）水力附近，而用來製鐵的木炭運送距離無法超過十或十二哩（可以的話不超過五哩）：火爐需要大塊木炭，而木炭在運輸距離遠時往往碎成小塊（乃至粉末）。[125]因此，漢摩茲利雖然證實一七六〇年代的鐵生產未碰上「能源危機」，且更有憑有據的證實森林砍伐並未**促成**以煤製鐵的突破性進展，但同樣的數據也證明，製鐵工業的進一步成長，仍然需要透過煤。

在英國，其他工業多半都比製鐵業更早採用以煤為基礎的工序。[126]因此，這個工序的問世，當比蒸汽機推動煤產量大增一事，還早上許多。這些創新並非煤與蒸汽機的勃興所促成，但那並不表示其和那些產業的成長毫不相干。即使煤大部分用於家庭取暖，但如果可取得的煤較少，用於工業燃料的成本還是會昂貴許多。誠然，英格蘭的實際木炭價格在一五五〇至一七〇〇年暴漲之後，似乎在一七〇〇至一七五〇年時穩定下來（但凡碰上木頭、木炭價格都要審慎以對）。[127]在蒸汽機使人得以向更深處採礦之前，拜道路、運河興建之賜，廉價的煤就已漸漸讓更多的人所得以入手；但誠如不久後會瞭解的，這些漸進的改善，比起因蒸汽問世而得以實現的那些改善（特別是一七五〇年後的改善），根本是小巫見大巫，而且不久後就會達到它們的極限。此外，即使有更多的煤投入生產，實際木炭價格還是在一七五〇年後再度上漲，這大概是鐵產量增加所致。[128]太昂貴的燃料肯定妨礙許多產業擴產，可想而知也限制了創新。誠如後面會看到的，就連蒸汽機本身最初都太嫌笨重、太耗燃料、太過危險，因而如果它的燃料要價高上許多，或是如果煤礦並非使用它的理想地方，冒險試用蒸汽機或許並不划算。本書在第五章會對森林砍伐（和歐陸的例子）有更多著墨；眼下只要先瞭解煤對英國的突破性進展有多不可或缺，特別是在鐵、鋼、蒸汽、動力、運輸方面，就夠了。

此外，便宜化石燃料**最終**減輕了土地供給有限所產生的壓力（拜能量密集型肥料問世之賜，連農業裡的這種壓力也得到減輕），而雖說要在十九世紀初期的煤業勃興中，找到所有能減輕這些壓力的方式，會太過於目的論，但顯而易見的那是極重要的一步。煤所提供的能量，最終會大幅超越未來數十年劇增的人口，或使化學得以取代土地；而水車再怎麼改良，水力終究不具有煤的這股潛力。因此，把開採和使用煤看成純土生土長、攸關歐洲十九世紀的突破、（與紡織品不同的）不靠取用海外資源就得以充分發展的歐洲技術優勢，似乎還是頗有道理。

蒸汽機在此極為重要，它既是使用煤來驅動其他工序的機器，也是使採煤業本身得以大幅擴張的較高效能水泵的動力來源。佛林（M. W. Flinn）指出，人們曾使用過風、水、重力、馬等各種方式來抽掉礦坑的水，但在該國大部分煤蘊藏所在的地下深處，這些作法全都沒有多大用處。因此，若沒有蒸汽機，「英國境內礦業幾乎不可能成長（到超越一七〇〇年的年產量水平），而且大概已開始出現收益下降的現象。」[129]結果，由於採礦用的蒸汽機數量變多而且效能更高，煤礦產量在接下來五十年裡反倒成長了約七成，從一七五〇到一八三〇年又比一七五〇年成長了將近四倍（也就是從一七〇〇年到一八三〇年總共成長了約八倍）。[130]

在十八世紀之前，世界許多地方已有類似蒸汽機的發明，只是它們始終被當成是奇珍異物，沒什麼實用價值。[131]中國人老早就懂相關的基本科學原理（知道大氣壓力的存在），老早就掌握與瓦特的裝置極類似的某種雙動活塞／汽缸裝置（作為中國「鼓風爐」的一部分），以及把轉動變為直線運動，其精良程度並不遜色於二十世紀前任何一種裝置。尚待改良之處，就只剩用活塞來轉動輪子，而非用輪子來推動活塞（在風箱裡，活塞運動是為了送出熱氣，而非為了驅動輪子）。一六七一年，有位耶穌會士在紫禁城展示了可運行的蒸汽渦輪驅動車和蒸汽船的縮小版模型，而這個設計似乎同時參考了西方與中國的模型。[132]於是，從純技術的角度看，這個最重要的工業革命技術**本可能**在歐洲境外也發展出來；那麼我們就絕不能斬釘截鐵地說，它在歐洲最早發展出來。我們雖無法完全解釋歐洲，或更具體的說，英國，為何成為煤、蒸汽方面等一連串發展（工業革命的核心）的發生地，但我們卻能找出某些理由。長江三角洲與英格蘭類似，都存在著需要紓解本地木頭供給吃緊情況的誘因，也存在著先進技術和高度商業化的經濟。而當我們拿兩者相比，就會發現歐洲的優勢之處，主要是在整體的技術水平與地理上的偶發事件，而非整體經濟的市場效率上有什麼優勢（這種優勢大概不存在）。

西歐在十八世紀領先世界的重要技術，也就是英國獨步世界的技術。採礦技術是其中之一，但像時鐘製造、槍炮製造、航海儀器等其他技術，其重要性則非一眼就能看出。

中國整體採礦業的歷史，特別是採煤業的歷史，有點令人費解。中國北部和西北部煤蘊藏豐富，在華北擁有中國政治、經濟、人口中心的漫長時期裡，中國發展出龐大的煤鐵複合體。事實上，根據羅伯特・哈特韋爾（Robert Hartwell）的估計，一〇八〇年左右中國的鐵產量大概比一七〇〇年俄羅斯以外歐洲的產量還要多。此外，這一煤鐵複合體不只規模龐大，還十分先進：例如中國的製鐵業者似乎已懂得製造和使用焦煤（精煉煤），而其他地方還要再過數百年才會發現這東西。[133]然而，在一一〇〇至一四〇〇年這段期間，中國北部和西北部遭遇多得令人咋舌的一連串天災人禍打擊：從外族（蒙古人等）入侵和占領、內戰、到嚴重水災（包括黃河一次大改道）與瘟疫等。十二世紀攻打中國的女真人，往往要求宋朝交出京畿一部分手藝最精的工匠，作為（暫時）停止圍城的代價，而我們並不清楚那些工匠有多少人返回。[134]到了一四二〇年後該區域局勢開始恢復某種程度的穩定時，中國的人口中心、經濟中心已轉移到生態上較適人居的南方，且這一改變從未逆轉；十五世紀時，華北許多地方人煙稀少，不得不仰賴朝廷主導的移民以充實人口。[135]

與過去的認知相反，如今我們知道中國的採鐵和製鐵業的確有從蒙古入侵的破壞中復原。一六新的生產中心在廣東、福建、雲南、湖南出現，西北地區的產量也有某種程度的恢復。一六〇〇年時，總產量更達到歷史新高，至少四萬五千噸，生產技術上有一些新的進展。[136]黃啟臣（Huang Qichen）的專題論著雖然對燃料著墨不多，但我們仍能從中看出元朝之後鐵生產量的恢復情況。令人注意的是，他估計所有新生產中心的鐵產量占了總產量的七成多，而且它們都離煤產地很遠，使人不得不懷疑這些鐵大部分是用木頭和木炭燒製成的。[137]至於十七、十八世紀的鐵生產情況，我們仍然所知甚少，但這本專著（根據非常薄弱的證據）表示這期間鐵產量是下跌的。[138]如果真是如此（或者即使鐵產量只是未能持續成長），元朝後生產中心轉移而導致製鐵不再依賴化石燃料一事，很可能貽害甚大。

至於更大範圍的煤生產和使用，仍有許多地方是我們所不知的。哈特韋爾認為，煤業始終未從蒙古人入侵和相關災禍的打擊中復原。也許此說有朝一日會和他針對鐵業的類似說法一樣，受到嚴重質疑，但目前為此這尚未發生。即使後來查明煤產量的下跌沒有他所認為的那麼厲害，煤肯定不再是中國經濟的最先進行業。

我們不知道有關中國煤礦開採與使用方面的知識，在十二至十四世紀間的天災人禍裡失傳了多少。失傳是很有可能的，因為晚至十九世紀的中國和歐洲，知識的傳授往往仍是透過師徒間的口授而非透過形諸文字的記錄。而隨著中國大部分煤礦床所在的區域變得停滯落後、遠離主要市場近而無法與其他行業的工匠有相輔相成的互動，有多少知識被束諸高閣或不再有進一步的發展，也是不得而知。採煤業在中國依然重要，但它再也不是一門先進的行業；幾種節省燃料的創新發明（包括在炒菜鍋裡拌炒而非在較重的容器裡煮食）反倒變得愈來愈重要。

十八世紀的長江下游是當時中國最富裕與森林砍伐最嚴重的地區之一，而該地區透過河路、海路貿易買得了木頭和作為肥料的豆餅，進而擴大其原料供給（有了豆餅當肥料，人得以把原本得丟回田裡增加地力的禾草和作物殘餘物當燃料燒）。長江下游的人藉助貿易紓解了燃料吃緊，但並未因此就不嘗試使用化石燃料（這兩種作法在其他地方同時並存，在長江下游很可能也是如此，只是未在文獻裡留下許多痕跡），只不過長江下游的工匠和企業家恐怕也不會因此又對煤寄予大量關注，因為不管是在長江下游，還是在長江下游商人經常貿易的地方，煤產量都很少。華南九省蘊藏的煤，只占當時中國煤蘊藏量的一．八％，華東十一省則占八％；相對的，西北省份中的山西加上內蒙古就占了六十一．四％。[139]在華南幾個地方和華北北京的商貿腹地裡，的確有一些煤礦在開採，[140]但它們大部分規模小，地理位置不佳，無法利用中國最富裕且最渴求燃料的長江下游市場來快速發展。它們也受阻於官方政策的不一致，時不時受到干擾。[141]幾個最大的煤礦床都位在西北，理論上可使長江下游人順理成章投注巨資於生產和運輸改良。

事後來看，如果能把那些西北煤礦床與長江三角洲連結起來，似乎會有非常大的收益，大到讓人覺得應有人曾努力促成此事。但我們並不清楚如果此事成真，會出現什麼情況；今天的我們已知道煤的用處，因此能想像這類計畫的收益會有多大，但在當時，其中大部分收益乃是事前所看不出的。

與此同時，由於西北的煤礦業普遍落後，煤礦主不大可能知道有其他地方可用來解決他們自身問題的技術發展動態，而且也沒什麼機會遇到在製作時鐘之類專業奢侈品上擁有一身高明手藝的工匠。這類工匠的確存在，而且他們的手藝，甚至他們的人數，似乎沒輸西方這類工匠多少，但他們幾乎都在長江三角洲或東南沿海，當地人的確很想入手時鐘和設計精巧的機械玩具。[142]即使西北地區的煤礦主已懂得如何改良採礦技術，他們也沒理由認為開採較多的煤會使他們得以拿下大上許多的市場，因為無法克服的運輸難題，他們的礦場仍無法與中國大城裡有錢但欠缺燃料的燃料用戶搭上線。[143]

江蘇北部徐州與宿縣的煤礦，由於距大運河不太遠，或許是長江三角洲所可能利用的少數礦場裡地理位置最佳者；但即使是徐州礦場，在清朝要把煤運抵同樣也是大運河港口的縣城時，煤價成本就漲了一倍。[144] 一如更北邊的煤礦，這些煤礦在宋朝時屬於某個鐵、鹽生產重鎮的重工業複合體，在經歷十二至十四世紀的一連串災禍之後，似乎一直未能完全復原。到了十八世紀時，朝廷為了緩和長江三角洲的燃料短缺，決定鼓勵此區域的煤業，同時也選擇發放開採執照給貧窮、失業之人；然而，這些人大部分都只能挖掘規模較小、深度較淺的煤礦。[145] 即使是資本較雄厚的礦場，似乎都不大可能實現要把中國的能源、運輸、金屬產業改頭換面所需的重大突破，而在中國，更只有很少數的地方，其所產的煤比較容易被主要市場和熟練工匠的集中地取用，而光憑這類小型業者所掌管的幾間小礦場，也幾乎不可能提升這類突破的實現機率。

最後，對中國煤礦主，特別是西北地區的煤礦主來說，其所面臨的最大技術難題，基本上就不同於英格蘭的同行。英格蘭的礦坑時常積水，因此需要強而有力的泵將水抽出。中國的煤礦場比較沒有積水的問題，反而時時受苦於太乾燥而導致自燃的隱患，這也是《天工開物》（這個時期中國最重要的技術手冊）的編纂者宋應星最念念不忘的困擾。儘管這個隱患始終未徹底解決，但至少有一位當時的礦業史家宣稱《天工開物》中描述的解決方法非常老練。[146] 但即使存在較有效的通風方法來減輕這個困擾，或者礦工不惜為了對煤的強烈需求而冒高度危險入坑採礦，通風技術還是無法像英國的蒸汽機那樣，既抽出煤礦裡的積水，也有助於解決煤（和各種物品）的運輸困擾。因此，儘管「中國」（當成一個抽象整體）的技術、資源和經濟條件，在催生煤／蒸汽革命上，未必遜色於整個「歐洲」，但中國境內天然資源的分布情況，使得這類革命發生的機率低了許多。

相較之下，歐洲前幾大煤礦床，好幾個都位在前景好上許多的區域：英國。這使它們靠近完善的水路運輸、鄰近歐洲商業活力最強勁的經濟體，同時其他區域裡有著許多技術熟練的工匠，而且距離一個在一六〇〇年或甚至更早就遇上木柴嚴重短缺問題的社會不遠；而木柴的嚴重短缺，使解決煤的取得和使用問題更加刻不容緩。[147]哪怕木材和以木材為基礎的產品可以走海路輸入英國，但成本上這將比浮江河而下的原木貴上許多（長江三角洲所需的木材就來自這類原木），並使人更加想使用（並更加瞭解）較易取得的煤。事實上，從一五〇〇年起，英格蘭境內對煤的需求，大部分是為了家庭取暖；之所以使用煤，是因為便宜，儘管會有帶來濃煙這個嚴重缺點。[148]從釀酒到玻璃製造再到製鐵的各種產業，都受不了濃煙所帶來的污染，直到十八世紀一連串新發明問世解決這問題，情況才改觀。[149]

許多如何採煤、用煤的知識，都是靠工匠積累下來的，而且直到十九世紀都未以文字記錄下來。約翰・哈里斯（John Harris）就指出，十八世紀期間，以英語寫下的採煤、用煤知識，遠比用法語寫下者少，原因就在英格蘭境內需要瞭解箇中奧妙的人（工匠），是以口授方式傳遞這一知識。哈里斯證實，法國人曾想模仿幾種不同的用煤工序，結果即使能複製出設備，卻還是功敗垂成，因為要生產這類設備，需要非常詳細的知識和透過經驗所取得分毫不差的時機拿捏，而且有時一次犯錯就會帶來非常大的金錢損失。以耐熱坩堝為例，火燒的時間、擺在火上的角度、在不同時候該呈現什麼樣貌，這些重要的細節全都深植於燒煤爐操作者的腦子裡，且完全不同於習慣使用燒柴爐者所經歷的過程。因此來自某個傳統的工匠，碰上來自另一個傳統的工匠，甚至會不曉得什麼是需要向對方說明的。[150]直到一組組的英格蘭工人被帶到法國（大部分在一八三〇年後），必要的知識才有效轉移過來。

於是我們知道，專業技術是歐洲煤業發展獲得突破所不可或缺，但那一專業技術的問世有賴於漫長的經驗（和一路上許多失敗），以及便宜且大量供給的煤。這個經驗得以取得，得拜技藝高超的工匠、有需求的消費者與煤礦本身這三個因素得以集中於一地又彼此鄰近之賜。若沒有這一得天獨厚的地利，發展專業技術這件事就很可能就只會在前景有限的領域（例如使用與改良燒柴爐這個領域），而無法走上那條最終會利用龐大新能源的道路。中國的情況，也就是長江三角洲距煤礦床比巴黎盆地距煤礦床要遠上許多一事，更加突顯英格蘭享有這一地利的幸運。

比起挖地道採煤方面緩慢而穩定的進步，或是懂得如何使燒煤的濃煙不致污染啤酒、玻璃和鐵，蒸汽機的問世反映了更為重大的突破。我們已經知道，英國（何其有幸地）碰上的採煤困擾是必須抽出礦坑裡的積水，而非防止礦坑因過度乾燥而爆炸，並從中催生出具有其他許多重要用途的蒸汽機。但蒸汽機本身並非憑空冒出，在這一點上，地點又是攸關技術進步的重要因素。

蒸汽機能發揮效用，同樣有賴於多種工匠精益求精的改良，其中有些來自叫人意想不到的行業。誠如莫基爾所說的，歐洲在十八世紀時的技術優勢，就和英國在歐洲擁有的技術優勢一樣，其實並不在於工具或機器，而在儀器，即鐘錶、單筒望遠鏡、眼鏡等。這些精巧小器物雖具有某種用途的生產財（主要用在遠洋航行上），[151]但它們的主要用途還是作為有錢人（尤其是城市有錢人）的便利性設備。[152]不過，正是儀器製造上的精準鑽孔、口徑測定等技術上的轉移（某種程度上為了製造槍炮上），才使湯瑪斯·紐科門（Thomas Newcomen）製造的史上第一台蒸汽機能順利運作，後來也使瓦特得以改良蒸汽機，把蒸汽機的效率提升三倍。[153]在經過兩百多年的漸進改良後，蒸汽機已比上述任何一部原型機安全許多，在燃料使用上也更有效率、[154]體積也更小了。然而，未經歷過這段改良過程的我們，往往以為即使是最簡陋的蒸汽機，都會因為潛力一眼就可看出而被人迅速採用；但這根本是事後諸葛，當時並非如此。由於這些機器的成本、笨重和其他問題，是以在紐科門的第一台蒸汽機問世後的八十八年裡（一七一二～一八〇〇），即使受惠於武器、儀器的精準工具製造技術，也只有兩千五百台蒸汽機問世；[155]其他產業和發明者大部分把寶押在經過改良的水車上。事實上，馮．通策爾曼（G. N. Von Tunzelmann）便指出，由蒸汽驅動的紡織機，其每單位動力的能量成本，一直要到一八三〇年後才遽降，因此在那之前，（在可取得水的地方）水車仍是蒸汽機的強勁對手。[156]

只有在煤田裡（一八〇〇年時有一千台蒸汽機使用在此），蒸汽機的長處才特別突顯，從而使它們得以迅速普及，並在短短幾十年間就使整個產業改頭換面。[157]因為在煤礦場，蒸汽機的龐然笨重並不礙事，蒸汽機耗煤量大的限制也不構成問題（這一成本只有在遠離礦場時才遽增）。事實上，礦井口蒸汽機往往使用較劣質的「煤屑」，而這些煤屑很不值錢，若運到他地供人使用大概不划算，因而用它們來運作蒸汽機，形同免費。[158]若非得益於附近其他領域的工匠轉移技術而得到一部分遞增的優勢，若非運用到附近的煤田而得以在實踐中學習，若非煤本身的低廉成本，蒸汽機在當時，很可能讓人覺得不值得推廣。

工匠、企業家、科學知識的提供者，這三者之間原本存有社會隔閡，然而拜雅各布所謂的「科學文化」之賜，這一隔閡得到彌合。歐洲在這點上可能大占上風，但還需更多研究才能確認。即使如此，假設當初歐洲在煤礦和其機械技能人才匯集地之間的地理距離過於甚遠，或是假設當初中國只有一小段距離要彌合，那麼不管在歐洲還是中國，結果都有可能大不相同。綜觀中國更早期煤／鐵複合體的歷史，亦間接表明這樣的論斷。

歐洲技術創新上的突飛猛進，肯定是工業革命的必要條件（這話本身其實是種套套邏輯），但在把這技術創新說成遠非十八世紀其他社會所能匹敵之前，或在把它說成歐洲後來稱雄世界的**唯一**原因之前，我們應謹記英國煤和蒸汽機之所以能引領工業化，其實要大大歸功於它們兩者地理相近和同時並存的這些偶然因素。事後來看，如果說歐洲賭對了馬，那麼使歐洲贏得賭注的因素似乎得歸功於偶然條件，具體點來說，與英格蘭的條件（大部分是地理條件）密切相關。光從歐洲在科學、技術、哲學上的傾向去解釋工業革命，似乎無法盡詮其原委；而所謂兩地在經濟建制與生產要素價格上的差異，似乎大部分也無關緊要。最後，誠如在後面幾章會理解到的，若非其他特定的資源難題也得到解決（這大半要歸功於歐洲征服世界其他地方），這一能源上的突破性發展本有可能被十八世紀晚期和十九世紀歐洲人口的急速成長給吃掉。煤和殖民地使歐洲得以減輕來自資源的約制，但若單靠其中一項，作用都會大大遜色；若非兩者皆有，光靠歐洲的其他創新，也不會創造出一個土地有限但人均成長還是無限持續的新世界。

第二章
Chapter 2
歐洲與亞洲的市場經濟體

我們是否能推想，如果西歐在一七五〇年時的繁榮程度並非獨一無二，那麼它的建制會比較適合從那個時候開始快速竄升的經濟發展嗎？如果我們把所謂的「建制」（institution）一詞作廣義的界定，則至少就西北歐而言，這個論點**肯定**說得通。然而，這個論點的最常見版本，也就是西歐成長最快，乃是因為它有效率最高的商品市場和生產要素市場，卻不大站得住腳。[1] 當然，的確有一些學者主張西歐擁有另一種建制性優勢，儘管這種主張與最常見的版本相互矛盾。這些學者主張，正是歐洲偏離自由市場的行事作風，使歐洲得以積累和集中資本、保護攸關生態健全的「閒置」資源等等。這些論點後面幾章會探討，眼下我們要先把重點擺在那些較正統的論點。這些論點認為，市場有利於經濟成長、且歐洲據說有著最完全的競爭市場。

上述市場導向的說法，肯定不夠周全。只有少數經濟學史家會主張西歐的實際情況真的能等同於經濟學入門教科書的抽象概念；多數經濟學史家同意，在某些情況下，刻意（但通常暫時）偏離完全競爭，例如十九世紀美國和德國的保護政策，有時大有助於特定經濟體的成長。[2] 但這種不完全競爭並非常態，因為此舉會造成其他經濟體的利益受損，例如令原本會賣較多商品到美國的英國蒙受損失，或令未受補貼的產業因其潛在消費者遭課稅以補貼某特定產業而蒙受損失；因此，我們也就難以根據新古典主義經濟學的理由，主張對包含了所有實際存在和潛在貿易夥伴的經濟體系來說，偏離完全競爭市場之舉長遠來看是利大於弊的。於是，對那些把歐洲視為一個整體而不強調內部差異（特別是如果他們也盡量淡化歐洲與其他大陸的關聯）的學者來說，他們就難以認為重商主義和其他干預市場的作為會有多大好處。

正因為如此，當晚近某些論點在強調數百萬尋常老百姓的小規模生產力提升和資本積累是如何導致了歐洲經濟成長時，比較可能強調**相對**完全競爭市場（relatively perfect market）。因為這種市場能使得所有這些小生產者都具有競爭力，而不至於產生只能獨利部分生產者的系統性扭曲。因此，許多論及歐洲發展的說法，便也特別著墨於官方干預與任意課稅的**式微**、領主與教會的壟斷地位的喪失、依附性勞動的減少，以及傳統上對土地利用與職業流動之限制的減弱等種種面向；這些說法認為，比起其他地方，歐洲在這些方面的改變來得更早且程度更大。然而，本章要提出一個大不相同的說法：十八世紀的中國（說不定還有日本），其實比西歐更接近新古典主義經濟學的市場經濟理想。

由於農業是當時中國、歐洲這兩個經濟體的最大產業，因此本章會先談土地市場和農產品市場，接著比較限制個人勞動力使用的因素（以強制性職業和服務、遷徙障礙、禁止參加某些活動的方式施予限制），再來則探討從事工業與商業的自由，最後再比較家戶這個強烈影響勞動力市場運作的建制。至於資本市場，則留待第四章探討。

中國與西歐境內的土地市場和土地利用限制

從地理與歷史上來看，中國和西歐當然差異極大，但在十六至十八世紀時，兩地卻有愈來愈多地區朝馬克．布洛克（Marc Bloch）所謂的「農民個人主義」（agrarian individualism）邁進。從整體來看，當時中國的農業比歐洲大部分地方，包括西歐大部分地方，都更接近市場驅動的狀態。

完全競爭的自由市場，畢竟只是經濟學上所想像的經濟理想。我們有必要思考，如何針對諸多偏離想像之經濟理想的不同作為，來進行比較。例如黃宗智很重視長江三角洲土地、勞動力、產品市場的習慣性限制，像是當地想賣掉、典當或出租名下土地者，往往得先向親族或同村村民詢問想不想接手。因此，這些市場根本談不上完全競爭。[3]黃宗智接著提醒我們，光是有活絡的市場，並不必然會帶來「轉型性成長」（transformative growth）。[4]但由於完全競爭市場從不是轉型性成長的重大先決條件，這本身就未能說明其他地方的經濟成長為何未能如西歐那麼快；要能說明此現象，需要至今尚未有人提供的證據和評斷標準。

對出售或出租對象的條件限制，可能常使土地所有人虧錢，並且可能使土地無法落入最有效率的使用者手裡；限制愈大，使用效率損失愈多。我們無從知道這類損失有多大，但能估算出損失的上下限。例如，由於基本技巧為眾人所普遍懂得，而且會激勵佃農追求最大產量的租佃作為（無論是以收成的一定比例為佃租，還是是以固定的收成數量為佃租）盛行於各地，最能幹的農民耕種特定土地的收成和較沒本事但受到習慣特別照顧的農民所能生產的數量，不太可能會有太大差距。而受到習慣限制的交易，並非總是使土地落入較沒本事的農民之手。

在理想狀況下，我們希望找到那些不只能描繪不完全競爭市場、還能詳述其真正奇特之處的例子，例如不同土地間，那未能反映土地生產力差距、但的確又能呼應買賣雙方社會關係的巨大價差。雖然我們能在歐洲相當先進的地區，例如十七世紀晚期的北義大利，找到這類例子，[5]但這類例子在中國卻付諸闕如；而不管是就中國，還是就西歐來說，都不大可能有足夠的文獻，讓我們得以有系統的比較不同的習慣性規則對促成土地市場偏離新古典主義經濟學理想，有多大的影響。

或者，我們也可以試著尋找，看能否找到不完全競爭市場會在某處製造別的地方所未見的某種重大負面效果。最可能的例證是，在歐洲的許多地方，土地利用上的限制會阻撓人們採用已知之新技術，而這些新技術所能造成的生產力變化，比偶爾將土地轉賣給出價較低的親戚，而非賣給出價最高的競標者，所造成的任何生產力變化，還要大上許多。

在中國全境，絕大多數土地大體上可以自由轉讓。明朝初期（一三六八～約一四三〇年間）充公了長江流域的許多土地，並將它們改為公田，但這些土地總是在漸漸退回私田性質；十六世紀中期，明廷不再堅持既有立場，轉而承認所有納稅的土地皆可自由買賣。[6]有些土地在理論上仍屬國家所有而不得自由買賣，例如大部分在華北並租給世襲軍戶或大運河船夫的土地，或是清朝皇室在此時所仍擁有的約七十萬英畝土地。但即使根據書面資料，這類土地總面積也從未超過三百五十萬英畝，也就是或許從未達所有可耕地的三％。[7]此外，這些土地有許多最後還是被視為私產，被那些據稱世襲租佃這些土地的佃戶拿去出售或抵押借款，甚至當朝廷後來想讓他們正式買下這些官有地的所有權時，他們還義憤填膺（且成功）地抗議。[8]

更多的土地被劃為私有的「義莊」，從而不可轉讓。義莊的設立，是為寡婦、孤兒提供生計和支應宗族祭儀開銷，或者支應廟宇學校的維護開銷。這些義莊在某些區域很重要，例如在廣東省它們可能占去多達三成五的可耕地；但在中國大部分地方，它們無足輕重。[9]二十世紀某項調查估計，中國九成三的農地是可無條件繼承的不動產。[10]此外，即使在不可轉讓的土地很常見的地區，我們也不清楚它們的**使用方式**與其他土地有什麼不同。

不管所有人是誰，許多土地的實際耕作者仍是承租土地的佃戶，乃至轉佃給承佃人耕種；而在這類土地上，土地使用便可能受到更多限制。即使是在有較詳細的文獻可茲佐證的二十世紀，我們也很難查明總共有多少土地租佃出去。在華北，租佃地大概未超過所有土地的一成五至兩成；[11]在高度商業化且較富裕的長江流域，大概接近一半土地租佃出去。[12]至於在中國東南某些地方，大部分土地租佃出去。[13]

習慣法往往載明，租佃對象以親族或村裡的人為優先。在宗族勢力特別強的中國東南部，親族關係大概常限制了購買、承租土地者的資格，但由於許多親族其成員相當多，即使受限於「親族優先」規則，競購或競租土地者仍很多。[14]此外，根據某些出自於二十世紀的消息，親族和非親族都能以同樣條件租賃宗族土地。[15]在文獻記載中也指明，在中國的某些地區，儘管優先出售土地給親族的這個習慣法限制始終存在，但土地最終仍被賣給了外人；[16]從中國將村子轉手給外人的土地之多，可看出這些習慣鮮少構成無法逾越的障礙。最後，至少從十八世紀起，我們更找到不少例子，證明親族裡的晚輩把氏族土地租給外人開發（且這樣的土地利用往往不可逆轉），好似氏族土地可自由轉讓；儘管這在當時仍是非法行徑，但此舉一旦成為既成事實，似乎往往也就得到承認。[17]

再來看看另一組更複雜的難題：租佃者的權利範圍為何？他們與土地投資的關係又是如何？在土地所有人未親自耕種的地方，土地所有人通常把土地放租，讓佃戶自己作主耕種上的重大事宜。比起由土地所有人（或他的代理人）自己經營農場、自己作決定並僱工為其耕種，前述作法更為常見。[18]因此，許多爭辯的焦點，便集中在這些佃戶是否享有足夠的保障，進而使他們會願意主動改良土地，讓生產力和經營型農場主（managerial farmer）一樣高？

有的證據支持佃戶受保障的說法，也有的證據推翻此說法。大部分現存的租佃契約顯示，佃戶在耕種權利上有相當高的保障；[19]但由記錄地主與佃戶糾紛的檔案資料來看，這些保障規定可能難以落實。[20]十八世紀的快速商業化，的確加快往純契約性地主—佃戶關係的方向轉移，但也遭到那些繼續把土地視為不可侵犯之祖產而非單純商品者的大力抗拒。[21]

但即使我們再怎麼不看好這些關係（亦即租佃權利未受保障和高地租使他們難以從事能提升生產力的投資），我們仍必須謹記兩個要點。首先，在這一想像的情況下，導致未能改良土地的原因，將會是日益強大的市場，而非「傳統」。其次，我們所探討的，頂多是投資於土地改良的耕種者所面臨的額外風險，而且許多耕種者似乎選擇不顧風險，毅然改良土地（畢竟，儘管沒有保障，長租約仍很普遍）。不管是在中國哪裡，都看不到習慣性權利使原本有意改良土地者無法得償心願的情事，而誠如不久後會瞭解的，這種情況在西歐則較為常見。而在相對較窮的華北，經營型農場比其他地方常見，租佃情事則較少，這點或許表明這裡的佃戶比其他地方的佃戶更難以將生產力最大化；但即使在這個地區，比起佃戶、小農，經營型農場的生產力似乎也高不了多少。[22]

比起中國，西歐有著許多更難以買賣的農地。即使在十九世紀，英格蘭境內仍有將近一半的土地被納入家產分配協議（family settlement）裡，使這些土地幾乎不可能出售。[23]在十八世紀的西班牙，「不動產限嗣繼承，使得可以出售的土地非常少，從而使土地買價高到抑制投資……有心改善的資本家和自耕農都苦於土地難尋。」[24]在法國，限嗣繼承的土地較少，但這個習慣還是存在。[25]西歐某些地方（荷蘭、北義的倫巴底、瑞典）在十七、十八世紀時，的確有幾乎不受限的土地市場存在，[26]但光是在西班牙與英格蘭，其限嗣繼承的土地占西歐所有土地的比例，就比中國境內不得買賣土地所占的比例，還要高上許多。

活絡的租賃市場能大大抵消土地買賣限制，使不善經營的土地所有人都有機會找到能最充分利用其祖產的人，來替他經營祖產（從而能以最高價出租與獲利）。但在歐洲某些地方，資本改善仍出自土地所有人之手。在這種情況下，即使是極活絡的租賃市場仍未必會完全抵銷對所有權轉移的限制。西歐也有一些地方，土地使用限制和土地轉移限制一樣大，有時甚至更有過之。

在十四、十五世紀的英格蘭，地主剷除了大部分受世襲性保障的土地租賃關係。[27]在荷蘭北部，這類權利保障從未牢牢確立，因而得以在十六世紀後新開拓許多耕地。[28]到了十七世紀中期，這兩個區域已擁有歐洲最富生產力的農業和最高的人均所得，[29]因而在描述歐洲突破性進展的著作中，受到最多的著墨。但荷蘭和英格蘭的人口都不到法國人口一半，即使在一七五〇年亦然；在法國，世襲性保有土地是主流，且在十六到十八世紀期間得到更多法律保護。[30]由於歐洲農業在這三個世紀裡所能得到的最重要新投資，有賴於整個村鎮的配合，以及只有地主（或其代理人）才有辦法的大規模投資，使得此地的佃戶在得到保障後（與中國境內的同類佃戶不同的），比較可能構成改良的障礙，而非助力。

世襲性土地保有權使土地非常難以合併，流於細碎化，而土地細碎化又使圈地成本高昂，而且用處不大。在十九世紀晚期之前，歐洲農民所能取得的最重要技術變革，就是把三分之一至二分之一的休耕地拿來栽種飼料作物（以在保存地力的同時提供牲畜牧草），而圈地正是這一變革所不可或缺的。直至十六世紀為止，北義大利、荷蘭、英國已有許多農民發現，如果能圈住土地以防止村中牲畜闖入，同時在這塊土地上播種飼料作物，則保住地力的效果將和休耕一樣強，更能飼養更多牲畜。這些增加的牲畜所排出的糞肥，又將提高整個農莊的土地生產力。[31]晚近有部專題論著主張，至少在英格蘭的情形來看，擴大後的牲口所新增的糞肥並未施用於農田，因而最肥沃可耕地的每單位產量並未增加。但既然牧草地（包括原本相當貧瘠的某些牧草地）生產力提升，使更多最肥沃的土地得以專門用來種植穀物，因而這個過程還是提升了農作物總產量。[32]

但這一「新飼養業」通常需要兩種「圈地」的其中一種才得以遂行，而這兩種「圈地」方式往往都與習慣相牴觸。一種是把村子原本要用來取得共用燃料與飼料的公有地，分割為數塊私有地；另一種則是合併那些已歸私人所有、但此前每隔一兩年就得休耕一年來放養村中牲口的土地（幾乎所有土地都得遵守這休耕規定），並築上圍欄。第二種圈地較少受到討論，但涉及的土地較多，因而對本書來說更為重要。要圈住的土地未必都是大面積，[33]但圈住很小的地並不值得。比起法國常見的細長條土地，圈住近似方形的地往往有較高的利潤。

在十八世紀的法國，上述兩種圈地作法的進展都相當緩慢。一七五〇年後，特別是一七六九年後，立法允許分割公地之事急速增加；而在立法上允許土地所有人對已擁有的土地進行圈地，則在一七六七至一七七七年間最為盛行。[34]然而，即使這一權利已在理論上得到認可，牢不可破的世襲性土地保有權仍往往使這項權利形同虛設。在英格蘭，幾乎每次圈地都必須強制將零散的租地重新安排，以創造出值得圈住的地；但在法國，這種強制作為「根本不可能」。[35]即便某些地方法庭允許將特定佃戶驅逐或移到他地，但此舉就算是在十九世紀，仍會受到法國村鎮的「嚴厲制裁」。[36]由此可見，即便是在西歐的最大國，土地使用限制所發揮的作用，已大到足以拖慢這個新飼養業的擴散。換句話說，即使有著能提升約六成產量的技術存在，但由於土地使用的限制，使得一八〇〇年左右的大部分法國、北德意志、義大利等地，無法迅速傳播這些技術。[37]在西班牙，國王敕令在阻止圈地上又更為成功：這些敕令把地租和小麥價格綁定起來，進一步阻撓任何對較有生產力之農業的投資。[38]而在德意志大部分地方（至少在拿破崙時代之前是如此），由於公地和幾種傳統權利、保護權利仍完好無損，三田輪作休耕制仍然大行其道：一千八百萬公頃的農地裡，每年都有約四百萬公頃休耕。瞭解這些建制消亡後情況的改變，就瞭解這些建制有多大影響。到了一八五〇年，已幾乎沒有休耕地，許多公地和原本未耕作的土地成了可耕地，每年使用的地達兩千五百萬公頃，每公頃產量也提高（但在德意志西南部的部分地區，公地較晚才廢，生產力提升之事因此較晚發生）。[39]

整體來講，據某則正統說法，一八〇〇年時西歐境內實行這一新飼養業的區域，比起一六〇〇年時增加不多，因此技術上的「農業革命」大體上是十九世紀以後的現象。[40]風俗習慣或法律如此大規模的推遲已知最高明農業技法的擴散，在中國未有類似的例子。[41]

晚近的著作開始質疑圈地運動是否真促使生產力大增。[42]例如，格列高里·克拉克表示，圈地所導致的地租漲幅，在英格蘭不到四成（在法國大概也是如此），而非許多資料裡所說的百分之百。[43]常被人舉出的產量大增之事，可歸因於田地被圈住之後常用於田地的勞動力和資本增加，而不能歸因於圈地之舉和勞動力、資本被從其他生產用途移撥過來一事。這些學者因此主張，總要素生產力（Total Factor Productivity）其實並沒有那麼可觀。（所謂總要素生產力，指的是產量除以用以得出該產量的所有土地、勞動力、資本的價值所得出的數值，因此可據以衡量總體效率）。而一旦將圈地的資本成本從四成的地租增幅裡扣除，總要素生產力的成長幅度又更小。[44]

這類主張認為，即使是最廣為被引用的中世、近代早期歐洲「市場失靈」（market failure）的例子，[45]其實對提升土地生產力也沒有很大的影響。但對本書而言，這樣的主張仍存在一個需要解決的問題。這種用總要素生產力來衡量圈地獲益的方法，假設了若不存在圈住的農田，用於這些農田的更大量勞動力和資本，原本會在其他地方以差不多的價格得到運用。[46]就用在構築圍欄和圈地後改善工程的額外資本來說，這似乎有待商榷；而就勞動力來看，更是如此。換個方式說，以總要素生產力為衡量依據時，假設了土地（因圈地而增加其產量的生產要素），其稀缺程度並未比勞動力和資本（在圈住的田地和新飼養業被用來提升土地產量時花掉的兩個生產要素）低太多。但誠如後面會說明的（和第五章會有更詳細說明的），比較可能的情況是土地稀缺情況在歐洲數個地方變得嚴重，於是只有透過提高產出來增加每單位產量，即使因此用到相當大量的勞動力和資本亦在所不惜。沒有這類措施，土地稀缺可能會使更多人（和金錢）閒置或受到有害性的運用，而非用在其他生產性工作上。

近代早期歐洲的財富，有許多用在購買新頭銜之類不具生產效益的用途上（從而間接用在戰爭這個許多政府的主要活動上），而非投入擴大生產。事實上，常有論者主張，將更大比例的可用財富投入增加生產和貿易，而非投入對不同宗教符號、藝術符號或其他表明身份地位之符號的追求，漸漸使歐洲某些經濟體變成「資本主義」經濟體，而其他經濟體則仍屬「前資本主義」經濟體。[47]這一轉變的一部分，可能真的反映了新興的「資本主義精神」。但另一部分則反映了生產性投資的新投資場所的出現，包括需要投資人幾乎不直接插手經營的投資場所（這些投資人往往仍對其他類追求身份地位的活動較感興趣）。[48]圈住的地只是這些慢慢冒出的投資場所之一；在過渡期間，仍有人以生產效益較低的其他方式進行大筆投資。我們沒理由認為，如果圈地仍舊有合法性困擾，用來圈住、改良土地的資本必然會被人拿去做具生產效益的投資。因此，以此假設為依據的衡量標準，會無法充分反映圈地對總產出的貢獻；然後，總要素生產力即**無法充分反映**阻撓圈地的那些建制成本。

這個論點用在勞動力需求上更為適切。圈地後發生的改變（牧草地轉為作物地、排乾覆草濕地、減少休耕），都耗費了勞動力；但市場工資真的能反映這些圈地所需勞動力的機會成本嗎？市場工資不可能降到不足以餬口的程度，因為如果該工資無法讓人活命，人就沒什麼道理工作，但在最低工資下，未必每個人都有工作做。近代早期歐洲的許多地方，包括人口成長特別快的英格蘭和愛爾蘭，[49]鄉村就業不足和失業的程度前所未見。[50]而誠如亞瑟・劉易斯（Arthur Lewis）在其論「剩餘勞動力」經濟體的經典著作中所主張的，[51]在這樣的經濟體裡，受僱者的工資不可能一路滑落到該地工作者之最低機會成本之下（亦即他們若沒有從事目前的工作而大概會做之工作的經濟價值）。因此，受僱於圈地農場的額外勞動力所領到的工資，也誇大了估算圈地所產生的淨收益時、必須扣除的勞動成本；總要素生產力因此未充分反映圈地障礙加諸許多西歐經濟體的成本。

從劉易斯設想的純「剩餘勞動力」情況到勞動力獲充分運用並獲得其邊際產品的想像情況，我們並不清楚近代早期歐洲究竟在這個連續體上的什麼位置。在十六世紀的許多時候直到十八世紀結束，失業和就業不足肯定是歐洲揮之不去的長期困擾。而對荷蘭境內勞動力市場的一項詳細研究，強烈顯示雖然國際工資水平下跌，而且十七世紀期間大量失業，城市和鄉村的工資仍很少下跌。[52]另一方面，喬爾・莫基爾主張，這些失業的勞動力，至少有一部分，除了因為僧多粥少（想工作者比值得從事的工作還多）而失業，還因為其他因素：例如比現代世界還更愛好閒暇的心態，以及特定季節才有工作可做並因此受制於運輸與資訊成本的現象。[53]就連在二十世紀非常貧窮且人口密度很高的地方，也未能找到純剩餘勞動力（即被剔除掉後不會減少總產量的人）。[54]看來在近代早期歐洲，圈地所吸收之額外勞動力的機會成本，似乎大於零，但仍大大低於觀察到的市場工資。如果過去真的比現今更看重閒暇，這也會意味著運用只能帶來微薄利潤的勞動力（要誘使很看重閒暇的勞動者工作要花不少成本，因此利潤微薄），可能還是大大增加了產出。因此，圈地獲益的真正衡量標準，大概在總要素生產力計算結果所意味的數值和略去土地之外的生產要素的成本所意味的數值之間；這仍將意味著歐洲因土地產權不明所導致的市場失靈，是遠比中國還嚴重的。

由於歐洲土地法的限制，其他農業改良措施也無緣施行。在十八世紀的法國，抽乾覆草濕地和灌溉既有農地兩者，都大大受阻於習慣法和法律程序，因而花錢擺平那些可能因這類改良措施而利害受損者之事，幾乎不可能發生，即使是在這麼做大有利可圖的地方亦然。拜法國大革命之賜，這些特權才遭廢除，相關法律程序也才予以簡化。[55]相對的，在十八世紀中國、日本，可能還有十六至十八世紀結束的印度（開拓新土地和興築灌溉設施突飛猛進之地），為酬謝那些提供灌溉設施者和裁定水權糾紛者所做的習慣性做法，似乎較有效率。[56]

法國農民的確找到其他方法來提升產出。至少在十八世紀晚期或更早的法國北部，許多有機會在城市市場裡做買賣的農民，便曾透過漸漸改變作物混種方式和技法來大幅增加總產量，以對市場的變化做出回應。此外，直到工業革命前夕，那些不靠技術改變、而是憑藉進一步專業化所產生的潛在收益，在當時也仍還有發展空間。[57]但同樣的，這些收益之所以尚未被耗盡，乃是因為許多斯密式成長的潛力尚無緣發揮。即使法國的食物供給情況並未像某些年鑑學派歷史學家所說的那麼淒慘，肯定仍然淒慘到足以令商界、政界和其他有權有勢的城市居民憂心忡忡，[58]從而使偏遠地區農民因為能增加產出而得到豐厚報酬。但農產量的增長仍然緩慢，此後直到「舊制度」時期[1]結束，城市食物短缺、商人和官員不惜遠赴異地尋找穀物的現象仍持續存在。[59]誠如極力批評鄉間無流動性一說的詹姆斯．高史密斯（James Goldsmith）所說：「幾乎毋庸置疑的，土地的細碎化和古老過時的領主法規拖慢了鄉間的重組，但它們並非無法克服的障礙……證據顯示，當時的農業資源還未得到充分利用，而非已碰上馬爾薩斯式絕境。」[60]總而言之，像是圈地、抽乾濕地等能提升生產力的創新，的確在當時歐洲相對擴散得比較慢，這種「市場失靈」現象仍需要制度層面上的解釋（例如羅森塔爾〔Jean-Laurent Rosenthal〕的解釋[2]）。而就十八世紀中國來說，搬出這類論點的需要就少了許多。

勞動制度

如果西歐在土地產權上並非特別有效率，那在勞動力市場上呢？在此不妨先檢視一下「自由勞動力」與經濟發展效率的相關程度。從經濟制度的角度看（而不是從非自由人的角度看），這些問題在於不自由勞動者的領主，是否會要他們從事比自由勞動時還缺乏生產效益的活動。這些領主特別可能逼這類勞動者從事較無生產效益的工作，特別是當領主認為這些不自由的依附性勞動者所多付出的額外勞動完全不具邊際效益、甚至是人為拉低機會成本時。[61]如果說這些依附性勞動者在獲得自由後，真的會轉而從事較具生產效益的工作，那麼強制勞動制就是在減少總

[1] 譯按：Ancien Régime，法國中世紀晚期到大革命發生這段時期。

[2] 編注：羅森塔爾以法國為例，認為習慣法與法律程序是導致農地改良措施推展較慢的主要原因。其論述的代表作可參照本章注釋第55。

產量。舉例來說，原本不自由的勞動力，被「有心改善情況」的地主逐出而成為新興產業的勞動力，就是如此情況（「有心改善情況」的地主，**產量**可能真的變少，但**淨收入**變多，因為不再供養如此眾多且只能從事較無生產效益之工作的依附性勞動者；隨著這些工人受僱從事別的工作，在那裡生產比他們的維生成本還要多的產值，整體經濟也跟著受益）。

但以上所說的通常是長期情況，因為新產業鮮少是一夜之間出現。在這期間，許多這類勞動者很可能就業不足，而隨著曾對產出**有所貢獻**的舊工作無人去做，總產出很可能下滑，儘管那個曾有的貢獻太低，令主人覺得不值得為此支付維生工資（例如在沒多少雜草的土地上做更多除草工作）。於是，從短期至中期來說，不自由勞動者既能提升總產量，也能降低總產量。

這些問題出現在幾種不自由的勞動環境裡，例如奴隸、農奴等。有些學者以同樣方式分析了農村婦女和孩童的勞動，主張在某些地方，文化和建制使這類人無法離家工作，但（除了透過料理三餐、照顧小孩等活動再生產出勞動力）他們的確在家裡生產可販售的商品；而在這類地方，農家的功能就像一個有少許不自由勞動者的小莊園。家庭成員總是得餵飽，因此他們的收益，不管多寡，都是整個家庭的淨收益，即使這類勞動所賺取的隱性每小時「工資」不足以支應基本維生所需。普遍存在這類勞動的「內捲化」(involuted)社會，便很可能表露出許多和蓄奴制、農奴制社會一樣的經濟（乃至社會或情感）特點：使用極度勞力密集的技法、購買型消費財的市場較小、對節省勞動力的技術創新興趣缺缺。[62]我們會先思考把人與非親屬綁在一塊的建制，再回頭談家庭勞動。

關於中國奴隸勞動何時變得對經濟無關緊要一事，學界莫衷一是。朝廷長久以來一直在尋找終身保有不動產的子民，以便向其直接課稅和徵兵，而不必透過地方豪強，但並非總是能如願。日本學者已做了許多這方面的研究，說明世襲性農場奴工的持續存在，尤其是在長江流域境內的莊園。

不過，這類莊園在十五世紀晚期，或甚至更早時，就已開始式微，轉而由運用僱傭勞動的莊園擅場。到了十七世紀初期，長江流域運用雇工或奴工的「經營型」農場，都已開始讓位給自由耕種的小農戶，或是簽定契約的平民佃戶。大部分明清之際（約一六二〇年）的不自由的依附性勞動者，會在接下來的五十年因為戰爭、混亂和隨之而來的勞動力短缺而獲得自由。就連那些最強調長江流域不自由勞動形態的學者，都普遍同意這種勞動到了十八世紀已式微[63]（尚存的非務農「賤」民，例如樂師、戲子、某些衙役，到了一七三〇年代大部分已成為平民）。

在其他地方，不自由的勞動普遍在更早時就變得無足輕重。例如，在華北，許多農業工人在明朝時（一三六八～一六四四）的地位依法低於其他平民，但他們並未被拴在土地上。但到了十八世紀晚期，這類勞動者已很稀少，連在非地主、非佃戶所耕種的土地上亦然（這類土地已占所有土地不到一成）。[64]華北佃農和農業工人所面臨的最後法律障礙，在一七八〇年代時消失（與西歐約略同時）；但在那之前，有很長一段時間，只有極少數人受制於這些障礙。[65]儘管有一些例外地方（尤其是安徽省徽州區域），在進入十九、乃至二十世紀後，仍以運用不自由勞動力的莊園為特色，但一七八〇年時，受這些特例衝擊者，或許只是當時中國約三億人口裡的幾千戶人家。[66]滿清旗人有資格蓄奴，但到了十八世紀，即使是這個小群體，其大部分成員大概都已養不起奴隸了。此外，即使在滿清國勢最盛的十七世紀，滿人的奴隸通常是家僕（往往被視為準親人），而非農民或工匠。[67]

這個時間表和我們在西歐看到的時間表，差異並非特別大。到了一五〇〇年時，發展完備的農奴制在易北河以西已很少見，因此大部分農民能合法結婚、遷徙、擁有土地。[68]但些農奴並未完全消失，即使在十八世紀的法國亦然，[69]而強迫性勞動和隸農制（villeinage）在丹麥語國家仍然頗受看重。[70]此外，在法國和西德意志，仍存在多種領主稅和限制，包括穀物一律得送到領主處碾磨、農民有服務義務、領主控制地方司法；這些權力想必使許多農民不敢大膽伸張自身權利。[71]即使在十九世紀初期的英格蘭，隸農制已消失數百年，但由於濟貧法的規定，只有留在原屬堂區的人有資格得到救濟；因此之故，對許多人而言，連短距離遷徙都太危險，使他們成為附近某些（或甚至某個）大莊園眼中不怕跑掉的勞動力來源。[72]而歐洲境內的長距離遷徙大大受阻於多種法定障礙、語言歧異和其他障礙；誠如接下來會瞭解的，其受阻程度比在中國嚴重許多。

遷徙、市場與建制

照一般人的想法，貧窮的勞動者（如果能遷徙的話），若非遷往土地／勞動力比率較高的地方（通常是邊疆地帶），就是遷往資本／勞動力比率較高而有營建、服務或製造業工作的地方（往往是城市，但並非都是城市）。在十六、十七、十八世紀期間，前一種模式還比後一種模式吸收較多的人力，而且這一模式在中國的發展程度遠優於在歐洲。

尋覓較豐饒土地的歐洲人，理論上若非往東中歐（East-Central Europe）和東歐找，就是往大西洋彼岸找。但由於數種建制性限制（往往被統歸於「莊園制度」、「封建制度」或「再版農奴制[3]」底下），來自西歐高人口密度地區而能藉由東遷來改善生活者，少之又少；這些人其實得接受較不自由的法定身份和對他們所據為己有之土地的不明確所有權（更別提取得資本、進入市場的管道有限之類的邊疆常見困擾）。的確有一些自由的德意志人，根據賦予他們牢固之法定身份的明確協議，遷到俄羅斯和普魯士；也有一些自由的荷蘭人根據這類協議遷到立陶宛，但這些都是例外。整體來看，不管是和我們所認為在虛構的一統歐洲裡會有的遷徙相比，還是和中國境內差不多一樣長距離的遷徙相比，往東移到較無人煙且可能肥沃之區域的遷徙，規模都很小（第五章會對此有更多著墨）。一般來講，要等到十九世紀法律大變革和東歐人口急速成長後，那些地方才會被填滿。

就連西元一八〇〇年前歐洲人往到處有新土地的「新世界」的遷徙，都比不上中國人的遷徙。西元一八〇〇年前遷徙到美洲的歐洲人總共大概不到一百五十萬。[73]此外，從英格蘭移過去者，有將近三分之一是契約僕役，[74]而諸多殖民地裡的政策，使窮人難以隨心所欲利用「新世界」的機會。[75]移入美洲的歐洲自由民數量，光是和英國境內的剩餘勞動者數量相比，都是小巫見大

[3] 編注：再版農奴制（the second serfdom）這個由恩格斯（Friedrich Engels）所提出的詞彙，主要用來指涉近代早期中歐與東歐（如普魯士、奧地利、波蘭立陶宛、俄羅斯等地）再次出現大規模農奴制的現象（與此同時，農奴制則逐漸自西歐消失）。

巫，完全無法像正要出清的勞動力市場所會有的作用那樣，使大西洋兩岸自由白人的生存機會均等。例如，約一七〇〇年時，往北美新英格蘭地區遷徙，可以使英格蘭年輕人的平均餘命增加約十年，[76]但要到一八〇〇年後，才會出現龐大移民潮。

就「新世界」來說（與東歐不同的），相對於窮人的收入與儲蓄，移居到該地的成本甚高，從而很可能是比任何法律困擾還要大的障礙。不過，值得一提的，大部分人只有同意當契約僕役，才支應得了移居的成本，而就連此協議的條件內容，都大大受制於出口導向的大種植園主對勞動力的需求高低、和如果契約僕役太昂貴他們可轉而使用奴隸一事。[77]在中國，朝廷一再為集體移民到勞力稀缺地區之事**大開方便之門**，而且以允許墾殖者保有自主地位為條件推動此類移民，而在歐洲，肯定沒有類似的情事。

中國在這方面的作為，往往包括提供盤纏、初期貸款、種子，協助獲得耕畜、基本資訊和土地。[78]光是十七世紀晚期和十八世紀期間，長距離遷徙到中國低度開發區（和因為十七世紀戰禍而人口大減的地區）的移民，無疑就超過一千萬人，而且大部分拓殖者建立了可終身保有的農場；[79]那些變成佃農的人，幾乎個個是自由佃農。[80]由於手中資料不足，無法探明這些移居行動使不同地區的收入均等化到何種程度，但軼事性證據顯示，中國境內充滿機會的土地很快就被占光，致使遷徙到邊疆地帶不再是改善生活的明顯途徑。於是，中國人的移居，不管出於什麼原因，在出清地區的過剩勞力上，似乎可能比歐洲人的移居，效用更大得多。

另一方面，為追求豐裕之資本而移居，在歐洲可能也較容易。雖然在最缺資本的歐洲地區

（例如俄羅斯），人的流動性的確頗低；或是誠如前面已提過的，英格蘭濟貧法之類的建制，可能對連從英格蘭某個貧窮堂區移居到倫敦（或後來曼徹斯特）之事，都起了人為的抑制作用。但在十七、十八世紀裡，有許多歐洲人的確遷往短距離或中距離外的核心區域（例如德意志人和斯堪的納維亞人遷往荷蘭，愛爾蘭人遷往英格蘭）。

中國政府對「無業遊民」始終心存懷疑，喜愛農民更甚於無產階級，因此雖然積極協助窮人赴邊陲地區墾殖，卻完全未推動窮人前往核心地區尋覓工作機會；事實上，官方的某些政策抑制這類移動。饑荒時主動賑災，以使人民在自家附近領到配給，就是這樣的例子；試圖透過保甲制度使鄰人為彼此的行為負起責任，則是有著類似目的但野心更大許多的計畫，只是這對百姓的遷徙大概影響不大。中國工業的風俗習慣與社會結構，影響大概還更大。

在十八世紀的中國和歐洲，最大的工業產業都是紡織業，而在這兩個地方，大部分生產都發生在鄉村。在中國，大部分的生產者是女性，原因之一是紡織被視為「女紅」的典型。但在中國，少有未婚女子隻身移居他處，因為女人即使出個小門去廟裡進香，若沒有親人陪伴，都可能有損名譽；事實上，時至今日，在中國某些鄉村地區，女人若赴外工作，仍會招來不少反對聲浪。[81]男人若帶著妻子一同遷徙，需要搞定住的問題，就算順利找到住所，還得有塊地可供他使用才行。男性雇工固然可以找好幾種工作，但「男性身為一家之長，就該有自己農地（歸己所有或租來的農地）」的觀念牢不可破，致使大部分本可能外移者打退堂鼓。長江下游和某些地區有許多鄉村織工和紡紗工，但夫妻兩人都從事紡織的情形不多（在歐洲這種情形則很常見），有心招徠這類人到他的土地上安家落戶以便利用他們的勞動力的大地主也不多。簡而言之，我們所可能稱之為「無產階級遷徙選項」的東西，在中國不易出現，因為正規的織工或紡紗工不是無產階級；她所屬的家庭，即使沒有自己的土地，至少還有可供作為佃戶押租的錢。

於是，歐洲建制若擺在這裡，理論上可能較易促成會把人從勞力過剩區域遷徙到資本充裕區域的平衡狀態。在中國邊陲地區人口暴增而最繁榮區域人口增加甚少的十九世紀，這一落差可能會很大（第五章會再談到這點）。但在十八世紀中葉，很難想像長江三角洲的富庶繁榮會使許多人不顧性別規範和其他文化價值觀，移居當地尋找僱傭工作。這時長江三角洲的人口密度已達每平方英哩一千多人，[82]而長江中游最肥沃、水源最充足的省份湖南，則是約一七五人；[83]當然，懂得農事的人（尤其是男人），遠多於懂得其他任何事務者。在這樣的情況下，很難想像中國境內會發生追求資本的集體遷徙，即使這類遷徙未受到風俗習慣的阻撓且政府未鼓勵人民進行追求土地的遷徙亦然。畢竟，在歐洲，建制對尋地阻撓甚大，而對尋找充裕資本下的工作機會的阻撓，則小了許多，但十八世紀時為了覓得工作而移動的人仍然不算多。若說妨礙移往資本充裕地區的習慣性障礙是十八世紀中國勞動力市場的「不完全性」，而且其「不完全」程度，就和先前所談過歐洲境內尋地者所面臨的障礙一樣嚴重，那的確沒憑沒據。當然，不管是中國還是西歐，都不是運作平順的新古典主義經濟學勞動力市場；但對本書的討論而言，只要知道中國稍稍更接近新古典主義經濟學的勞動力市場模型就夠了。

農產品市場

其次，中國農民把自家許多農產品上市販售時，至少比倫敦、巴黎周邊的農民較不可能遇上買方獨家壟斷的市場結構。英格蘭、法國國王都熱衷於供給都城所需的食物和其他必需品，為此幾乎不計代價，於是允許「私人市場」成長；而在私人市場裡，行之有年的反「囤積」（在穀物上市前將其全數收購）規定遭束諸高閣。商人以一對一的交易方式直接向農民收購穀物的情形愈來愈常發生，而這種交易方式使穀物無緣進入實體市場，也就無法讓賣家得以從多方競購的買家中取得最有利收購價。[84]誠如布勞岱爾所強調的，在這類交易裡，商人對遙遠市場較為瞭解，而且身上有隨時可付出的現金，因而這類交易「本來就不平等」，[85]往往使農民陷入永遠債務纏身的循環困境裡，並在何時出售穀物和把穀物賣給誰上任人擺布。

相對的，清廷力求地方的基本民生必需品市場有**多個彼此競爭**的買家。事實上，直到一八五〇年代為止，這一直是官府的經商、經紀許可制度的主要目標。[86]許多證據顯示，這一制度通常（但並非總是）用在占上市農產品之大宗的穀物和棉花上。商人的確常利用信貸來確保取得他們所要的農產品，但農民似乎大多能自主決定要賣給誰，至少在一八五〇年前是如此。[87]

鄉村工業與副業活動

此外，比起歐洲許多農民，中國農民在從事營利性手工品生產和把製造品賣給相互競爭的買家上，有著較高的自主性。為求簡單明瞭，我們把焦點擺在紡織業上。

明初中國仍有世襲性的工匠家庭，一三九三年時占人口約三％，[88]但這一制度在接下來的兩百年間瓦解，因為這些依附性勞動者的工資太低，使許多人棄職逃走，而農戶賣布和其他手工製品的情況愈來愈多。[89]到了明末，這一制度已名存實亡，繼之而起的清朝於一六四五年正式將它廢除。行會很普遍，但紡織品行會地位卑微，不存在城市壟斷合法紡織品生產的情事。相反的，清廷大力鼓勵鄉村婦女紡織，既為強化繳稅農戶的經濟穩定，也因為母親從事紡織，乃是有利於其小孩之道德教育的身教。官員分發棉籽，印製操作小冊，鼓勵教授相關技能，提倡「男耕女織」的分工為健全家庭之基礎的觀念。[90]

這些政策普遍奏效。到了十七世紀初期，長江下游的鄉村人家，幾乎家家戶戶從事營利性紡織。十七、十八世紀，嶺南和華北許多地方跟進，在長江中游和其他地方也發展出重要的小生產區。[91]在某些地方未有本土的生產活動，而那是缺乏適當的本地資源和從較發達地區輸入手工製品所致。

西歐的城市行會也失去對紡織品生產的控制，但失去過程較緩慢許多。使用鄉村勞力一事的成本優勢一眼就可看出，但城市工匠普遍認為他們享有特權是合法的權利，可規範但不能輕率廢除。[92]啟蒙運動思想家開始質疑這種財產的合法性，但要到一七八九年後法典才反映他們的看法。歐洲諸國政府非常在意於**城市**的安定，[93]知道城市壟斷地位的迅速消失會導致社會動蕩，於是常查禁鄉村生產活動。在德意志許多地方，十七、十八世紀時德意志諸邦致力於**強化**城市的壟斷地位。[94]許多德意志行會在十八世紀期間，權力其實變得更大（無論是在事實上還是法理上都是如此），並繼續獵尋「地兔」（即無照從事行業的鄉民），直到十九世紀。[95]雖有這類作為，鄉村工業還是繼續擴散，有些師傅不再想方設法將鄉村勞動者拒於門外，而是轉而開始僱用他們。不過，仍有數百萬鄉村居民，因城市依法享有的特權的阻撓，而無法投入工業活動。

還有些障礙存在於鄉村自身。英格蘭的自由主義中心（同時也是歐洲紡織業中心）拉特蘭（Rutland）的公爵們（不無道理地）推斷，鄉村織造業的擴散，導致該產業與農業爭奪勞動力，導致較高的出生率，以及最終導致較高的稅額估算以供養窮人。而這些公爵身為博蒂斯福德（Bottesford）村四分之三土地的所有人和該村大部分上市產品的買主，能防止這類弊病產生。晚至一八〇九年，威廉．皮特（William Pitt）仍如此描述他們的政策：「許多健壯的農民在此受到供養，沒有織襪工，也沒有人會需要被照顧。」不足為奇的，就在紡織業於萊斯特郡（Leicestershire）許多地方蓬勃發展之時，在由單一貴族宰制的村子裡往往沒有此產業；在土地所有權集中的區域，紡織業則薄弱。[96]在德意志某些地方（尤其是普魯士以外地方），直到進入十九世紀許久以後，行會仍如願阻止許多工人（尤其是女工）投身製布業；[97]晚至一八四八年，這期間形形色色的卑下義務，令織工和創新者都不堪其擾。[98]

在另外的例子裡，鄉村工業的確大幅成長，但其代價是在鄉村也被迫施行綁手綁腳的行會制度。在這些例子裡，城鄉行會往往（在官方支持下）聯手抗拒技術變革，且如願以償；希拉．奧格爾維（Sheilagh Ogilvie）研究過德國史料後推斷，原始工業發展和法人特權兩者的建制性遺緒，十九世紀時仍然「對經濟、社會的改變構成直接且久久未消的障礙」。[99]

但我們不該只是列出偏離開放性、整合性之理想化勞動力市場的種種作為，因為那些作為可在任何地方找到，不代表不存在有意義的勞動力市場。但就某些歐洲例子來說，我們也有某些衡量產出的標準，而那些衡量標準表明勞動力市場的整合相當有限且斷斷續續。

費爾普斯．布朗（E. H. Phelps Brown）和希拉．霍普金斯（Sheila V. Hopkins）提出的英格蘭著名工資序列，清楚指出久久未消的僵固現象。儘管供給與需求兩者都頻頻改變，但數種非農業性工作的名目工資，卻數十年、甚至數百年未變，技術工人和非技術工人兩者的工資差別也太久沒什麼改變。[100]如今我們在法國、德國的部分地方找到類似的現象。[101]在這期間，十六至十八世紀結束的英格蘭境內，失業（工資未跟著需求波動而變動時的可能結果）相當嚴重。在十八世紀英格蘭，雖有嚴重的**季節性**失業，在農業淡季時從事工業工作的農場工人卻也似乎不多；收割時期日工資較高，特定季節投入農業工作者卻很少。[102]農業、工業勞動力市場如此分明的區隔，有助於維持城鄉工資間的大落差（十八世紀末時城市工資比鄉村工資高了五十四%）。[103]

荷蘭勞動力市場可能較靈活得多，至少在十六世紀晚期至十七世紀初期的黃金時代是如此。技能工資差別（技術工人與非技術工人的工資差別）和名目工資的變動更頻繁，臨時工在農業與非農業工作之間遊走，有助於整合那些勞動力市場。[104]但約一六五〇年之後，工資與技能工資差別的變動變得沒那麼頻繁；數種有組織的城市行業能使工資居高不下（乃至在世界價格於一六七〇年後下降時增加實質工資），儘管這會使獲利下滑，失業率升高；[105]來自德意志與斯堪的納維亞農場的短期移工，為數種季節性的非農業性工作，提供了愈來愈多的勞動力。在這期間，許多較窮、生活較不安穩的荷蘭工人不再能靠打零工過活，原因既出在公共工程（例如開鑿運河）

減少，也出在農場更加僱用常年工。許多人外移，為荷屬東印度公司效力，赴海外當水手或當兵；雖然為這類公司賣命是逼不得已的，但這種情況在十八世紀卻是愈來愈多。於是，荷蘭最終有了三個彼此區隔相當分明的僱傭勞動力市場，其中一個市場最受青睞，但要進入不易，而另外兩個市場裡的人，若一直待在鄉下，日子就過不下去。[106]

在十八世紀晚期，或甚至十九世紀大部分時期，勞動力市場的整合程度也非必然變得較高。英格蘭的城鄉工資差距（一七九七年為五十四％），在一八二〇年代至一八五〇年代期間急劇拉大（早期工業化期間常見的現象），一八五一年更衝到八十一％的高峰，在接下來的幾十年裡才漸漸下跌（但仍不時回漲）。[107]

法國的勞動力市場整合程度最初似乎較高，但終究只是短期現象。由於敵不過旺季時的農業工資，法國的鄉村工業在夏季停業，由來已久且十分普遍；而許多工業工人一過三十五歲左右，在工業裡所能賺得的工資開始下滑，就愈來愈偏重於全職的農業工作。農業與非農業工人的這一高度重疊（約一八〇〇年時兩成五至四成的法國農業勞動力也在製造業工作），創造出比英國更為整合的勞動力市場，至少在城市以外的區域是如此。此外，一五七〇至一八七〇年間，法國農業的日益商業化，更在許多區域提升了這一整合程度。[108]然而，這一整合有賴於法國許多工業的高度非資本密集和低工資，前者使夏季歇業不致危及財務，後者使歇業在每年夏季農業工資上揚時不得不然。隨著十九世紀最後三分之一時期蒸汽動力工廠變多，這類產業的競爭力愈來愈差；隨著收割時期工資在一八七〇年代農業蕭條時暴跌，勞動力從工業往農業的季節性流動停止，結果就是十九世紀晚期法國城鄉、地區的工資差別都劇增。[109]到了二十世紀，法國勞動力市場的特色，已轉變成新的區隔模式，而非以長期趨向整合。

為何歐洲不同經濟產業間和不同地區間的工資，會有著持續增加且存續至工業時代的巨大差別，學界莫衷一是。此現象的成因眾說紛紜，而這些說法無疑包含了許多不能被視為勞動力市場之「缺陷」的因素。[110]不過，學界普遍認同，這些缺陷在這一差距的久久未消上起了一定的作用。而再怎麼看重哪一說法的不同組成部分，都仍有一點引人注目，即在此我們又需要解釋，何以歐洲大大偏離斯密式效率。這一偏離既發生在近代早期，也發生在工業時代，就我們所知，在東亞並未見到與此類似的情況。

令人遺憾的，我們沒有可靠的中國工資序列可拿來與這些結果相比較，但本章更後面會告訴我們，至少在十八世紀，農業勞動者與鄉村紡織業工人的工資大概相當接近。我們知道在歐洲許多地方，對於人在不同產業間的遊走會有所限制，而在中國則否。中國的個別地主幾乎從未擁有拉特蘭公爵那樣的權力；無論如何，較可能的情況會是他們較希望見到自家佃農有額外收入，以更支付得起愈來愈傾向用現金支付的佃租。而城市的手工業行會，誠如前面已提過的，沒有將鄉村競爭者拒於門外的實質權力。比較不正式的做法，例如透過本地組織敲定季節性與長期僱用的移工，意味著勞動力市場肯定在許多方面是有所區隔的，但由於沒有進一步的法律限制，這似乎不可能創造出像近代早期歐洲的勞動力市場那樣低度整合的勞動力市場。

在日本，直到一八六〇年代為止，遷徙和從事副業一直受到多種法律限制，而有人或許會認為在日本會出現更像在歐洲所觀察到的勞動力市場區隔模式。不過，非正式的做法在規避這些限制上似乎往往頗為管用，至少在商業化地區是如此。齋藤修（Saito Osamu）已證實從一七五〇年代起，畿內地區城鎮散工和鄉村散工的工資差不多，意味著存在一個充分整合的勞動力市場；[111]西川俊作也證實十九世紀長州的勞動邊際生產力，應該和農業勞動者的工資約略相當，也與附近製鹽行工人的工資非常接近。[112]因此，雖然還有許多地方有待探明，我們目前擁有的證據並未顯示歐洲的勞動力市場比日本或中國的勞動力市場更加切合新古典主義經濟學準則。

中國與歐洲境內的家庭勞動：「內捲」與「勤勞革命」

消費與產出

儘管中國的勞動力市場比歐洲更切合新古典主義的經濟學準則，黃宗智仍然主張，中國經濟在清朝時還是以西歐所未有的方式「內捲化」。他主張，生產與交換的擴張，有賴於運用愈來愈多無償的家庭勞動力，而這種家庭勞動力的每單位勞動所得很少（而且還愈來愈少）。這類所得有助於家庭支應其大體上固定的消費需要，但卻付出不小的代價：低利潤加上近乎零的隱含工資，投資節省勞動力之機器就變得沒有意義，使人始終只能從事低生產力的工作，無法壯大「餬口性產品之外」的產品市場。在這樣的情況下，鄉村工業雖然能成長，但勞動生產力卻無法成長。因此，「這是小農生產與自給農業的商業化，而非剛出現之資本主義企業的商業化。」這一變化乃是女人受制於「文化因素」而幾乎完全無法離家工作所致；[113]這些限制助長家庭把女人的勞動視為無成本的勞動，就和做多做少莊園主都得養活的奴隸或農奴差不多。

眼下暫且假定黃宗智對中國的描述屬實，那麼中國與西歐在十八世紀晚期之前，有多大的差異呢？在歐洲，同樣有許多證據證明一五〇〇至一八〇〇年的產出成長，大抵要歸因於更多的勞動力得到運用，而非生產力上有什麼突破性進展；這一趨勢非常普遍、根本而又持久，因而揚·德佛里斯提議應把這個時期重新界定為「工業革命」時期。[114] 而誠如第一章所提的，我們並不清楚那些多出的勞動力是否大大改善了西歐平民百姓的生活水平。誠如第三章會說明的，許多證據顯示非菁英階級的歐洲人，即使一八〇〇年時的家產比一五〇〇年時多，但未吃得較好；事實上可能還吃得更差。

我們已知道中世紀晚期至一八〇〇年，歐洲人均肉類消耗量下跌。而一六三七至一八五四年巴黎的人均麵包消耗量則看不出什麼長期趨勢；[115] 其他城市的證據亦然。隨著時日的推移，工作量**增加**，才賺得到足夠買那些麵包所需的錢。在斯特拉斯堡，一四〇〇至一五〇〇年，要買得起一家四口一個月所需的小麥，需要做四十至一百小時的粗活；大多在六十至八十小時之間。到了一五四〇年已超過一百小時甚多，且在接下來的三百年內未再低於一百小時；法國方面的資料大體上表明直到一八八〇年代，才又能以一百小時的工作量買到一個月所需的穀物。[116] 就德意志工人來說，趨勢大略相似：工人工資的購買力，用穀物來衡量的話，一五〇〇至一六五〇年下跌了約五成。[117] 在英格蘭，購買力更晚才開始下跌，一七四〇年左右出現一個高峰，建築工人的工資所能買到的麵包，再度和十六世紀時一樣多；但也只是恢復到十六世紀的穀物購買力，直到進入十九世紀許久以後才改觀。[118] 鑑於日常飲食對穀物的倚重（即使上層城市居民都有超過一半的卡路里來自穀物，窮人則可能超過八成來自穀物），[119] 每小時勞動的實際收益在這期間很可能下滑（有些人不吃麵包改吃馬鈴薯，藉此保住卡路里購買力，但此舉普遍被視為飲食品質的下降）。

小農（不管是終身保有土地者還是佃農），情況只稍好一些。他們在穀價上揚時得到週期性的獲利，往往漸漸積累較多的炊具、家具等物品，但日常飲食並未改善。基本上，農民人數大增消耗掉不少他們所增加的產出，而可供不滿現狀的農民移居的空地愈來愈少，有助於菁英和政府侵吞更多的剩餘穀物。的確有些新的品項進入人們的市場籃（market basket）[4]裡，但考慮到失去的品項，新市場籃是否比舊市場籃好上許多並不清楚，而且得花上比先民更多的工時才能取得。鄉村勞動力過剩有助於壓低有較充分文獻佐證的實質工資，而如果農業實質工資持續上漲，乃至維持穩定，這一勞動力就不會過剩。[120]

對「原始工業化」（近代早期歐洲鄉村手工業的大幅成長）的研究，得到類似的結論。大衛·勒文（David Levine）論英格蘭鄉村紡織業的著作，闡明一名鄉村紡織工人的工資養不活一家人；即使兩個這類工人的工資，若沒有農業收入和童工的貢獻，也往往不足。不過，一對夫妻靠紡織工作（或許還有一塊很小的地）就能存活的可能，使更多男女得以不必等到繼承家產就可結婚。結果就是更早婚、更高的出生率、紡織業地區人口過多、要工資下調的壓力變大。工資下滑迫使許多人增加工時，從而加速這一循環。[121]因此勒文認為，原始工業化不是工業未來的先兆，而是死胡同，而英格蘭（但並非英格蘭的所有紡織工）憑藉外源性技術突破，才得以走出這個死

[4] 編注：在經濟學中，會用市場籃（market basket）的概念，選出一批特定的食物或家用品等，作為一般人日常購買行為的代表性樣本，以衡量生活成本。

胡同。

原始工業化與更快速人口成長之間的關係，似乎不再如這個模型的最早期提倡者所認為的那麼清楚。農業僱傭勞動力更易取得，也使人不必繼承土地所有權就能維持生計、成家，而且對人口的作用，可能和那些被認為出自原始工業化的作用一樣[122]：導致更多家庭需要至少兩人工作賺錢才能養活全家。不過，勒文的基本論點（原始工業化導致死胡同的機率和導致重大突破的機率一樣高），似乎仍然頗對。理論上講，無產階級是以個人而非家庭一員的身份，來面對市場；家庭既是生產、消費單位且可能還擁有土地。而勒文的論點也提醒我們，無產階級可能還是以同樣「內捲」的方式偏離了新古典主義經濟學所認為會有的走向。

彼得・克里特（Peter Kriedte）、漢斯・梅迪克（Hans Medick）、于爾根・施倫博姆（Jürgen Schlumbohm），以今日德國、法國、英格蘭、比利時諸國部分地區的原始工業化為主題，寫了一部專題論著，在其中表示透過商人所積累的利潤和組織技法，原始工業化其實可能對接下來工廠的興起有所貢獻。[123]然而，他們筆下工人所遭遇的經濟、人口後果，非常類似勒文的論點：一個由內捲、生活水平停滯、可取得的資源所受到的整體壓力愈來愈高等諸現象構成的模式。[124]在十八世紀和十九世紀初期德意志的相關地區，原始工業化發生後，似乎隨之出現人口大增的現象，儘管當地曾想立法限制婚姻但未能如願；大規模就業不足和工資下調到不足以餬口的現象很普遍，尤其是一八四〇年代。[125]整體來講，一八五〇年前德意志的生活水平未有改善的跡象。據說四分之一到二分之一的德意志工匠生活在「貧窮線」以下；在法蘭克福，財產足以取得公民身份的男性占所有男性的比例，從一七二三年的七成五降到一八一一年的三成三。[126]

因此，在十六至十八世紀結束這段期間，勞動增加而生活水平只有相對較小幅成長的現象，在西歐常見的程度大概至少和在中國一樣高。不過，德佛里斯針對歐洲變遷的特性所做的另一部分描述，與黃宗智筆下的中國大相逕庭：「勤勞革命是以家戶為基礎的資源**分配**過程，這一分配既增加了上市出售之商品**與勞動力**的供給，也增加了**對市場所供給之物品的需求**。」[127]換句話說，歐洲人投入更多工時製造物品上市販售時，他們也拿所賺的部分現金來購買原本自行製造的已製成或半製成的家用品，例如麵包、蠟燭等。[128]總勞動時數仍然增加，[129]但花錢以減少家事勞動，表明女人的時間並未被認定是零機會成本。

相對的，黃宗智表示（雖然他並非明白的如此表示）中國的農民並未大幅減少他們的家務勞動。因此，鄉村未發展出工業品市場，因為家人（特別是女性）只有增加其勞動量，而非如德佛里斯針對歐洲所描述的，增加且再分配。如果此說屬實，這會是很重要的一個對比，但此說未得到實證支持。相反的，德佛里斯對西歐的描述，用在中國的先進區域也很適切。

在中國、歐洲兩地，勞動力都有所增加，也都有某種程度的再分配。歐洲鄉村居民開始購買新的商品，如咖啡、菸草、糖（鄉村**工匠**在這三樣商品上的開銷，比其他任何歐洲人群體還高，且開銷多寡依個人收入高低而定，[130]但大部分農民買的大概很少），並非只是過去辛苦自製的家用品；不過，家戶對大部分這些新商品的消費，一直要到十九世紀才大增。[131]因此，這些消費似乎不大可能省下許多家務勞動時間，除非把它們視為對眾所渴求（且勞力密集型）的熟肉消耗減少所作的補償。在農家裡變得更常見的其他物品（家具、餐盤、壁飾等），似乎也與節省勞動力無關，反倒可能表示最低的維生水平已重新評定，說不定還表示擁有某些物品一事相對於閒暇的效用已重新評定。[132]同樣有可能的情況是，眾所認同的維生水準並非上揚而是改變：亦即人若要在社會上抬得起頭，擁有一個有抽屜的櫃子比常常吃得到肉更為重要。但還有些愈來愈常見的物品（麵包店的麵包、啤酒廠的啤酒、裁縫師製作的衣服），明顯節省了家務勞動時間（事實上，如果把所有為家庭服務的生產活動視為純「勞動」，且其中有些生產活動是無報酬的，那麼勤勞革命中必然出現的專業化升高現象，甚至可能導致所有工時的平均收入增加，儘管每小時工資下跌。另一方面，由於料理三餐、照顧小孩等家務勞動，可能有部分被當成是「閒暇」活動，因此這個問題也變得更複雜許多）。

中國人，一如歐洲人，也購買愈來愈多的糖和菸草。事實上，後面就會提到，一八三〇年前他們的糖消耗量大概更大。從為了有錢買得這兩樣物品而勞動一事來看，勞動力方面的變化，很明顯是增加，而非再分配。而由於穀物和肉類的消費量似乎持平，[133]它們的料理方式似乎沒什麼改變，在這方面似乎不大可能省下許多家務勞動（儘管對中國食物加工業的研究可能會需要重新評估這個說法）。或許最為重要的，我們手中的少許資料顯示，買得特定數量的米所需的勞動量，在約一一〇〇年（耕地／人口比率對它們最有利時）到至少一八〇〇年之間穩定成長，[134]呈現出與黑死病後的歐洲極類似的模式（在十八世紀中國，一如歐洲，有些人轉而食用較不受青睞的食物，尤其是來自「新世界」的糧食作物；[135]但這同樣未改變食物成本上升的大模式）。

就在必須花更大成本才能獲取足夠卡路里之際，人們卻開始購買更多無關填飽肚子的物品；就這一點來說，中國也類似歐洲。證據顯示，老百姓擁有的家具、珠寶等物品變多。由於沒有類似歐洲人過世時所遺留的財產目錄之類的資料，我們很難把中國境內不同種類物品（和從而把金錢），相對於閒暇的被感知價值（perceived value）的上揚，與歐洲境內同類上揚現象相比較，但改變的方向似乎相近。我們會在第三章探究那些證據，從而瞭解到與歐洲的近似程度非常高。就我們目前的疑問來說，中國人勞動的增加是否明顯比歐洲還內捲？或許只要說非關填飽肚子的物品購買**有所增加**，而較受青睞的食物已知沒有出現和歐洲食肉量類似的減少現象，就已足夠。

中國人對服務的購買似乎也劇增，劇增程度說不定比歐洲人還要大（從歐洲人過世時的財產目錄來看，他們似乎偏愛耐久財）。例如，充分證據表明十六至十八世紀結束這期間，中國境內僱用儀式專家和職業表演者的情事大增，甚至連非常卑微之人都購買這類服務。事實上至少自十八世紀起，收費換取服務的儀式、娛樂產業就日益壯大。相對的，在歐洲許多地方，國教和無償社區團體繼續操持人生大部分重要階段的儀式，免費提供這類服務。閒暇的商業化是相當新的現象，直到十七世紀晚期和十八世紀才變得稀鬆平常，即使對較富裕、較城市化、較「資產階級」的英格蘭境內的中產階級來說亦是如此。[136]由於存在許多文化差異，如果中國的消費者分配他們日益提高之購買力的方式不同於西北歐的人，自然不會太令人驚奇。中國、歐洲消費者在消費偏好上的這一差異，如果真的存在，可能具有長遠影響，但這一差異談不上是「內捲」的證據。[137]但同樣的，由於中國境內的肉類消耗未像歐洲那樣減少，於是，似乎更為明確的，中國境內其他種消費的增加，代表工作量增加促成生活水平淨成長。

於是，不管是生活水平，還是整體勞動力投入（就我們所知），還是我們對家戶動態與勞動力的瞭解，都未證明將「內捲」中國與「勤勞」歐洲擺在一塊相比較是恰當之舉。

如果鄉村中國真是個內捲的經濟體，照理鄉村家庭幾乎不會為了減少女人的工作量而花錢，因為在這樣的經濟體裡，至少女人和小孩之勞動的機會成本，低到讓他們只要有機會多幹活、有機會即使多賺一丁點工資，都幾乎絕不會白白放過；但其實有許多鄉村家庭都會這麼做。例如，從一三五〇至一八五〇年，棉衣幾乎完全取代了麻衣。黃宗智指出，由於大麻纖維較短，需要「相當複雜精細的過程」才能製成適合製布的紗線；棉在這方面就容易得多。[138]中國全境，一如歐洲全境，蠟燭購買量的增加，證明人們願意花錢來減少操持家務所需的勞動。誠如我們不久後會明瞭的，中國家庭為了節省生產銷售用商品所需時間而花的錢也較多。

有些特殊物品仍然生產來供家用，違反了以市場為基礎的效率概念。例如，在帝制中國晚期（late imperial China），刺繡技巧成為愈來愈重要的女性表徵。因此，出於強烈的社會壓力，年輕女子（至少某種身份地位的女子）仍然得在自己的嫁妝箱放進一些自己親手繡製的東西。刺繡是一件得花不少時間才能上手的技巧，而且許多年輕女子若專職從事織造或繅絲供上市販售，並自外買進刺繡產品，肯定可以改善個人經濟狀況（有些人的確無視社會價值觀這麼做）。[139]但在各個社會裡，都有人像這樣不願乖乖接受完全受市場驅動的生活（或者，換個方式說，要以某種生產過程來表現文化素養）。「家庭生產的物品和服務」雖然劃歸一類，其實由許多特定物品組成，而在任何文化裡，都有人比他人更看重持續為自己和家人生產其中某些物品。這個道理更適合套用在另一類抽象且同質的事物上，也就是閒暇。有人捨棄閒暇，以換取家人為市場工作的機會。「閒暇」一詞包括各種活動（猜字謎、聽音樂或製作音樂、做愛、參加家人的壽宴之類）；而在任何文化裡，都有人比其他人更願意犧牲其中某些活動以增加收入（從而增加花錢取得滿足的機會）。

於是，有些家庭活動未在「勤勞革命」中被轉變一事（不管這些活動對理解中國文化有多重要）並不表明這一過程在中國比在歐洲軟弱無力，除非在中國這類活動多上許多，或它們與更多的基本物品有關係（例如，若某個社會把哺養看成一件太私密而不適合由單純為了賺錢做事的陌生人代勞，這個社會所會面臨的「勤勞革命」障礙，就會比在中國或歐洲所遇到的更強而有力）。結果，中國和歐洲在這些事情上的差異似乎互有優劣，沒有哪一方完全「占上風」。例如，中國農村婦女比歐洲人更可能生活在大家庭裡，大概更易得到家裡老得無法下田或織布的老人無償照顧小孩。歐洲農村婦女享有的這類機會較少，而且遠不如中國婦女那樣可以理直氣壯地宣稱婆婆幫忙照顧小孩是理所當然。而把小孩交給親族以外的人照顧，既花錢且（在某些期間）丟臉。

因此，在這個時候，我們無法根據產出或消費模式斷定中國或西歐何者有較多的「勤勞革命」（包括家庭勞動的再分配和擴展，以及省時性消費的增加），或者斷定哪個地方有較近似純「內捲」的現象。最穩妥的作法，似乎是把中國和西歐劃歸同一類，承認在歐亞大陸兩端，勞動力市場、省時性物品和其他物品的市場、人口壓力三者都愈來愈舉足輕重。為確認可比較（comparability）一說言之有理，我們要盡可能直接檢視對數種生產作為裡未明言之勞動時間的估計。首先要檢視男性勞動者，然後是女性勞動者；後者的就業機會較少，最可能被困在內捲經濟裡。

生產決定與勞動力分配

關於小農的生產決定，我們所擁有的資料不足。但男性農業工資從未低到養不活自己的程度，而那些有機會取得自耕地的人，境遇不大可能比鄉村無產階級差。此外，豆餅肥料的購買量大增一事發人深省（豆餅比糞肥，尤其比自家供給的糞肥，貴上許多，但施撒時省事許多）。事實上，從工資、價格資料可推斷，購買豆餅的家戶暗自以和市場工資差不多一樣的價格評定男性勞動力的價值。[140]最後，對長江三角洲耕種一畝（六分之一英畝）稻田所需勞動天數的估計，十七世紀、十八世紀和一九三〇年代幾乎一模一樣，[141]因此，雖然每畝地的產出上揚，[142]地租占產出的比重卻很可能是下跌的；[143]但至少就中國長江三角洲來說，我們所看到的農業內捲跡象是比近代早期歐洲還要少的。後者的工時漸增，而非技術性勞動的實質收益則開始下跌。

與女性勞動力相關的比較，也未清楚表明歐洲較「革命性」，中國較「內捲性」。在中國，女人離家工作所受到的文化性反對，比在歐洲更為強烈，但那不必然表示歐洲女人賴以出售勞力的市場，比中國女人賴以出售自製產品的市場來得自由。誠如先前已提過的，行會規定往往使歐洲女人無緣進入產品市場。這些規定是歐洲文化準則的一部分，即鼓勵男人要妻子盡可能把心力擺在家用物品的生產上（不管對大部分居民來說這有多不切實際），因此這些規定對女人經營事業的阻力，可能至少和中國人所偏好的作為（女人最好足不出戶，但在家裡從事市場導向的生產則無妨）所產生的阻力一樣大。歐洲啟蒙運動時期的君主仿效中國皇帝，舉行犁出第一道溝的耕耤禮，但未採用中國皇后公開採桑葉、祭蠶神的親蠶禮，也就可說是絕非偶然。[144]當時的歐洲人若聽到這個頌揚女人為家用暨市場需求而生產、且把這些工作視為有助於女人教養孩子之職的觀念，[145]大概多半會覺得很古怪。

當然，中國女人鮮少親自到市場販賣產品或主導生產活動。她們通常受到丈夫或婆婆督導，而丈夫或婆婆很可能不重視她們的閒暇時間，即使增加勞動所帶來的收益已大大落在市場工資之下，仍要她們繼續幹活。不過，光是較多歐洲女人向親族以外的人直接出售自己的勞動力這點，並不表示她們在家裡未受到類似的外力催逼，也就是說她們還是可能在非己所願的情況下出賣更多勞力，而且無法卸下低收益的家事。

此外，中國家庭出售自家女人所製的紡織品時，面對的是多個彼此競爭的買家。史料對農家與商人之間關係的記述並不一致，但在農民繼續帶著自家商品進入市場這點上，各家一致認同。[146]相對的，歐洲的「散作制」（putting-out system）使這些雇主往往能避開競爭性的勞動力市場（就和新興的穀物「私人交易」避開的方式差不多），因為這種制度是由商人提供原料，且往往也提供設備和預付工資，所以工人只負責生產，沒有產品可供出售。商人往往分割地盤，以免彼此競爭；這使他們得以用一種頗似勞役償債（debt peonage）的制度，將諸多工人拴在一個雇主底下，或至少使他們得以繼續加僱工人而不致抬升工資。[147]

最後，現有的工資資料顯示（儘管這些資料十分零星），中國的「內捲」程度很可能低於西歐。黃宗智極倚賴對十八世紀河南省工資契約的研究，而根據該研究，夫妻檔（除了膳食）領到的現金工資，比丈夫一人受僱領到的工資還少。若接受這樣的工作協議，就表示這些家庭認為，即使女人的工資低於維生水平，讓女人繼續工作是個好主意，表示女人能做的其他事（例如紡棉紗和織布）報酬一樣低或更低。但河南是個貧窮的省份，境內的營利性紡織業不發達，因此，若要根據這個省份的一些契約來推斷生產紡織品的富裕省份的情況，太過牽強；何況這些合約本身就有點含糊。[148]最後，黃宗智對女紡紗工、女織工工資的估計，以十七世紀晚期的價格為基礎，而誠如稍後就會理解的，那時的價格並未反映平均情況。

相對的，潘敏德已針對十八世紀中期的農家，建構出一連串假設性但看來屬實的農家預算。這些預算顯示，在中國江南，一名成年婦女和其九歲女兒藉由養蠶和織絲，一年能為頗貧窮的農家增加一一．七三兩的收入，而且未怠忽家事；如果這戶人家能不必借錢就替這項生產活動籌得資金，能賺一三．七三兩。[149]在江南，男性農業勞動者一年頂多會賺將近五兩，加上一些免費的供餐，[150]即使一年到頭都找到工作（機率不大）亦然；如果他是常年工而非按日或按月計的臨時工，可能三餐都不必花錢，但只會賺到二至四兩銀子。

因此，對女人「額外」勞動之潛在收入的這些估計，似乎相當於或高於非技術性男性勞動者的市場工資。就連一一．七三兩這個收入，都會相當於一七五〇年左右一名男性勞動者工資的約八成五，如果這名男子以領月薪的方式工作整整十二個月，而且除了領到現金工資，所有伙食還由雇主包辦的話。由於平均來講，我們假設的養蠶母女檔消耗的米飯會相當於一名成年男子消耗量的約九成，[151]因此，扣掉餬口所需的費用後，她們的剩餘收入基本上和他的剩餘收入相等。這一剩餘收入的確是兩人工作所得，但其中的九歲女孩所賺的，不可能和一名成人的收入一樣高。每個九歲女孩投入這個工作的時間會比我們所假設的全年性男性農業勞動者少了許多；而且我們假設這名男子的賺錢能力時從寬考量，同時假設女人得用見諸記載的最高利率（每月一成）借錢，以替她的事業籌得資金。

在規模大上許多的棉業，女人的工作收入也比「內捲」水平高上許多。盧漢超對長江下游的研究顯示，十七世紀晚期女織工的收入足以養活三或四人，如果她的丈夫供應原棉的話。[152]但一如黃宗智的估計，盧漢超的估計建立在一六九〇年代上。中國當時剛脫離嚴重的經濟蕭條，不同商品的相對價格似乎頗異於常態。例如，根據我們手上主要的一六九六年價格資料，棉布價格在那年偏低，原棉價格則來到八年來的最高檔，在這一情況下，織工與紡紗工的收入會異常低。而由於一六八〇年代的棉布價格曾降到五十年來的低點，而且遠低於明朝大部分時候的主流價格，是以對此晚近情況記憶猶新的時人，當無法苟同一六九〇年代棉布價格「異常低」之說。[153]另一方面，到了清朝中葉，中等布料的價格已接近十七世紀價格的兩倍；高等布料的價格也上揚，儘管上漲幅度沒這麼大（關於最下等布料的價格，我們的資料不足，但長江下游愈來愈少生產這類布料）。[154]這個時期涵蓋十八世紀大部分時間和十九世紀初期，而對我們來說，最重要的時期，就是這個時期。

但不免有人會推測十八世紀人口急速成長，其提升穀價的速度會比提升手工製品價格的速度來得快，因此有必要估計織工與紡紗工在更晚時期的實際購買力。我在附錄E裡做了這件事，運用了兩組關於原棉價格和布料價格的不同資料。而在本文裡，我倚賴後一組資料。這組資料似乎較可靠，產生低上許多的實際工作收入。

我也繼續假定男性農業勞動者找到整整十二個月的工作，同時根據一年兩百至兩百一十個工作天計算勞動收入。事實上，假設能全年到頭工作者是女性織工與紡紗工，大概比較說得通；根據二十世紀對長江下游產棉區中心的調查，一年估計工作三百零五天。[155]

只紡棉紗的女人，收入的確很少，至少就我們想定的低價格情況來看，只夠買約一．三石穀物，也就是幾乎不到一名成年女性的需求一半。但誠如黃宗智所指出的，只紡紗的女人，極少數是成人；即使一．三石都超過一名青春期前女孩（這樣的女孩承接大半的紡紗工作）紡紗日的食物攝取量。此外，只有在這樣的情況下，運用較低那組價格的資料，才可能會產生嚴重偏低的結果。高價格的想定情況仍顯示這類婦女的收入支應維生需求綽綽有餘。[156]

既紡棉紗也織棉布的女人，收入好上許多，我們的立論因此更為清楚。這類女人在十八世紀中期一年工作兩百一十天，能賺約十二兩銀子，也就是約七．二石米。這比在我們想定的最佳情況下男性農業勞動者收入區間的中間值還稍高一點，足以餵飽一名成年女性和多達五位的低齡小孩；或者，更具體的說，一名成年女性、一名年老的公公或婆婆（此人或許能操持部分家事）、兩或三名小孩。事實上，這個女人的低食物需求和較高的收入，代表她扣掉維生開銷後的剩餘收入，是男性農業勞動者的剩餘收入的一．六至三倍。

最後，能買進棉紗並且一年兩百一十天都能全心投入織造的女人，即使在我們想定的低價情況下都能賺進十六．二兩，比起織造兼紡紗者和男性農業勞動者都高出三成五，大概比製造高品質織物的城市織工（男性居多）的收入低不了多少。[157]李伯重晚近在農業和手工業的相對收入（以及兩者扣除維生開銷後的剩餘收入）方面，得出類似的結論，儘管對於一年工作天數和其他參數有稍稍不同的假設。[158]總而言之，逼中國婦女在家裡為市場工作一事，比起歐洲的女性勞動世界，可能令女人在社會、文化上受到較大的限制，但這似乎並非人為壓低生產力。

中國婦女在家的工作收入似乎比男性無產階級差不了多少（而且說不定更高）一事，在我們思考金世傑（Jack Goldstone）發人深省的新版「內捲」假說時，變得重要。[159]與黃宗智不同，金世傑並未主張中國的人口過剩程度較歐洲來得高或勞動力市場（至少男性勞動力市場）較不發達。事實上，就和我在此所為差不多的，他利用勒文等人的著作，主張歐洲有著（寬鬆定義下的）勞動力過剩，而且這一過剩大部分出現在原始工業裡，程度和中國相近；然後他繼續把中國、歐洲當成相似區域來探討，（在完全未用到「內捲」一詞下）主張在這**兩個**地方，都有許多人（大部分是婦女）其機會成本（從而雇主必須付給她們的工資）大大低於非技術工人的機會成本。

金世傑接著主張，這一非常廉價的女性勞動力使任何得用男性勞動力與之競爭的雇主利潤變少，即使該雇主能利用機器大大提高其工人的生產力亦然。於是，金世傑說（在此與黃宗智的說法類似），中國農家裡自我剝削的婦女使人蓋工廠的意願，比在沒有她們競爭的情況下還低（請注意，金世傑著重的是男女工資差距。因此，即使吃得比男人少的女人靠己力養活自己，從而消除了黃宗智定義下的「內捲」，金世傑的論點仍然站得住腳）。他主張，在歐洲，差別在於女人可以離家工作。因此，初期的工廠能僱到與競爭對手一樣便宜的勞動力，實現新機器的獲利潛力。於是，儘管中國女人也是在為了市場而生產，但她們足不出戶一事就因此影響甚大。這使中國幾乎沒有工廠，儘管其他每個因素（可取得的資本、技術創新等）使中國和歐洲一樣是工業化的理想地點。

金世傑所提出的問題，有一些在本書其他地方得到探討。例如，在第一章我們已明白尋找「阻礙」（blockage）以說明為何未能有技術突破，有一些難關要克服，那種作法背後的心態，就像是以為社會一旦有了大部分必要的要素，照理就會有技術突破。而我們已知道，基於某些理由，「光機械化紡織業就可能使任何社會走上自力成長之路」的說法有待商榷；在第五、第六章會對此有更多的著墨。但金世傑的主要疑問仍未解開：性別規範在中國（而非歐洲或日本）是紡織業工業化的主要障礙嗎？

中國人要女人足不出戶的心態肯定非常強烈，強烈到使許多窮人家都遲遲不願讓自己女兒進工廠做事。但如果有工廠存在的話，似乎很可能仍有足夠的女人（或她們家裡的當家作主者）甘犯這個禁忌，以小小添補家計。李伯重已證實，男耕女織的**理想**再怎麼牢固，再怎麼古老，現實上少有人奉行。來自長江下游地區的許多文獻就提到，晚明時（十七世紀）男人幫忙紡織，女人下田幹活；清中葉時仍有相當多的文獻提及這類情事，直到太平天國之亂（一八五〇～一八六四）後才徹底消失。[160]此外，這一理想的逐步落實，似乎與實際需要息息相關，而非強橫要求人民遵行所致。因此，男人不再幫忙紡織，原因之一是他們的技能太差，[161]而且隨著複種制（multi-cropping）使他們得以學習農活以外技能的時間變少，他們這方面的技能大概跟著變得更差。與此同時，江南的製布業更著重於生產較高品質的織物。此外，在稻米與絲兼有生產的區域，女人不再下田幹活之事，比稻米與棉花兼有生產的區域，發生得更早且更徹底；這似乎是因為許多製絲業從以家庭為基礎的工作棚，轉移到以城鎮為單位的工作棚，使女人更難在忙完製絲後回到相距不遠的田裡（並使工作棚更像許多早期工廠）。[162]而在安徽產茶和粵、閩產糖區，整個十九世紀期間，女人繼續與男人一起幹活。[163]

如果女人能在這些地方工作，為何不能在工廠工作？誠如金世傑所指出的，二十世紀工廠的確能找到足夠的女工，但並不總能順利找到。有篇研究當代華南的文章主張，這一偏見有利於工廠僱用女工，因為男人覺得比起其他許多工作，「他們的」女人在工廠裡工作比較不「拋頭露面」，而且有較寬鬆的作息，工廠的紀律也較符合維持「女性特質」的要求。[164]換句話說，人們找到辦法使文化規範和工廠工作毫不牴觸，而未固守嚴格死板的女人端莊定義。金世傑主張，十九世紀晚期的外來影響大概大大削弱了這個禁忌，若在更早的時期，一般人的心態反會構成大上許多的障礙。由於對帝制中國晚期非菁英家庭裡的性別角色和文化變遷所知甚少，我們對這一論點不能完全不予考慮，但李伯重的證據顯示明朝和清初的性別分工較不顯著，從而使此說似乎不大可能成立。

關於這個據說「嚴格死板」的禁忌約束力有多大，還有一個疑問，而且這疑問就來自金世傑本人對絲織業的描述。蒸汽驅動的繅絲機比棉業技術更快流行開來，而這種繅絲機，一如機械化的紡錘和織布機，需要的人力非一戶人家所應付得來。金世傑指出，這最早在中國東南部流行開來，那裡的宗族和大家族勢力特別大。然後他主張，這些大家族能集結到足以操作這些新機器的龐大人力，同時不必讓他們的妻女在親族以外的人面前拋頭露面。於是，體積太大而不適於核心家庭使用的機器在這個區域較快流行開來一事，正有助於表明要女人足不出戶的觀念，就是使原本可能創造或採用其他新技術之事無緣發生的因素。但廣東既生產許多絲織品，也生產許多棉紗和棉布，事實上，從十六世紀起，在這兩種紡織品的產量上，廣東大概就僅次於長江下游。那麼，該區域的親族結構為較大型女性工作單位的誕生提出了機會，為何這樣的機會在棉布生產領域看不到？[165]（事實上的確有份報告說一八三三年在廣東省佛山有一些製造棉布的大型城市工場，但至少有一位歷史學家認為這份史料肯定不實。[166]）

但反駁金世傑假設的最有力證據，乃是前面詳述的收入比較，至少就一八〇〇年前的時期是如此。這些收入比較顯示，假設的工廠不會因為被迫僱用男子而蒙受損失。此外，誠如黃宗智所指出的，長江下游全職紡棉紗的女性，大部分是小孩，而青春期前的小孩，不管是男孩還是女孩，在戶外都普遍可見。[167]因此，金世傑認為女性足不出戶和中國境內沒有工廠兩者有因果關係之說似乎難以成立，至少就十八世紀來說是如此。就英格蘭來說，如果當地女人被迫只能待在家裡，的確會有金世傑所描述的那個問題，因為當地男女購買力的差距似乎比在長江下游大得多。[168]但我們的證據顯示，雖有著要女人足不出戶的心態，但中國女人與男人的收入落差，比英格蘭女人、男人的落差小了許多。而且在中國，非農活最忙時期，也會有便宜男性勞動力可供工業使用；誠如先前已提過的，就是這個現象為法國早期許多工業提供了勞動力（但在英格蘭北部這個工廠工業化的起始地，這現象似乎很少見）。最後，我們應記得，一旦人們明白機械化所能促成的生產力差異，就幾乎不可能出現一個能使機械化無利可圖的工資差額。畢竟，儘管工資差距比在任何社會裡所可能看到的都要大，而且還有相當高的運輸成本，英格蘭棉紗還是在十九世紀攻占了印度市場。

但即使如此，在此仍該指出，從中國人轉而生產棉布（約十四世紀，當時中國人已擁有將苧麻紡成紗的設備，而且該設備與四百多年後徹底改變英格蘭紡棉紗工業的機器非常相近），到中國的紡紗業終於機械化的二十世紀，對這段漫長歲月的其中某些時期來說，金世傑的假設可能還是深具意義。在第六章我們會理解到中國織工的實際購買力，相對於農業勞動者，在人口壓力特別嚴重的時期（例如十九世紀晚期和二十世紀初期）大跌；在這樣的情況下，就值得把金世傑的某些疑問再拿出來談。但金世傑的假設似乎無法充分解釋工業化為何開始、何時開始、在哪裡開始。

整體來講，在中國，勞動力的使用，一如土地的使用，符合「市場經濟學」原則的程度，至少和在歐洲一樣高，而且很可能還稍高：「勤勞革命」似乎至少在歐亞大陸兩端都很普及。近代早期期間發展出的歐洲建制，當然有可能使為數不多但很重要的幾類活動的收益，比在中國所見的，更匹配那些活動對經濟的貢獻。例如，已有人提出看來言之有理的主張，說專利法在十八世紀英格蘭的問世，使發明者得以更大比例地享有他們心血結晶的價值，從而可能影響了工業革命的技術突破。[169]但即使這些論點成立，它們也只在我們所考慮的時代的末期才會變得重要。而這時，我們不要忘了在十九世紀中期之前，西歐經濟（不管是從地理的角度還是從經濟產業的角度來說）被新技術改頭換面的部分極少，更別忘了即使是最重要的發明（誠如第一章已提過的），其能夠產生革命性衝擊，都極有賴於偶然因素和歐洲境外形勢的配合。因此，在規範發明市場的建制上，其他地方雖與歐洲有差距，但這一差距太小，不足以說明歐洲為何在一八三〇年前就在經濟上取得領先。

第一部的結論：近代早期世界經濟的多核心區與其共有的限制

到目前為止，我們已探究了多種強調歐洲在十九世紀中期之前在生產力上享有內生性優勢的論點，並且發現它們全都有待商榷。西歐的人口與婚姻制度雖然獨一無二，卻未產生較高明的辦法來控制生育，而西歐人也未比其他幾個區域的人長壽。沒有多少證據顯示，西歐的資本存量大大多於他地或體現了整體上明顯較優越的技術。西歐的土地市場和勞動力市場似乎也沒有比中國更接近亞當．斯密的自由、效率觀，說不定還遠遜於中國。此外，中國家庭勞力的使用模式遭到嚴重污蔑，更深入地探究發現，那些模式在回應多變的機會和價格信號時，其實和西北歐模式的回應一樣敏捷。西歐最發達地區絕非舉世獨有，反倒似乎與歐亞大陸其他人口密集的核心區域共同享有一些重要的經濟特徵（商業化、貨物、土地與勞動力的商品化、市場驅動的成長、家戶調整生育和勞動力分配方式以因應經濟趨勢）。

再者，我們沒有理由認為這些發展模式在任何地方都會「自然而然」促成工業突破。事實上，這些核心區域的人均成長都不大，大部分都是透過更多的分工來達到成長，而且受限於光靠市場無法克服的基本技術與生態限制。在本書的第二部分，我們要將探究的目光從人的基本生存和繁衍中抽離開來，更加仔細地檢視那些「非必需品」的消費模式。我們也會比較最後一組能左右生產要素市場的建制，也就是規範商業資本與金融資本之大規模積累的法律體制和社會體制。儘管我們也會在此找到一些差異，但那些差異尚不足以解釋歐洲的崛起為何獨一無二。於是，這會促使我們在接下來的第三部分更仔細檢視頭兩章裡提及的那些共有的生態限制，並探究能夠繼續此處所討論的那幾類成長和展開新的、更戲劇性的一類成長兩者之間的關係，以及客觀形勢因素在這一轉變過程中所發揮的作用。就在東亞核心地區發覺其邊陲地區愈來愈無法發揮它們在市場驅動的成長裡慣有的作用時，客觀形勢使歐洲核心地區得以在「新世界」取得前所未見的生態性意外收穫。

Part II

從新風氣到新經濟？消費、投資與資本主義

第二部的導論

Introduction to Part II

在第一、第二章中，我們探討了一連串普遍獲得認同的論點，這些論點用西元一八〇〇年前西歐的建制來解釋該地區何以能早早步入工業成長之境。而透過晚近對其他區域的研究著作，我們發現這些論點全都無法讓人信服。事實表明，一七五〇年前，或甚至一八〇〇年前，西歐人比舊世界其他人口稠密地區的同時代人更有生產力之說，並沒有什麼道理。而當我們把目光轉向土地和勞動力這兩個生產要素市場時，就會赫然發現若拿新古典主義經濟學的有效率經濟建制觀來衡量，中國符合該觀念的程度，似乎至少和一八〇〇年前的西歐一樣高。

於是，我們所面對的是在日常經濟結構上（大部分人藉以生產、買賣生活必需品的資源、技能、建制、活動）有著大略相似之發展水平與發展趨勢的種種近代早期核心地區。西歐的優勢既不足以說明歐洲在十九世紀工業化的原因，也不足以說明為何其在帝國擴張上成就斐然。較可能的情況似乎是，沒有哪個區域會「理所當然地」走向工業化進程的重大斷裂、避開共有的資源限制，或是扮演起「世界工廠」的角色。

因此，該是時候把目光轉向更高的社會、經濟層面。目前為止所探討的論點，若非提及整個經濟裡的資本積累、資源分配、市場需求，就是提及左右大多數家戶之決定的建制。儘管這些地區在經濟與建制領域裡似乎沒有重大差異，但可能還是有一些差異影響了居關鍵少數的有錢人家積累資本的能力和傾向，或透過改變他們希望買到之物品來促進經濟改變的能力和傾向。許多學者說，這類差異的確存在，它們源於歐洲人對自我、宇宙和其他不屬於經濟事務之主題的看法產生了具體的文化性改變。對於歐洲之所以走上獨一無二的發展路徑，最著名的文化性解釋，乃是馬克斯・韋伯對「新教倫理」與「禁欲」資本主義的探討，但許多更晚近的學者把焦點擺在歐洲人對消費（尤其是奢侈性消費）的心態所產生的刺激作用；有些論點則主張，存在某個歐洲獨有的「特質主義」，想藉此把這些看來彼此矛盾的看法合在一塊。[1]還有些論點，較不那麼以文化為依據，聲稱歐洲的政治經濟特別利於商業資本發展，使資金在歐洲，相較於在其他地方，更容易收集、更好保存、更有生產效益地運用。

這些論點形形色色，卻有許多共通之處。它們都把重點擺在經濟的「制高點」上，而非大部分生產者的活動上（儘管有些論點也強調上層階級的觀念或作法最終為社會上更多的人採納一事）。它們都把重點擺在某些物品的生產、消費和配送上，而這些物品的被感知價值（perceived value）與它們在滿足基本的、生物性的、維生的需求上的貢獻，相對來講關係不大，只有在經過**社會**期望折射後的物品（例如在某些圈子裡，會把有機會入手某些奢侈品，視為婚姻和合法生育的先決條件）才不被如此看待。此外，這類物品的價值往往建立在其「舶來品」的出身上。因此，本書先前一直未特別著墨的長程貿易，便會在本書的第二部分扮演較吃重的角色。

汽輪問世前的長程貿易會產生其他問題。從展開這類冒險活動到最終把物品賣掉，這中間隔了很長時間，使得金融斡旋（financial mediation）成為這整個過程裡極重要的一部分。於是，與抽象財富（亦即以紙幣、貴金屬或借據的形式持有的財富，而非以土地、儲存的穀物或其他立即可用之物的形式持有的財富）的法律地位有關的議題，也變得極為重要。而在那類財富可被轉換為別種資源，並受到法律或習俗保護的情況下，人在儲存那類財富（而非立即將它轉換為別種資源）的傾向上的變化，同樣也是極為重要的課題（抽象財富受法律或習俗保護的程度，當然可能大不同於其他資產受保護的程度）。除了抽象財富，我們還必須思考那些往往與長程貿易有關聯的數種權利，例如壟斷權和其他特權的依法授予。

長程貿易涉及到彼此絕無機會碰面的生產者和消費者，因此這一類商業活動也使人數相對較少且占據有利位置的人，得以有機會獲得比在較本地、較多邊、較面對面交易的市場裡高上許多的利潤率。於是，誠如布勞岱爾所強調的，十五至十八世紀結束這期間最了不起的大商人，乃是在客觀環境**最不像**完全競爭市場的地方，遂行他們的「資本主義」。但布勞岱爾還是把這類交換特別發達的制度稱作「資本主義」，因為在這類社會裡，信用和金融工具的角色吃重，資本通常被用來積累更多資本，還因這類社會很可能被以有助於這類積累的方式漸漸改造。因此，我們必須把「資本主義」的文化和政治經濟領域，與前面所探討過的日常生活和市場經濟領域分開看待。而之所以要把資本主義的「文化性」和「建制性」論點一起討論，除了文化與建制其實從非兩無瓜葛這個事實外，還有考慮到這些論點所關注的事物，與第一部分那些關於市場、維生、平民百姓的討論有所不同。

不過，我們將會看到，這些論點大部分也未能把西歐的前景與中國、日本的前景判然兩分，儘管它們很可能把這三地劃為一類，而與世界其他地方迥然有別（印度則是介於這兩者之間的複雜例子）。西歐與中國、日本之間，的確存在某些差異，但差異大多太小，解釋力也不足，除非我們用以下的方式來解釋，才能看到兩者間的差異：歐洲對奢侈性商品的需求，以及資本主義的政治經濟（此指廣義的資本主義政治經濟，第四章會有所解釋）這兩點，都與歐洲有機會掌控「新世界」一事有很大關係（雖然其他的客觀形勢因素也很重要）。「新世界」最終變得至關緊要一事，與其說是因為「新世界」（如某些學者所主張的）對資本積累來說至關緊要，不如說是因為「新世界」的資源有助於歐洲擺脫生態限制和勞力密集的發展路徑（也就是中國、日本所走的路徑），並使歐洲得以走上大量使用能源和土地等轉型作用大上許多的路子。

在本書的第三部分，我們會先在第五章談那些生態限制（從而再度將分析對象拉回到平常人的世界）。接著會在第六章，從建制、生態、客觀形勢的角度，探討歐洲為何獨獨能減輕生態限制的原因，探究這些原因對工業革命的意義所在，並簡短檢視接下來「東、西方」分道揚鑣的歷史。我會先檢視西歐的際遇，再看看那些走向勞力密集與節省資源道路（一條西歐在不久前也在走的路子）的地區。

第三章
Chapter 3
奢侈性消費與資本主義的興起

較普通的奢侈品與較不普通的奢侈品

「奢侈品」或「消費社會」在約一四〇〇年後興起的論點，可粗略分為兩大類。第一類論點強調大富人家奢侈性消費的成長，通常主張昂貴且往往耐久之製造品（絲織品、鏡子、高雅家具等）的運用得到前所未有地看重，並取代了先前較無助於刺激生產的表達身份地位的方式（例如養大批隨從）；韋爾納．宋巴特把這稱作奢侈的「物化」。[1] 作為這轉變的一部分，奢侈品變得愈來愈容易為任何買得起的人所入手，而非只有那些既買得起且符合某種社會標準而理當擁有威望商品者才擁有。

但新出現的奢侈品，只有在它們的運用符合品味準則時才轉化為身份地位，而這時品味準則的改變將比以往更快。這些準則有一部分是舊菁英為防止新財富透過消費被過度簡單的轉化為身份地位而祭出的保衛措施。由於這一「時尚」的興起，連擁有大量家具或水晶之類耐久財的人，都覺得愈來愈有必要購買新物品，於是，這些物品的購買雖然仍被當成**社會生活**所必需，但對這些物品的需求，卻和任何攸關生命維持的需求愈來愈脫鉤。

最後，這些論點接著主張，這些高身份地位的消費模式受到「較低下」人民仿效。都市化對這一仿效有推波助瀾的作用，也創造出集中市場。新的自我觀和社會結構裡的流動性增加，又進一步助長這種仿效之風，不只使暴發戶得以透過適當的消費方式，用手中的錢取得社會棲位（social niche）[1]，還使「中產階級」乃至部分窮人也有機會這麼做。

第二類論點也**從社會最高層開始**談起，這些論點包括悉尼・敏茨（Sidney Mintz）對近代早期和現代西方境內糖消費成長的著名探討，但卻將重點放在探討原是奢侈品的物品如何轉變為中產階級、甚至是窮人都可以消費得起的日常用品一事。不足為奇的，這類論點對數量眾多且耐久的奢侈品的著墨，大大少於對以小量販售且往往很快就消耗掉的物品的著墨。這些物品可能包括銀質髮夾或裝框的畫，但大部分則包括敏茨所謂的「致癮食物」：糖、可可、菸草、咖啡、茶葉。在十六世紀歐洲的任何地方，這五種食物都是外國來的奢侈品，但到了十九世紀晚期的西歐許多地方，這類消費已變得司空見慣。[2]

這兩類論點是有部分重疊，但把重點擺在上層社會奢侈性消費者，和把重點擺在較低下平民和「致癮食物」者，各自強調的與工業化的關聯並不相同。以大眾消費為主題的論點，通常主

[1] 編注：此處借用了生態棲位（ecological niche）這一生態學的名詞。生態棲位是指每種生物生活上所需要的條件，包含食物、空間、溫度、濕度等因素。

張這幾種物品只有透過市場才得以入手。而正是因為對這幾種物品的需求，才使一般人更加想擁有現金，從而鼓勵人們增加工作量、更為密集的工作和更加為市場而工作，而非一旦收入足以支應基本的維生需求，即傾向於不再為錢而工作。或者，換個方式說，它們重新界定了何謂「基本維生需求」，使滿足這種需求的物品自此包括更多買來的物品（其中有些物品無法在家自製），從而促進了前一章所探討過的「勤勞革命」（如果說女人出嫁得帶去一床自製被子的習俗規定，使家庭較晚才完全同意由市場來決定如何使用他家女兒的時間，那麼訪客登門得奉上茶或香菸招待的要求，則會使家庭因更徹底固守比較利益而從事市場交易；但這兩的例子並不足以清楚說明這是因為「社會抑制」還是「個人選擇」的問題。）撇開變動的社會期望不談，有數種上述新食物具有輕微（或頗高）的致癮性，而且就愈來愈講究紀律、且愈來愈可能在自家外從事工作的工人們來說，邊工作邊食用這些東西，完全不會干擾到工作。它們都是易包裝的興奮劑，從而只要在現場一丁點準備就能取用，在工作空檔提供休息、提神效果。

於是，這些論點聚焦於這些商品的消費如何擴大了整體需求，以及那一需求又是如何改變了一般人身為**生產者**的行事方式。此外，對歐洲人來說，這個改變影響的是他們作為生產者生產各種其他物品（從穀物到運貨馬車到衣物）的能力，但並不使他們自行生產致癮食物。甘蔗、菸草等植物種於歐洲境外，往往由奴隸或其他不自由的勞動者栽種。沒有人抱著使這類工人更有生產力的期望，提供他們更多消費財。這些歐洲境外的勞動制度與歐洲的發展史息息相關，乃是因為它們使致癮食物更易取得並降低其價格，而非因為它們例示了會促進歐洲擴大生產的新動力。[3]

至於那些聚焦於較耐久且昂貴之奢侈品的第一類論點，則對消費社會的興起有著大不相同的看法。有論者主張，由於需要取得現金以購買這些奢侈品，菁英階層成員開始更理性地利用他們所擁有的任何生產性資產，從而把更多穀物或其他平凡物品帶到市場。然而，這類論點難以證實，而且必須同時考慮到購買廉價小飾物之舉會妨礙到替抽乾濕地之類活動提供資金的情況，才能得出這類論點的真正價值。此外，較古老的菁英行為，包括供養扈從，也創造出需求。

另一方面，有許多耐久奢侈品主要產自歐洲，而城市的出現，的確為生產者擴大生產、實現規模經濟、引進新技術，創造了重大誘因，因為城市往往是這類需求的集中地。好機會的確存在，但只有具備足夠的營運資本，因而買得起昂貴原物料、花得起錢僱用專技工人、等得起他們往往有權有勢但現金短缺的顧客終於支付帳款的人，才得以利用這些機會；於是，奢侈品生產商中，有些人成為成功的資本家，另有些人則漸漸成為僱傭勞動者。因此，儘管探討菁英的耐久奢侈品消費時或許會提到對整個經濟的總需求，但這些探討的焦點卻在別的地方：在日益壯大的奢侈品市場如何改變物品的生產方式，從而催生出新建制和促成生產者分化上。

有鑑於此，本書在討論致癮食物與大眾奢侈品時，得先把目光移回上一章所提出的那些議題：大眾對市場的參與、勞動力分配、大眾的生活水平。另一方面，討論耐久但較侷限特定人享有的奢侈品時，則把焦點擺在第四章探討資本主義所會涉及的議題，包括商行結構的改變、能提供信貸者對生產活動的控制提高，以及人數相對較少且有強烈誘因要其再投資者，其利潤的積累。因此，雖然菁英消費主義出現得最早，從日常奢侈品開始著手分析卻較合理。

近代早期歐洲與亞洲境內的日常奢侈品和大眾消費

理想狀況下，我們不會比較個別物品的消費，而會比較整個市場籃的消費狀況；理想狀況下，我們會知道不同文化體在消費偏好上有不少相似之處，因而消費上的差異主要表現在購買力上。但十八世紀史料所呈現的事實，使我們無法作出上述的篤定之語，因而對接下來所作的諸多比較所具有的意義不能草草處理。不過，我們（在第一章）所估計出的相近的平均餘命和（在本章後面）所估計出的家庭預算耗在基本卡路里上的相近比例，顯示對其他種消費所做之比較，對我們研究更大的課題來說，還是有其重大意義。

切記，「日常奢侈品」（everyday luxuries）的榮景有其侷限，至少在十九世紀中葉之前是如此。一四〇〇年後的新食物、新織物、新飲料和諸如此類的新事物，多得令人眼花撩亂，而且其中許多東西能讓人上癮。但它們的散播全都一直相當慢，至少到十八世紀晚期才變快，普及化更是進入十九世紀許久以後的事。這些奢侈品的大幅成長通常反映了最初基數的微小，甚至在歐洲最富裕地區亦然。就連英格蘭在約一八〇〇年時每年人均消費茶葉都只有約一磅，一八四〇年時是一．四磅；直到一八四〇年後，價格大跌，茶葉才成為一般人的日常消費品（一八八〇年時消費量達到每年人均約五磅）。[4]至於歐洲其他地方，數據更低上許多。據記載，一七八〇年代，俄羅斯以外的歐洲每年消費約兩千兩百萬磅的茶葉；[5]而這意味著整個歐洲的人均消費量或許只有兩盎司，英格蘭以外歐洲的人均消費量則更低上許多。即使在一八四〇年，輸入歐洲的八千萬至九千萬磅茶葉，也只能讓每個居民一年享用幾乎不到四盎司。[6]

中國的消費量相對高了許多。吳承明估計，一八四〇年國內茶葉貿易量約兩億六千萬磅，而他對中國國內貿易的其他估計普遍來講偏低。[7]如果當時中國人口為三億八千萬，[8]就意味著人均消費會接近十一盎司，即使吳承明的估計真的未漏掉任何重要的地方性或地區性茶葉貿易迴路亦然。

拿茶葉消費量來比當然不公平。高運輸成本、關稅、壟斷事業，使茶葉在歐洲比在中國貴上許多，而且歐洲人還喝數種中國所沒有的飲料（咖啡、可可、葡萄酒）。不過，引人注意的是，究竟要再等多久，歐洲對這一「日常奢侈品」的消費量才會超越中國。我們沒有菸草方面的數據，但一七九三年代表英國使華的斯當東（Staunton）和馬嘎爾尼（Macartney）都驚訝於中國消耗菸草的數量之大；有封中文信聲稱在浙江這個普遍富裕但未以菸草為主要作物的省份，連兩呎高的孩童都抽菸，從而更加證實了他們的斷言。[9]

即使拿糖來說，歐洲占上風的時間點都比一般人以為的再晚上許多。英格蘭的人均消費量在一七〇〇年時已達約四磅，一八〇〇年時達十八磅，[10]但歐洲其他地方遠不及此。關於一八〇〇年時的歐陸，可信的估計是人均稍低於兩磅；這與布勞岱爾所估計的一七八八年法國人均一公斤的數據差不多。[11]此外，在英國之外，消費量的上升趨勢，如表一所顯示，並不顯著。[12]

表一　人均糖消費量（單位：磅）

	歐洲	不含英國的歐洲	英國
1680	1.0	0.85	4
1750	2.2	1.90	10
1800	2.6	1.98	18

這並不表示糖消費量的增加只見於英國。「不含英國的歐洲」這個類目太籠統；至少荷蘭和巴黎、波爾多、漢堡的周邊區域，成長幅度即使比不上英國，也大大高於歐陸其他地方（晚至一八四六年，巴黎的人均消費量仍只有接近八磅[13]）。此外，一八〇〇年（正值拿破崙戰爭期間）的數據，拉低了消費數據（事實上，在法國大革命的更早階段時，巴黎境內就因糖短缺而引發人民騷亂[14]）。不過這些數據還是值得細思。

首先，雖然使用奴隸來生產較便宜的糖，整個歐洲的糖消費量**並未**持續穩定上升。如今歐洲的人均糖消費量遠超過一八〇〇年時的英格蘭，但一旦有專業化且注重成本的種植園為新興的「消費社會」生產糖，糖的「征服世界」[15]就似乎是大勢所趨，不可逆轉。而誠如敏茨所闡明的，糖不只是商品。歐洲人曾追尋糖數百年，國王和教宗拿東西換糖，在糖的背後有著較晚才發現的菸草或可可所比不上的學問和奧秘：強大投資人和重商主義政府想藉由消費量的增加來獲益，於是積極推廣食用糖；而且糖能讓人上癮。[16]有鑑於上述這些因素，歐洲消費量成長（在經濟普遍好轉的期間）出現五十年的停頓一事，就間接表明一八五〇年前出現不可逆轉的「消費社會誕生」[17]之說，可能產生嚴重誤導。同樣的，太強調其他地方「奢侈品」消費成長停頓的那些論點，可能把原本相當正常的事視為異常，並因此認為那一異常指出原本會「自然而然」繼續下去的過程所受到的干擾。

其次，這個表格提醒我們，在一八五〇年前大部分時候出現重大變革的是英格蘭，而非整個歐洲。當時英國與歐洲大部分地方之間的差距，不管從絕對角度還是從相對角度來看，都在拉大，而非縮小。悉尼・波勒德（Sidney Pollard）的**生產**觀點（十九世紀的工業革命是發生在歐洲境內幾個不相毗鄰的地區，而非整個歐洲），用在消費上似乎也適用。[18]這一地理上的不均和消費成長的停擺模式，乃是我們把其他區域拿來與理想化的「歐洲」論述相比較時，都必須謹記在心的。

在中國，早在唐朝之時，糖就是上層人士重要的儀式性用品（主要用於佛教儀式），糖也供藥用。[19]到了接下來的宋朝（九六〇～一二七九），富人使用糖已不再侷限於特殊場合，而是如穆素潔（Sucheta Mazumdar）所記載的「蔗糖產品已完全融入有錢人的生活方式和飲食習慣裡」。[20]十六、十七世紀，多位來到中國的歐洲人論及中國有錢人用糖的普遍程度，大大超過歐洲的有錢人。[21]在這期間，一般大眾似乎也在特殊場合使用糖，例如廣東省約一六八〇年的一則記述說，糖被「鑄成番塔人物鳥獸形」，糖梅是婚禮的重要備品，「嫁女者無論貧富」皆然。有錢人家盛宴時會用「數千百罌」糖梅款待賓客。據說婚宴上供糖量的多寡會影響新娘生育的順利與否，諺曰：「糖梅甜，新婦甜，糖梅生子味還甜。糖梅酸，新婦酸，糖梅生子味還酸。」此外，「為糖梅宴會其有不速者，皆曰打糖梅。」[22]另一份約略同時的史料指出，就連極貧之人新年時都吃糖餅乾，凡是婚禮都得備置大量蜜餞，甚至有些人家為達到這要求而破產。[23]糖既供藥用，也供喜慶場合使用，以及模仿消費的現象（富人常使用糖，窮人則在特殊場合常使用糖），似乎和敏茨所指出的近代早期歐洲現象非常相似。敏茨筆下的近代早期歐洲現象，為糖在十九世紀成為一般人主要的卡路里來源創造了有利條件，而在中國從未發生這種進一步的轉變，但那無法以關於十八世紀消費模式的任何觀點來予以解釋。

我們無法知道中國在十八世紀中葉的糖消費總量，但即使根據我們手中的片斷資料來估計，數量都相當高。中國產的糖大部分產自廣東、福建（包括台灣）和四川。所幸我們有約一七二〇年時從台灣輸往中國大陸的糖量數據，而且是相當可靠的數據：約一億零四百萬磅。台灣的糖產量要到鴉片戰爭之後才會有明顯的進一步成長，但似乎維持緩慢且穩定的增產。於是，以一七二〇年的數據作為對一七五〇年的保守估計數據，似乎並無不妥。

我們沒有廣東總產量的估計數據，而有似乎相當保守的廣東甘蔗「園」每英畝產量估計（兩千四百磅[24]），但沒有甘蔗田面積的直接數據。不過據穆素潔的說法，該省九十二個縣，至少十五個縣在十八世紀是甘蔗生產中心，[25]其中三個縣據說有四成土地種甘蔗，在另一個縣則有六成土地。[26]

馬立博（Robert Marks）的晚近著作則提出另一種說法。他估計約一七五三年時，廣東、廣西兩省肯定至少有兩千四百萬畝（四百萬英畝）的農地專門種植經濟作物，說不定高達四千一百五十萬畝。當時廣東占這兩省總耕地的七成多，在非穀物作物的總產量裡占比可能更高（廣西的主要經濟作物是賣到廣東的稻米）。因此，估計廣東的非穀物農地占兩省此類農地七成會流於保守：至少一千六百八十萬畝（兩百八十萬英畝），說不定多達兩千九百零五萬畝（四八四萬一六六六英畝）。馬立博表示最穩當的估計會是廣東一半的耕地（兩千一百五十萬畝）種植非穀物作物，[27]因此一千六百八十萬畝這個數據似乎太保守。

甘蔗大概是種植面積最廣的非穀物作物；[28]排名即使不是第一，也會是第二（僅次於桑樹）或至少第三（廣東所用的棉花大部分來自進口，境內產菸草甚少；在這份排行榜上能和甘蔗爭奪第二名之位者，似乎只有茶葉和水果[29]）。但以前述約一七五三年時廣東非穀物作物面積的最低數據來說，即使是其十分之一，都有二十八萬英畝；那代表該省總耕地的三・九％種甘蔗。把它與穆素潔估計的每英畝產量相乘，廣東每年的糖產量會達六億七千兩百萬磅。若再加上台灣的產量，不計四川、福建省的大陸部分或許多甘蔗種植量較少的地方，一七五〇年時共產七億七千六百萬磅。[30]

有份十七世紀的史料估計，福建（包括台灣）和廣東產量占全中國甘蔗產量九成。這表示我們該把總產量多加上至少八千六百萬磅（即閩粵兩省產量的九分之一）。事實上，我們大概應把總產量再提高，以反映一七五〇年時甘蔗種植面積更廣的事實：通常福建人移到哪裡（包括中國其他地方和東南亞），甘蔗就跟著散播到那裡，而比起十七世紀，十八世紀時這類遷徙更為興盛許多。[31]但我會先把廣東、台灣以外的生產全部略而不提。最後，除了荷蘭人控制台灣的時期，中國的糖出口在一八四〇年代前相當少；[32]另一方面，一七三〇年代中國從越南每年進口約八千萬磅的糖[33]（從泰國進口的數量少了許多，因此我略而不提[34]）。加上這些進口量，十八世紀中葉中國每年消費約八億五千六百萬磅的糖。

一七五〇年時中國人口大概在一億七千萬至兩億兩千五百萬之間，[35]因此這表示每年人均消費三・五至五磅的糖。若加上中國的其他產量，每年人均消費會增加至少〇・四至〇・五磅；以安德森所估計的帝制晚期產量區間的最低值來算的話，則要減掉一・一至一・四磅。即使只是稍稍提高廣東省種蔗土地所占比例，都會使估計值大增。

這些估計數據遠超過歐洲在一七五〇年時的平均數，甚至一八〇〇年的平均數。雖然中國糖的蔗糖含量低於歐洲人所吃的糖，以今日的標準來看，屬於次級品。但直到十九世紀，許多中國人仍較愛吃他們有**較多**雜質、從而風味較佳的糖。[36]

照十八世紀晚期的北京糖價來看（即使就最高等級的糖來說，價格大概都偏高，因為所有糖都來自遙遠的南方），軍人得花掉三至四天半的薪餉才買得到這麼多白糖。[37]這還不算是最離譜的。考慮到農業勞動者則得花掉將近一個月的**現金**工資才買得起（光買這樣東西就得花這麼多錢），才真的似乎讓人難以置信。但現金只是農業勞動者收入的一部分。如果以第二章裡所估計一名男性農業勞動者的現金、實物收入總額來算（老實說這收入的確估得頗高），那麼就連這類勞動者在十八世紀中葉的一年收入都相當於一萬零八百文銅錢。那麼，五磅頂級糖的價錢，就將只相當於他一年收入的約四%。這個數據算高，但並不盡然離譜，因為根據方行（Fang Xing）的估計，鄉村窮人約把收入的四分之一花在非穀物食物上。[38]由於無地的勞動者屬中國最窮階層，他們的糖消費應會低於平均值。

中國的總體數據，一如歐洲，也隱藏了巨大的地區性差異。邵式柏（John Z. Shepherd）說台灣的居民每年人均消費約十磅，而台灣的糖價想必是最便宜的。[39]從運糖船所走的路線和地區性菜餚的口味（尤其是南部和東南部的蜜餞、數種甜醬）來看，華南、華東的消費量都比華北高了許多許多。[40]

因此，中國在一七五〇年的糖消費量似乎很可能高於歐陸，甚至一八〇〇年時亦然。即使我們估計的一七五〇年數據比實際數據多了一倍，中國近似大部分歐洲的程度，仍比大部分歐洲近似英國的程度高上許多。

但中國的人均糖消費量也曾一度下滑，歐洲的消費量則在一八四〇年後暴增。卜凱在一九三〇年代的調查發現，中國的人均糖消費量約二．二磅，即我們所估計的一七五〇年最低數據的六成。[41]由於中國的糖產量大概在多災多難的一八五〇、六〇年代過後即有所成長（儘管新增的產量有許多外銷），糖消費量的這一下跌似乎最可能發生在一七五〇至一八七〇年間。

茶葉消費量未暴跌，但可能停滯。有人估計一九一二年人均消費為二．六磅，若屬實，將代表有可觀的成長；但這個數據似乎估得太高，因為一九二〇年代以都市消費為主的一份取樣，表明人均只超過兩磅一點點。張仲禮引用了一九三〇年代的全國性估計數據一．一至一．三磅（十八～二十一盎司），認為該數據較可信。[42]那仍將遠遠超過一八四〇年的十一盎司，但誠如前面說過的，一八四〇年的數據很可能低估。在更富裕許多的一九八七年中國，人均茶葉消費量稍低於一八四〇年的數據，[43]但由於這時有啤酒、非酒精飲料和其他飲料與茶爭奪人的青睞，這個比較並不公平。十九世紀和二十世紀初期，「致癮食物」的整體人均消費量，就算真的未萎縮，也肯定成長更緩慢。十八世紀中國對日常奢侈品的日益喜愛，不必然能在沒有外力推波助瀾下維持不墜，同樣的，歐洲消費方面所將發生的變化也非勢所必然。但光是指出歐洲本有可能走中國所走的路（歐洲在一七五〇至一八〇〇年的確可能在走這樣的路）還是不夠；我們得解釋最終為何會分道揚鑣。

人口方面的趨勢大大擴大了兩地分道揚鑣的程度。誠如後面會更詳細說明的，中國在一七五〇年代的人口成長，大多出現在較貧窮區域。於是，即使每個地區的消費量維持在一七五〇年的水平，全國人均消費量還是會下滑。就糖來說尤其是如此，因為十八世紀的糖消費，特別集中在三個透過水路運輸與糖產地相連的繁榮大區（macro-region）：嶺南、東南沿海、長江下游。一七五〇年這三個大區擁有約四成全國人口之時，三大區的糖消費量可能占去該年全中國消費量的幾乎全部（此外的一小部分消費集中出現在京城附近）。[44]一八四三年（和一九五三年），這三大區的人口大概只占全國人口的兩成五。[45]光是這個就會使全國糖消費平均值減少三七．五%，從而解釋了我們對一七五〇年的最低估計值與卜凱二十世紀初期研究結果（二．二磅的分蜜糖，加上一些以他種方式加工過的糖，而在產糖地區有些人吃未加工過的糖）之間的大部分差值。這一人口因素也有助於解釋，既然沒有引發許多有關生活水平下降的議論，怎會有消費量如此下跌的情事發生。如果在任何地方消費量都下跌不大，人們自然不會注意到下跌。而中國這一人口成長的分布情況與歐洲大相逕庭。至少在一七五〇至一八五〇年間，在歐陸相對較繁榮的地方（加上愛爾蘭），人口成長普遍居冠。

但人口趨勢只局部解釋了消費上為何分道揚鑣。例如，就棉布的消費來說，地理集中程度絕不可能和糖的消費一樣；而證據顯示華北的棉產量曾出現明確無誤的下跌（但在這裡，本地消費量可能幾無下跌，只有華北出口到長江下游的棉布數量下跌。這些論據和其侷限在附錄F有更進一步的探討）。當然，一七五〇至一九〇〇年歐洲的消費量不只免於下跌，成長速度之快還高逾以往，儘管那部分是約一八四〇年以後才發生。

誠如第四章會提到的，這些新「日常奢侈品」的貿易結構，在幾個可能深具意義的方面不同於其他物品的貿易結構。在中國，糖、菸草和茶葉絕大部分產自本地；這三項物品的貿易，競爭性很高，涉及許多規模頗小的商人，利潤率相對較低。[46]此外，這一貿易未給中央政府帶來龐大稅收，因此未有特別有力的利益團體推動提升這些物品的消費，並有政府官員積極壓抑這類消費。[47]在歐洲，也有一些官員和道德家試圖打壓這些新嗜好（在日本、鄂圖曼帝國和印度亦然）。但在歐洲，還是有非常有力的利益團體樂見這類消費的成長：渴盼稅收的官員，以及在生產效能和壟斷特權上做了大筆投資的商人和殖民地種植園主。即使如此，在歐陸大部分地方和較窮的英國人圈子，消費量還是成長緩慢，直到十九世紀中葉價格大跌才改觀。

有人認為英格蘭人愛吃甜，可能有一部分肇因於該地料理在其他方面都流於簡單，反之，中國境內糖消費量低了許多，則可從中國料理手法的複雜，加上中國還有其他多種致甜物和調味料，得到部分解釋。[48]但一如前面所說的，中國人在十八世紀時也有龐大的糖消費量，因此這個說法難以令人信服。在中國，糖從藥物相當順利地轉變為大量使用的「調味料」，與敏茨所謂各階層歐洲人都開始喜愛吃糖的那個時期，差不多同時發生；然而，糖在中國卻從未像歐洲一樣，從大量使用、亟欲入手的「調味料」，轉變為醣類主食。就這一轉變來說，兩地最重要的差異，與生產、價格、殖民地的關係，很可能比與喜好或分布的關係來得大。[49]

光是心態無法維繫「大眾奢侈品」的消費無限期成長，原因之一在於這些作物必然會與其他土地使用方式爭地。值得注意的，中國糖產量的成長，有許多發生於未有其他食材與糖競爭的地方。在台灣這個進入十九世紀許久以後仍是人口稀疏的邊疆地區，糖和稻米的種植攜手並進，中國大陸不必為了取得該地的糖而出口穀物到該地。在廣東，許多農民在十七、十八世紀除了種植愈來愈多甘蔗，也首開先河種植甘薯和花生（往往開墾原被認為不適於農耕的丘陵）；於是，他們也生產自己所需的食物。還有一些例子裡，原用來種棉花的地改為種甘蔗，從相對價格和與孟加拉、長江三角洲貿易成長的角度來看，這一改種有其道理。[50]但在中國境內，能讓糖（或茶葉或菸草）的產量持續成長而不致減少穀物產量的地方愈來愈少。誠如後面會說明的，在華北這個關鍵地區，棉花（或許還有菸草）的產量，在一七五〇至一九〇〇年間大概降了不少，因為急速增加的人口需要更多土地來生產食物。

最起碼，對食物用地的需求，使十六至十八這三個世紀期間經濟作物產量的急速成長無以為繼。除非產量持續成長，人均消費必會下跌，因為中國人口從一七五〇至一八五〇年增加了約一倍。相對的，中國的穀物產量增長似乎**真的**與人口成長並駕齊驅，甚至在現代農業投入之前就是如此。[51]因此，食物生產擠掉其他作物至少一部分的生產，似乎有其可能，尤以在人口成長特別快且每單位產量相對較難提升的華北為然。

但歐洲所消費的糖、菸草、咖啡幾乎全產自其殖民地，且用得自美洲的白銀買進所需的茶葉；於是，從某個意義上說，致癮食物的消費量日增，完全未像在中國那樣，壓迫到歐洲的穀物供給。歐洲所消費的大部分棉花，若非來自殖民地，就是來自前殖民地。

此外，糖消費量的成長出現得正是時候，尤以對英國為然。誠如第五章會說明的，到了十八世紀晚期，英格蘭農業已走到若沒有重大的技術性突破，產量幾乎不可能進一步成長的階段，而這樣的突破要到十九世紀中葉開始大量使用化肥後（先是從地裡開採出的磷肥和進口的鳥糞，繼而是二十世紀時的合成肥料）才會出現。在這期間，英格蘭人口急速成長，國內穀物首度供不應求；而解決這一短缺的長遠辦法（進口大量北美洲穀物），還要數十年才會上場。在這其間的五十年（差不多就是工業革命的五十年），英格蘭從大不列顛及北愛爾蘭聯合王國其他地方進口更多穀物，但這也不是徹底的解決辦法。[52]卡路里異常稀缺且許多窮人仍在辛苦適應新工作節奏（包括在工作地點吃午餐），為糖打入英格蘭日常飲食核心提供了絕佳環境。在東亞，糖成為公認的重要調味品，成就可能和在英格蘭差不多，但穀物產量增長與人口成長的確並駕齊驅，因此沒有什麼理由要糖成為敏茨所謂的「醣類核心」的一部分。

殖民地的生產結構，也逼使種植園主在農場交貨價格下跌時必須增產糖和菸草。對中國蔗農來說，這樣的壓力就小了許多，因為他們也種維生作物。殖民地種植園往往極偏重特定經濟作物的生產，因此，其他必需品樣樣（從食物到製成品到奴工）都得進口，從而必須支應相當高的現金開銷，即使在他們的產物價格偏低的年份亦然（第六章會對此有更多的著墨）。

殖民地種植園這一高度專業化的經營特性，或許使前面提到的說法（海外生產的致癮食物未像增產後的中國糖和菸草那樣爭奪稀少的歐洲農地）變得站不住腳。拿製造品（製造品使用歐洲相對較充裕的勞動力和資本多於使用歐洲相對較稀缺的土地）換糖，未與國內的食物需求相牴觸；當製造品（在亞洲購得的物品）被拿來換取非洲黑奴，以便送到「新世界」生產農作物時，亦然。但當「新世界」的種植園得靠歐洲來餵飽其人力時，那就是另一回事。誠如雷納爾神父（Abbé Raynal）所說的，「要餵飽美洲一個殖民地，必須耕種歐洲一個省才辦得到。」[53]或至少就法屬加勒比海來說，這說得沒錯。

但英國在「新世界」（在北美洲）有別的殖民地，生產著可賣到產糖殖民地的過剩穀物、肉類、木材和鱈魚。北美殖民地又反過來從英國買進製造品，因此透過這個路線，英國將豐沛的勞動力和資本（而非稀缺的土地）有效地轉化為糖，一如英國透過非洲奴隸買賣和透過將本地製造品直接賣到加勒比海地區（巴西的甘蔗種植園大部分消耗巴西自產的食物，因此，一如英國，葡萄牙不必從歐洲送去許多食物；但另一方面，葡國未像英國那樣壟斷自己殖民地的貿易）。第五、第六章會對土地短缺和生態壓力有更多的著墨。眼下，有一點值得一提，即從英國以外歐洲的人均糖消費量在十八世紀晚期陷入停滯來看，歐陸許多地方比英國更像中國，而這一停滯或許在某種程度上反映了類似的限制。而英國的糖消費之所以出現令人矚目的成長，或許可在北美洲找到部分原因。

耐久消費品與奢侈的「物化」

就較耐久的物品（家具、銀餐具、亞麻製品等）而言，歐洲具有某種內生性優勢之說似乎較說得通。但在此，仍得小心謹慎，尤其是與中國、日本相比較時。

由於東、西方在可取得之史料上有差異，這些比較特別難以進行。例如歐洲有遺產目錄，而亞洲沒有類似的東西。不過，以一四〇〇至一八〇〇年這期間為例，菁英消費上的變化，在諸多社會間似乎差異不大。在歐洲、中國、日本和印度，最富裕階層所使用的家具、華服、飲食器皿和可能會被今人稱作「收藏品」的東西，在數量和種類上都顯著變多。展示個人所擁有的實物，成為決定身份地位的更重要依據，而屢屢有人欲使消費符合不靠財富多寡評定的社會地位，成效都不大。在這期間，以個人隨從作為身份地位表徵的作風式微，同時並有許多舊菁英家庭發現，透過消費來繼續彰顯自己社會地位高人一等，恐令他們財力吃不消。但我們必須把目光，放在這些非常大略的相似之處以外。

在任何兩個社會裡，奢侈性消費的產生都不盡相同。本書也無法探究消費之**意義**在諸多社會的所有差異。對我們而言，重要的是在諸多社會利用物品爭奪地位高下的**作法**上，有了質量上的轉變，而且這些轉變相似到足以促成在數量上有共同的增長。

考慮到在許多社會裡，物品的擁有和交換一直是身份地位的重要標記，這使人很容易以為，擁有許多物品的人愈來愈多一事，純粹反映了某種人人皆有的積累物品的衝動；而此前這一衝動是因為菁英過度自負或生產力太低，材無緣盡情施展。在這類陳述裡，想擁有更多奢侈品的念頭乃是亙古常存且無需解釋的；只有生產和所得分配會變。

要不，就是有人可能把更早先社會裡極少數人擁有奢侈品之事，視為太少見而不值得探究，主張近代早期非必要性消費的暴增標誌著全新的「物質主義」生活方式的開端。這一種看法把現代的無限需求現象，視為人為所致而非自然而然發生。從這點來看，這一看法的確很值得看重，但它也有問題存在。就我們的目的來說，最嚴重的問題在於它很容易就會劃分出兩種社會：在其中一種社會裡，「商品」和「市場」決定社會關係，交換被視為個人主義的逐利行徑；而在另一種社會裡，社會關係規制經濟，身份地位支配消費，人們關注互惠。[54]把這種二分法用在歷史上，結果往往就是把率先走上「物質主義」之路的歐洲與世界其他地方判然兩分，且由於後者尚未跨過這個分界，因此得自外引進「商品」、「物質主義」、「經濟人」。

但更晚近的著作在探究這些議題時，手法更精細入微。阿君・阿帕杜萊（Arjun Appadurai）在一則很有用的闡述中，創造了一個從「時尚體系」（fashion systems）到「特許體系」（coupon or license systems）的連續體。在時尚體系裡，凡是有足夠錢的人，都能買到許多賦予人身份地位的物品；金錢徹底且立即地轉換為身份地位之事，在大部分的時候受限於不斷改變且使消費行為有「低俗」、「高尚」之分的社會規則。而在特許體系裡，只有被「特許」持有某些極重要且往往神聖之物品的人，能合法擁有、交換這些東西。在這兩種體系裡，物品的交換、擁有和社會地位是相輔相成，但方法南轅北轍：

> 在某個情況裡，人們藉由限制**穩定**之商品世界裡的等價和交換，來保護並複製身份地位體系；而在時尚體系裡，受到限制和控制的，則是在**不斷變動**之商品世界裡的**品味**，人們誤以為存在著完全可互換性和不受限制的取得機會。禁奢令是一種用來規制消費的中間工具，適用於在暴增的商品環境裡一心追求穩定身份地位展現方式的社會，例如現代以前的印度、中國、歐洲。[55]

這一闡述避免將諸多社會全歸為同一類（事實上阿帕杜萊發現，即使在當代西方仍有某些

「特許」物品），從而表明在各個社會裡都既有「經濟」，也有「文化」。[56]這一闡述也不把消費歸入據稱獨一無二的西方「個人主義」範疇（有時消費就被如此歸入該範疇），從而未認為強勢的大我（communities）必然與小我消費需求的增加無法並存。

阿帕杜萊的概括性描述，抹除了過度簡化的二分法，但仍強調時尚與特許這兩種各成一體的身地地位、消費互動模式之間的差異。此外，這兩者的差異已得到非常清楚的界定，因此我們能理解往某個方向轉移會如何對經濟發展帶來重大影響，並且能為這些轉移尋找解釋。

允許更多人購買高價物品，弱化了「特許體系」，從而意味著更加倚賴市場；而一個能賦予身份地位的新物品進場（大概是從「外國」進場），也會引發同樣的效應。當一個體系愈近似於時尚體系，人們會愈快更動自己持有的物品，從而增加需求。此外，由於特許體系的本質會阻止地位較低的群體仿效地位較高之群體的消費，因此在較近似時尚體系的體系裡，菁英的主要回應之道，不是禁止仿效，而是改用新物品（或新的展示物品的方式），把舊物品斥為「低俗」。於是，這種體系導致各階層裡每個想維持社會地位區別的人，和想消弭（或跨過）這些區別的人，都不斷追逐物品。它也可能導致明確的品味準則的問世，並隨著印刷品和受僱的私人教師助人投入這一競爭，而反過來導致那些準則商品化。

這一概述雖然簡短，還是給了一些值得我們探討的具體方向：被賦予社會意涵之物品的種類變多和它們改變的速度；更多人獲准擁有它們和人們更易從陌生人那兒獲得它們；仿效性消費的劇增，以及對不同階層的人而言，標誌身份地位的物品種類劇增；對如何使用不同類商品才稱得上「得體」、「有品味」的討論劇增。

就西歐數個都市化地區來說，這些現象都有最詳實的文獻可茲證明。這些地區包括文藝復興時期的（北）義大利、黃金時代西班牙、荷蘭、法國部分地區、英格蘭。每個例子裡，都可見到上層家庭和他們的目的有所轉變。在鄉村，較適合軍事防衛和大批家臣娛樂之用的城堡漸漸式微（例如那些有著中央宴會廳且大廳裡有一些很長之長椅的城堡就屬此類），取而代之者是有較多可讓人保有隱私之房間（和門廳）、有較多旨在滿足個人舒適需求的特別設計、有更多裝飾的莊園。[57]更多的家庭擁有數個住所，有時這是因為追求中央集權的國家要求官員一年裡至少有部分時間上朝議事，有時則是因為更多的鄉村要人們在城裡的事業做得夠大，因而需要在城裡另購一間住所，更有時或許是因為自我認知的改變：人們似乎更加願意建造一個供自己使用、享樂的家（通常不是第一個家），而非建造一個充當自己家族永久基礎的家，並據此意願找出合適地點來建造和設計。[58]城裡的房子很可能遠不如鄉村的房子氣派，但這些房子也愈蓋愈多，愈蓋愈堅實，愈來愈著重於滿足舒適、隱私和展示個人物品以彰顯個人財富、品味的新「需求」。[59]王宮的建造可能引領這一趨勢，但很快的，有錢貴族、商人和其他人也跟進。

與房子本身一樣重要的（或許更重要些），乃是房內物品暴增一事，尤以在城市區域來說。鏡子、鐘、家具、加框的畫、瓷器、銀餐具、亞麻製品、書、珠寶、絲織服，僅是其中幾項。對西歐的有錢人而言，它們全都變成日益「必需」的身份地位表徵。此外，這些物品除了數量多且製作精良，還得夠「時髦」一事，變得愈來愈重要；[60]於是，奢侈品在文化價值上的貶值，比它們自體的敗壞，還要快上許多，而且既有的存貨使奢侈性消費的成長愈來愈不受阻。許多作家都曾抱怨過這些趨勢耗盡上流人士的財富，使貴族破產，削弱了衡量身份地位與人之價值的較重要標準。綜觀整個歐洲，從政府到宗教機構都努力遏制這些趨勢，至少斷斷續續地，但結果仍成效不彰。人們愈來愈透過不斷積累持有的物品來界定自己。

但這一「消費社會」的興起，並非僅見於歐洲。柯律格（Craig Clunas）已證明，明朝（一三六八～一六四四）中國的上流人家，家裡也愈來愈多繪畫、雕刻、精美家具和諸如此類的東西。此外，他發現，一如在歐洲，替特定環境、人或目的配上相稱的奢侈品，變得愈來愈重要。於是，例如在中國，開始有專門針對男人或女人打造而雕刻精美的床，而且這一專業化現象比歐洲還早出現；[61] 大富人家也可能不同季節睡不同的床，坐不同的椅子。[62] 在這期間，最能彰顯身份地位的奢侈品（出自大藝術家之手的物件），愈來愈商品化；亦即凡是買得起的人都能入手，而非只在小圈子裡流通。隨著財富愈來愈能**透過消費**（而非透過購買官職或土地或透過讓孩子受教育）轉化為身份地位，教人如何正確估價、展示這類物品的手冊也開始問世。有些書告訴較老一輩的菁英如何透過品味重新申明自己的身份地位，即使「低俗」之人可能有更多錢可用來買奢侈品；還有些手冊鎖定暴發戶，教他們購買和展示這些物品的正確方法。

這些手冊比歐洲的同類書籍還稍早問世，其中一部還很有自覺地取名為《長物志》[2]；在整個明朝期間，新的手冊繼續問世，舊的手冊則不斷重印。[63] 明初朝廷頒布數個禁奢令，試圖訂定不同的社會團體在衣著、餐具使用等方面的詳細規範，但似乎成效不彰，不久後就變得過時而

[2] 編注：顧名思義，即「一本記錄非必需之物的書」。

無足輕重；在一五〇〇年後，新的奢侈品和風尚遽增，但也只增訂了一道法條。[64]與此同時，十七世紀的義大利和西班牙仍繼續頒行禁奢令，連在荷蘭、英格蘭之類「資產階級」地方，官方都曾試圖重啟禁奢。[65]

針對室町幕府、江戶幕府時代的日本，也可舉出類似的證據。當時，道德家的抱怨和一連串無效的禁奢令，都列出各種被「不對」的階層之人「不當」使用的物品。到了十八世紀，證據包括對農家使用「金、銀、象牙」裝飾物的指責，[66]以及對武士、乃至大名（即諸侯）為了迎合有錢平民的消費習性而傾家蕩產的抱怨。[67]至少有位鑽研歐洲消費主義的學者據此推斷，中國、日本的情況似乎與同時間的西歐驚人相似。[68]

印度方面的證據則較不明確。在蒙兀兒帝國時期，奢侈性消費的確大增。許多歐洲人（其中有不少剛從倫敦、巴黎或阿姆斯特丹過來）指出，印度城市裡販售的奢侈品琳瑯滿目，叫人眼花撩亂。[69]而隨著蒙兀兒帝國在十八世紀解體，諸多土邦宮廷的地位提升，這些地區性首府往往成為仿效性菁英消費的地區中心，和歐洲的諸多王廷非常類似。[70]事實上，日增的奢侈性消費似乎是這個時期印度經濟的主要推手之一，而且官職的特殊待遇更加商業化，對這一消費的與日俱增有推波助瀾之功。[71]

然而，儘管我們在中國、日本、歐洲都找到證據（例如教人如何正確且有品味地使用商品的手冊），證明存在著有各階層之人參與的新興「時尚體系」，但在印度卻未能找到同類的證據，至少目前為止沒有。在十七、十八世紀的印度，商人和「服務性鄉紳」（service gentry）變得更重要，[72]但對奢侈品有需求者似乎大多是貴族。[73]反之，我們已找到證據證明，在印度，較古老的「特許體系」，其勢力仍大半未失。在這個體系裡，對一組較固定不變的特殊商品的使用權受到定量限制，而身份地位對這一定量限制的作為發揮了相對較穩定的作用。而就這方面的證據來說，印度多於西歐或東亞。[74]因此，「消費主義」雖然肯定存在，其在印度的進展卻似乎很可能不如其在東亞和西歐的進展。

如果說「奢侈的物化」為個人地位高低的評定，提供了「視隨從多寡而定」之外的另一個辦法，似乎不無道理。在中國和西歐，奴僕和佃農，至少從十六世紀起就驟減，加上菁英的日益都市化，要維持大批隨從就變得較難；日本未有類似的**法律**變遷，但社會力量和經濟力量在那裡也是朝著同一方向推進。在此應該指出的是，個人隨從的重要性降低，也使菁英更可能不滿於大眾消費。當各種僕人被完全併入主子家裡，讓至少較容易被人看到的僕人穿上華服，就是菁英家庭展現自家財力的方式之一；但一旦僕人是較低劣卻又我行我素，他們的任何炫耀行為都可能被斥為不得體、乃至危險的專斷表現。[75]於是，中國、日本、歐洲境內譴責大眾消費的文獻汗牛充棟，既反映了經濟變遷，也反映了這些地方的菁英已如何不再宣稱奴僕歸他們管，從而反映了他們如何更加透過物品來彰顯人與人間的地位關係。

相對的，在印度，不自由的依附性勞動力顯然仍相當重要，儘管在重要到什麼程度上，各界仍莫衷一是，[76]而當官的貴族和鄉村地主依法必須擁有許多扈從。[77]事實上，在「貴族」的奢侈性需求裡，有許多需求大概反映了得送禮給寵信之扈從一事。在印度的社會競爭和政治競爭裡，以具有眾所認同之象徵意義的昂貴禮物來維繫這類關係，似乎仍是最重要的一環，[78]但就推動「時尚」來說，此舉的效用大概不如較偏個人用途的購物行為來得大。

印度菁英相當城市化，其城市化程度大概高於中國菁英，但或許不如西歐菁英、更肯定不如日本菁英。但有一點令外國觀察家印象深刻，那就是連印度大城都往往很像遼闊大營地，服務者群集在服務對象周邊。[79]如果這種個人服務和依附，作為事實和社會規範，都比在西歐或中國境內來得牢固，透過「時尚」轉向社會競爭之事應該會較少。都市奢侈品市場的成長也不如在中國、日本、西歐境內那樣持穩。誠如貝利（C. A. Bayly）所說的，一七八〇年的貝拿勒斯（Benares）和勒克瑙（Lucknow）典型地反映了大量集中的奢侈性需求，但在這方面它們與一六八〇年的德里和亞格拉（Agra）差異不大，當時蒙兀兒人的權力和貴族居所還比較集中。[80]

同樣的論點用在東南亞又更貼切。在約一四五〇至一六五〇年的東南亞，我們也找到很有意思的「奢侈物化」跡象，尤以在城市裡為然；某些奢侈品用起昂貴材料毫不手軟，在這方面和任何地方相比毫不遜色。但以歐洲或東亞那種規模向「奢侈物化」和「時尚」持續轉移之事，在東南亞這裡見不到。個人依附仍是最重要的社會組織原則，[81]就連前幾大城市都是營地的集合體，眾人群集在自己主子周遭，在城市裡形成一個大體上自成一體的村子。而（與在印度不同的）凡是非宗教性建築，幾乎都很簡單。這類作為處處突顯了擁有依附者比擁有物品予人更大的威望一事。[82]

於是，中國、日本和歐洲彼此相似的程度，似乎比其中任何一地與印度或東南亞相似的程度還要高；如果把它們與東歐、中東或非洲社會相比較，大概也是如此。或者，更平實的說，至少中國、日本的例子表明，歐洲境內新出現的菁英消費主義並非舉世獨有。但我們也必須思考程度上是否有很大差異。

在住房建築的發展上，情況則大不相同。在歐洲許多地方，人們大興土木建造府邸、城堡、（除了鄉村住宅另外擁有的）城市住宅和富人的其他住宅，至十八世紀末一直方興未艾（儘管其間有週期性的漲落）。但在中國和日本，府邸如雨後春筍般大量出現，乃是伴隨改朝換代（分別是明滅清興和江戶幕府取代室町幕府）而發生，而非更早就發生。[83]至少在日本，真正耐用的住宅變得普及，似乎是十六、十七世紀的事。[84]十六至十八這三個世紀期間，住宅的品質明確有所改善，但改善程度似乎不如在歐洲那麼顯著，而且不代表在對住宅用途的認知上有根本的轉變。[85]在中國，帝國晚期時住宅的用途改變相對較小。例如，家宅除了是吃、睡、料理三餐的重要地方，仍是工作與宗教活動的重要地方。家宅仍被認為（至少被大部分菁英認為）屬數代人所有（這數代人包括被在世者在屋裡設了祭壇和牌位供奉的祖先），而非用來表達當下居住者的成就和品味。由於對家宅的認知改變不大，建築風格改變的程度也比歐洲境內家宅少了許多。[86]

此外，中國人、日本人較愛用木頭建屋，而當最受青睞的木材於十八世紀開始用罄之時，兩地的建築熱潮都漸漸消退。[87]（部分跡象顯示以石材建屋的情況變多，[88]但這終究不是常態）。例如，在繁榮的日本畿內地區，城市、鄉村的建築工人工資，至少從十八世紀中葉起，相對於其他大部分種類的工人（包括農業勞動者）的工資，都呈下跌之勢，這強烈意味著對新住宅的需求並非特別強勁。[89]這一建築熱潮的衰退，並非表示經濟全面衰退，而是表示無力用石材建屋。偏愛用木材建屋一事，與適合當地氣候、因應地震威脅的關係大上許多，至少在日本是如此；事實上，日本住宅「通風」好，似乎減少了潮濕氣候裡呼吸道疾病的發生，而且可能是日本城市居民平均餘命高於歐洲人的原因之一。[90]誠如佛朗切絲卡・布雷（Francesca Bray）所指出的，儘管中國人知道如何使用石材，且儘管明清時期木材價格愈來愈高，但出於許多宇宙論與儀式性的理由，中國人愛用木材建屋更甚於用石材；[91]促成這些偏好的諸多信念，有一些在日本也大為盛行。不管這些偏好出於什麼理由，它們意味著在東亞，為了「不讓人看貶」而需要投入自宅的資本，要少上許多；在東南亞更是如此。[92]投入大筆資金建造自宅（和使用石材），在印度的菁英圈子裡大概更為常見，但較常見到何種程度，我無從衡量。

但其他類花費上的差異，則較難精確斷定，原因之一是這些大比較單位裡差異之處太多。至少在階級與階級間和地區與地區間有差異。雖然我們無法予以徹底分析，但至少能做初步的分析。

最起碼在歐洲某些地方，連相當卑下的人都會買「奢侈品」。不只是富商和技藝普受肯定的工匠大師，甚至連只具備基本技藝而收入很不穩定的工匠，都會買某些「奢侈品」：腰帶、鞋子、帶有金銀扣的背心、發酵酒和烈酒、咖啡、茶葉、糖等。事實上，分享與展示這類物品，成為城市「庶民文化」極重要的一部分。[93]漢斯・梅迪克（Hans Medick）主張，工匠花在這類「次要奢侈品」的錢占其總預算的比重，高於其他任何社會群體。[94]他也收集到歐洲**鄉村工匠**有類似行為的證據，而且不只出現在英格蘭和荷蘭。他舉的例子包括薩克森鄉村裡仿效城市時尚、以有別於農民的緞帶製造者，以及用當時某人的話來說，那些除了馬鈴薯外買不起別的多少東西，「但如果被迫早餐不喝咖啡，會覺得自己過著非人生活」的符騰堡工匠。[95]光是確定有這樣的消費存在，就意義不凡，而其中有些消費（例如咖啡、茶），在十六至十八這三個世紀的時候，想必很新穎。但庶民從事多少「奢侈性」消費，或這類消費有多新穎，仍然不明；非菁英消費「奢侈品」一事，很可能招來「比他們地位更高者」特別多的批評，即使在總消費量（如在茶葉、糖方面所見）仍然相當少時亦然。並非所有新的消費習慣，都代表總需求自此有**持久不消地**增長。例如，在十八世紀初期的英格蘭，琴酒消費量的大增，發生於該世紀下半葉幾乎等量的劇跌之後。[96]

農民需求仍然較難精確斷定，而且很可能大不同於鄉村工匠的消費習慣。[97]不過，揚・德佛里斯在論及一五五〇至一七五〇年荷蘭菲士蘭省（Friesland）的著作中探明，至少在這個特別繁榮的地區，鄉村小地主，乃至佃農，會購買多種非必要的物品。他還證實列入財產目錄的高品質家具等木製品、餐具、家飾和其他某些物品，隨著時日推移而大增（儘管各品項的增加幅度並不平均）[98]。當然，非常耐久的物品，還是會有所增加，即使再次購買要隔頗久。不過，同樣重要的是目錄裡某幾類物品似乎增加**不多**，尤其是紡織品這個時代最大的「工業」產業和「工業革命」的領軍者。人們所擁有的紡織品未變多一事特別引人注意，因為一五五〇至一七五〇年大部分布價相對於其他物品的價格是下跌的。[99]此外，消費財財產目錄的成長，比資本財財產目錄來得慢。[100]整體來講，誠如德佛里斯所指出的，不管是把這個繁榮區域裡農民需求成長的幅度，還是農民所需求的品項，拿來解釋工業革命的發生，似乎都不大說得通[101]，尤其是對**棉**紡織品的需求，有不少是來自歐洲境外。[102]

即使如此，歐洲境內的民眾消費需求可能還是比其他地方的需求來得大，而且大到理應有助於說明，歐洲為何最終和其他「先進」經濟體分道揚鑣。令人遺憾的，在其他社會裡，沒有與歐洲財產目錄真正類似的紀錄。不過，我們還是透過一些方法來推測是否有巨大差距存在，作法之一是弄清楚其他地方的不是菁英階級的人，是否買得起非必需品。

可用來比較不同社會之所得分配的證據，也零星得叫人苦惱。艾瑞克．瓊斯主張，歐洲在所得分配上的平均程度遠高於亞洲幾個大經濟體，從而對「日常」奢侈品的實質需求也遠大於後者，但我們所擁有的證據，卻與此說相牴觸。[103]印度一地與中國、日本、西歐三地之間可能真的存在著差距，但以現有的少許證據來看，後三地之間差距不大。

就中國來說，對二十世紀前所得分配的量化估計，幾乎就只有張仲禮的研究可供參考。他說中國的「士紳」（廣義下的士紳，最有錢的商人家庭也包括在內）占全國人口約二％，所得占國民所得約兩成四。[104]

就我所知，並不存在以整個歐洲為對象的類似數據，但我們的確擁有一六八八年、一七五九年和一八〇一至一八〇三年英格蘭和威爾斯的所得分配估計。經過彼得．林德特和傑佛瑞．威廉森（Jeffrey Williamson）的修正，這些估計顯示一六八八年所得屬於前二％的人口（不包含王族），其所得占國民所得一成九；一七五九年時占兩成二；一八〇一至一八〇三年占兩成三。[105]由於「英格蘭和威爾斯」這個單位，只納入歐洲一個面積不大但相較對繁榮的地區，而上述的中國數據則納入從首都到邊陲的廣大地區，是以中國境內土地分配的均等程度高了許多（在歐亞大陸兩端土地仍是最重要的生產財）。這意味著如果做更加對稱的比較，很可能會得到中國境內所得較均等的結果。就擁有土地所帶來的收益來說，其在中國的分配均等程度想必遠高於歐洲，即使歐洲的租佃市場減少了土地取得方面的不平等，使工作機會的分配廣度與平均程度和在中國不相上下亦然。所得較低的九成八人口，其所得占國民所得的比重，當然只局部呈現了整體所得分配的狀況，要根據它來理解購買力的分配狀況，更是有所欠缺，[106]但它是我們所能取得的唯一量化指標，因此還是非常值得納入考量。同樣引人注目的是喬治．斯當東（George Staunton）的看法（與亞當．斯密和馬爾薩斯不同）：他在中國很少看到極貧窮的情況。[107]據晚近某人他於一七九〇年代從北京到廣州，他的看法即根據這趟漫長旅途的所見所聞得出。（依據片斷的證據）重建的長江下游農民預算，十七世紀時「一般」農家會把總收入（現金和實物）的五成五花在穀物上，兩百年後則是五成四。[108]在十八世紀晚期的英格蘭，農民和工匠為了滿足基本的卡路里需求，往往花掉差不多比例的所得。[109]這份中文研究報告幾可肯定少算了非穀物的消費，從而使中國在這項比較裡處於不利地位。[110]

歐洲和東亞兩地的經濟體裡，最大的非農業產業是紡織業；紡織品消費向來是工業化期間最早會成長的幾類消費之一。我們的資料相當零星，但從中仍可看出歐亞大陸兩端的紡織品生產、消費水平是差不多的。

就中國最大的產布區（長江下游）來說，我們能以和估計廣東糖產量差不多的方式，估計該地區的原棉和生絲產量。事實上，之所以在這個例子裡能有較準確的估計，是因為長江下游的土地使用資料比廣東的資料好上許多。估計結果顯示，江南十一個高度商業化的府，人均生產將近十六磅軋過的棉花與約兩磅的高品質生絲。[111]有些棉花出口到嶺南紡紗，但也從華北輸入原棉。到了一八五〇年，江南已是原棉的淨輸出區，因為嶺南的需求有增無減，而來自華北的進口則衰退，但衰退多少難以確知；一七五〇年，任何淨輸出都會小上許多。[112]因此，我推測，除了用於襯墊的原棉，江南把本地生產的原棉全部紡織成布。其產量在二十世紀時人均一・三磅，[113]十八世紀時大概差不多。因此，就長江三角洲的紡織品生產來說，人均一四・五磅的棉和兩磅的絲綢似乎是可信的估計（儘管可能有點偏高）。

相對的，大不列顛及北愛爾蘭聯合王國的棉布、毛織品、亞麻布加總的人均生產量，在一八〇〇年紡織技術正在轉型之時為一二・九磅[114]（亞麻布和毛織品的每單位重量普遍低於棉布，因此把這三種不同的紡織品併在一塊，使中國在比較時處於不利地位）。令人遺憾的，我們不知道長江三角洲輸出多少布，比重可能比聯合王國的比例（約產量的三分之一）還高，[115]從而使這個地區的布**消費量**低於英國水平。但中國、歐洲最富生產力地區的人均布消費量即使只是大略相近，都頗具啟發意義，特別是當我們考慮到江南十一府的人口比聯合王國多了將近一倍時。此外，中國的棉布衣似乎比英國製的棉布衣還耐用許多，至少在十九世紀和二十世紀初期是如此。[116]令人遺憾的，歐洲、中國兩地的資料都很零星，生產地點太分散，我們無法專門針對某些關鍵區域探討；但絲織品例外。長江下游生產的絲織品很可能占了中國產量的大半，說不定超過四分之三。[117]因此，就總產量來說，人均生產很可能不到一磅，遠比不上棉製品，但就奢侈織物來說，絕非小數目，而且比歐洲的數據高上許多。

令人遺憾的是，儘管用來估算棉布、糖、絲織品與長江三角洲棉布之產量的方法，在相對較封閉但高度商業化的區域很管用，但在遼闊而商業化程度較低的區域，就不管用了。在這類區域裡，只要有一點假設上的小更動，就很容易就會使我們所估計的可供用於產棉的土地數量

來的數據往回推。增加一倍或兩倍（例如從非常巨大之總面積的三%變成九%）。最佳的替代辦法，大概是根據後

一八七〇年，即捻亂和太平天國之亂平定後不久，中國生產了十八億五千萬磅的棉。[118]人均大概是稍稍超過五磅，但十九世紀中葉戰亂後的人口估計相當不可靠。到了一九〇〇年，這一數據落到約十五億磅，但那之後又開始持續有新的增長，至今未衰。當我們逐一檢視過中國的主要產棉區，便可得到一個乍看之下可能讓人驚訝的結果：一七五〇年中國的棉產量比一九〇〇年低不了多少，人均產量更因此高了許多。

首先得切記的是，一七五〇年後新出現的大型產棉區不多。[119]長江中游諸省的棉栽種面積在一七五〇年後的確增加，但產量始終不是很大。此外，四川、陝西境內某些重要的產區於十九世紀改種別的經濟作物（罌粟），最大的受害者就是棉花生產；[120]其中有些改種發生於一八七〇年前，有些則在那之後。此外還有許多孤立的小型種棉區分散於中國各地，但一七五〇年和一八七〇至一九〇〇年間，最重要的產區都是長江下游和華北。

我們沒有什麼道理認為，長江下游棉產量在十九世紀大幅成長。在一七五〇至一八五〇年間，這地區幾個最商業化的地方，人口成長甚少，耕種面積則完全沒有增加；而在該地區的其他地方，人口和耕種面積增加的也不多。十九世紀中葉的災禍，使人口和耕種面積都大減；到了一九〇〇年這兩者或許已恢復原來水平，但要到一九四九年後才大幅成長。[121]一七五〇年該地區用來種植經濟作物的土地所占的比重，大概已和接下來兩百年期間一樣高；事實上，一九三

〇年代輸入這個地區的稻米大概少於一七五〇年代，[122]這意味著有些土地可能已改回種植糧食作物。**棉花**種植面積到一九〇〇年時可能已減少，因為一八七〇年後更多土地改種桑樹。我們手中的產量數據很零星，但它們未顯示一七五〇至一九〇〇年間長江流域棉花產量有顯著成長；照理說也不會有這樣的成長，因為技術上沒有重大改變，而且（在人口未增加下）投入的勞動力數量可能也沒有多大的變化。

這使我們把目光移向華北。這個地區的資料特別缺乏，不同作物面積所占比重的變動，可能比他地方都來得劇烈。一方面，理察・克勞斯（Richard Kraus）表示山東、河北兩省在一九〇〇年的棉種植地總共只有三百萬畝，到了一九二〇年代增加為五百萬至六百萬畝（儘管此區域受到軍閥不少摧殘），一九三〇年代又更多[123]（山東和河北是華北三大產棉省的其中兩個；關於第三個省河南，我未找到有用的資料）。這一成長很可能是回復到先前水平，因為我們已知道全國棉花產量在一八七〇至一九〇〇年間下跌，而由於華北在十九世紀晚期承受過數次旱災，可想而知人們會減少這個非常吃水作物的耕種面積。就連克勞斯在一九二〇年代的數據，也幾乎不到這兩省耕種面積的三%。

另一方面，趙岡引用了十八世紀中葉的一份史料，宣稱河北（當時稱直隸）有二至三成的耕地種植棉花。這代表光是在該省，就有一千四百萬至兩千一百萬畝地種植該作物。[124]這似乎令人難以置信，但另一份史料也宣稱該省在保定以南的土地有二至三成種植棉花，這說法似乎較可信。[125]那將相當於直隸省境內七百萬至一千五百萬英畝的土地，視該史料所包括的區域而定。[126]即使山東、直隸兩省農地只有一成種植棉花，那也將相當於一千七百萬至兩千四百萬畝，也就是一九〇〇年數據的六至八倍大。[127]如果把上述用於其他地區的估計方法用在這裡，同意官方離譜低估的耕地面積，並假設每年人均食物消費量為二・二石，那麼這也是這兩省可供種植非糧食作物的大概土地面積。[128]如果反過來同意黃宗智的說法，也就是一七五〇年代耕地面積已接近一九三〇年的水平，那麼可供種植非糧食作物的土地面積就暴增為七千萬至九千萬畝，視我們把人均食物消費量假設為二・二石或二・五石而定。由於棉花是華北最大的非糧食作物，[129]因此，有幾個理由讓人相信華北一七五〇年的棉花產量比一八七〇或一九〇〇年多了不少。

其他資料也顯示前述的情況。山東、直隸兩省人口在一七五〇至一八七〇年成長超過四成，到了一九一三年成長約八成，而耕地面積的成長幅度則少了許多。事實上，杜威・珀金斯（Dwight Perkins）表示耕地面積根本沒增加。[130]我覺得這說法太極端。例如，這兩個省即使是在一八〇〇年時，境內的森林大概還是比一九三〇年代時剩下的森林多上許多（見第五章）。但就連不可置信的官方一七五〇年代數據，都只比一八七三年低了四％，比一九三〇年代低了四成五；而這些「增加的部分」，包括了耕種已久但後來才納入田賦課徵對象的土地。[131]在中國的其他地方，日漸惡化的人／土地比率，被每單位產量的大增抵銷。導致產量大增的功臣，是肥料（包括糞肥和豆餅）使用增加、複種制更盛行、每畝投入的勞動更多（例如極細心的除草）。稻米只要較費心照顧就會有明顯更好的收成，但華北並不種植這類作物；增施的肥料大部分是糞肥，因為豆餅雖較有成效，卻也較昂貴；而相對較短的生長季則使複種制受到限制。此外，一八五三年黃河改道後日益惡化的水澇、土壤鹽鹼化問題，很可能使山東和河南東部數百萬英畝土地產量下跌。[132]因此，一七五〇年和一八七〇、一九〇〇、乃至一九三〇年，華北所需食物的增幅，大概比華北耕地面積的增幅快了許多。

於是，可能的情況似乎是，一如四川和陝西，華北棉花產量大降，而長江下游產量則差不多持平；只有長江中游和（可想而知的）河南這兩個重要性低了許多的產棉區，產量才增加。那麼，約一七五〇年時的中國棉花總產量就至少和一八七〇年一樣高，或肯定和一九〇〇年一樣高。

如果把最低數據（一九〇〇）扣掉用於填絮的棉花，然後除以一七五〇年少了許多的人口（一億七千萬至兩億兩千五百萬），就會得出約六．二磅的人均消費量；若使用一八七〇年的數據，人均就將近八磅。與歐洲的數據相比，孰高孰低？聯合王國（包括愛爾蘭）在一八〇〇年棉花、毛、亞麻織物加總的人均消費量似乎約八．七磅。[133]法國在一七八〇年代亞麻織物產量似乎人均六．九磅，棉織物則是微不足道的〇．三磅。[134]毛織物方面的數據都以平方碼，而非以磅為計量單位，精確的換算自然而然取決於所製的毛織物種類；但十八世紀末人均一．二磅似乎是合理的數據。[135]於是，法國大革命前夕，法國的人均紡織品產量似乎很可能稍高於我們所保守估計的中國最高水平，也比最低水平多了三分之一。德意志的產量數據低了許多，一八一六年的人均毛織物產量只有一．一磅，一八三八年的人均棉織物產量仍只有〇．六磅，一八五〇年的人均亞麻織物產量為約三．三磅，加總起來的人均紡織物產量為五磅。[136]來自英格蘭的進口品，使德意志的消費量高於本地的產量，但十九世紀初期德意志人（算不上最窮的歐洲人）每年使用的織物，似乎仍很可能少於七十五年前中國人的使用量（整個中華帝國的平均數）。

於是，十八世紀中期至晚期，中國的紡織品消費量比歐洲高了不少。此外，軼事性證據顯示，連農民都有其他許多非關食物的購買行為，而且這些購買行為，不管是在種類上，還是在數量上，至少在十六與十八世紀時都呈增加的趨勢。例如，有幾份來自長江下游的文獻就提到，農民和佃農會典當女眷的金銀髮簪以籌得養蠶資金。[137]那些描述民間宗教信仰的文獻（其中有些文獻來自非常貧窮的鄉村地區），用不以為然的立場，提到在某些宗教慶典上，連農婦都穿著過度華麗而俗氣的衣服，塗脂抹粉，珠光寶氣。[138]進香朝拜本身就是一門很興旺的生意。到了十七世紀初期，光是泰山一年就大概吸引將近百萬人前來朝拜，而泰山附近並無大城。即使在相當「落後」的鄉村地區，都似乎有人在兜售以固定價格包辦途中一切開銷的套裝行程；這類行徑往往令衛道菁英份子大為反感。[139]在這期間，那些聲稱鄙視進香朝拜行為的士紳，本身卻愈來愈常出外遊歷，不只為了做生意，還為了進修和享樂。誠如卜正民（Timothy Brook）所說的，「旅行已被納入士紳的文化素養精進計畫裡」。[140]

在飲食已商業化的地方，連鄉村的市集鎮都出現類似的勃興現象，至少在長江三角洲是如此。十九世紀初期的一份史料提到，一個有「數千戶人家」的鎮，有著四十五間酒肆和九十多間茶館，附近的三個鎮則分別有四十間、六十五間、八十間茶館。常客包括鎮民和周遭村子的村民。他們上酒肆和茶館，以瞭解價格、看表演或賭博，亦即為了商業化的娛樂、商業化的飲食和單單做買賣而上館子。[141]

從十六世紀至十八世紀結束，以淺顯用語寫成且以一般大眾為目標讀者的宗教書籍、醫學手冊、曆書，印刷量也迅速大增。約一六〇〇年時，傳教士利瑪竇認為比起在歐洲，書籍在中國更便宜且上市流通範圍更廣。[142]在中國，擁有書的人大概比十七、十八世紀新教歐洲較繁榮地區的聖經持有者還少見（後一地區享有拼音語言活體印刷的成本優勢），但中國擁書人的數目仍表明有個龐大且愈來愈大的大眾需求。

住居是中國和日本兩地相對於歐洲大概最具劣勢的領域之一。誠如前面已提過的，艾瑞克・瓊斯把住居視為歐洲較繁榮的關鍵表徵。但即使是在住居和家中的陳設上，中國在一八〇〇年前都未必落後歐洲太多。那些在十六至十八世紀期間去過中國城市地區的歐洲人，仍和他們的前輩一樣，大大嘆服於宏大的公共建築和紀念性建築，尤以北京和長江下游大城裡的這類建築為然。去過中國較偏僻地方的歐洲人相對較少，但他們也對那些地方大富人家的住宅感到驚訝。例如加萊奧塔・佩雷拉（Galeota Pereira）和加斯帕・達克路士（Gaspar Da Cruz），在一五六〇年代發生於廣州附近的變故之後被流放到偏遠的雲南，然後對桂林豪奢的王府印象特別深刻。[143]但印度、中東、東歐境內也有豪奢的宅邸，也因此，達克路士對於居人口極少數之貴族、士紳圈子以外的中國住宅的觀察心得，才會令人更感興趣，特別是達克路士既未去過長江流域，也未去過京畿。

達克路士先是論道，廣州「在建築上遠遜於」中國其他城市，包括幾個比廣州還小的城市，[144]但接著他把該地知府縣官的宅邸形容為「非常豪華」。[145]然後他說，城裡「老百姓的房子外觀看來一般不是很好，但裡面有不少讓人讚賞的地方」；他讚揚磚石工程品質、使用上好木材和染料、尤其是「作工精細、占去房子幕牆的大櫥櫃」。[146]更有意思的是他對中國南部、西南部鄉村「有錢農夫」（似乎既非士紳也非商人）住宅的描述：

在沒有城牆圍繞的村子裡，有一些有錢農民的房子，從遠處望去（它們位在綠林之中，因此只看得到它們，看不到其他房子），由於樹林之故，可能會以為那是葡萄牙境內高大氣派的鄉間宅邸……這些房子很高，三或四層樓。鋪了瓦的屋頂看不到，因為牆蓋得比它們還高，而且

> 屋頂建得非常好，靠外突的簷槽把水排到外面。這些房子建得堅實牢固，有宏偉的石造大門……這些房子裡的第一棟（一間大房子），裡面有一些作工、雕工精細的大櫥櫃，但講究堅固耐用更甚於外表的美觀。它們也有靠背椅子，全都以非常堅固的木頭和高超的工藝製成，因此家具很耐用且深受好評，可供子孫繼續使用。[147]

的確，這類人家的豪奢與追求時尚，看來遠不如揚州、蘇拉特（Surat）[3]或阿姆斯特丹的富商巨賈或北京、德里、江戶、巴黎的貴族；他們很可能還遜於長江下游讀藝術鑑賞指南且想躋身社會更高層的地主。他們所屬的階層，或許可稱之為鄉村「中產階級上層」，而非道地的上流階級。但即使在位於窮鄉僻壤的村子[148]和中國最落後大區的局部地方，他們的存在仍表明有個龐大的高品質商品市場；根據手中的少許史料來看，他們似乎還比較類似德佛里斯筆下菲士蘭地區的有錢農民。

令人遺憾的，一九二〇年代才有人真正考察中國各經濟水平的農民和各地區的農民所擁有的資產，而且考察者是卜凱和其同事。此外，這項考察有些重大瑕疵，其中之一是太偏重較大型農場，[149]以及對所調查品項的**量**（而非質）幾乎毫無著墨。不過，這項考察還是有令人感興趣的地方。

[3] 編注：位於今印度古吉拉特邦，緊鄰阿拉伯海，曾是蒙兀兒帝國的貿易重鎮。十七世紀時英國東印度公司開始在此設立貿易站。

這項考察的取樣包括來自中國各地三萬多戶農家。乍看之下，這麼晚才有這樣的考察，似乎是個問題，但實則不是個大問題。而這是因為中國鄉村的生活水平，在一八〇〇至一八五〇年間大概改善不多（如果有改善的話）。下一個二十五年則是多災多難，遭遇了多達四次的大型內戰、數次大水災、數次乾旱和其他災禍，而這些天災人禍奪走的性命很可能超過五千萬。十九世紀最後二十五年和二十世紀初，大概回復到一八五〇年的水平；有些成長幅度不只是恢復過去水平，但超過的幅度終究不大。事實上，根據某些重建的「典型」預算，一九二〇、三〇年代華北和長江下游流域的農民，日子過得比他們一七五〇年代的先人來得差；[150]我們所重建的人均布、茶葉、糖消費量也顯示，至少某些大族群的生活水平是下滑的。還有部專題論著指出，一九三七年長江下游地主從名下土地掙得的收入遠少於一八四〇年，[151]一八四〇年時又少於十八世紀晚期。因此，若說十八世紀的鄉村居民擁有一九二〇年代鄉村居民所擁有的大部分東西，其實不盡離譜。

卜凱的資料大部分與家具有關。十八至二十世紀，家具相對於其他物品，幾可肯定變得較貴，因為木頭稀少許多。據粗略的推測，一九三七年人均擁有的林地面積，只有一七〇〇年時的六％至八％。[152]因此，在這期間，或甚至在一八〇〇年起的更短期間，中國人每年購買的家具似乎不可能有增無減，即使整體生活水平有稍許改善亦然。在這期間，十九世紀中葉天災人禍的摧殘，大概已毀掉此前幾十年積累的許多家具。

卜凱的數據係針對八個氣候區提出的一組平均數，然後劃歸兩大地區，即與以淮河為界的華北、華南差不多相應的「小麥」區和「稻米」區。表二把這兩大地區的數據與德佛里斯針對十七世紀菲士蘭某個內陸村子和兩個沿海村子的數據擺在一塊，凡是卜凱和德佛里斯兩人都有給出數據的類目，全放進這表格中。[153]

我們不應太過強調這些數據的差異。該表列出的荷蘭家具，有許多作工相當精細，[154]而中國的家具則有許多大概頗粗糙：只有三成六上漆。[155]作比較時不可能針對家戶人數多寡和複雜程度設立對照組，但它們似乎不大可能使比較結果太過偏頗。[156]當然，這些數據只涵蓋鄉村家庭家用物品的一部分，不過，它們應該會打破中國鄉村生活清苦簡樸而歐洲家庭裡充斥新物品的刻板印象。

在日本，明治初期的社會經濟改變影響極大，因此從十九世紀晚期的數據往回推便不管用。不過，根據一份探討江戶幕府晚期二十九個村子的專題論著，在該書所探討區域裡至少有兩成的**農民**，收入可供用於儲蓄或非關維生且真的可自由支配的開銷；還有別的著作表明更高的比例。[157]到了十八世紀晚期，已有農村裡的人從遙遠異地購買家具、藥物和其他專業化的奢侈品，村裡的店鋪備有形形色色的現成香水、髮油、香、紙。[158]十八世紀的禁奢令指農民吃得太好，使

表二 每個鄉村人家平均擁有的物品數

	中國		菲士蘭	
	小麥區	稻米區	內陸	沿海
桌	4.1	4.6	1.3	2.6
長凳	4.0	12.0	2.5	4.3
椅	2.1	4.0	6.7	13.5
鏡	0.4	0.3	1.0	1.2
床	3.4	4.1	3.3	5.2
櫃	2.2	2.7	1.0	1.2

用昂貴的特產木頭，擁有過度裝飾的衣服、傘和金、銀、象牙製飾物。[159]十九世紀初期，有間村中店鋪備有形形色色的文具、餐盤和炊具、菸草製品和「其他日用必需品」。[160]

有跡象顯示，印度所得分配不均的情況，比中國、日本或西歐還嚴重（從而使印度的大眾消費較受限制）。有人研究一六四七年蒙兀兒帝國的土地稅，發現四百四十五戶拿走總稅收的六一．五％，也就是約五成的農業總產出，而流入這些人家的稅收的約四分之一，為實際的個人所得（剩下的部分用在各種職務開銷上）。[161]如果此說屬實，這四百四十五戶（大概不到人口的〇．〇〇二％），光是從他們的官職就拿到相當於農業總產出七．五％的收入，或者說可能達社會總所得六％的收入！[162]有人根據席琳．穆斯維（Shireen Moosvi）重建的一五九五年情況，[163]也得出類似的估計結果：一千六百七十一名蒙兀兒貴族，光是靠他們對政府稅收的所有權，就得到相當於全帝國總產出約七％的淨個人所得。儘管穆斯維所依據的史料已受到質疑，但就算她的計算結果大大失準，也還是證實了我們對印度人所得嚴重不均的看法。至少有一些去過中國的歐洲人談到中國沒有赤貧現象，而印度境內的歐洲人則似乎對該地貧富差距的懸殊印象深刻。[164]因此，貝利在探討印度的奢侈性需求時，幾乎只談到**貴族**的需求，也就不足為奇。[165]伊爾凡．哈比卜（Irfan Habib）估計，十七世紀中葉的蒙兀兒帝國生產了三百萬至四百萬磅的絲織品，[166]不到我們所估計的十八世紀中葉中國產量的十五分之一，而哈比卜這一估計數據也意味著如此龐大的帝國，市場規模卻相當小（儘管中國在一六五〇年時的生產量大概也比一七五〇年時少了許多）。

太偏重於比較某項物品或一小票菁英的所得額，可能有失周全。此外，普拉桑南．帕塔薩拉蒂在其晚近著作中，提出了一個引發爭議的理由，說明為何印度的勞動者完全談不上赤貧，而且可能比英國勞動者更能談出對己有利的工資：因其在討價還價上所遭遇的障礙比較少。[167]於是，印度的所得分配狀況，其實或許是既高度集中於頂層，又底層的分配狀況也還不算太差，只有中間階層的所得、消費占總所得、總消費的比重落後於中國、日本、西歐的同階層人。但儘管有這個新證據，把印度境內日增的大眾消費，說成與上述其他地方境內的大眾消費相當，似乎仍失之武斷。

愈來愈多鄉村印度人生產經濟作物或手工製品，但這些產品往往被人直接取走。因此，商品產量的增加未必促成農民更加參與市場；事實上，就強制徵收各種農民稅與貨物的權利來說，這類權利的市場是否興旺，最終仍取決於那些仍可執行的權利（也就是使農民無緣參與市場的權利）。[168]

在印度，某些下級群體能利用外界對他們技能的需求，逃避或修正他們自身的義務；事實上，在十八世紀許多時候，勞動力需求大體來講很強勁，而且**國家**並未出手阻止勞動力流動或阻止印度工人從此情況得利（在其他許多地方，例如歐洲，國家就是如此阻止）。[169]特別值得一提的，在乾燥土地上務農或從事適合乾燥地區之職業（例如鑿井）的種姓，流動性高了不少，因為這類土地比起有複雜灌溉系統的土地，產量較低且較難壟斷。此外，與乾燥土地耕種有密切關係的種姓成員，往往成群結隊遷徙，因此往往組成大體上具自主性的單一種姓社群，且置身這類社群裡換職業變得較容易。但在其他情況裡（尤其是在多雨地區），對人口流動與職業流動的限制的確很牢固，土地擁有者與佃戶在經濟權力上極不平衡。[170]大衛・盧登（David Ludden）

從對南印度某地區的研究中，區分出多雨地區模式和乾燥地區模式，而如果這一區分適用於更廣大地區，那麼，有著最大剩餘產量的印度地區，可能也會有最不平均的所得分配，對非必需品市場的參與也就相對較少。就連透過遷徙改善自己處境的下級群體，比起其他地方那些能留在原地、同時更有辦法討價還價的類似群體來說，都較不可能積累物品。

的確，晚近的研究顯示，從十五至十八世紀結束，印度城鎮的重要組成份子，除了貴族，還有人數愈來愈多的小職員、小型到中型商人和其他常買非必需品的人。[171]至少到了一八二〇年代，連農家裡都已普遍可見銀質首飾和白銀儲蓄。[172]但在印度定期參與這些市場的人，似乎仍很可能大大少於日本、中國或西歐的這類人。貝利表示約一八五〇年時農民從鎮上市場購買的東西，大體上仍限於鹽和鐵製品。[173]因此，即使印度的「奢侈」和「時尚」比我在此書所主張的還更近似日本、西歐、中國的情況，但由於印度的社會關係和勞動制度，受這類衝動影響者占人口的比例大概仍低了許多。同一論點用在這時期的東南亞，至少同樣貼切。東南亞大概沒有印度窮，但不自由的依附性勞動力仍是社會中堅。[174]

但在中國、日本和西歐，消費需求遍及各階層。消費需求在空間上的擴散是個非常複雜的問題；例如我們已知道不管在中國境內還是歐洲境內，在糖的使用上都因地而有很大差異。在較不商業化地區，人不只消費較少，而且自產自用的東西也較多。因此，市場需求上的地區性差異，比生活水平上的地區性差異還要大。例如德佛里斯發現，菲士蘭的較繁榮地方和該省的內陸地方，除了在專業化工匠的人數上有很大差距，在家用物品的價值上也有三倍的差距；而連這些內陸區域，放在更廣大的歐洲裡，都談不上貧窮。[175]「落後」（backwardness）影響所及，連當地富人的需求都未能倖免，因為極小的市場會導致專業化物品價格高和選擇有限。在非常富裕的地區之外，需求的下跌似乎相當大。在蓬聖皮耶爾（Pont St.-Pierre），連富農都要到一七五〇年後，即菲士蘭省許多農民開始入手鐘的六十年後，才開始取得鐘，而蓬聖皮耶爾位在諾曼第（法國較繁榮的鄉村地區之一），靠河路與巴黎和海岸相通。[176]由於連西北歐較繁榮地區裡都有這樣的差異，要有系統地比較「中國」、「日本」、「歐洲」這些內部異質程度更高的單位裡各地的需求水平，也就幾乎是緣木求魚。

因此，以下的段落野心沒麼大，只是要表達中國、日本境內較富裕與較貧窮地區間的差距比歐洲境內還要大一說沒什麼道理。

在日本，需求的地域性不均大概沒有像歐洲那麼嚴重。日本的面積當然小於中國或歐洲，且境內許多地方享有沿海航運之便。自十七世紀中葉起，日本國內每個大名每年都得在江戶幕府將軍的朝廷待上約一半時間，並有許多家眷和隨從陪同，[4]新品味的散播因此得到助長，至少在菁英階層是如此。每個大名也在自己的「城下町」聚臣議事，而與鮮少待在自宅（他們所宣稱為自宅的房子）的某些法國貴族不同；因此，地方權貴會有許多機會看到並仿效從江戶帶回來的習俗。此外，為便於菁英家庭來往江戶而建的運輸網也能為其他旅人所用，為形形色色的多樣物品打造了至少初具雛形的全國性市場和健全的地區性（而非純局部地方性）市場。日本較「進步」和較不「進步」地方間的工資差額，似乎至少從十八世紀中葉起就逐漸縮小。[177]

[4] 編注：此指日本江戶時期的「參勤交代制」。

中國的情況則複雜許多。一七五〇至一八五〇年，（誠如第六章會說明的）中國最進步地區與開發中區域某個中間階級群體的所得差距，大概也和日本一樣有所縮小，但最窮地區似乎很可能落後更多。不過，地區與地區間差距的拉大，似乎很可能與西北歐核心、歐洲其他地方之間差距的拉大一樣快。

然而，「奢侈性」需求的分布可能比所得分配更不均許多。例如柯律格表示，對「長物」（非必需之物）感興趣的新現象，可能大多出現在長江下游流域，他所詳加剖析的菁英消費指南手冊就出自那個地區。[178]即使在歐洲相對較窮的地區，都有不少王廷充當時尚世界的外圍據點；而在明朝雖有數個王府，卻沒有具上述功能的王廷。

另一方面，這些奢侈性消費手冊全寫於長江下游一事所具有的意義，大大不如歐洲境內類似的集中現象，因為整個中國都共享相同的文字，是以這些書，一如江南出版的其他書，大概比在歐洲流通更廣。事實上，中國境內的商人和官員遊歷甚廣（凡是有上進心的人都得離開家鄉出去闖闖[179]），因此新的菁英品味很可能傳播得既快又廣。卜正民主張，一五六〇年代可能還有士紳在時尚上獨樹一格，不屬於由江南主導的「時尚圈」，但一百年後就已幾乎不可能。[180]

品味肯定從江南迅速傳播到北京，也由北京迅速傳播到江南。十八世紀福州某官員認為，該城菁英的生活方式和長江流域最富裕的城市一樣奢華無度。[181]中國某些最精美家具，產自嶺南大區的最大城廣州，並得到數百哩外菁英的喜愛。[182]十七世紀小說《金瓶梅》對當時形形色色的昂貴食物、家具、衣物、裝飾品、乃至房事助興用品，有著極詳細的描述，而小說的背景設在華北的中型城市臨清（在華北這個相對較鄉村的大區，一八四三年它是該區第十大城，[183]在十七世紀時排名大概更高）。這部小說也對「品味」的規則提供了一些最清楚的例子，說明了較老一輩的菁英如何在新的消費主義世界，利用這個規則來替自身地位辯解：小說中經商的主人公西門慶，書中不斷藉由他缺乏品味的消費行為（就像柯律格筆下那些手冊所認定的低俗行為），來貶低其地位。

另一本十七世紀較不知名的小說《醒世姻緣傳》，則以山東武城這座微不足道的華北縣城為故事背景。但光是在頭四回，主人公（暴富的父親之子）就買了數個鋪了絲質床罩的薄紗帷幔床、多種刺繡絲織衣物和錦緞衣物、象牙筷和鑲銀漆雕杯、小羊皮面的浮花織錦鞋、裝飾性的刀劍、精緻的帷簾、被子與極盡華美的裝飾物、一張金漆書桌、一些書、金扇、錦緞襪、以稀有藥材製成的多種藥和春藥。[184]這呈現的是消費無度的景象，但在或許只有兩千至三千人的城鎮裡，這種無度的消費被認為在相當短的時間裡就能達成，而這個城鎮肯定擠不進中國五百大城鎮名單。[185]先前探討住居時，我們看到即使在西南地區（中國九大區裡最窮的兩個大區之一），都有某些或許可稱之為「中產階級奢侈」的跡象；而我們針對二十世紀家具所做的調查，則呈現了全國的平均消費水平。

至於歐洲，根據先前所提的數個例子，我們已知道即使在法國北部和荷蘭之類相對較繁榮的地方，新耐久財的散播都極為平均。就較小型的奢侈品來說亦然。誠如前面已提過的，歐陸的人均糖消費量一直要到一八三〇年糖價大跌之後，才持續攀升。[186]在法國許多鄉村地區，咖啡曾長期是頗奢侈的東西，因而適合作為特殊場合的贈禮，這情況直到二十世紀才改觀。[187]就連在英格蘭，一八四〇年代前勞動階級對菸草、茶葉、糖的消費量似乎都微不足道；然而在那之後，整體消費的成長肯定快了許多。[188]到了十九世紀初期，英格蘭窮人所購買的烈酒、衣物、讀物鐵定比一或兩年前多，且肯定有吸食菸草。但這足以證明對新商品的欲求強烈到足以改變舊的勞動習慣嗎？還是說我們應該把這種消費視為某種補償性的作為，會比較合理？（後者也就是說，由於勞動者受迫於生產體系改變而做出相應的調整，舊權利和舊身份認同遭到侵蝕，且過去能彰顯身份地位的物品，例如肉類等也變得愈來愈少，是以在沒有更好的選擇下，消費便成為一種較重要的、能夠彰顯個人社會存在的新方式。）[189]考慮到像是義大利、葡萄牙、愛爾蘭境內，較貧窮且較不市場導向的下層階級（更別提數百萬東歐農奴），涉入這個新興消費社會的程度低了許多，我們不應過度看重新物品在更遼闊的中國境內散布不均之事。

異國物品與時尚的速度：全球形勢的因緣際會與以文化為基礎的經濟差異的出現

但即使西歐人、中國人、日本人在積累實物上非常類似，卻也有一些耐人尋味的差異之處。歐洲消費的成長和轉型，似乎在實際所得成長、下滑時期都未停下腳步，更在十八世紀中期加快腳步。比較中國、日本境內的趨勢，都未發現這種方興未艾的加速現象。例如，柯律格指出新興的清朝一旦底定天下（約一六八三年）且開始招引天下菁英出任明末許多菁英所不願出任的公職時，以奢侈性消費為題的新出版品隨即劇減。他表示，由於較古老的等級、身份確立方式重獲認可，「對東西的談論變得多餘」，「消費社會」的發展還未及取得「臨界質量」即嘎然而止。[190]

十八世紀中國文獻對奢侈的抱怨，至少和十六、十七世紀中國文獻的抱怨一樣多，但小說則讓我們看到更為多樣的廉價小玩意兒。有人認為，如果我們手上有過去人所擁有物品的目錄，十八世紀目錄所列的品項，平均來講會比十六或十七世紀目錄所列的品項來得多（而誠如先前已提過的，歐洲的情況並非必然如此）。不過，品味指南方面的新出版品減少，很可能意味著**新商品**和**新式樣**成為有心躋身社會更高層者所必需之物的速度變慢。沈從文的那本中國服飾史巨著，也顯示這樣的可能：儘管晚明衣著、首飾式樣上的許多創新，在清初繼續從社會頂層往下散播，[191]且清朝並下令大改官員的衣著式樣，但清朝期間平民百姓衣著式樣的改變，似乎比明朝時少了許多，[192]也比十八世紀晚期歐洲少了許多。[193]

另一方面，歐洲時尚改變的腳步愈來愈快，尤以衣著方面為然。對歐洲（與北美）遺產目錄的研究，幾乎個個表明消費財在遺產總價值裡所占的比重隨著時日推移而**下跌**；而在許多研究裡，就連這類物品的絕對價值也是下跌。確鑿的證據顯示，十六至十八世紀歐洲消費需求漸增且人們所擁有的物品更為**多樣**，而若要使前述研究結果與這些鐵證並行不悖，似乎就只能推斷，有許多種類的消費財正以相當快的速度被當時的人拋棄。因此，一個人能在一生中購買更多的東西，未必意味著其在人生的哪個時刻就擁有較多的物品（例如在遺產目錄裡列出的品項）。

物品的壽命為何會變短？有些物品，例如織物，變得（相對較）便宜，使它們更易遭替換。就其他類物品來說，新物可能比舊物更不耐用（例如玻璃和瓷器大概比錫鑞、錫或木質餐具更常破掉），或許也是原因之一。[194]但時人對時尚更加在意的心態，似乎也起了某種作用。畢竟，中斷戰事以讓「木頭小姐」（wooden mademoiselle）安然通過這樣的事，就發生在十八世紀。（「木頭小姐」是穿著下一季巴黎時裝，從聖彼得堡到波士頓等地巡迴展出的人體模型）。[195]時尚更加風靡的這個現象，很可能意味著歐洲每年的奢侈性商品的需求比中國或日本的需求增長更快，儘管我們暫時假設這些物品的目錄（和對它們的態度）以非常相似的方式在改變。

這意味著比較歐洲、東亞兩地在擁有物上的支出水平之後，可能會發現兩地此類水平的差距比擁有物本身的差距來得大；而那反過來侷限了我們所能作的推斷。為了達成我們當下的目標，也就是探索歐洲人是否可能每年購買較多物品，從而使歐洲的「勤勞革命」比其他地方走得更遠，我們根據購買速度作比較就是可取之舉；但要說這樣的模式表明「較高的生活水平」，並說明為何此說成立，就難上許多。比較能透過這樣模式來說明的，反倒是品味上或可取得物質上的差異。[196]我們既已就糖、茶葉、織物作了比較，就該謹記我們並不確定歐洲每年在非必需品的花費上，是不是真的比較多。但倘若歐洲人真的和中國人或日本人一樣窮，且在這方面的花費也的確比較多，那就值得思考這一由社會因素導致的「貶值」，是否就是使歐洲消費在歷經經濟週期、相對價格、政治穩定等方面的改變後，仍異常強勁成長的因素。

為什麼在仍堪用的物品遭遺棄（或遭閒置）這件事情上會有快與慢的差異？比較社會史提供了一些線索。對中國、日本、西歐來說，十七世紀都是政治、社會動蕩不安的多事之秋，但十七世紀中葉分別在中國、日本掌權的清朝、德川政權，卻能在十八世紀時讓當地社會享受到大部分西歐所不能及的穩定。當然，歐洲的重要地區，特別是新消費主義最為鮮明的英國，在十八世紀也享有相對較安定的(國內)局勢，但政府未像清朝或江戶幕府那樣用心保存與重振傳統角色和身份地位。可想而知的是，清朝或江戶幕府的作法可能使「透過時尚來界定自己身份地位並與人互比高下」之事變得較不重要；於是，在十八世紀中國、日本的「繁榮時代」裡，人們雖然也會有某種形式的物品積累和富裕，但卻比較不是為了汰舊換新的理由而這麼做。

至少，在中國有個值得細思的問題是，時尚的興起在那裡是屬於某個非常漫長、緩慢且絕非線性的過程；而在那個過程裡，菁英階級的競比高下和自我認同，與做官、官階的關聯愈來愈淺。十六世紀晚期和十七世紀初期是這一趨勢裡的一個重要時期，當時官場生涯的日益不穩和失意，似乎助長菁英追尋其他人生志業和(至少暗地裡)追尋不那麼直接倚賴官方科舉制度來確立自己社會地位的方法。菁英們的這一追求，加上私人財富日增，不只有助於助長先前已討論過的時尚、炫耀式消費的興起，還助長其他活動，例如菁英更加贊助佛寺、更加看重私人組織的文獻考據事業等。[197]

清朝不只在一六四四年後成功重建秩序，還局部恢復了公益服務(包括當官和投身朝廷所鼓勵但未主導的慈善事業)作為人生理想和身份地位標誌的光環。而從前述的角度來看，清朝的這一成就，很可能阻止了時尚的成長，就如同這一成就也抑制了菁英對佛寺的贊助一般。凡是主張出仕重獲重視一事產生了拖慢時尚成長的廣泛心理效應的論點，都必然流於猜測，但從中至少顯示了一個相當直接的關聯。清朝時嚴格的**官服**規定，可視為某種禁奢令的施行。[198]清廷透過讓官場以外的人有權利穿上原本只限官員可穿的各式服飾(官帽上的頂珠、官帽等)，高調獎賞那些在賑災、築路等種種公共工程上援助有功的商人、地主、文人。而穿戴這類服飾者，肯定不想看到它們貶值，或不想看到未有類似貢獻者也能穿戴。從這個意義上說，清朝重振中央政府權力一事，雖然並不是像某些學者所曾以為的那樣，掐斷了「資本主義幼苗」在更廣大經濟土壤上的生機，但可能還是足以把「特許體系」重振到稍稍拖慢「時尚體系」成長的程度。

清朝時菁英階層的女人無緣當官，但清朝的法令還是對她們起了同樣重要的作用。明朝時，詩詞唱和就是菁英階層女人表達自我想法、感受和進行社會競爭的極重要工具，至少在長江下游是如此。而在中國的「漫長十八世紀」裡，詩詞唱和更加盛行，反映了當時的繁榮、（在沒有世襲貴族國度裡）高度競爭的婚姻市場，以及（伴隨考據之風鼎盛而來的）強調賦寫詩文為有教養之人的必備條件的現象（而且對此的看重可能更甚於以往）。[199]這種競爭與表達自我的方式所需要的購買行為，不像歐洲所需要的那麼多。在較落後地區，包括新近納入版圖的地區，女人的詩集甚至使她們有機會，間接參與清帝國的建造和滿漢兩族的「文明開化使命」[200]。這種支配邊疆地區的作法，大不同於藉由消費該地異國產品來支配邊疆地區的作法。與此同時，清朝上流文化的道德主義鼓勵這些女人比明朝時更加不拋頭露面，鼓勵她們與城市風月女子更加劃清界線。菁英階層已婚婦女和交際花社交、詩詞唱和，在晚明的長江下游相當常見，但在清朝就少了許多，[201]而隨著這兩類人不再打成一片，商業化且在意時尚的娛樂圈，對人數更多、更富裕、更重要的菁英階層已婚婦女群的影響，大概也就因此減少了許多。

在這裡，政治與社會「秩序」的恢復，可能也使人較無意透過愈來愈頻繁的購買、拋棄物品的行為來界定自己的身份地位。但凡是這類論點，我們都必須視為沒什麼憑據的揣測，因為我們對菁英在各種場合的衣著（更別提對家戶預算）所知太少，無法在這方面有更進一步的闡發。

若要得到更多線索，我們得把歐洲時尚超乎尋常的加快現象視為待釐清的問題，而這問題所需要的解釋，至少和中國、日本品味「未能」如此頻頻改變一事所需的解釋一樣多。

誠如許多作者所說的，不管是哪種解釋，肯定都有一部分著墨於心態的普遍改變。在十八世紀西歐，隨著個人在他人眼中（從配偶到職業生涯，再到宗教信仰的種種事物上）具有的自主選擇權被視為彰顯自己身份地位和個人尊嚴的重要依據，[202]消費上的自主選擇權很可能也因此同樣被視為表達自我想法的重要工具，從而對歐洲日益壯大的「時尚體系」起了推波助瀾的作用。有些學者在差不多同時代的中國菁英身上，看到更加看重個人自主選擇的現象（例如在擇偶上），但這些學者也把事情看得夠清楚，最終未把這些趨勢說成和西歐一樣顯著，且指出它們並非代表那種把作為選擇主體的「個人」擺在第一位的觀念。[203]

讓我們稍稍轉個角度來探討此事。限制大家族的自主發展空間（例如立法禁止家族間的世仇報復和擴大法律的一體適用範圍），乃是十六至十八世紀歐洲諸國壯大的推手之一。[204]在這過程中，諸國幾可肯定削弱了大家族在界定個人身份上的重要性，於是我們也可以說，這推進了透過與買來之商品的新關係（而非透過親族與不能讓渡的遺產）來標示個人身份的趨勢。相對的，江戶幕府和清朝則透過與地方建制結成夥伴關係來恢復秩序，並把許多日常治理工作交給地方建制負責；大家族在這些建制裡占有舉足輕重的地位，尤以在中國為然，而中央政府提升地方大家族的權力和在意識形態上的主導地位，遠比著手抑制它們更為常見。或許，在這類建制和身份仍占上風的地方，人們較無意於透過選擇商品和展現商品選擇來不斷界定自己的身份地位，[205]從而較不需要汰換仍堪用的物品。

但個人自主選擇和群體成員身份兩者被認定的價值，在不同社會裡可能會被許多不同的方式改變；可能在某些領域裡受到鼓勵，在別的領域裡又受到抑制。因此，若我們想為一個較具體的現象尋找解釋，就有必要在一個較具體的層面上尋找。於是，我們必須更仔細地探索，歐洲在「時尚體系」加速成長的過程中，究竟涉及哪幾類物品，以及那些影響它們在全球各地生產和分配的因素。

如果說歐洲人的品味真的比中國、日本境內的品味變得快，這一差異似乎可部分歸因於異國物品（尤其是異國製造品）在本國受到推崇的程度差異。畢竟，印度和中國的紡織品、中國瓷器等等東西，都變成歐洲很重要的時尚，甚至在相當低層次的時尚亦然；而在東亞，西方的舶來品沒有一樣占有同樣重要的地位。的確，十七世紀中國的藝術鑑賞指南，曾把幾樣外國製品列為值得收藏的名物，[206]且在這時期還有其他幾部中國、日本的著作，也顯示對西方產品的興趣。西方的眼鏡和其他穿戴在身上的飾物，在明末清初令某些中國人感興趣；「西洋衣」（以非常昂貴的布料製成，仿以某位來華的義大利人為明朝皇帝行宮所建寶塔上的圖案），風行甚久，在十七世紀為中國宮廷婦女所採用，十八世紀更為長江下游時髦女子所採用。[207]同樣在十八世紀，異國皮裘（先是俄國皮裘，後來是美國皮裘）開始大受喜愛。但即使如此，當來自亞洲的物品（例如紡織品）影響了歐洲的式樣與消費模式時，為什麼來自中、日境外的物品，卻無一對中、日的式樣和消費模式產生同樣的影響？

西方論及東亞（尤其是中國）的學術著作，普遍認為中、日兩國人民對外國物品不感興趣，乃是因為他們深信自己的文明較優勢。這一說法的確獲得一些文獻的支持，像是乾隆皇帝的一段話，大概是反映這一心態的最著名陳述。他在一七九三年告訴來華的英國使節，中國所需的東西全可自製，對西方所能拿出的精巧玩物完全不感興趣；因此他認為沒理由擴大貿易關係。[208]對許多史學家來說，這段話典型地反映了「中國人」長久以來的心態，這個心態被認為與好奇、貪求、充滿活力的「西方心態」背道而馳。就連思維較縝密的學術著作，雖然注意到中華帝國的心態並非始終如一，因為中華帝國有時擁抱異國事物（以彰顯**普天之下**皆我臣民的皇帝心態），有時又把異國事物拒於門外（以申明中華文化的優越）；儘管如此，有許多著作卻還是常把這些皇帝的心態等同於所有「中國人」對外國物品的心態。[209]於是，從這一角度來看，歐洲對外國時尚較感興趣，也就絕非偶然。這一說法意味著歐洲走上不同的道路，肇因於心態上的根本差異，而這一差異或許與歐洲人整體上更願意冒險和創新有關。

但是，只要我們不再以滿清皇帝代表中國，那麼就可以想到簡單許多的解釋，解釋中國較不願意進口大量舶來品的原因。畢竟，中國進口的物品和出口物一樣多（由於當時的對外貿易體制，這是勢所必然），而且，尤其是中國與東南亞的貿易，充斥著異國的初級產品：供老饕享用的魚翅、燕窩（以及許多較不那麼異國的黑胡椒）、製首飾用的珍珠、從中東和數個太平洋島嶼輾轉運來的香、珍稀木材。[210]對這些進口物的需求，在十八世紀和十九世紀初期劇增。把許多這類物品從馬來群島運到廣州的英國商人，發現他們要克服的問題不是供過於求，而是確保供貨充足。[211]

這些異國物品進口中國的數量，雖然個個都未像菸草、茶葉、糖進口英國那樣急速成長，但它們的進口量原本就不可能急速成長。舉檀香的例子來說，這類舶來品在中國奇貨可居，商人因此四處蒐羅這些物品，從而使一些太平洋島嶼的生態嚴重受創。很諷刺地，直到駛往中國的船隻開始滿載鴉片，這些島嶼才從這場浩劫中獲救。[212]此外，除了胡椒，這些異國物品幾乎都是**透過採集而來**，而非由人種出來的。光是這一點，就使這些物品的生產不可能像有「新世界」的種植園那樣，因為有著大量奴隸在嚴密殘酷監督下密集工作而得以集約化，從而不可能使單位價格下跌。人可以開墾更多土地來生產糖，卻無法養殖更多鯊魚或為製造燕窩的鳥打造更多叢林棲地。**曾經**有人試圖藉由擄人為奴來增加採集工的數量（尤其是在蘇祿王國，位在今日的菲律賓南部），[213]但採集工作本身的分散性，意味著連奴隸都保有頗大的討價還價權力；加勒比海種植園那套營運方式在此完全不可能。

糖和菸草的消費的確暴增，但（誠如前面已提過的）它們大多產於中國境內，且由自由農生產出來。這意味著它們不但與土地的其他用途競爭，還與生產者利用時間（包括閒暇）的其他可能方式競爭。在這些模式裡，不易看到中國人對異國奢侈品不感興趣的證據。比較可能的情況似乎是，他們所買的異國物品，大部分不易轉換為便宜的「日常」奢侈品（就歐洲人欲在東南亞取得的丁香和香料來說，當然亦是如此；糖和菸草也是不在此列的歐洲進口異國物品）。

凡是主張中國人對異國物品相對較不感興趣的論點，都必然會指出進口製造品的稀少。但即使在這點上，誠如柯律格所指出的，中國的藝術鑑賞家所珍藏的物品裡，的確包括數樣外國物品。[214]乾隆皇或許對歐洲的製造物沒什麼興趣，但廣東、福建等沿海省份的菁英卻不盡然如此，其中有些人的確收藏了鐘和其他西方的奇珍異品。[215]不過，毋庸置疑的，中國人均進口製造品極少一事，對得體衣著、家居裝飾觀影響甚微。此外，歐洲除了製造品外，別無其他東西可兜售，因此中國從歐洲進口的東西驚人地單調，與其從東南亞進口的東西截然不同。鴉片貿易勃興前，中國從歐洲和歐洲人的殖民地進口的東西，約九成是白銀，史學家就據此認為整個中國（而非只是宮廷）對外國事物不感興趣。但針對白銀在西方運往中國的貨物裡為何占如此大的比重，有個好上許多的解釋：那個解釋在萬志英（Richard Von Glahn）、德尼斯・佛林（Dennis Flynn）、阿圖羅・希拉爾德斯（Arturo Giraldez）與安德烈・貢德・法蘭克諸人的晚近著作裡明顯可見。

從約一四〇〇年起，中國著手為其經濟重新制定法償幣。這是由於先前一連串失敗的紙幣實驗和元朝期間（一二七九～一三六八）嚴重管理不當的銅幣政策，已使中國沒有廣被接受的貨幣媒介。在這一重新貨幣化的過程中，白銀漸漸成為價值儲藏（store of the value）工具、大型交易的記帳貨幣（和往往也是實際交易媒介），以及這一龐大且高度商業化之經濟體的官方支付媒介。這創造出對白銀的龐大需求，使白銀在中國的價值（相對於黃金和其他大部分物品），遠高於世上任何地方；而且中國本身銀礦不多。於是，在西方船隻抵達亞洲的百年前，中國已在進口大量白銀（大部分來自日本，部分來自印度和東南亞）。

西方人帶著從歷來最豐富的銀礦所挖掘的白銀（一五〇〇至一八〇〇年拉丁美洲所產的白銀占全世界所產白銀約八成五[216]）來到亞洲時，發現把白銀送到中國（不管是直接送去還是透過中間人送去），可產生龐大且非常可靠的套利。而且由於獲利極大，追求最大獲利的商人也就沒什麼理由送去別的東西（為瞭解「中國人」心態，馬歇爾・薩林斯〔Marshall Sahlins〕分析了赴京朝貢團，發現這些朝貢團並未受此逐利心態影響，因為它們所進行的活動是國君與國君在人為操縱的價格下所進行的，且基本上屬象徵性的交換活動。在這些交換中，逐利往往不是首要考量，儘管進行朝貢時通常伴隨著逐利性質的「私人」貿易[217]。

多位西方知識份子和政治人物希望把白銀留在國內（以備不時之需，例如支付戰爭開銷），因此不斷主張應改送別的東西到亞洲。他們的抗議在文獻裡占據顯要位置，往往使後人以為「西方」拼命想要「亞洲人」買別種外國物品，而中國人則根本瞧不起西方人（或西方工匠工藝太差），致使西方人無法如願。但把焦點擺在這些論點的攻防上，就是誤把某些政治領袖的意見當成整個社會的心態，一如把焦點擺在中國皇帝對朝貢貿易的正確形態和限制所發出的言論，失之偏頗。在這兩種情況裡，真正決定要做何種買賣者，乃是在市場裡打滾多年的商人。

這種把中國的進口偏好看成文化保守心態的傾向，往往又因為把白銀視為現代「貨幣」（即把白銀視為殘餘的抽象價值儲藏物，經轉換後構成歐洲的「貿易赤字」）而更為強化。事實上，我們得把白銀本身視為物品，一種以礦物為基底且經過精煉的產品，極適於發揮某種重要功用，而且西方能以比亞洲任何地方（在某些時期日本不在此列）還低上許多的成本生產它；先天的地質條件使中國幾乎完全產不了銀。此外，西方只有在少數幾項製造品上，不只在原物料供應上占優勢，也在更精良的生產技術上占優勢（歐洲的鑄幣技術生產出比亞洲境內任何流通的錢幣還更好、更難仿冒的錢幣），而白銀就是其中一項。[218]中國人使用的白銀呈錠狀，因此這一鑄幣上的優勢，對中國人來說無關緊要，但對南亞等地（往往是歐洲白銀頭一個購買者）的白銀使用者來說就至關緊要。這些白銀使用者買了歐洲白銀後，透過本身的貿易網絡，把許多白銀送到中國。[219]

將白銀視為現代意義下的「貨幣」，認為它們被送去東亞**換取物品**，而不把白銀視為被中國人拿來充當貨幣媒介的一種物品，未免失之武斷，而且這一武斷性在這個議題一提出來時就清楚呈現。畢竟，許多威望商品（絲織品、胡椒、鴉片、可可豆）在某些地方被視為物品，但也能充當貨幣。此外，許多白銀有時充當貨幣，有時又充當飾物（例如首飾被拿去典當或熔掉時）。因此，把白銀視為一項較特殊的物品，而非現代的鈔票，有助於我們理解為何在白銀流入中國那段時期裡，也有大量黃金從中國流到歐洲和印度。[220]最後，由於西方學界長期以來把西方視為主動（且有心）將世界結合為一體的力量，這個說法強化了把白銀視為送到中國購買消費財的殘餘價值儲藏物的傾向。但中國這個經濟體可能占這時期的世界經濟高達四成（若把也正在「白銀化」的中國藩屬一併納入的話），其更改貨幣基礎一事所產生的力量不容小覷。一旦我們把這股力量納入思考，就很難不去把中國的白銀需求，視為和西方對瓷器、茶葉等物的需求一樣，是「主動」打造全球經濟的強大力量。

我們會在第六章更全面探討「新世界」的白銀。在此，重要的是一個較具體的觀點：西方在白銀出口上的巨大優勢，使來自亞洲且能決定時尚走向的威望商品大量流入歐洲。這有助於解釋為何有那麼多其他的異國物品湧入歐洲，因為它們是歐洲人用白銀買來，使時尚的轉變在這裡比在其他地方都快（第四章會探討這一大量輸入現象的其他原因）。這一觀點認為，這一獨一無二的大量輸入現象，源於涵蓋歐亞美三洲的經濟形勢，而非源於歐洲獨有的某個「物質主義」[221]或「好奇心」。歐洲取得和經營美洲銀礦的方式提醒我們，歐洲在海外強取豪奪的行徑對其獲得經濟優勢有多麼的重要（技術上的進步也是重要因素，但如果沒占有礦場並強逼人勞動，那也是無濟於事）。就這個例子來說，歐洲對海外強取豪奪所產生的成果，加快時尚改變的腳步，從而使歐洲境內以市場為基礎的合意性貿易更快出現；因而，從這方面來說，歐洲在海外脅迫的成果可能相當重要。但至關緊要的是，這個案例說明了歐洲在海外殖民地的高壓統治，致使歐洲內部產生了斯密式市場動態（Smithian dynamics）般的額外推力（後來又轉移到進口替代式的工業化），而**不是**因為歐洲內部較有效率的市場行銷、工業生產，才促成對海外的壓迫。

最後我們還得記住，即使有白銀所導致的奢侈品進口，為時尚機制提供了額外的推力，那些認為歐洲對「非必需品」的需求比中國或日本的需求強勁許多，因而得以在經濟上造成差異的說法，仍然只是個假設，絕非如宋巴特、布勞岱爾等人所認為的已是定論。誠如前面已提過的，不管社會頂層對奢侈性商品的需求有何變化，我們仍然沒有什麼道理認為，歐洲的「勤勞革命」和大眾參與斯密式市場動態能的現象，比中國（或大概日本）的這類現象還要顯著。新的奢侈性需求有時候會被賦予第二個意涵，也就是認為這一需求促成成功商人與工匠進行新的資本積累，使較大型的經營者具有新的優勢，從而催出生僱用無產階級化工人的資本主義商行；但這種作法仍有待思考。本章最後一節將轉而探討這些論點；至於下一章則會探討金融建制和「資本主義」。

奢侈性需求、社會制度、資本主義商行

宋巴特在他討論奢侈和歐洲資本主義起源的經典著作中主張，奢侈品需求的增加，會催生出新式的工匠和商人。考慮到原物料的開銷、工藝精進所需的時間，以及從往往權大勢大但現

金短缺的顧客手中收帳的難題，大部分工匠無法獨力生產這些物品。

這現象並非此時才出現。許多奢侈品生產始終需要用到超乎工匠所能籌措到的營運資金，而這個難題往往也是藉由最後擁有者委製和提供資本來解決。工匠往往在恩庇者的莊園上工作，此舉既可防止工匠拿了預付款潛逃，又使恩庇者得以隨時插手設計走向。但現在，由於對這些物品的需求日增，且需求集中於城市，這使得有辦法自籌資本的生產者（或經銷商），開始能利用規模經濟的益處，從而以比在舊制度下工作的工匠還低的成本生產物品。

於是，宋巴特主張，一些自力經營的店家興起，它們會先生產，然後把貨品賣給任何買得起的人。然後，這些為數不多但經營卓然有成的工匠／商人開始更大規模生產，僱用更多的工匠。這些受僱的工匠，資本不足而永遠無法自力生產，結果漸漸成為無產階級。[222]

這類情事的確發生，但我們不該高估它們的數目。不必離大城太遠，就能發現較老式的委任工作制仍大行其道，即使在十八世紀晚期亦然。[223]同樣的，在中國、日本的大城裡，也能找到宋巴特針對歐洲所描述的那種現象（例如現成的奢侈品），而且與委任工作制同時並存。[224]

同時期的其他地方，由傳統工匠特別訂製的生產方式，完全能滿足劇增的奢侈性需求。歐洲人注意到，任何想得出來的東西，幾乎都能夠在印度的大城裡買到，也注意到這些物品往往靠強迫工匠接受特定委製的方式來取得，而不用從自力經營的店家中購買。[225]同樣的，這一模式在整個南亞次大陸並非各地一致。許多印度鄉村織工有相當的自主性，不完全受哪個買家或恩庇者左右。阿拉薩拉特南（S. Arasaratnam）對十八世紀印度東南部的研究表明，即使是已拿到預付款的織工（大部分織工如此），仍對他們產品的處置方式保有相當大的控制權，而與透過散作制拿到原物料的歐洲人不同；在靠近港口或靠近有許多潛在買家之其他區域的織造村，這轉化為相當大的自主權。[226]

於是，這與替某些極有錢恩庇者效力且受他們直接支配的工匠大不相同。但在大部分情況下，這些織工透過準世襲性的織工頭（和有時也透過其他中介者）與商人打交道，而非直接與他們打交道。這些織工頭，「以家父長式作風控制一群織工，但對他們的勞動成果沒有任何經濟控制權」，[227]似乎一手搞定已大幅成長且往往走高品質路線的生產，卻未成為直接控制生產的資本家，也未使織工淪為被握有資金與產品行銷資源的雇主監控下的無產階級。

在東南亞城市，工匠也得受貴族消費者擺布。技術熟練的工匠時時可能被強行帶去為王公服務，或是往往發現自己最佳的保身之道，就是在某個貴族或富商的支持下工作。[228]連十七世紀的麻六甲（人口二十萬，比歐洲絕大部分城市人口都多），儘管似乎有著各式奢侈品，卻未出現「資本主義」式的工匠／商人。東南亞工匠的供不應求往往使他們掙得相當有利於自己的工作條件，但他們卻沒有脫離恩庇體制和訂製的生產模式（即使在資本密集的金匠業亦然）。一直要到十九世紀末，也就是歐洲殖民政權在法律上終結了個人奴役制（但仍未打破恩庇—侍從關係的文化重要性）後許久，才有所改觀。[229]

此外，轉向「資本主義」式的組織生產一事，同樣也能在各類非奢侈品的生產邏輯中看到。

例如中國的伐木業之所以朝這個方向發展，是因為從冒險進入森林到終於賣出原木拿到款項，這中間要等上很長時間，此外還需要僱用人數可觀的伐木工。於是到了十九世紀，伐木業者已僱用了數千名領工資的工人，而非從較小型的獨立營運商買進木材。[230]在江戶幕府晚期的漁業裡，則可以看到更清楚的例子。

北海道漁業老早就是營利性活動。漁獲大部分成為魚餅肥料，賣給較富裕但生態資源較拮据的地區。江戶幕府晚期，需求隨著本州許多地方農業持續商業化而暴增。同時，本州東北端的一場大饑荒，使人煙稀少的北海道境內僱傭勞動者的供應量大增，從而使大型的承包捕漁業者得以普遍使用需要十五至二十名人力來操作的新式、有效率但昂貴的漁網。相對於該地區眾多獨立經營的漁戶，承包捕漁業者隨之取得了競爭優勢，從而改變了他們與這些漁戶的關係。大型漁獲批發商借錢給較小型經營者，然後買進他們的漁獲，已行之有年，但在勞動力不足且需求日增的世界裡，這些大批發商既沒有誘因也沒有權力把這些供貨商無產階級化；就連拖欠去年借款的捕漁業者，也通常拿到新的借款以繼續以個體戶的身份營運。但一旦可取得更多工人和新的漁網，這情況就隨之改觀。這時，取消回贖抵押品的權利，買進更多漁網，並把拖欠債款的漁民轉為僱傭勞動者，就成了合理之舉。簡而言之，資本從貿易轉入生產本身，僱傭勞動者變多，具有更多固定資本且由中央統籌的生產活動變成常態，在具有極簡陋生產線的一項產業裡，這全都不再遙不可及。[231]在此還是要再次提醒，歐洲的奢侈性消費，在住宅這個領域明顯有別於中國、日本和東南亞（但或許未明顯有別於印度），而且這是工匠生產結構特別慢才解體的領域之一，直到二十世紀才開始以擴大生產規模以節省成本的方式，來建造一模一樣的單位住宅。

於是，結論似乎顯而易見：奢侈性需求「本身」的規模與性質，並不會自動就變成許多備有現成廉價小飾物並僱有多名員工的店家，奢侈性需求只是創造出另一種生產體系。關鍵毋寧在於，社會上的奢侈性需求正隨著產品市場與生產要素市場變得愈來愈重要而逐漸成長；偶爾，關鍵也在規模經濟。沒有那樣的大環境，巴黎工匠的高貴顧客（這些顧客想利用手中權力來逃避付款，宋巴特即據此說明為何只有資本最充裕的工匠能存活）對奢侈品日增的需求，很可能只是使舊式的（委任）生產關係復甦，而非使其轉變成新式作坊[5]。來自商人、「富農」和政治權力低於貴族的其他人的需求，在促進那些生產現成物品之新式作坊的誕生上，可能作用更大，但誠如前面已提過的，我們有充分理由認為「奢侈」需求在中國、日本數個階層裡分布的情況，至少和在歐洲人裡分布的一樣廣。誠如前面頗詳盡的說明，在談到整體經濟裡「自由勞動」和市場的問題時，歐洲並沒有特別比中國和日本出色；事實上，歐洲可能還落後於中國。無論如何，這三個社會在這幾點上彼此相似的程度，遠大於其中任何一個社會與印度、鄂圖曼帝國或東南亞的相似程度。

於是，至少到目前為止，就我們一般認為的「資本主義」性質的新式商行的問世來說，這三個社會似乎具有類似的條件。那麼，接下來該思考的是，為何我們會屢屢聽到這類商行（和更廣泛來說，「資本主義」）只在歐洲出現的論調。

[5] 編注：也就是說，對奢侈性商品的需求不必然會導致新式作坊的出現，也有可能只是在更大程度上延續傳統的委任生產制。彭幕蘭以此來回應宋巴特關於新式工匠與商人起源的主張。

第四章
Chapter 4

看得見的手：歐洲與亞洲境內的商行結構、社會政治結構、「資本主義」

受到布勞岱爾的影響，大部分歷史學家都著眼於經濟最頂端的大商行，指望透過它們來解釋歐洲為何獨一無二。然而，這些形形色色的論點（例如關於消費的種種論點），有時比本書第一部裡探討過的那些論點還不精確。這些論點根據一個明確且相當簡單的「完全」市場模型或可量化的財富衡量標準，主張最**有利於集中式**資本積累（即「資本主義」）的條件，除了產權（包含牢固的金融資產所有權）和競爭性市場的普遍發展，還包括使某些人得以藉由規避競爭性交換、限制他們的債務、取得壟斷、包收稅款等非市場性或反市場性特權來獲利的作為。

由於這些說明資本積累如何「順理成章」的論點往往彼此矛盾，因此難以拿來比較或討論。儘管我們只要舉出一個亞洲社會的案例，便可駁倒第二章裡關於市場的那些論點，但關於歐洲獨有之「資本主義」的論點，則需要拿更多樣的案例來比較。更進一步來說，雖然我們在這一章裡的確找到一些歐洲真正具有的組織性優勢，但在一八〇〇年前的世界，這些優勢似乎只能應用在極少的作為上：主要是戰爭、武裝長程貿易和拓展殖民地。因此，探討這些議題，最終會把我們的目光導向歐洲境外貿易與殖民地拓展的政治經濟制度。誠如我會在第三部分主張的，歐洲人在歐洲境外的活動**在當時**至關緊要，而這與其說是因為這些活動導致**資金**積累，不如說是因為它們大大增加了**有形**資源的供給。

布勞岱爾已詳盡說明，在前工業時代的整個舊世界裡，大商人之間究竟有多少共有的特色。這些特色包括被他稱為「資本主義」的幾乎所有習慣作為：在「透明」的競爭市場外營運、把重點擺在生產者和消費者彼此不需親身接觸的交易、使用信用制度來防止現金不足者（從資金不足的工匠到從事過多活動而資金周轉不來的君王）與可能的競爭者打交道、在高收益的活動之間來回打轉等等。也就是說，資本家精於「把資本安插進不間斷的生產過程（分配過程或許是個更為恰當的說法）」，而非精於哪種貨物的生產。[1]

這種無法安於一項事業的現象，原因之一在於前工業時代的世界，沒有哪個產業能為最成功的商人提供足夠的經濟前景。布勞岱爾指出：「商人未專攻一項事業，乃是因為他所能投身的商業領域，個個的發展程度都不足以吸收掉他的所有精力。有個太常被信以為真的說法，說過去的資本主義規模不大，乃是因為缺乏資本……事實上，商人的通信和商會的備忘錄顯示，商人想把資本拿去投資但卻苦無去處。」[2]這一資本過剩的現象，直到十九世紀技術快速改變後才改觀，技術的快速改變使投注大筆資金購買那些改造實際生產過程的設備，變得有利可圖。此前的成功資本家始終面臨著「該把利潤再投資於何處」的難題，且由於仿效者喜歡使原本高枕無憂的獨占領域裡出現競爭，使原本的高收益減少，因此這個難題便更加惡化（這也使數種能提升身份地位但不具生產效益的利潤使用方式更加受人青睞，這是其他學者比布勞岱爾更加強調的一點）。

於是，布勞岱爾主張，緩慢發展的資本主義只有在非常穩定的社會秩序中才能真正變得呼風喚雨，權傾一時。唯有在這樣的社會裡，才會把財產所有權視為神聖不可侵犯，並使資本主義的家庭得以透過數代逐漸積累自家財產。在布勞岱爾看來，只有歐洲和日本滿足這些條件。[3]他主張，在中國和伊斯蘭世界，國家的權力太大，使有錢的非統治階級無緣過上高枕無憂的日子；在印度，種姓制度加諸職業的限制，雖然使大商人能保有某種程度的安穩，但還是不夠安穩，同時還使他們無法隨心所欲投入新的商業活動。[4]

針對歐、亞兩地對待財產的差異，喬杜里也提出類似但較狹隘的主張。在他的早期著作中，喬杜里特別著墨於一五〇〇年後有利於遂行投資的歐洲商業形態，也就是接受存款的公立銀行和股份公司。[5]喬杜里提出這些論點時，以韋伯的主張為依據，後者主張只有西歐成功發展出使商行、委託人、代理人三方的資源能可靠地區隔的觀念和會計制度，使人得以計算出真正的盈利能力，從而把資本積累最大化。

然而，晚近的研究動搖了這些說法的可信度。例如，中國的會計制度比韋伯所認為的還要先進與複雜許多；研究也發現只有相當少的西方商行才採用所謂最「合理」的西方會計制度，直到十九世紀**晚期**「經理人掛帥」的大型商行大行其道才改觀。[6]許多中國商行數百年營運不輟，儘管它們並未能完全不受家族起落影響。商業家族的記錄特別稀缺，因為這類成就很少受到吹捧，[7]但還是有一些例子倖存至今。像是瑞蚨祥經營數家綢緞店鋪，營運超過三百年，而食品加工公司玉堂醬園從一七七六年開業，也存活到一九四九年後。[8]天津有數個代代相傳的商行，從十八世紀（或甚至十七世紀晚期）到二十世紀，久久不衰。[9]如果更廣泛檢視經商世家，會發現即使中國只有少許世襲性的官職且（如先前已提過的）不可讓予的土地極少，還是有幾個經商世家存續了千年或更久。[10]

此外，就連那些大體上與特定家族關係非常密切的商行，都常吸引到來自其他商行的投資，並僱用了專業經理人。[11]許多商行籌集到足以將業務遍及廣大地區、足以投入多種事業、乃至足以達成高度垂直整合的資金。[12]例如在十九世紀初期的陝西，據說每家大伐木商有多達三千至五千名工人。[13]這使它們躋身前工業時代世界最大商行之林，而且肯定意味著它們能籌集到足夠的資金來管理前工業時代或工業時代早期的任何流程。到了十九世紀，在漢口這個重要的貨物集散地，已有數家商行按股份制組織而成，投資者來自中國各地；四川富榮大鹽場的製鹽售鹽商行亦然。[14]在北印度的班賈拉（banjara）、巴尼亞（banya）等地的商人群體[15]，有多名非親族的投資人參與的複雜商業夥伴關係也很普遍。這些商行的確仍未符合韋伯的理想型商行標準，但我們也不清楚大部分的西方商行是否更接近這些標準。

在喬杜里後來的某些著作中，已較少著墨於其先前對合理商業組織的論點，[16]反而關注所謂亞洲缺少「對商業資本的保障」一說[17]；布勞岱爾有時也主張，這反映了亞洲境內普遍較專斷的統治體制。而與布勞岱爾不同的，喬杜里認為**人身**與**土地財富**在亞洲受保障的程度，未必比在歐洲來得差。但由於亞洲未能將商行資本與出資的股東分開看待（在歐洲則漸漸走上此路），因而使其商業資本顯得較不安穩：

> 在亞洲這些經商國裡，商人和銀行家無法把他們的資金投入受法律保護且受國家鼓勵的公

益領域。把錢拿去買威尼斯共和國、熱那亞共和國或阿姆斯特丹銀行之債券的民間人士，雖然同樣未能免於投資風險，但這些債券具有法律認可和具有抵押價值的特性。反觀借錢給統治菁英或協助收稅事宜的印度、中國商人，則無法把他們的公共信用確立為可轉售的資產。

> 在亞洲，土地私有制的觀念既未因土地大小而受限，也未因土地屬何人所有而受限……然而，在資本交換上則絕非如此。商人和其流通的資本存量仍然不分可割。在印度洋到處可見以商業活動型態呈現的資本主義；然而，把具備生產功能的資本與資本所有人截然兩分的觀念，幾未受到社會或法律的認可。[18]

喬杜里主張，這一未把資本與資本家分開看待的現象，源於亞洲大帝國的統治菁英（與歐洲城邦的統治菁英不同）既不是為了政府的利益，也並非為了自身的利益才投入商業活動：

> 另兩個生產要素，土地與勞動力，在社會上被認為可以分割開來；凡是擁有足夠購買力的人，都能購買土地和僱用勞動力。但用於貿易與工業的資本，卻仍牢牢掌握在商業團體手裡。**亞洲統治者似乎並未想到，擁有能產生永久收入的商業投資所有權，或許比直接向商人收稅來得划算**。如果他們有這樣的見識，另一個必要條件會跟著產生：使這類所有權和權利受到法律界定的需要。資本為社會所有（social ownership of capital）一事，仍未受到法律予以界定且在社會上遭誤解（被人與放高利貸、囤貨積奇、壟斷聯想在一塊），因此，資本為社會所有的範圍和資本的具體利用、管理、積累的範圍，仍未清楚劃定。[19]

影響所及，「亞洲的商人始終未能免於其財產遭恣意徵用的恐懼」。[20]

儘管如此，我們仍不清楚亞洲大商人遭徵用財產的次數，是否比歐洲大商人來得多。一旦把歐洲君主拖欠借款時實際發生的徵用商人財產情事納入考慮，這一說法似乎就特別令人存疑。誠如後面會提到的，至少某些南亞商人受到不少的保障，不受這類侵害，而中國商人則大部分沒有這困擾，因為朝廷向商人借得錢很少。在布勞岱爾眼中，江戶幕府時代的日本商人享有和歐洲商人一樣的**優勢**，但他們遭遇的實質性徵用（透過貴族與領主拖欠借款和幕府將軍立法取消債務），卻大概比中國或印度境內的同業還多；這類情事在稍後的時期變得較沒那麼頻繁。[21]

此外，雖說財產受到某種程度的保障乃是市場正常運行所不可或缺，但每一次保障程度提高，是否自然而然降低風險溢價（risk premium）、使資本更廉價、提高經濟成本，則還有待商榷。格列高里．克拉克發現，在一五四〇至一八三七年這段漫長期間，公債利率的確隨著政治危機和政局穩定而變化，但私人交易裡所要求的收益率通常未有相應的變化。此外，有些重大的政權更替，使財產在不受沒收與課稅上受到更大的保障（例如確立了國會對政府預算的控制權一事），但這些政權更替對私人交易裡的資本價格，卻未產生顯著影響。因此，他推測建制的漸趨「完善」，乃是工業革命的重要序曲；至少在這方面，英格蘭的建制夠穩定，而且起碼早在一五四〇年時就夠穩定，隨之而有較不專斷、較不腐敗且對資本市場來說無關緊要的政治制度問世。[22]如果約一五四〇至一六六〇年和一六九〇至一七六〇年英格蘭境內財產保障程度的差距，對資本成本未有多大影響，十八世紀歐洲與東亞（和或許還有南亞）之間的差距有重大影響一說，就更難理解。

但即使中央政府對中國或印度商人的威脅，未比歐洲商人所帶來的威脅大上多少，商業資本與商業資本擁有者之間不盡徹底的區隔，或許仍有所影響。有學者主張，在中國，大家族有權要求致富的家族成員出錢之事，抑制了長期的資本積累，並使利潤流到濟助寡婦、教育、覓官的「義莊」那兒。不過，晚近的著作顯示，事業有成的天津商人，在區隔自家資產與兄弟家資產上沒碰上多大困擾，而且隨著時日推移，這方面的困擾愈來愈少。[23]不然，「義莊」本身也可以是商人資本的長期積累工具。愈來愈多例子表明，這些理論上不可讓予的「義莊」被借給企業家，或是被經營商業與工業的企業家所擁有，而不僅是用來購買土地而已。[24]在此，親屬關係和共有的財產有利於長期資本積累，使家族的每房成員都從事業經營所得領到一份收入，同時使這些成員非常難以取出其本金；家族企業的經理人（有時從家族外僱來）似乎權力甚大，能決定商行的股息支付率並視需要保留贏利，角色非常類似現代企業的經理人。[25]何炳棣在四十五年前[1]研究的那些揚州大商人[26]，其富裕和熱衷打入文人圈的形象，長久以來形塑了我們對帝制晚期中國之商界菁英的認知；而與何炳棣筆下的這些揚州大商人形象不同，不管是天津還是富隆鹽場的經商世家，都未費心把子弟送進官場，直到二十世紀政治對商業經營的影響加深，才使這成為必要。[27]最後，我們應記住，直到十九世紀晚期，也就是工廠制度出現許久以後，家族商行也仍支配歐洲諸經濟體的絕大部分產業。

對歐洲人來說，西歐與東亞商業組織兩者間最大的差異，就在於海外貿易。歐洲人之所以創立新式合夥關係和最終創立股份公司，主要就是為了長程貿易和殖民地拓展。這些新形態的商業組織更清楚地區隔了資本與資本所有人的關係，從而使規模大到非單一投資人所擔負得起的貿易遠航和貨物的一體管理，能夠更順利地問世。

相對的，一艘在東南亞海域做買賣的中國帆船，通常載運多名商人的貨物，而且這些商人或他們的代理人充當船員跟著出海，以船上裝貨的空間充抵當船員的工資。有個學者描述了這些船的模樣，說貨艙分割為許多小隔間，「就像漂浮在海上的廣州城郊市場」，還有些學者推斷這類貿易絕對是「落後」、「兜售式」、「小」資本主義的一部分。[28]但誠如後面會提到的，以如此方式做生意的商人，在大部分航路上與歐洲人競爭都更勝一籌，只要歐洲人未使用武力的話（他們當然可能藉由接受較低的利潤來取得市場，但沒有證據顯示他們這麼做，而且中國境內較高的資本成本使這不可能發生）。

事實上，考慮到季風貿易的特性，這樣的營運方式合情合理。由於出海人得等到風向反轉才能返鄉，也就無法大幅減少待在一港口（或不只一港口）的時間。以陸地為大本營的一群企業家，若自己使用所有貨艙空間或把該空間租出去換取現金，會赫然發現為了支付職業水手在岸上漫長等待期間的工資，得花上大筆錢。較合理的作法，乃是停靠多個港口，縮短每個港口停靠的時間，並找到能在每個港口買賣貨物且真的努力這麼做的人為船員。

相較之下，十八世紀期間大西洋航運的成本得以大幅降低，得益於許多歐洲的發貨人團體，**真的**付工資給他們的船員，而且找到辦法縮短滯港時間（例如，約一七〇〇年時，在北美洲乞沙比克〔Chesapeake〕要花上一百多天收齊貨物才返航歐洲，而到了約一七七〇年，已縮減到少於五十天[29]），從而一年能往返兩趟，而非一趟。但在南亞、東南亞、東亞的季風氣候，使得這類

[1] 編注：一九五四年。

突破不可能發生，至少在船隻仍靠風帆前進的時代是如此。據此，我們在這個例子裡所看到的，將商人和其資本放在一塊兒的做法，不僅不會不合理，反而是一種為了因應不同風吹模式的環境而有的調適作為。

在華南與俄羅斯之間的陸上茶葉貿易，由於涉及較千篇一律的商品（與乞沙比克菸草類似的，能在船隻或旅行隊抵達前輕易於某個中心地收齊該商品），而且未受制於季風，是以在組織原則上更偏向「歐洲」作風許多。據羅伯特．賈德拉（Robert Gardella）所描述的一場茶葉貿易，該貿易涉及一些大商行（儘管還有更多小商行）、複雜的合夥關係、預付資金、船艙空間的買賣（使投資人得以不必一路押著自己的貨物送交收貨人）、現貨與期貨批發市場等；這些合夥關係似乎在許多方面都和從事長程貿易的近代早期歐洲公司（例如英格蘭的莫斯科公司〔Muscovy Company〕）大略相似。[30]這些從事茶葉貿易的大商行的確沒有十七世紀公司的某些更高明的設計（尤其是無限存續期），但它們也並非特別需要。一如歐洲境內更早的貿易公司，它們在某種程度上體現了從事生意所需要的公私分明（impersonality），而且誠如後面會瞭解到的，只有在這非常特殊的時空環境裡，將經理人與所有人進一步區隔的作法，才真正帶來好處。

只有在我們把比較對象侷限在中國和東南亞時，「歐洲資本家有較多投資選項」的說法，才較有可能成立。與乾燥貨物、醬油或伐木業不同，大舉涉入海外貿易可能給中國商行招來不想要的官府關注，特別是如果委託人在海外一次待超過一個貿易季的話。因此，在這個受限制但重要的領域裡，先前所述喬杜里對亞洲商人財富得不到保障的指責似乎才得以成立。[31]中國人涉入海外貿易仍然很深，儘管（在十七世紀政治動蕩期間）有過政府大力阻止此類貿易的一段插曲[2]，但就長期而言，這一頓挫對以中國為基礎的貿易網，似乎未有多大的影響。然而，儘管海外貿易的利潤率可能特別高，中國朝廷也未使用武力來推動中國人的海外貿易。誠如後面會提到的，清朝的確關切每年造訪東南亞的中國「客商」，但對**定居**海外的中國人卻漠不關心或甚至敵視；而中國若想建立貿易站或殖民帝國，這些定居海外的中國人至關緊要。也不會有中國政權允許以中國人的聚居地為基地，發展私人武裝貿易。清朝在一六八〇至一七六〇年間把中國的疆域擴大了約一倍，但開疆拓土的重點擺在對沿海商人來說無關緊要的中亞。於是，中國的政治經濟制度，比彼此競爭的近代早期歐洲諸國，更不利於資本主義作為的出現。

此外，中國朝廷借款甚少，很少動用商人來增加稅收，而且在十九世紀中葉之前販賣的官職相對較少（但賣了許多科舉功名頭銜）。[32]中國朝廷的確創造了一項國內專賣事業（鹽），一些拿到賣鹽執照的商人藉此成為巨富，此外也設立了一些較小規模的專賣事業，但中國朝廷在這方面的作為遠不如歐洲諸國。中國未將糖、菸草、烈酒或其他日益受大眾歡迎且令歐洲統治者和他們所特別照顧的商人都發了大財的「小奢侈品」納入專賣。因此，在歐洲，公共財政不只為歐洲最富有的資本家帶來龐大利潤，還充當新金融建制的實驗場，[33]但在中國，公共財政為中國大商人提供的機會則少了許多。

於是，至少就中國來說，我們可以說，靠既有的田賦通常就能維持運作的國家，因而其對國內商人的**干預**，少於歐洲諸國對商人的干預；但相對的，這種國家為本國商人**創造**的機會和

[2] 編注：主要指清順治朝時的海禁政策。

特別有利的發展空間也較少，我們後面會再談這一可能的情況。或許，歐洲最大商行從政府的介入裡得到的特許權，相較於它們所受到的干預，還是划算許多，因此歐洲的政治經濟制度比中國的政治經濟制度更有利於資本家積累資本。但這一說法仍有待證實。

另一個可能情況，乃是歐洲境內為因應國家財政需要而創造的新建制，催生出一般來講較有效率的資本市場。這似乎言之有理，但在具體指出較複雜先進的資本市場攸關哪種活動的遂行上，我們得非常小心。也因此，在探討此問題之前，我們得多花點心力處理某套非常宏觀的說法：歐洲諸國由於渴求借款以挹注財政，從而替金融資產提供了絕無僅有的保障。除了中國以外，我們還能檢視某些亞洲的例子，由於其公共財政與私人市場間的關係非常多樣，令人對「國家的信貸需要↓保障資本↓便宜且充裕的信用」這串簡單的推論起疑。

在東南亞，大部分前殖民時期國家，不管從歐洲標準，還是從中國標準來看，政府力量都相當弱；雖有一些大陸國家的政府，力量日益強大，[33]然而在較商業化的島嶼世界，則並非都是如此。許多東南亞國家的政府大力贊助跨境貿易，積極招募商人來參與、收繳、管理政府稅收。[35]然而，這些國家的稅收占他們社會的剩餘比重還是相對較低，[36]因此它們能提供給商人透過購買金融或商業特權來賺取龐大利潤的機會，便比不上近代早期的歐洲。

但官方借貸一事在中國、東南亞比在西歐發展遲緩一事，並不表示民間借貸和金融資產所受的保障不如其他地方。在同一時期大部分的南亞和中東，我們也很常看到彼此實力相差無幾的諸國進行激烈軍事競爭，從而創造出與近代早期歐洲諸國類似的財政需要；[37]甚至在其中某些區域，似乎有著與歐洲一樣先進複雜的金融建制正在發展。

據較晚近的學術著作顯示，南亞的資本主義其實衝破了喬杜里所強調的那些限制。例如，法蘭克·佩林（Frank Perlin）已證實，從十四世紀起，印度多個地區的豪族已把村長職位、收稅權和其他收取特定比例農產品的權利攬於一身。為了取得這些權利，這些豪族往往借錢給政府、借錢給其他重要家族和（愈來愈常見地）借錢給農民。[38]在這過程中，農民產量上繳的比例正式確立，這些比例受保護的程度也獲得一致的認可，就連國王都不能將其推翻，[39]而且擁有這些收繳權的人能賣掉這些權利或以這些權利為抵押借錢。換句話說，它們是「擔保品」，功能就和歐洲的債券或布勞岱爾和喬杜里所提到的某種確保拿到未來收入的抵押品一樣。[40]事實上，在印度，公共財政管理的發展似乎演化自私人創新，而非私人創新演化自公共財政管理。[41]

佩林和安德烈·溫克（Andre Wink）把焦點擺在北印度和中印度，桑傑·蘇卜拉曼尼亞姆（Sanjay Subrahmanyam）則在南印度找到更有力的證據，證明進行資本積累的家族和商業化的公共財政之間有相互滲透的關係。蘇卜拉曼尼亞姆探究了他所謂的「投資組合型資本家」（portfolio capitalist）的事業發展過程，這些人從事以下活動並不斷變動這些活動的搭配組合：投資長程貿易（大部分是高獲利的奢侈品）；放款、票據轉交和其他金融活動；購買或出租收稅權和官方專賣事業（例如鑽石礦）；資本密集型的土地開拓事業（往往買進邊疆地區的收稅權，出資支持移民、灌溉工程，然後利用信貸和收稅權所提供的舉債經營機會，成為當地外銷產品的唯一買主）；充當英國人和荷蘭人在當地購貨的代理人；充當廷臣或將軍，以及軍事補給官。[42]在這裡，收取未來所得的權利也得到習慣上甚或正式制度上的保護。最後，這些權利變成可買賣，可繼承，也可抵押借款，非常類似歐洲大部分地方的等價權益（equivalent interests）。

更晚近，蘇卜拉曼尼亞姆已將他的探討範圍從南印度擴大到他所謂的「近代早期亞洲」，[43]主張有兩個特別龐大且重要的「投資組合型資本家」群體，分散在廣袤的印度洋沿海地區和其毗連海域。伊朗人投入貿易、收稅和轉遞、金融和高獲利的生產事業（例如官方礦場），活動範圍從東非沿岸到中東、南亞，後來亦擴展至東南亞部分地方。在這期間，來自閩粵沿海地區的中國人散布到東南亞各地。這兩個群體將在私人商業與金融裡發展出來的方法，轉用在政府收稅計畫上，同時利用與政府的關係取得獲利甚大的特許經營權，取得一般人無緣得知的消息，不然就是提升他們的商業利益，其作法就與佩林所描述的差不多。[44]

蘇卜拉曼尼亞姆以一連串城邦為例，讓這些「投資組合型資本家」的活動和他們所打入之國家的重商主義心態得到最有憑有據的說明。這些城邦依靠商業集散地（麻六甲、荷姆茲等）的身份維持自身地位，且必須提供有利於行商的商業環境。[45]光是這些城邦就可以構成一個和近代早期歐洲資本家所享有的活動、安全相比不相上下的區域，而就像喬杜里所提到的，威尼斯、熱那亞或阿姆斯特丹的貸方所享有的明確法定地位，而非借錢給法國、西班牙或其他歐洲大國者那般較不明確的地位（就連在英格蘭這個最支持重商主義的歐洲民族國家，政府都在內戰期間拖欠巨額債款，國王所欠的其他數筆債務則數十年不知何時會償還[46]）。

蘇卜拉曼尼亞姆進一步主張，南亞、東南亞的陸地型大帝國愈來愈效法這些城邦的作為，同時某些城邦也漸漸控制可觀的腹地。於是，在大型農業國家和受商人支配的印度洋城邦境內，原本各走各的國家財政模式開始趨同，領土也大幅擴張，讓「投資組合型資本家」可安全且有利可圖的在其中經營事業。[47]

十八世紀時在上述某些陸地型帝國裡，那些以中間人身分幫忙政府收稅的商人，其事業所受到的法律保護，可能比大部分歐洲同類人士所得到的還要大。以孟加拉為例，在一七〇年可怕的大饑荒發生之前，孟加拉人口將近兩千萬，[48]和歐洲諸國相比，人口數只少於俄羅斯或法國。而該地政權所仰賴的銀行家是賈迦特塞特家族（Jagat Seths），其按照慣例先墊付稅收給當地納瓦卜（nawab，統治者），以換得收取他們預期收到之稅收的權利（然後他們再把這收稅權轉包出去）。納瓦卜如遭內敵或外患推翻，他們的收稅權似乎仍絲毫無損（其中一個主要原因是，若是碰上現任納瓦卜想撤銷先前的納瓦卜賣給他們的特權時，他們也願意密謀推翻他）。[49]同時代借款給歐洲君主的人，可能也很想有這樣的地位，但往往無緣擁有。

引人注目的是，在印度，全體居民涉入市場的程度大概比在中國、日本或西歐還低，而這些投資組合型資本家在印度順風順水，很吃得開。這些資本家的存在特別清楚地表明，我們不可把資本家階級興起的條件，和整個社會轉型時所處的條件混為一談。在比蘇卜拉曼尼亞姆的著作還早問世的一本書裡，貝利表示至少有兩個因素限制了近代早期印度資本主義使社會改頭換面的潛力。[50]

貝利強調，各種收稅權、專賣權和其他特權的買賣（他所謂的「王權的商業化」），其前提是把許多人民拒於市場之外。若非購買這類權利者篤定認為他們能繼續搶得先機，阻止更競爭的商品、服務市場興起，則這類權利不會被認為安全無虞，也就不可能廣被買賣。從這個意義上看，這種以特權形式出現的資本主義，不只無法與市場經濟的興起攜手並進，可能還大不利於市場經濟的順利運行，從而阻礙更大範圍的經濟轉型。

但貝利也針對或許可稱之為印度資本主義精神的東西，提出一項論點。貝利此舉意圖遵循韋伯聯繫宗教信仰與經濟活動的觀念[3]，但他所依據的證據，比韋伯所用來支持任何非關歐洲之論點的證據好上許多。在此無法好好介紹該論點以展現其精闢之處，但還是值得簡短將它概述一番，並思考這些差異可能在經濟上具有多重大的意義。

貝利主張，北印度大部分的商人，其實無意仿效那些了不起的投資組合型資本家，也就是既無意深度涉入會有高利潤、高風險和資本快速周轉情事的風險性新事業（大部分是與官府有牽扯的事業），也無意密切涉入土地管理之事，因為這些活動與一般傳統市集商人對自己的身份認知相抵觸。特別值得注意的，貝利還主張一般的印度商人關心保護家族的「信譽」（金融、社會、精神方面的信譽）。而風險事業、豪奢生活、或單單只是擁有可能讓人（或其小孩）過起豪奢生活的那種財富，都可能傷及信譽。因此，一般商人透過謹慎的商業作為、相對較慢的資本周轉和相對較刻苦自持的生活方式，來打造自己的身份地位，這一切都與野心勃勃的廷臣—商人的生活格格不入。此外，一些流傳於商人圈、具有警世意味的故事，提醒世人直接管理土地或土地稅特別危險，因為那使人擺脫不掉複雜的恩庇義務和不得不拿收成做輸贏難料的賭博。在大眾購買力有限的經濟體裡，人們始終有著想涉入政府稅收管理、長程貿易和其他可能帶來高獲利之活動的念頭，但大部分印度商人的觀念和心態卻把他們引離這類活動。投資組合型資本家有時受到敬佩和欣羨，卻也常被他們較保守的商界同業引以為戒。[51]

我們很難質疑這段對商人文化的描述，但卻也很難說這究竟解釋了多少。畢竟，行事審慎且對更有企圖心的同業反感的商人，並非只見於印度。連在早期資本主義投機活動的溫床，例如阿姆斯特丹，都可見到這類商人。誠如賽門．夏瑪（Simon Schama）所說的，在阿姆斯特丹，證券交易所是許多市民眼中完全不該從事的投機活動的象徵，而行事極審慎的市立銀行則是正派商業活動的表徵。[52]此外，貝利自己也舉了些極有意思的例證，他以北印度一些正派商人為例，這些商人住在市集附近簡陋單調的房子裡，但卻在城郊同時擁有氣派的波斯式宅邸，且很可能在這類宅邸裡從事較冒進的生意。[53]於是，「正派」可能是口頭說說多於實際作為；悄悄維持可觀商業投資的中國士紳家庭亦然。

即使許多商人認為從事高風險、高收益的新事業有失身份而真的不屑這麼做，我們仍不清楚這一現象對整體經濟造成多大影響。無論如何，還是有空間讓為數不多的商人在那些領域裡一展身手，且似乎仍有不少人心動於高獲利的誘惑，因而這類活動並不缺資本。經濟意涵更明顯的懸殊差異似乎出現在結構上，至少在某些歐洲國家裡，借錢給政府一事最終成為審慎投資的最佳範例，而在十八世紀印度動亂期間，與政府有瓜葛則仍是賭徒行徑（克拉克所提出並在前面討論過的英格蘭利率變動，也間接表明在對借錢給公、私部門之風險的**相對**評估上有類似的改變）。事實上，誠如不久後會理解的，透過彼此競爭的東印度公司、西印度公司來投資某些準

[3] 編注：指韋伯的《新教倫理與資本主義精神》。

官方的活動（包括發動戰爭）一事，真的在歐洲催生出了不求近利的**耐心資本**（patient capital），但在歐洲以外的其他地方，投資暴力活動仍被認為是較短線的投機活動。但造成這一差異的原因，主要不在文化，而且當時這些新的金融工具主要仍僅限於用在殖民和武裝貿易。

有些證據顯示，西歐資本市場的效率之高，在十八世紀居世界之冠，儘管我們也有理由不要遽然相信這一說法。荷蘭在十七、十八世紀時的利率（給最可靠借款人的利率是三%），大概是世界最低的，英國的利率則在十八世紀期間掉到四～五%。[54]就十七世紀晚期蘇拉特最可靠的借款人來說，利率約是七%，而在十七世紀印度全境，利率似乎一直在下跌。[55]日本利率也在下跌，但是從較高的起始水平下跌。「大名」（常拖欠債務因而絕不是可靠的借款人）的借款利率，從一七〇七至一七四〇年的平均一二．四五%降到一八六〇年代的八．六八%（儘管一七三〇年代政局極為動蕩）。[56]在中國，殘缺不全的證據顯示，十八世紀時名目利率和日本差不多，十九世紀時則較高。十八世紀晚期，天津錢莊似乎以年息一〇%借錢給政府和一些備受信賴的商人，[57]當鋪認為以十二%的利率借錢給政府很合算，於是願意遵守官府的多條規定。[58]這似乎意味著在「軍事財政主義」（military fiscalism[4]）較顯著且借款給政府之事較發達的地方（例如南亞和歐洲，尤其後者），的確發展出較好的方法來將資本遞送到更廣的經濟領域。但我們不該草率地斷言連中國都受苦於高昂的借貸成本。

首先，我們並不知道十八世紀中國的通貨膨脹率，也就不知道中國的實際利率。其次，利率因借款人而異，而不同社會在對較高風險放款所課的利率上有差異，未必就代表在最可靠借款人的借款利率上有同樣的差異。此外，如果有時是以信譽好壞以外的標準來評估借款人，低利率就未必反映信貸的市場價格。例如，英格蘭宮廷記錄顯示，十七世紀放款人即使明知社會地位比他們高者沒有清償能力，仍面臨得借錢給他們（且不得取消其回贖抵押品之權力）的龐大壓力。[59]

更重要的，利率並非影響借錢投資意願的唯一最重要因素，甚至也未必是最重要因素。例如在中國，要把充當擔保品的土地沒收極為不易；如果土地所有人拖欠借款，債主能逼他當個繳地租的佃農，但很難將他驅離土地或不讓他擁有將來還清債務時收回土地的選項。從某個角度來看，這類（習慣性）規則代表產權制度極不完善，而那無疑提高了放款人所要求的利率。但從借款人的角度看，情況很可能就不一樣。為該不該借錢買織布機、借錢買桑葉以飼養更多的蠶、乃至借錢辦好婚禮（從而替家裡增添一名勞動力）而煩惱的數百萬農戶，可能**較願意**接受幾乎完全不會使他們失去自家土地使用權的高利率，而較不願意接受附帶有較嚴厲違約罰則的低利率。這種情況似乎特別適用於養蠶人，因為在養蠶業裡，借款期通常很短，若養得順利，收益會很高，但失敗的風險也同樣不低。

另一方面，在歐洲，鄉村工業的營運資本和固定成本通常來自散作商人，而非來自勞動者。一般來講，這些較有清償能力的投資者大概比較喜歡冒險，也較喜歡較低的利率，儘管附帶較嚴厲的違約罰則，以防借款人拖欠債款，但對這些有清償能力的投資者來說，拖欠情事本來就

[4] 編注：軍事財政主義通常指的是財政能力與軍事能力攜手並進的現象。一個愈軍事財政化的國家，愈有能力透過賦稅與財政創新（例如國債、信用制度等）來支應一場大規模的戰事，或是維持較一支大規模的陸海軍。

相對較少出現。除非找到證據證明中國的利率反映了資本的絕對短缺，或證明這些利率使某些至關緊要的活動乏人問津，我們不能認為高利率會妨礙原始工業與農業的進一步成長，或是妨礙機械化的實現。而誠如不久後會理解的，這兩種想定情況都不大可能發生。

在我們所討論的那些核心區域裡，無一受苦於工業化資本的絕對不足。誠如布勞岱爾（在本書頁二一一的引文裡）所指出的，更早期「資本主義」所受到的限制，並非肇因於資本太少，[60]而是因為資本苦無適當出口，因為當時尚無技術可讓人藉由投注大筆資金於固定廠房與設備來改造生產過程。或者更精確地說，問題出在於，能令有錢人心動的投資管道太少，因此只能把資本拿去購買不具生產效益的頭銜和其他資源（儘管其中某些投資還是能讓個人獲利）。[61]就連利率高居前述諸地區之冠的中國，其生產力和生活水平也還是比得上歐洲，因此，資本存量嚴重不足或用來流通資本的機構不足，似乎不大可能發生。在英國，大部分早期工業計畫由企業家或他們的親屬出資，並未求助於金融建制；中國所得居前二%的人口，其所得占總所得的比重，似乎和英格蘭、威爾斯境內的菁英一樣高，[62]因此同樣的情況應該也可能曾在中國出現。對更晚且有較多文獻佐證的時期所做的研究，也顯示中國存在著可供用來投資的可觀剩餘資本。[63]而日本的利率只稍低於中國，且比印度港口或西歐城市都高。一項對一八四〇年代兩個鎮和二十九個村的研究顯示，**農民**儲蓄率約為二〇%。[64]

不過，利率上的差異照理還是會有些影響。據研究，最可能的情況乃是西北歐較便宜的成本和較先進複雜的資本市場，使這一核心地區更容易從偏遠地方持續獲得其所需的初級產品，而較高的利率在中國則**說不定會**妨礙這一情況的發生（儘管這一說法的推測成份很高）。但在探討這一假設之前，不妨先想想資本成本上的差異是否可能直接影響核心地區本身的生產力。

在核心地區，這些差異不可能對農業或原始工業的發展造成重大影響。潘敏德的著作已探明十七、十八世紀長江下游（還有華北）的農民，如何藉由借錢從事養蠶、種棉、家庭紡織品生產之類事業，來大幅增加所得，即使高利率大行其道亦然。事實上，即使得做無擔保信貸而被課以最高利率，農民往往還是大膽借錢。潘敏德闡明，農民所看重的，乃是有機會取得不會使農民從此得依賴一位資助者（若非地主兼債權人，就是以買方身份獨家壟斷市場的散作商人），從而使有心從事生產者不必在競爭性市場做買賣的信貸來源；而大部分農民似乎躲不掉這樣的依賴。[65]誠如我先前提過的，農民從事這些活動的意願，其實甚至可能比利率較低但違約罰則較嚴厲的情況下會有的意願還高。

可能還是會有人以為織布機、紡錘等物品在歐洲的銷售量會較高，畢竟，同樣是借錢買這些東西，歐洲的商人能以比中國農民還低上許多的成本借到錢來滿足這一心願。但這只會使僱用更多人從事紡紗或織布一事值得一為，如果商人把低成本信貸的獲益轉移到生產者身上，而非把這些獲益當利潤留著或利用它們來降低價格的話。鑑於近代早期歐洲境內紡織品市場非常競爭，且鄉村原始工業勞動力市場較不完全許多，加上許多勞動者在所在區域裡面臨了買家獨家壟斷或寡頭壟斷勞動力市場的情況，[66]上述的情形似乎不大可能發生。

更難理解的是，為何中國、歐洲在資本成本或商業形態上的差異，竟會成為早期機械化工業的決定因素。工業革命早期的技術，大部分成本低廉，例如早期紡織廠不需要太多的固定成本，靠家族商行就可輕易支應其資金需求。擺脫前工業時代的限制，乃是最重要的一項發展，並靠英國煤業之力，這項發展才得以變得可能，而英國煤業的資本幾乎全募集自家庭和其地方熟人，直到十九世紀中期至晚期才改觀。[67]法人形態的組織在早期工業經濟的這些產業裡，則幾乎從未被使用。

此外，由於早期工業創新者的投資收益夠高，因而像英國境內那樣高的利率，應該不致於遏制工業投資。反觀十七、十八世紀的荷蘭，[68]雖然具有大概是世上最低成本的信貸，卻未在能源利用上有突破性進展。泥煤是當地最被看好的地下能源，但事實表明，雖然荷蘭人花了大筆錢做實驗和建造基礎設施以降低其運輸成本，泥煤在質和量上終究還是無法令人滿意。[69]由此可知，在十九世紀晚期**第二次**工業革命之前，資本市場上的差異似乎不可能對**生產**有什麼重大的影響。

或許只有在局部地方和地區的貿易中，歐洲較低成本的信貸才可能會造成某種差別，但這差別會有多大則很難說；由於本書所討論的各個社會都已廣泛市場化，較高利率在貿易上造成的小小劣勢，恐怕都不致於在中國、日本、乃至印度成為整體發展上的決定性「障礙」。撇開洲與洲間的武裝貿易和武裝殖民不談，就貿易上的商業形態來說，歐亞大陸諸核心地區的差異並不大；[70]而在十九世紀中葉之前，法人形態的組織更肯定很少被商人使用。

如果西歐境內新興的資本主義商行真的具有獨一無二的優勢，照理這些優勢會顯現在歐洲商行與亞洲商人競爭的地方。然而，歐洲優勢卻主要出現在地緣和地方政局中有利於用武力創造壟斷或近乎壟斷（大部分在香料上）的地域。在這些例子裡，歐洲人的確趕走亞洲競爭者，並因此獲利甚高，例如摩鹿加群島（「香料群島」）、斯里蘭卡，以及（斷斷續續地）麻六甲海峽、荷姆茲海峽與紅海是其中犖犖大者。[71]然而在另一方面，歐洲人卻未能在咖啡貿易上主宰以中東為基地的競爭性貿易。就算他們終於在十八世紀得以如願時，也乃是藉由在自己旗下的殖民地裡創造新生產中心來達成：爪哇、聖多芒哥（St Domingue[5]）、留尼旺（La Réunion[6]）。[72]真正至關重要的並非較高明的商業組織，而是政治力和軍事力，而這也才是歐洲商人從印度當地本土商人和菲律賓中國商人手裡奪走部分貿易（但仍非全部）控制權時的憑藉。[73]歐洲人的確在十七世紀中葉，在未動用多大武力的情況下，掌控了印度東部科羅曼德爾（Coromandel）沿海地帶重要的紡織品貿易，但這也是因為**當地**戰爭耗盡本地商人的資源，且當地戰敗者因心有不甘而和外國人結盟所致。[74]一般來講，在武器無法掌控大局的地方，歐洲商人敗給中國、古吉拉特（Gujarati[7]）等亞洲商人（或和他們攜手）的情況，至少和他們打敗亞洲商人的情況一樣常見。[75]此外，就算是荷蘭和英格蘭的東印度公司這樣被視為是歐洲最先進的資本主義商行，即使受惠於多種特殊待遇，[76]卻還是常常付不出股息，不時需要靠外力援救才不致於破產。[77]

歐洲修築鐵路的事業，由於需要投入多上許多的資金與時間成本才能獲利，自然與上述案例不同。對這一事業來說，法人商業形態和取得便宜資本的機會，的確攸關成敗。但鐵路是在工業革命已開始好一段時間後才開始建造的。而且這項陸上運輸上的重大突破，也是來自技術上的變

[5] 編注：即今海地。

[6] 編注：位在馬達加斯加東側的小島。

[7] 編注：印度西部一邦，第三章與本章前述之蘇拉特即位於此。

革，而非財務上的優勢。十九世紀中葉的鐵路興建熱潮，其實不是企業家終於懂得如何籌備老早就被認為可行且可獲利的鐵路線資金所致。無庸置疑的，鐵路建造風潮一旦啟動便迅速發展，而這是因為有大批投資人（其中許多人靠棉紡織廠、煤礦和早期工業事業致富）正在尋找將龐大利潤再投資的安全管道，因而願意接受相對較少的收益（尤以在甫獨立的拉丁美洲投資失利而虧錢之後為然）。[78]由於有許多游資在尋找安全的出口，且工業上許多產業仍未用掉許多固定資本，布勞岱爾筆下充沛資本苦無適切出口的時代仍未結束；然而，隨著新技術使長期性的大筆投資變得愈來愈有利可圖，我們已可看到該時代的尾聲。[79]由此可知，西方的法人形態和（更普遍來講）金融建制，即使就鐵路的勃興來說，都或許不是絕對不可或缺，但它們對鐵路興建的風潮仍有著推波助瀾的作用。[80]真正起到不可或缺作用的，乃是英國在煤業上獨一無二的成就，而這一成就有一部分受制於先天的地理條件。

大體來說，運輸業可能是廉價資本和先進複雜的金融建制具有舉足輕重之作用的領域，至少在英格蘭是如此。在英格蘭，許多收稅路段和運河都是用私人資金建成，把生產者、原料供應者（包括煤和穀物）和市場連在一塊。儘管這些作為所需要的資金，都不會如鐵路所需要的大，但它們的確和鐵路一樣，從初期投資到獲得收益，這中間要等上相對較長的時間；其資金周轉期比起一八五〇年前的幾乎任何生產，或單一大陸裡的任何貿易，都要長上許多。因此，這些基礎設施上的改善，極易受到集資工具的效率高低左右，包括那些使某些投資人得以在事業有成果前就將股份變現的集資工具。當英國於十九世紀開始大大倚賴來自美洲的初級產品，運輸基礎設施就變得更為重要，從而打開通往美洲內陸的道路；而那些工程，不管是官方還是民間出資，都需要有組織的資本市場從眾多陌生人那裡集資，才得以順利進行。[81]

但就算我們證實（在大西洋兩岸）有組織且有效率的資本市場，有助於打造英國所需的運輸基礎設施，也不代表中國較不發達的資本市場，就使江南和嶺南無緣享有促成原始工業進一步成長和機械化工業化所需的運輸能力。在長江三角洲和珠江三角洲，有河川和運河構成的龐大水道網，讓幾乎每個人都有機會使用地區內廉價的水路運輸。中國大部分大河可通舟楫（黃河大部分河段不在此列），加上二千四百英哩長的官建大運河，使整個中國，相對於歐洲，如亞當·斯密所指出的，在水力運輸上享有不少的優勢。[82]江南身為長江水系的龍頭（如今仍有超過三分之一的中國人口住在這一水系裡），也位在大運河盡頭和太平洋岸，肯定極富舟楫之利。江南無法靠水路大量取得煤這項極重要的物資，因其大部分位在深處內陸的多山地區，且距江南遙遠；若沒有現代營造設備和機動車輛，任何提供資金的機制都解決不了運輸問題。

但仍有一種可能的情況。誠如下一章會提到的，十九世紀的江南從長江中、上游取得的便宜稻米與木材等初級產品，已無法像十八世紀中葉時那麼多，從而大大限制了該地進一步成長和在製造業上走向專業化的空間。誠如後面會理解的，這一改變大體上是長江中上游地區人口成長和原始工業發展所致。人口成長是本來就存在的因素，但以長江中游為例，當下令人不解的是，為何該地開始發展自己的手工業，而非出口更多許多的稻米和進口更多的布。這涉及多個因素，運輸成本或許是其一。

較晚才拓殖的區域，大部分離長江更遠，這些新拓殖區來往河岸的運輸成本高，從而助長其自給自足而非對外貿易。而如果地方政府或民間團體可以獲得較低的信貸成本，則運輸成本就可能會下降。中國人懂得如何築路，但中國許多道路似乎品質相當差，[83]而且設計時主要考慮到個人旅行（和官府驛遞）之用，而非運輸大量物資。有些連接重要城鎮的道路，甚至在寬度和品質上都還比純粹地方用的道路好不了多少；[84]而在某些區域，道路根本比不上極好用的水路體系。但在上述地方之外，融資體系或許發揮了某種作用。在中國西北、西南與長江上游的伐木業裡，相較於更好的道路，較易取得的信貸體系或許更有助於伐木出口貿易的成長維持更長的時間。畢竟，就前工業時代的活動來說，伐木業必須動用到特別大量的營運資金。

但就稻米和木材的狀況來說，上述這些都是影響較小的因素。木材在中國會需要拖運很長的距離才能到河邊（比歐洲境內木材在陸上的拖運距離還長），但就我所找到的極有限證據來看，樹木在江南的最後價格比其在產地時的立木價格所增加的倍數，還小於運到英格蘭的波羅的海木材所增加的倍數。[85]看來，抑制木材貿易的最根本因素，很可能還是來自於森林本身的遼闊，或者是無論再怎麼充沛的融資，以前現代的技術也都不可能予以克服的運輸難題（例如山坡陡峭）。雖然運輸所導致的難題可能與稻米貿易的停滯不增有關，但誠如我們將在第五章看到的，其他因素大概更為重要。

據此，我們似乎難以具體指出，中國的資本市場真的就是妨礙江南與其邊陲地區維持關係的關鍵因素。不過，前述針對中國的信貸建制如何有助於維繫從遙遠地方輸入所需的初級產品一事所做的探討，的確有助我們把注意力集中在歐洲的金融建制（也就是軍事財政主義和布勞岱爾定義下的資本主義政治經濟制度）最能得到發揮的領域：組織西歐與遙遠邊陲地區之間的貿易。

本章剩下的部分會把重點擺在歐洲與「新世界」的關係上。我首先檢視那些主張「新世界」、奴隸買賣與海外強取豪奪的作為攸關歐洲資本積累的論點。我們不能說這些論點不值一顧，但它們無法讓人信服。接著，我們要探討資本主義、海外強取豪奪的作為與工業化三者之間似乎更為牢固的關聯，亦即歐洲資本主義的政治經濟建制和國與國之間的暴力競爭，加上某些（對歐洲來說）特別好運的全球形勢，使歐洲（尤其是英國）與大西洋世界其他地方的關係，成為舉世獨一無二的核心—邊陲關係。這樣的核心—邊陲關係，給予英國絕無僅有的優勢以取得某些需要土地密集型的產品，這類產品是十八世紀晚期歐亞大陸其他核心地區都覺得難以足敷所需的。這一論點會再帶我們進入本書第三部分，更仔細考察東、西方所共有的生態困擾，以及歐洲又是如何擺脫這些侷限。

海外榨取與資本積累：再探威廉斯論題

有好幾位主要關注歐洲以外地區的學者主張，透過奴隸買賣、海上劫掠和類似活動積累來的金融資產，對工業革命的資金籌措至關緊要；這一論點的諸多版本中，又以艾瑞克．威廉斯（Eric Williams）的版本最為人知。有些歐洲主義者（尤其是布勞岱爾）一致認為，「新世界」的礦場、種植園和奴隸買賣，讓歐洲取得比光靠自身的生產力所能取得還要重要的一項能力，即過更好日子、做更多投資的能力。[86]然而，大部分歐洲主義者認為，這些利潤並沒有那麼重要，原因不外乎以下三類：一、有些歐洲主義者根本不接受「歐洲在海外的強取豪奪使歐洲人得以有機會享有超出平均水平之利潤」的說法；二、還有些歐洲主義者，雖然同意超出平均水平的利潤有其可能，但還是主張這些來自海外的利潤積累，相對於從歐洲內部經濟活動得來之利潤而言，顯得微不足道；三、另有些歐洲主義者，如我在前面的篇幅中所提的，指出早期工業革命的資本需求相對較小，就算新世界真的提供歐洲超出平均水平的利潤，這大體上也和工業化不相干。

「可用於對固定資產進行投資的資本存量，並非創造工業革命的決定性因素」這上述的最後一個論點能不能令人信服，取決於我們究竟要反駁哪個部分。也許，若沒有奴隸買賣與「新世界」礦場所產生的利潤，英國境內仍有一些人能建起棉紡織廠和啤酒廠；而一旦棉業革命的利潤開始湧現，或許就連鐵路興建所需要的龐大資本都不愁沒有著落。然而，我們仍可以提出一個能站的住腳的通論，來反駁這一論點：如果歐洲當初是透過更加勞力密集而非資本密集的長期發展模式，來回應部分地區在供養十八世紀愈來愈多的人口上，所面臨的巨大壓力（第五、六章會對此有詳細探討），則歐洲可取得的金融資源變少一事，就可能對工業化的過程產生深遠影響。

要說海外的強取豪奪並未替歐洲帶來超額利潤，似乎不大可能。奴隸買賣、「新世界」礦物開採、海上劫掠等事，顯然能帶來特別可觀的利潤；儘管幾次失敗的嘗試會大大拉低平均收益，但可觀的資本積累仍是建立在這些活動的持續不輟上。的確，歐洲內部某些較海外強徵來得單調乏味的活動，也能帶來同樣可觀的利潤，但若沒有了強取密集型（coercion-intensive）產業所提供的機會，歐洲的財富持有人是否會不改初衷地從事排乾更多濕地等農業改善措施，而非購買更多頭銜、鬱金香或提香[8]的畫作，就有待商榷。事實上也的確如此，即使在相對較「具中產階級性格」的英格蘭，要打動上層階級人士投資那些擺明會從事海上劫掠的風險性貿易事業，也比要打動他們投資擺明不從事海上劫掠的風險性貿易事業容易得多。[87] 毋庸置疑的，用楊・德佛里斯的話來說，「要理解資本在歐洲經濟裡日增的影響力，關鍵並不是去尋找只有少數人知道的資本來源，而是在針對如何保存既有的資本存量並保持其生產效益的這個難題上，歐洲人所提出的解決之道。」[88]但有一點我們不能視而不見，那就是有些「具生產效益」且帶來金錢收益的資本運用方式，主要仍是拜歐洲人在海外的強取豪奪之賜。儘管文化上、建制上的種種複雜改變，使歐洲人愈來愈愛將財富投注於具經濟效益的事業上，但我們不該完全忽略愛國主義、異國情調、間接參與征服的快感等心理誘惑的影響力。至少有些人受到這些誘惑的影響，並願意善用股份公司和其他新建制所創造的新被動投資機會，來為自己牟取好處。簡而言之，海外的強取豪奪想必對西歐的資本積累有所貢獻，問題是在於這個貢獻是否大到足以左右工業革命的出現？

無論照何種標準來衡量，歐洲境外的利潤，相較於在歐洲境內較不引人注目的活動裡所賺得的利潤，都是小巫見大巫；但那未必解決這個問題。派翠克．奧布萊恩在一篇常被引用的文章裡計算出，十八世紀的英國人為了獲取海外強取豪奪的成果，他們所做的投資不會超過總投資額的七%（但後來有篇文章認為比重有可能更高）；就整個歐洲來說，比重大概會更低上許多。[89]

儘管如此，在前工業時代的世界，這就已經有可能帶來頗大的影響。當時的產出成長率要比今日大部分工業化經濟體低上許多，而且有說法主張（但未獲證實），前工業時代資本財的耐

[8] 編注：提齊安諾．維伽略（Tiziano Vecelli, 1490-1576），文藝復興時期的義大利畫家，英文中多稱其為提香（Titian）。

久性，平均來講遠低於今日的耐久財（因為用別種材料製成且更常受到風吹日曬雨淋）。這將意味著當時在未消費掉的年產量裡成為淨資本積累的比例，要比今日低上許多，因為大部分會抵銷掉資本存量的高折舊率。顧志耐（Simon Kuznets）曾藉由使用較低的整體經濟年成長率（〇・四％而非他眼中的工業化經濟體成長率常態二・五％）、將資本存量的平均壽命從四十年減為三十年、提高現行維護需求（從產出的一％提高為為二％）以解釋這些差異的存在，從而得出一個「前工業時代」的經濟模型。在這個模型裡，只有六％的總儲蓄額成為淨資本積累，有別於他所建構的現代經濟模型裡的七十六％。顧志耐在進一步調整之後，他得出一個假設性的前現代經濟模型，而在這個經濟模型裡，即使其總儲蓄額（二十六％）高於他對現代總儲蓄額的估算（二十四・九％），其資本存量的淨增長量仍只相當於其年產出的一・三二％（相對於現代經濟的十九％）。[90]

在這樣的環境裡，就連一頓相對較小份量的「免費午餐」（在未損及消費下取得的總儲蓄額增長），都能使淨資本積累大增。例如，假設有個經濟體完全符合顧志耐的第二個前工業時代經濟模型（總投資額達生產量的二十六％，淨投資額達生產量的一・三二％），在此狀況下總投資額若成長七％（奧布萊恩所同意因「超額利潤」而可能會有的成長率），則資本存量的年淨增額會達一倍多。反之，不必把資本形成總額減少太多，就能抹除掉大部分乃至全部的淨資本積累；不管是上述哪種情況，七％這個假設性的增額都可能起了非常重要的作用。

的確，我們只能說「可能」起了非常重要的作用。為了便於闡明這個論點，奧布萊恩假定歐洲與邊陲地區的貿易，其獲利力是「正規」貿易的兩倍，但他也適切地指出這一假定尚未得到證實。[91]儘管歐洲在海外強取豪奪的成本，有許多是由特許公司支付（奧布萊恩在論證時已算入這些成本），但某些進一步的成本則並非如此，需要更加徹底的評估（這類論證也會再度面臨如何評估近代早期歐洲境內勞動力之機會成本的問題，比如斯堪的納維亞的移工和簽約受僱於荷蘭東印度公司的荷蘭鄉村失業者，這些人若待在家鄉會找什麼樣具生產效益的工作來做？[92]有許多人可能是找不到的）。但如果強取豪奪為歐洲人帶來**一些**額外的利潤（看來似乎有可能），而且總投資額的小幅增加可能造成淨投資額的大幅變動，那麼把歐洲境外的強取豪奪對歐洲財政成長能力的加持斥為不值一提，就似乎有失武斷；但若因此認為這些額外利潤至關緊要，這樣的推論也得冒一樣大的風險。較穩妥的觀點似乎是：不管有沒有來自海外強取豪奪的加持，歐洲直到十八世紀晚期，在積聚、保護或調度商業資本（不管是源自何處的商業資本）的方式上，並未擁有足夠有力說明其後來為何走上那一長程發展路徑的優勢。

顯而易見事物的重要性：奢侈性需求、資本主義與「新世界」殖民化

在促進「新世界」經濟的成長和非洲奴隸買賣這個領域，歐洲的奢侈性需求、消費主義和資本主義政治經濟制度，才明顯發揮了舉足輕重的作用。但即使如此，歐洲政治經濟制度和來自歐、亞兩洲（特別是中國）的需求，才是促成歐洲人大舉移民「新世界」的共同推手。

的確有一些人出於宗教或政治動機而出去開拓殖民地，但若非殖民地開拓者找到能在歐洲或亞洲賣的物品，歐洲的「新世界」殖民地恐怕不會有太大的發展。大部分的殖民地開拓行動，

都是由追逐利潤的民間人士所出資的。許多移民者的初衷，可能是想找到一塊比較能讓其自給自足過活的土地，而不是想找到一個能參與波動頻仍之出口貿易的地方；[93]然而，即使就白人移民來說，一八〇〇年前只有不到三分之一的人能夠自籌旅費，而對那些出錢請人移居「新世界」的富裕歐洲人來說，他們在意的是利用這些移民的勞動力來生產物品出口，而非助他們實現自給自足的太平日子夢想。[94]

此外，移民的成本對窮人的儲蓄來說本來就已相當沉重，若非美洲得以輸出大量菸草、糖等產品，那移民的成本將會更高上許多。為什麼呢？因為當時運送這些產品的船主們，面臨著船隻將貨品由美洲運往歐洲後、幾乎空船返航的問題，於是競相載運移民前來美洲。[95]事實上，由於出口非常發達，有些探討殖民時期北美洲經濟史的著作，甚至把下跌的遠航成本（使移民得以往更內陸移入而仍能賣貨給歐洲市場），視為白人所控制領土內白人人口成長的主要推手。[96]尤其值得注意的，非洲人流入環加勒比海地區（包括北美洲南部和巴西）一事，明顯受到歐洲奢侈性需求成長的推波助瀾（到一八〇〇年為止，流入該地區的非洲人一直比流入的白人多上許多）。

對西班牙帝國來說，情況就比較複雜些。白銀一直是當時西班牙帝國最重要的出口物，且其最主要的需求不是來自歐洲，而是來自中國。當時，中國這個世上最大的經濟體，在經歷了一連串失敗的紙幣和大幅貶值的銅幣嘗試之後，正漸漸轉換為以白銀為主要基礎的經濟體制（印度對貨幣性白銀的需求也在成長，但成長幅度沒那麼大。它的人口較少，貨幣化較不徹底，使用的貨幣媒介如黃金等亦比中國多樣）。十四世紀晚期中國開始輸入大批日本白銀時，當時黃金對白銀的兌換比率是一比四至一比五。而當「新世界」白銀開始抵華時，中國的比率仍只是一比六，相對的，歐洲境內是一比十一至一比十二，波斯境內是一比十，印度境內是一比八。[97]由於套匯（arbitrage）獲利極大，「新世界」白銀三分之一至二分之一最終流入中國。德尼斯・佛林和阿圖羅・希拉爾德斯的研究已證實，正是來自中國的這一龐大需求，使西班牙國王得以課徵高額的礦區租用費，同時使「新世界」生產的大部分白銀不愁沒有銷路。事實上，十六世紀和十七世紀初期歐洲的高通貨膨脹，意味著即使有中國（和較低程度的，印度與中東）掏走那麼多大西洋世界的白銀（並供給在歐洲仍很受青睞的物品以換取白銀），「新世界」白銀的價格仍快速下滑。若沒有亞洲的需求，「新世界」的銀礦場大概幾十年內就不再能維持獲利並同時上繳使西班牙帝國得以運行不輟的礦區租用費。[98]

這基本上不算是一種奢侈性需求。白銀在中國成為主要的價值儲藏物、繳稅工具與重要的（但非唯一的）流通媒介，因此，除了最赤貧之人，所有人都常使用白銀（十八世紀銅幣再度流通，從而創造了沿用到二十世紀的雙本位金屬貨幣制度）。事實上，由於十七世紀的歐洲人日常買賣時愈來愈常使用銅幣，[99]導致留在歐洲的白銀，儘管其貿易的規模之大前所未見，反而具有更濃厚的前現代奢侈品貿易的特質。總歸而言，白銀貿易反映某種嶄新的現象，即一般人日常使用的物變成了一場真正具有全球性的大規模貿易；而受到幾個特殊歷史情境加持的中國白銀需求，則反映了全球貿易在質上與量上的最新發展階段。[100]

不過，歐洲境內奢侈性消費與「消費主義」的壯大，在白銀的發展歷程裡仍扮演了吃重的角色。亞洲對白銀的需求要成為有效需求，就得有其他物品從亞洲流到大西洋世界：中國的絲織品、瓷器等物品和印度、東南亞的棉織品、香料，就扮演了這樣的角色。事實上，安德烈．貢德．法蘭克便曾主張，「新世界」的白銀使歐洲得以成為亞洲產品的市場（若無這些白銀，歐洲大概拿不出多少東西來換取亞洲產品），並藉此為一五〇〇至一八〇〇年亞洲「原始工業」的成長，進而為亞洲的人口成長，提供了不少解釋。[101]針對歐洲的奢侈性需求是促進生產成長的極重要因素一說，我傾向於存疑，至少就中國來說。而即使就絲織品來說，中國的國內需求都遠大於出口，因此，國內需求大概才是中國產出與勞動力需求成長的推手。但白銀的流入對中國經濟得以平順運行，仍具有某種刺激作用；誠如第三章裡說明過的，印度或特別是東南亞，較不可能在沒有外部需求下出現類似的成長。

法蘭克特別著意於推翻把所有改變力量都放在歐洲的理論，因此往往把歐洲對亞洲物品的欲求視為千真萬確、不可移易之事。他強調以下兩點：第一，「新世界」白銀如何使歐洲人得以將自身對亞洲物品的欲求，轉化為有效需求。對法蘭克而言，若非有「新世界」的白銀，則歐洲人所能轉化為有效需求的這類欲求數量，將少上許多。第二，亞洲諸經濟體的蓬勃發展如何使自身得以滿足歐洲對物品的需求，並從而吸收了淨進口量達到空前程度的貨幣媒介[9]。法蘭克的這兩個論點有其可取之處，因為它有助於修正歐洲中心論的觀點。然而，我們不能把歐洲人對亞洲物品日增的需求，單純歸因於歐洲人支付能力的增加，或某種亙古永存的或未明所以的欲求。

例如，假設歐洲人在抵達墨西哥和秘魯之際，整個歐洲的社會結構是類似羅馬尼亞乃至普魯士，則似乎不可能會有同樣多的白銀運到中國。或者再設想一個違反既定事實但沒那麼極端的情況，假設歐洲各大國都能更徹底地執行禁奢令，則狀況也會有所不同。不管是上述哪種假設情況，由於亞洲對白銀的需求比較難以和「新世界」的供給接合，因此誠如佛林與希拉爾德斯所探明的，西班牙欲維繫其在「新世界」的勢力就會非常吃力。

在此，我的重點並不是替歐洲的時尚與奢侈性需求賦予一個絕無僅有的推動力量；儘管歐洲在在人均需求量上或許大於中國或日本，但在性質上卻非獨一無二。我要強調的毋寧是，這一需求只有在與「新世界」白銀、亞洲原始工業的生產力、和那些經濟體對某項大量進口之日用品（白銀）的空前需求等三件事的共同作用下，才具有舉足輕重的作用。歐洲對奢侈性需求的成長（無論是在常見或不常見之消費特徵方面），必須要放在此一整體脈絡中做檢視，即使就倚賴白銀、從而倚賴中國的「新西班牙」[10]來說亦然。

當然，就環加勒比海地區和北美洲來說，**歐洲的**需求推動殖民擴張一說更加容易理解。畢竟亞洲自己產糖、茶葉（從而大體上使咖啡或巧克力無法打入亞洲市場），而且不久後也自產菸草。因此，真正推動加勒比海地區和北美洲成長的，其實是環大西洋貿易（儘管該貿易也是位在一更大的全球經濟體系裡）。來自歐洲的需求使增加「新世界」產量變得有利可圖，而「新世界」日增的產量和貨運量則有助於降低每單位的運輸成本，從而使民間從事此一貿易的各方人士，更有意願出資推動移民從港口往更內陸拓殖、輸入更多勞力（奴隸、契約僕役或自由勞動者），以及擴增港口設施。

[9] 編注：此指白銀。

[10] 編注：新西班牙主要係指西班牙帝國治下的中南美洲。

與此同時，對這些出口品所課徵的關稅，為政府挹注了擴大拓殖規模所需的資金，同時也替移民和隨後不久就會展開的出口，創造了更快擴張的先決條件。在最初的兩百多年裡，「新世界」的出口商品大部分是奢侈品（除了白銀），例如巴西黃金、北美洲毛皮、菸草和糖；而在成長較快速的後期階段，主要出口物則變成了日常必需品，如棉花、愈來愈便宜的糖，以及（十八世紀中葉以後）小麥等。簡而言之，歐洲能夠刺激經濟發展，從而最終使十九世紀歐洲工業、人口急速成長所不可或缺的資源的供給量大增，歐洲的奢侈性需求居功厥偉。

在這時期最需要挹注資金的活動，分別是海外探索、開拓殖民地與貿易（而非原始工業化或早期工廠）。而歐洲的新金融建制和範圍更廣的軍事財政主義模式，極適於組織武裝拓殖和海外貿易。也正是在組織武裝拓殖與海外貿易上（而不是核心地區境內的生產或貿易），才是這些建制發揮最大作用的領域。

人們很容易就把早期殖民地公司與現今的跨國公司相提並論，但儘管有些相似之處，它們之間的差異卻非常鮮明。或許最重要的，這些殖民地公司是專精於領土治理的商行，且（和國家差不多地）致力於把其他人全排除在它們地盤之外，而非專門生產某幾類行銷到多個地方的產品或服務的商行。簡而言之，它們既是準政府，也是原型跨國公司（proto-multinational），而且它們獲特許成立，往往既為了經濟目的，也為了軍事與政治目的。[102]事實上，尼爾斯．斯滕斯加德（Niels Steensgaard）便主張，正是由於要對亞洲進行長程武裝貿易，才荷蘭東印度公司成為比此前存在的任何組織都更「現代」的企業。而荷蘭東印度公司所面臨的這個獨特的挑戰，大抵也類似於那些對「新世界」進行征服、殖民與武裝貿易所需面對的挑戰。

簡而言之，斯滕斯加德主張，由於荷蘭東印度公司在亞洲的軍事／商業帝國的龐大固定成本是由內部自行承擔，而非倚賴一個不同且且非營利政府的支應。因此，荷蘭東印度公司不可能再採行先前的商業習慣來運作，無法在過了預定的期間後徹底清算貿易上的合夥關係，並把所有資產發還給合夥人，而必須把公司許多資本存量視為永久資本存量，並盡可能把獲利留在手裡以利資本流通；光是做到這個，就使公司得以有龐大的固定成本支應巨額貿易所需，並充分補償那些無法透過清算取回股本的投資人。最後，並非所有投資人都對這類事業有足夠耐心，因此此類商行就必須明確分割其所有權和控制權，並讓股份可以買賣，以使對商行不滿的股東得以退出讓他們愈來愈無權置喙經營方針的永久協議。[103]

斯滕斯加德還進一步主張，這種新式商行，**作為純經濟性的事業體**，其效率更高於與之競爭的各種亞洲商行。我們有理由質疑這項主張：這種組織是為東印度和西印度群島的商業帝國而量身打造。對我們來說，斯滕斯加德的論點最耐人尋味之處，在於它證實了西方的法人形態組織，乃是源自於強取密集型（coercion-intensive）的**殖民**貿易需要；且這種新的組織一直到許久以後，才隨著鐵路問世而在母國國內被用到。

與此同時，這些公司需要增加輸回歐洲的「異國」物品數量一事，很可能產生了幾種重大影響。首先，這意味著推廣菸草、糖等物品並使人們愛上它們，對商界、政界某些極具權勢的人物來說，利害攸關；至於攸關到何種程度，後面會探討。儘管這種想推廣新產品喜好的念頭往往受到（來自商人或政治人物的）制衡，因為反對者擔心奢侈品的進口會榨乾國民財富和敗壞國民品性，但是那些先購入奢侈品再轉出口到歐洲其他地方的貿易，則絲毫不受這類顧慮的影響。

由於數個公司（和政府）在轉出口貿易上的經營，以及各國邊界不可能守得滴水不漏而沒有走私品，這些新的奢侈品便如虎添翼般，開始在歐洲大行其道。

就某些物品來說，這些新興殖民貿易公司至少還產生了一項肯定非它們本意的深遠效應。由於這些東、西印度公司力促人們消費高價的新產品（價格居高不下既肇因於高關稅，也肇因於定價權遭獨占或寡占），反而藉此助長了新的進口替代型產業的出現，從荷蘭台夫特（Delft）瓷器業、英國瑋緻活（Wedgewood）陶瓷公司、德國邁森（Meissen）瓷器業到十八世紀晚期仿製印度紡織品都屬之。誠如我會在第五章論證的，在當時各類土地密集型商品的供給受到抑制的情況下，光靠這些進口替代產業並無法自行維持持續不輟的經濟成長，得等到西歐透過煤和殖民地來紓解生態上的壓力，才有辦法突破此一侷限。但這些產業的確對歐洲境內消費增加、生產分工專業化，以及所謂的「勤勞革命」，起到了推波助瀾之功效；從這個意義上說，由於這些殖民地貿易公司一來具備了從事武裝貿易的完善組織，二來也不會與那些仿製它們產品的國內廠商進行競爭（因為無法像對外國一樣用武力對付它們），從而可能促進了歐洲的經濟成長。

國與國的競爭、暴力與國際政治體系：這些因素如何有時無關緊要有時又舉足輕重？

上述案例也進一步顯示，近代早期歐洲的政治經濟制度（尤其是所費不貲且持續不斷的軍事競爭），在促使歐洲的海外商業擴張變得獨樹一格上，影響力很可能比企業家的創業才華和對異國物品本身的好奇心等因素都來得大。此外，這意味著歐洲的軍事競爭對歐洲經濟成長的最大**正面**貢獻，很可能不是透過戰爭、完善官僚機構化的方式來影響歐洲境內的經濟環境（例如藉由推動技術變革或手頭拮据的統治者授予新產權來影響經濟環境），而是透過把軍事競爭擴及到歐洲之外，特別是急速成長的大西洋經濟：這是最受歐洲海外強取豪奪影響的地方，也是歐洲國家收獲最大的地方。

但在我們開始探討歐洲人將國家締造和戰爭擴及海外一事的意義之前，值得先思考關於這些活動在歐洲境內所產生之效應的論點。這類論點認為，戰爭對歐洲的發展可能帶來三個好處：技術的外溢效應、需求增加帶來的刺激，以及促使政府願意以有助於增加產出（從而增加政府稅收）的方式改變其建制。

由於技術變革的原因尚未被充分探明，因此我們不能把主張戰爭推動技術創新的觀點完全斥為不值一顧。然而，在十九世紀之前，由軍方贊助且可轉為民用的創新出奇得少。十九世紀英國皇家海軍在食物保存方面的進步，乃是一個說明技術外溢效應的早期例子，但在工業化戰爭問世之前，這類情事還是相對較少見。[104]我們也沒有什麼道理認為，前工業時代的戰爭會使人更加努力尋找新方法來操縱自然，因為當時並沒有撥款研發這種事。雖然偶有懸賞來鼓勵人們解決特定難題，但比較可能的情況似乎是這些賞金的存在，只是使發明家把心力從某項工作轉移到另一工作，而非吸引更多的人投入技術性實驗。當時還出現了某些「做中學」（learning-by-doing）的效應，舉例來說，人們先是懂得以精確鏜削技法製作槍炮，後來才發現同一技法可用來改良蒸汽機；但其他類工藝（例如鐘錶製造）也教授這些技法，而且沒有跡象顯示與戰爭有關的工作提供了特別良好的技藝訓練。甚至正好相反的，由於戰爭會把有專業技能的人引離具有更大民用性質的計畫，同時打斷資訊的流動，甚至奪走潛在發明家的性命等等，是以戰爭對技術創新的影響，總體來說很可能是弊大於利的。[105]

我們可以用類似的論證，更肯定地反駁「戰爭能增加需求而對經濟成長提供了至關緊要的刺激」這樣的說法。承包製造軍火、制服和諸如此類之物，的確在特定時候刺激了特定產業，但這類需求最終都是透過從民間課稅以支應其開銷，從而降低了民間的需求。誠如前面已提過的，西歐（一如東亞）似乎發展出一種建制性、文化性的架構，讓消費者需求保持長期擴增（儘管會有週期性的起伏），而中、上階層對消費財的支出本身，又增加了生產者的購買力，從而增加消費需求。簡而言之，除了天災期間的例外（因其會耗盡大部分人的購買力），沒有跡象顯示歐亞大陸的東、西兩端有過總體需求不足的難題。既沒有需求不足的難題存在，歐洲較高的軍事需求也就談不上解決了什麼。

至於主張「國與國間的競爭會催生出特別有利於經濟發展的建制」一說，則較錯綜複雜。大部分這類論點都指出，君王往往給予財產較大的保障（市場經濟所不可或缺）以換取短期就可到手的稅收，並藉以支應緊急軍事情況所需；有鑑於此，這些論點便推斷財產受保障程度提高，乃是無休無止之軍事競爭的副產品。[106]然而，即使歐洲境內的產權真是經此而變得較為穩固，軍事競爭也不是通往那結果的唯一道路。那些認為它是唯一道路的人主張，在那些未面臨同樣強烈壓力以增加軍事支出的國度，政府較不需要與國內持有財富者談判，從而沒有理由給予他們保障財產的權利。由於中華帝國未有國土面積和財力與之相當的鄰邦來作為競爭的對象，因而有時會被持此論者作為絕佳例子。[107]喬杜里就曾提出一個與此類似但較狹隘的論點，他認為亞洲的大帝國並未倚賴公司營業收入（若軍事競爭更激烈，它們就得著手利用這類收入），因此從不需要讓商業財產受到保障；而這一說法得到另一學者皮爾森（M. N. Pearson）的贊同。[108]

在本書前面的章節已對中國境內市場的運作方式有過長篇幅的討論，並得出中國市場的運作往往比十八世紀歐洲市場更貼近新古典主義經濟學原則的結論；因此，如果喬杜里等人所謂的「產權」是指出售與使用具生產效益之資產且大體上不受質疑的權利，則這樣的論點幾乎是站不住腳的。不管國與國之間的競爭對推動歐洲在保障產權上有多重要，其他社會也能夠以別的方式達到類似的境地。

歐洲持續的戰爭的確有助於某種建制性保障的出現，但並不是在產權的保障上，而是特權的所有權保障：從包收稅款、用錢買來的官職，到政府授予的專賣事業和獲批准的行會特權等，皆在此列。我們已知道這類特權是不斷進行軍事競爭的歐洲和南亞境內所普遍的特徵，而且在十八世紀時大體來講很穩固且容易轉讓。[109]相對的，中國面臨的軍事挑戰遠沒那麼一貫和嚴峻，是以清朝時只有兩項重要的全國性特許獨占或寡占事業（鹽與廣州的對外貿易），在十九世紀之前賣出的官職也相當少（但賣出許多虛銜），沒有公債，且透過直接收稅而非把收稅業務發包出去，更對城市行會欲將鄉村競爭者拒於門外的作為袖手旁觀，甚或予以反對。[110]

如此看來，我們的疑問就變成了，歐洲這幾類特權所有權保障的擴散和得到批准，究竟對其經濟發展起到什麼作用。光從總產量的角度看，很難看出那會是正面的作用。包收稅款人和購買官職者所增加的產出肯定甚少，而行會竭盡所能阻撓就業不足的鄉村勞動力流動。壟斷者使各種物品（從糖到菸草到鹽之類的必需品）的價格始終居高不下，它們流入市場的數量因此只及於十九世紀時會流入之數量的一小部分[111]（相對的，中國主要的專賣事業是販鹽，而國內許多地方都能製鹽，非法生產和走私使專賣體系漏洞百出，因而需求可能未因專賣而減少太多）。佩林就印度的例子主張，只要特權能讓有權有勢者萬無一失地阻止其他人以同等條件參與市場，特權就很有價值，這個有力的觀點放在歐洲幾乎同樣貼切（在歐洲，至少那些較不常被拿來賣的權利，涉及不自由勞動力的使用權）。

更概括的說，這意味著需要清楚區分某些歐洲社會裡的多項改變，包括更穩固的產權、代議政體的問世（至少就有產階級來說是如此）、某些公民自由權的散播等，這些改變太常被統歸在「現代化」、「自由化」、「合理化」的大範疇裡一起探討。這些特殊權利有許多是一心要籌措戰爭經費的政府所給予，而且它們全都似乎與准許內部競爭（爭奪政治權力、爭奪市場或爭奪「觀念市場」）一事有關，因此很容易讓人以為那些把內部競爭作為最大特色的社會，最能在國與國之間的激烈競爭裡脫穎而出。若只從自由主義建制最為發達的英國的（短暫）勝利來看，這一說法似乎言之有理。[112]但只要更深入檢視，就會發現其實不然。

首先，誠如查爾斯．悌力所提醒的，任何這類論點都只適用於那些所謂的「資本密集」或「強取兼資本密集」（coercion- and capital-intensive）的國家（而不適用於走「強取密集」之路的國家）。[113]因為這些國家並未囊括近代早期爭鬥裡的所有贏家（像同為贏家的俄羅斯就是個顯而易見的反證）。與此同時，有些「強取兼資本密集」型的國家，例如丹麥，卻還是在政治權力的競爭舞台上敗下陣來，而純粹資本密集型的國家（例如荷蘭共和國），在這方面的表現也不是很出色。[114]

其次，並不是所有歐洲社會的改變都與戰爭或內部競爭保有一樣的關係。代議制和各種產權的授予或批准，往往是為了換取戰爭所需的稅收；但言論自由的贏得，通常是透過與軍事動員關係大不的路徑。值得提醒的是，即使是在英國這個常被視為說明自由化在國際競爭裡帶給國家多大益處的絕佳例子，其歷史進程還是令人對任何簡單的關係推斷心生質疑。一七九〇至一八三〇年堪稱是英國史上最威權主義的時期之一，而且似乎在一八三二年結束之前威權程度一直有增無減；但也正是在這一個威權時期，英國從失去美洲殖民地的創傷裡復原、成為舉世公認的世界最強國，並在經濟發展上（一時之間）與歐洲其他地方分道揚鑣。[115]

再者，並非所有涉及的產權都往經濟自由主義的方向發展。許多產權鞏固了前面討論過的那幾類反競爭的特權，就連照今日標準來看較沒那麼奇特的產權，都常妨礙了整體效率。例如，在法國（國際競爭舞台上的大贏家之一），始終需要資金挹注的政府，批准了地方「財產」權（和地方法院裁定權），其中包括居少數的群體可以否決土地兼併、圈地和否決公地變賣或分割的權利。誠如第二章裡說過的，這使許多改良計畫幾乎全受限於法律規定而無從實現，並要到法國大革命後才改觀[116]（數個西德意志小邦採行類似的政策，但未能保住它們的主權地位，這個案例進一步削弱內部自由化與國際競爭卓然有成兩者間任何的必然關係）。

即使各種特權可能會減少該國在短期到中期的產出，我們仍可以想像它們鼓勵了資本積累，從而促成長期成長。具體的說，這一論點認為保障和出售各種不斷產生的未來所得（來自包收稅款等來源的未來所得），有助於催生出使未來所得得以證券化的工具。於是包收稅款和公債，可以為私人債券、法人組織等新金融制度的產生創造了有利條件。

複雜的合夥關係是歐洲法人組織的來源，而這樣的關係其實可以在世界各地找到，但把永久存在（eternal life）、自成一體的法人資格，以及特別有利於商行內部資本積累的結構結合在一起的事業體，的確似乎是西方所特有。然而，我們已知道直到鐵路時代，才有一項需要極大量耐心資本的技術問世；而應用這種技術的鐵路事業，其所需的耐心資本，多到光靠其他大部分事業（包括對早期工業化至關緊要的煤業、棉業）所賴以籌資的傳統（通常是以親屬為基礎的）網絡都無法湊齊。誠如先前已提過的，在那之前，法人組織在海外拓殖和武裝貿易上所扮演的角色大體上重要，因為以準政府的身份行事（包括從事戰爭和建造基礎設施）的開銷，都需要最大量的耐心資本。尤其是在英國，家族商行於整個十九世紀期間支配了大部分的經濟活動，包括大英帝國這個全球性帝國的貿易（非洲境內的貿易和拓殖是一個有趣的例外，英國在非洲曾再度思量要不要展開大量的準政府活動，並再度針對非洲特許成立股份公司。[117]稍後我們會再談殖民地的法人組織）。只有把眼光放得**非常遠**，才可能能找到這些新融資機制本身對歐洲內部經濟活動的重大助益。

如果前述屬實，更為有力的論點會是，戰爭催生出特權一事有利於資本積累，因為這把財富放在特別可能為了最大收益而再投資的那些人手裡。在布勞岱爾著作的某些地方也表達了同樣看法，（如前面已提過的）強調累積數代基業的豪族不拘泥於一種投資工具，而在多種投資工具之間遊走轉換一事的重要。但即使這類豪族很重要，也不表示他們所找到的投資工具都至為重要。這些與官方有瓜葛的工具裡，至少有一些很可能把資本引離較有生產效益的活動。誠如揚·德佛里斯所主張的，促成近代早期歐洲經濟成長的資本，有許多是藉由將資金引離多種能帶來威望但不具經濟效益的財富出路而「找到」的。而軍事競爭會使歐洲境內幾乎每個國家都把更多官職、包收稅款權、頭銜放進市場出售，因而是妨礙而非助長這一轉型。傑弗瑞·帕克（Geoffrey Parker）已指出，就連在荷蘭（或許是十七、十八世紀歐洲最具中產階級性格的地區），都有許多債券持有人氣惱於戰爭結束，因為這使他們的資金失去了一個安穩、有利可圖、帶來威望（且不必太花腦筋）的投資去處。我們眼中具生產效益的投資，至少在這些人看來可能是別無更好出路而只好將就的投資。[118]在這樣的情況下，我們就很難說軍事財政主義對歐洲境內經濟的發展有多大貢獻，而且戰爭本身當然也加快了資產的折舊、技能的喪失，以及經商成本的上揚。

然而，當把軍事競爭投放到歐洲以外時，該競爭的確帶來好處。國與國競爭的大局把戰事所帶來的破壞推引至首當其衝的海外。更有甚者，國與國競爭還加速並左右了「新世界」的發展，從中協助解決了歐洲的資源瓶頸，而且它在此方面的貢獻，比光是使這些人口大減的地區敞開大門迎接自由移民和貿易所會有的貢獻大上許多。

當然，海外征服在某種程度上是歐洲內部激烈軍事競爭的產物。那一競爭促成軍事技術與戰術的顯著進步，使歐洲人得以彌補補給線過長和海外兵力有限的缺陷。但切不可遽然將歐洲的海外成就過度歸功於「軍事革命」。歐洲人在亞洲的獲益，有許多可歸因於其所遭遇的敵人不習慣於為爭奪土地而打仗（而通常是為掠奪俘虜而打仗），因而主動放棄土地給歐洲人（如在東南亞部分地方所見），[119]或敵人內鬥使小股武備精良的歐洲人兵力就能大幅改變局勢（如在孟加拉所見）。[120]即使如此，直到十八世紀以前，歐洲人在「舊世界」的獲益仍相當有限（且有時獲益還被敵人奪回）。[121]只有在「新世界」境內，歐洲人的冒險作風才得到特別豐碩的回報，傳染疾病在此至少扮演了和軍事技術或組織一樣重要的地位。[122]

可能更為舉足輕重的是，與亟需稅收、授予特權的競爭性國家有瓜葛的特許專賣事業、包收稅款和種種所謂布勞岱爾式「資本主義」的其他特徵，究竟在哪些方面對歐洲人入侵「新世界」能產生獨一無二的經濟效應所不可或缺。我們可以把歐洲的「新世界」帝國的影響，與在沒有政府支持下在東南亞牢牢立足的中國商人的影響，兩者之間做一個相比，就能大略明瞭其中的差異。在大部分的東南亞，一如與歐洲人接觸後的「新世界」，人煙相對稀疏，因此能供給中國「國內」所需的大量土地密集型資源。然而，雖然前去東南亞的中國人不少，但東南亞之於中國沿海地區，從未像「新世界」之於西歐那般重要。

歐洲人在「新世界」的拓殖，為了軍事保護（使免受美洲原住民、其他歐洲人和在許多地區人數比白人還多的非洲黑奴傷害）和政治組織，投下了不少成本。只要能從所有出口品收取部分利潤並防止「撿現成者」（free rider）進場分一杯羹，不管是國家還是獲特許的壟斷者，不需他方援助，就能輕易支應這類成本（一六七〇年代在維吉尼亞菸草田工作的一名男子為國王賺得的收益，比他為自己或他的主人所賺的還要多[123]）。因此，拜壟斷性作為之賜，對歐洲人來說，資助他人進一步墾殖，比讓「新世界」的生產者參與更開放市場更值得一為。

支應殖民地初期成本的殖民地公司，竭盡所能地鼓動國內人民喜愛他們回銷歐洲的產品。至少在某些例子裡，有官方也參與這樣的行為。[124]雖然我們讀到較多關於歐洲重商主義者如何不喜「奢侈品」進口的文獻，但切記，荷蘭、英格蘭、法國都大力支持本國公司取得這類物品，以便再出口到歐洲其他地方。如果消費異國物品是大勢所趨，那麼就連最重商主義的官員都很可能會被說服，進而相信最好讓人們透過自己國家的公司來買到異國物品，並讓政府透過徵收進口關稅和從特許公司取得戰時借款來分得好處。[125]

或許有人會提出理論來說，若沒有壟斷，歐洲境內市場會成長更快，一如十九世紀的自由化降低商品價格後所見。這樣的推斷不無道理，但我們並不完全清楚如果自由貿易從一開始就大行其道，墾殖和開發會得到多大的資助。糖種植園主的產品如果有更大銷路，他們很可能會引進更多奴隸，但把奴隸弄到「新世界」所需的營運資本，大部分是由歐洲商人提供，而非由「新世界」的種植園主提供。即使就身無分文的新移民有機會參與的那些奢侈品出口，也就是菸草、毛皮、甚至大概還有金銀（到了十七世紀晚期已有許多小型私礦場在運作）來說，從較開放貿易體系得來的好處，大概也大部分歸歐洲消費者享有，而非歸「新世界」生產者享有。若要說分散在那數百萬消費者身上的好處，會替更多人的移民或「新世界」發展的間接成本提供資金，那著實令人難以理解。

最終，想當然耳地，數百萬平民百姓得為自己或自己的親人移民大西洋彼岸出了錢。但這已經是十九世紀的事，當時資訊、交易、運輸三者的成本都降了許多，[126]而且「新世界」政府能向自己人民課稅，以提供軍隊、政治秩序、基礎設施，為私人經濟活動的興旺打好必要條件。

只有頭腦不清之人才會主張，歐洲（類似東亞）日增的「奢侈性」消費和為開發新領土而同意成立壟斷性公司（類似南亞、東南亞的模式）且彼此競爭的歐洲諸國，就可以「解釋」為何最後獨獨歐洲擁有重要的海外領地。地理和傳染病方面的偶然因素、航海技術的進步等其他諸多因素，使上述說法成為說明何謂「武斷」的絕佳例子。儘管如此，歐洲、中國的政治經濟制度為各自的擴張提供了怎樣不同的環境，這件事仍然值得我們思考。

海外華商主要來自閩粵；這兩省也有許多極想擁有土地的人，其中許多人移民台灣和中國內地數個邊疆地區。一八〇〇年前，前往東南亞那些人煙稀少地區的勞動者也相當多（主要是礦工，但也有一些農民），他們有時是被當地統治者引進來清理土地供種植經濟作物。[127]他們定居在未來要種植甘蔗、茶與菸草的地方（東南亞的「加勒比海地區」），也定居在伊洛瓦底江、湄公河、昭披耶河這三條河的三角洲（以及呂宋島）。一八五〇年後，這些三角洲會成為東南亞的「北美洲」，亦即從這裡大量輸出由海外移民種出的穀物。在缺乏勞動力的東南亞，可以獲得較高的工資，因此有些人可能受此吸引而來，即使他們無法立即從該地區入手任何土地。[128]把東南亞大陸地區廣闊的三角洲闢為稻田需要許多勞動力（大部分是用於整平田地），但從技術上講，這沒理由要等法國、英國殖民政權成立才能辦到。

然而，在十八世紀的中國，農民集體移民基本上不大可能，因為誠如王賡武等人所指出的，[129]中國朝廷無意對本國子民闖蕩海外直接提供軍事、政治支持。這使荷蘭、西班牙殖民地當局得以阻止馬尼拉、巴達維亞為數眾多的僑居華商購買土地，並得以不時鼓勵憤怒的「土著」屠殺華人來發洩心中的不滿，或得以親自幹下這類屠殺（一七四〇年在巴達維亞、一六〇三年和一七六四年在馬尼拉的屠華慘劇就是特別重要的例子）。在這樣的情況下，華商有充足理由將他們的資產隨時易變換為現金，以便輕易逃走或賄賂，而非將這些資產用於取得或改良土地，或把財富綁在當地（照理他們不得擁有土地）。特別想擁有土地的人，可在家鄉買地滿足心願，畢竟在家鄉產權較牢靠，親戚也會提供相當可靠的人幫忙照顧地。

此外，即使在一八五〇年前東南亞境內已有中國商人和中國農民之時，兩者之間的連結都很薄弱。巴達維亞的情況就清楚說明此點。

中國企業家在一六九〇年後掌控了巴達維亞城外糖的生產。在一七一〇年的八十四家糖廠中，有七十九家糖廠老闆是中國人，中國勞工也占了多數。但這些糖廠老闆並不包含巴達維亞城內的有錢華商（這些華商已展現了若遭不當對待可癱瘓該城的能力）。與此同時，在鄉村製糖的中國僑民，卻是由一名似乎極為腐敗的荷蘭行政司法長官管理，而非由掌管城裡中國僑民事務的中國籍「甲必丹」（capitain）[11]來管理。[130]荷蘭東印度公司以管制價格購買糖，再賣到波斯、印度、歐洲。[131]

當這些市場銷量下跌時，鄉村民怨即生，荷蘭人便試圖把這些農民遣送到需要更多勞動力的錫蘭。這導致要被遣送出境的農民造反，而荷蘭人和爪哇人則宣稱鄉村農民的造反是由城裡的中國人所鼓動，並隨之將他們一併屠殺；直到這時，城裡的中國人才與這些問題扯上關係，

[11] 編注：協助殖民政府處理僑民事務的僑民領袖。

儘管在事實上，城市與鄉村的中國人彼此間似乎少有聯繫。[132]

既然未能與自己家鄉的市場建立穩定（且受優遇程度低上許多）的關係，或無法享有後來的東南亞政權給予中國人生命財產的那種保障，巴達維亞城內事業有成的華商便沒理由把大批同胞引進來耕種，或沒理由展開鄉村拓殖所會需要的投資。因此，在沒有母國政府支持下，中國人在海外的鄉村定居地一直類似於為獲取短期暴利而建造的臨時營地，而未（像「新世界」種植園那樣）成為日益壯大之移民群體的核心。「新世界」的歐洲移民出口土地密集型產品，藉此得以回報家鄉那些資助進一步移民的人，而在海外的中國人則沒有這麼做。

清朝在一七四〇年的確認真考慮過動手懲罰屠殺海外華人的歐洲人。這個事實提醒我們不要遽然相信以下這個太過概括性的說法：中國是個「世界帝國」，看不出與境外經濟體往來的好處。[133]事實上，有好幾個主要論點贊成以禁止通商來懲罰屠殺華人的荷蘭人，其中之一是若不好好教訓一番，荷蘭人說不定會虐待下一批前去做生意的中國人，就像他們虐待已定居該地許久的中國人那般。反對禁止通商的主要論點，則是主張禁運會危害到華南沿海數十萬人的生計。後者最重要的差別在於，其主張那些仍以中國為基地的人，在與東南亞貿易和僑居東南亞時，應有資格受到帝國保護；但已在中國境外**定居**的人則沒有這個資格。清朝的確也從事領土擴張，但那主要是在中亞擴張，而中亞無法像由商人出資打造的東南亞移民帝國那樣，有助於江南、嶺南來取得初級產品。

由於清朝的國家安全觀、[134]想維持低稅賦的心態，以及（直到十八世紀末為止）都能保持國庫預算的節餘，清朝連對消極地認可中國商人的海上武裝貿易（例如藉由讓人壟斷貨物來），都不感興趣。於是，在龐大中國市場與海外奢侈品之間，中國民間沒有人能成為具有壟斷市場能力的中間環節，除了一個為期不長的例外。

那個唯一的例外，就是鄭氏的海上帝國。這個帝國在十七世紀時聲勢如日中天，既富有且強大。它在商戰上和海戰上都打敗荷蘭人（把荷蘭人趕離台灣並把他們自東南亞幾個有利可圖的市場驅離）；從這點來看，那些認為「中國人」對結合武裝貿易和殖民／海上擴張的歐式作風天生不感興趣，或者不適合從事這類作為，或技術上不足以從事這類作為的說法，就大有商榷的餘地。[135] 鄭氏也從事殖民地的開拓，除了拿下台灣並擴大對台移民，還揚言拿下呂宋島。[136]

但鄭氏帝國只在中國改朝換代的動蕩時期短暫興盛；它未能以受保障且享有特殊待遇的方式取用母國市場，只能與一些不斷遭受圍困的大陸港口通商。此外，鄭氏王朝領導人始終把海外活動定位成在大陸軍事行動的經費來源（欲達成反清復明這項無望的大業），而非把它視為一項長期的計畫。因此，鄭氏帝國是個深具啟發性的例子，因為它體現了一種與歐洲的武裝貿易和拓殖極為類似但又背離中國傳統天下觀的活動。

即使中國的海外商人和移民武裝了自己且壟斷了貿易，他們仍會遭遇其他限制。以糖的進口為例，壟斷此一活動對商人益處不大，因為中國本身自產的糖就很多。相對的，歐洲商人能從糖、咖啡、茶葉、絲織品（以及頗長時間的菸草）的進口上，獲得足以收回他們海外保護成本的高額利潤，因為國內並未生產這些商品（另一方面，以來自北美洲的小麥為例，他們若以高加成定價的方式出售這類商品肯定賠錢。因此，雖有賓夕法尼亞的穀物在歐洲部分地方銷售，[137]且大家知道往更內陸可找到更多許多的類似土地，在殖民時期卻未有人為了出口小麥而墾殖廣大新地區，得等到航運成本更大幅下降，北美洲自己境內出現龐大的城市市場，以及有個獨立自主的政府出於自身的理由必須支應征服、統治、整合小麥邊疆地區的開銷而不求立即從中得到多大收益，那一邊疆區才迅速擴展）。

於是，中國人海外貿易的發展方式，大不同於歐洲公司那種與政府有關聯的資本主義。利潤相對較低的競爭式貿易，使一七三〇年代台灣一地出口的糖，就相當於一七五〇年代整個「新世界」出口量的約三分之一，讓許多小投資人和船東得到不錯的收益。[138]但這所產生的利潤集中程度，並不足以使拿下北呂宋一事值得一為。考慮到十八世紀時西班牙對這個區域的掌控不強，[139]而且該區域靠近台灣，馬尼拉城裡經商華僑勢力又頗大（一六〇三年的馬尼拉就已比一七七〇年的紐約或費城還大，更比一七七〇年的波士頓大了一倍多），[140]因此，閩籍商人若想和歐洲海外商人一樣，獲政府許可在其總部所在的市場運用武力和特權（使他們得以補償用武成本），拿下北呂宋可能是十足順理成章之事。到了十八世紀末，巴達維亞和其周邊地區應該已有十萬中國人，比一七七〇年紐約、波士頓、費城三地人口總和還多。[141]但是，如果沒辦法替出口品找到銷路，以支應開拓殖民地的開銷，拓殖之事就行不通。從這個意義上看，東南亞的糖和稻米比較像是「新世界」的小麥，而比較不像菸草或糖，因此東南亞大陸日後的大飯碗，一如美洲的大麵包籃[12]，得更晚才有開發它們所需的資本和勞動力得以輸入。

此外，「日常奢侈品」對國家稅收無足輕重。中國九成的糖和全部的絲織品、菸草皆為國內自產，也未產生關稅（直到一八五〇年代朝廷對國內貿易課以釐金稅才有關稅收入），因此清朝官員若推動這些商品的貿易，將得不到任何好處。官員擔心從台灣輸出的糖數量過大，並不必然表示他們和反對輸出白銀購買絲織品的歐洲重商主義者一樣「反市場」；畢竟他們希望台灣繼續把稻米賣到福建境內的商業、手工業、種茶地區，而不想讓這兩個地方都成為封閉性經濟。[142]清朝官員知道華南沿海許多人不能沒有海外貿易，並希望這貿易繼續下去，除非那會加劇國安疑慮。但當某些官員察覺到國安疑慮並希望抑制「奢侈品」進口時，他們並未遭遇到利益與其相左的財政、軍事、殖民地事務官員阻撓，因此其遭遇也和歐洲主張抑制白銀出口的強硬派不同。

使歐洲的殖民主義獨一無二的，並不是只有歐陸境外貿易、殖民地擴張、軍事財政主義這三者間的關係。即使中國具有更「歐洲／印度」式的重商主義，或印度具有更「歐洲／中國」式的對異國進口品的大眾需求，中國和印度大概還是不會像歐洲人（和非洲奴隸）利用「新世界」那樣來利用「東南亞」。首先，在疾病的對抗能力上，「舊世界」優於「新世界」，而中國、印度沒有與此相當的生物性優勢。但要不是歐洲受益於諸多因素的和合（傳染病、歐洲戰爭、軍事財政主義和奢侈性需求、中國的白銀需求等），歐洲也不可能那樣利用「新世界」。阿佛烈德·克羅斯比（Alfred Crosby）正確地指出[13]，凡是帶著群眾流行病抵達美洲的「舊世界」人民，都有可能使大片地區的人口劇減，但光是病原體本身，並不會使因此被摧毀的社會改頭換面，變成一個出口導向型經濟體，以及在出口那些商品的預期心理下資助大規模移民，傳染病以外的因素

[12] 編注：飯碗和麵包籃在此都是代指糧倉。

[13] 編注：其論述可參考《哥倫布大交換》一書。

同樣重要。誠如不久後會理解的，「新世界」出口是持續且愈來愈快之成長的極重要條件，但並非充分條件，尤以在英國為然。拜英國的時空背景和機制之賜，歐洲資本主義和消費主義在英國的影響，可能比在沒有兩塊新大陸可供作為揮灑空間的情況下它們所能產生的影響，大上許多。

第二部的結論：同與異的重要意涵

於是，晚至十八世紀晚期，西歐的生產力或經濟效率仍非舉世無匹。但我們也不能只根據「舊世界」其他許多地方的繁榮和「原始工業化」或「原始資本主義」程度和西歐不分軒輊的這個研究結果，就草率相信某些學者所提出的粗淺論斷。這些違反事實的說法指稱，某些亞洲社會原本正朝著工業突破之路邁進，但其「資本主義的嫩芽」卻被入侵的滿人或英國人給摧毀了。比較可能的情況似乎是，世上沒有哪個地方必然邁向這類突破。事實上，就連歐洲十八世紀晚期的經濟學思想大師都看不到這類情事來臨的跡象。[143]

「舊世界」裡所有「人口飽合程度」（亦即相對於現有技術下土地的承載能力，人口稠密的程度）最高[144]和經濟最發達的地區，似乎都一直在朝同一個「原始工業」的死胡同前進。在這個死胡同裡，即使勞動力投入有增無減、已知最高明的生產技法傳播開來，以及因為日益商業化而帶來愈來愈有效率的分工，生產成長的速度仍只比人口成長速度稍稍領先。[145]我們無從知曉生產究竟是會無限期保持領先（進而創造出杉原所謂的以勞力密集產業為基礎、持續成長的「東亞奇蹟」），還是會因為落後於人口成長的速度而創造出不折不扣的馬爾薩斯式困境。但不管是上述哪種結果，都與實際發生的資本密集、能源密集、攫奪土地的「歐洲奇蹟」大異其趣。愈來愈高的紡織品產量和消費量，雖然常被視為「工業化」的開端，其本身卻不可能改變那條死胡同，因為它無法解決一個基本的困境，也就是食物、纖維、燃料和建築材料的生產，全都在爭奪日益稀缺的土地。事實上，若清除森林以種植纖維作物（或者更糟，拿去飼養需要更多土地才能生產同樣數量之毛紗的綿羊），就會愈來愈難取得要在運輸或重工業領域取得更根本突破所需的能源。

因此，與其把十六至十八世紀其他先進經濟體視為「雖有潛力成為歐洲但終究未能如願」的事例，不如把這時期的西歐視為「一點也不獨特」的經濟體，大概會比較說得通。一直要到十八世紀晚期和尤其是十九世紀，原本與其他先進經濟體走在類似發展道路上的西歐，才得以因為意想不到且重要的斷點[14]，突破原本在能源使用和資源取得上侷限**每個人**眼界的因素；西歐因此成為一個幸運的異數。雖然新能源本身大體上來自對英格蘭煤礦的大量開採與使用，但在接下來的兩章，我們將會理解到歐洲能有機會利用礦物性能源的新天地來壯大自己，也是需要數種「新世界」資源的流入才得以如願。透過為這些資源的流入所創造出的先決條件，歐洲的資本主義和軍事財政主義（因緣際會的全球大形勢的一部分）才真正變得舉足輕重。

[14] 編注：此斷點指的是煤炭與殖民地這兩項使西歐（英國）發展不同於其他先進經濟體之關鍵因素。

Part III

超越亞當·斯密與馬爾薩斯：從生態限制到持續性工業成長

第五章
Chapter 5

共有的限制：生態不堪負荷的西歐與東亞

在本書的前面幾章，我們已清楚工業化並不盡然是**任何**區域在近代早期經濟進程的「自然」結果，本章現在要來談談在工業化前夕，某些區域之間關係的發展模式是如何讓西歐取得重大優勢的。這些優勢並**不一定**會導致工業突破，而是使工業突破的可能性大增，並讓這類突破更容易長久維持。這些優勢有助於處理「舊世界」諸核心地區所共同面臨的一個重大難題：在合成肥料、合成纖維和使合成品變得符合經濟效益的廉價礦物能源登場之前，用勞動力與資本來替代土地的能力有其限制。這些限制使持續的人口成長、提高人均消費量，以及增加一地的工業專業化程度難以同時進行，更別提以十九世紀愈來愈快的速度這麼做。誠如後面會理解到的，貿易有其助益，但無法解決這些難題。勞力密集型的土地管理能供養更多人，或許還能維繫住生活水平的小幅改善，但大概也就僅止於此；而且它往往會降低，而非提升，能從事非務農工作的人口所占的比例。

歐洲在避開這些限制上所享有的優勢，大多是生態性的。有些優勢源於歐洲本身資源運用上的閒置，而且叫人意想不到的，正因先前這些資源在發展上所受到的障礙，歐洲反倒因禍得福，得以具備這些優勢；儘管這些優勢大多被東亞在有效率地運用土地與燃料的優勢給抵銷掉。還有些優勢，誠如第一章裡已討論過的，與煤礦床的有利位置和開發煤礦床的技術有關。另有些優勢則以「新世界」的豐饒和左右「新世界」與歐洲之關係的客觀形勢為基礎，這一部分會是第六章探討的重點。上述這些有利的資源衝擊反過來為歐洲爭取到足夠的時間來促成更多的創新，並共同改變了歐洲的經濟發展潛力。當然，那並不表示擁有這一額外的喘息機會就足以說明歐洲日新月異的技術創新，但這兩個因素聯手並進，相輔相成。

因此，我在第一章中首先簡短概述了西歐相較於其他地區的前景，強調該地與其他人口稠密地區的共通之處。然後我扼要說明了十八世紀各地所共同面臨的生態性難題，並發現西歐本身的人口密度雖然低於中國和日本，卻也面臨差不多一樣嚴重的生態難題。到了十八世紀晚期，西歐和東亞能進一步全面成長的空間已相對較小，除非有著建制上的重大變革、節省土地的新技術或大量增加土地密集型商品的進口。當時的日本仍有一些邊陲藩地，如果能改變建制，就能將既有最好的作法應用在尚未被密集使用的土地上，增加那些地區的產量。歐洲擁有更多這類地區（尤以在東歐為然），而中國則相對較少。這三地都有核心地區（畿內和關東、英國和荷蘭、長江三角洲和珠江三角洲），而在這些核心地區，只有靠技術上的重大變革、與邊陲地區貿易量的大增，或同時仰賴這兩者的加持，才能支持人口、消費上的進一步成長。

理論上，歐洲比東亞更有餘力增加土地使用的勞力密集程度，以支持人口的進一步成長；但歐洲的農業本質使其不可能充分發揮這些潛能。此外，這樣的路線也不可能促成人均消費量的大增，更別提促成工業化。如果我們檢視丹麥這個在大體上往這方向發展的歐洲國家，就會看到勞力密集程度的提高有助於丹麥穩定其脆弱的生態，並維持其生活水平；但丹麥的人口與人均消費卻停滯不前，無法替重大突破打下基礎。

最後，我探究了所有核心地區如何透過與人口較不飽合的「舊世界」地區貿易，來減輕上述難題。在每一個核心地區，這類貿易都只能解決一部分的問題，這不只因為當時無法克服的技術限制（例如高運輸成本），還因為「舊世界」較「發達」與較不「發達」地區間的合意性貿易本身所固有的社會性、經濟性限制。

我們似乎有道理認為，只有那些兼具相對較稠密的人口、具生產效益的農業、廣泛且複雜的商業，以及龐大手工業的地區，才有可能出現工業轉型。但這些衡量標準仍會使中國、日本，或許還有印度（尤其是北印度），仍和西歐屬於同一類。

進一步思考，我們發現印度成為這類地方的可能性，似乎比其他地區來得低。印度本身的人口眾多且稠密，但距其前工業時代最大的負載容量仍有很大的餘裕。蒙兀兒時期的印度，人口成長似乎比同時期的中國、日本或西歐慢了許多；以一六〇〇至一八〇〇年的成長率估計，從每年〇．一％至頂多〇．三％不等，一八三〇年後才開始有更快速的成長。[1] 此外，在施行種姓制度的地方，該制度使組織相當緊密的專門人士獨家掌控某些資源，以及（至少在理論上）使那些人和他們的後代能永遠倚賴那些資源；這可能使在中國、日本、歐洲都較常見的資源迅速耗竭的現象在印度較不容易發生。在這三個地方，較難以抑制資源的過度使用，人們也較容易透過職業轉換或遷徙來避免對已耗竭的資源產生依賴。[2] 儘管種姓制度似乎一直未能被徹底的執行（即使在歐洲人所宣稱很看重它的地方亦然），但種姓制度很可能對經濟成長、人口成長，以及資源耗竭，起了某種抑制作用（例如，在能夠僱傭勞動力和職業流動的地方，人們得以在不用繼承既有經濟關係的前提下結婚；反之，種性制度使得結婚的困難度增加，因而較可能出現人口成長遭抑制的情況）。

不管是出於什麼原因，印度的政治經濟制度和生態，看來不同於那些已非常接近其前工業時代人口高峰（且大大超過先前任何週期性高峰）的地區。考慮到就連人口稠密的孟加拉，在十八世紀中期時仍有約三分之一未開墾的樹林和濕地，那麼十八世紀晚期的印度，肯定還有非常廣袤的森林。[3]這使得印度的農民還得以在某種程度上維持最常見的自保模式，也就是個別和集體逃離，因而不同與此舉老早就行不通的中國、日本、西歐三地。過往的研究認為，殖民時代以前的印度統治者用心維持生態平衡，一直要到英國人對木材和經濟作物的需求、不限定繼承的不動產權、十九世紀人口成長，才打破這一平衡；但晚近的研究已使此看法不再那麼可信，因為同樣的證據（包括官方燒掉森林以使逃稅者、叛民、盜匪沒有藏身之地的記錄[4]），既削弱了殖民時代以前生態體制的浪漫形象，也提醒我們印度仍有某種程度的生態閒置和某種農民抵抗作風留存，而這是在歐亞大陸兩端已相對罕見的。

由於未開發土地相對較多，印度菁英常倚賴不自由的依附性勞力，儘管也有許多「自由」的鄉村無產階級因為無法取得土地而為他人效力。[5]於是，誠如前面已提過的，儘管有大量印度農產品和手工業產品進入市場，但生產者往往未進入市場，而那意味著他們買的物品也較少，也較少面臨「勤勞革命」中最重要的時間分配問題。

這些土地使用模式和階級關係模式造成的結果之一，就是平民百姓所使用的日常用品，其國內市場出奇的小。事實上，就我們所能追溯到的古早年代起，印度似乎就一直是出口遠多於進口（貴金屬除外）。[6]外部需求與菁英需求的改變，在解釋印度經濟波動上所扮演的角色，比它們在解釋中國、日本或西歐的經濟波動上所扮演的角色吃重許多。學界普遍認為，在後面這三個地方，任何產量的增加都會透過付費給生產者創造出自己的需求（至少在約西元一五〇〇年後是如此，或在中國的話，西元一〇〇〇年後）。[7]在可藉由驅使依附性勞動者更賣力工作和開墾處女土地來增加產量和菁英所得的地方，菁英不大可能為了發展新的生產工序而投資。[8]就算是能擴大一般物品產量的創新發明問世後，也未必能得到人們青睞，因為太多人手頭拮据，即使是在有龐大人口和相對較佳的運輸系統亦然。此外，高明的印度工匠希望從創新發明中受惠，但客觀環境使他在這方面沒有多大把握。最後，在許多恩庇侍從關係裡，在下位者看重有錢有勢者所能給予的有形無形好處而追求這種主從關係，是以雖然肯定存在追求獲利的心態，卻可能不如在中國、日本或西歐境內那麼強烈。

於是，儘管印度有複雜先進的商業和技術，但是工業突破出現在印度的機率並不高。在此值得再度提醒，印度是個異質程度很高的地方，尤以在政治不斷變動的十八世紀為然。在某些地區，社會安排（social arrangement）似乎一直朝著某些方向在走，而且那些方向和在「人口飽合區域」裡的方向一樣；江戶幕府時代的日本似乎很適合拿來和這些區域做類比。日本在名義上曾制定出一套具有限制階級作用的法定約束，但到了江戶時期，這些限制愈來愈形同虛設。我們大概不該把印度想成是個走上與中國、日本或西歐截然不同之經濟路線的地方，但我針對那些區域所描述的趨勢，在印度的確比較少，且往別的方向推動的力量還強上許多。假使沒有殖民主義存在，究竟哪些趨勢會占上風，我們肯定也只能訴諸於揣測，而日增的長程貿易可能對其中任一發展方向都有推波助瀾的作用。[9]

至於「舊世界」的其他地方，人口成長距其前工業時代的最高峰，比印度的狀況還離得更遠，我們因而更有道理認為這些地方的發展路徑，與西歐和東亞有著更根本的不同。從東南亞到東歐，這些地方稀疏的人口意味著菁英往往無法輕易放棄依附性勞動力，反而加緊對這類勞動力的掌控，以回應新的產品市場需求。

這使我們必須把重點擺在中國、日本和西歐。這三個地方正好是「打破生物性舊制度」[10]且能在一八〇〇年前達到新人口密度水平的區域，[11]絕非出於巧合。至少在它們的核心區域，稠密人口和大量的資本積累使菁英（相對來講較能隨意運用具生產效益之資產的人）得以不需要依附性勞動力，且仍能以有獲利空間的工資來找到工人。同樣的，這些地方擁有最少的閒置土地，最少的遭不當配置之勞動力以及其他「閒置生產能力」。

因此，這三個地區對工業突破和能鼓勵人們改造生產過程的建制有著最大的**需要**，但光是這需要並無法產生結果。於是，這些「人口飽合」地區都面臨同一個潛在的死胡同。

這三個地區都沒有食物產量立即減少之虞，但我們仍可以明顯看到其他不堪負荷的生態壓力。在中國和日本，糧食作物與纖維作物的產出趕得上人口成長，但為此付出了森林砍伐嚴重、山坡地水土流失、隨之而來水患機率增加的代價（至少在十九世紀時已是如此）；在沒有重要新農業工具（例如許多透過開採取得或人工製造出的肥料）的情況下，就連這種犧牲生態的勞力密集型擴張都可能已接近其擴張上限。西歐在大體上的情況也是如此，但卻有兩個重大差異。

一方面，誠如前面已提過的，將西歐農業集約化的數種作法仍未得到充分利用，即使在一八〇〇年時亦然。於是，相較於東亞，西歐有著較多的「閒置」資源；若有建制上或價格上的改變導致有利可圖，這些資源是有可能得到開發利用的。這樣的改變正在慢慢發生，例如喬治．格蘭瑟姆（George Grantham）在其論法國的著作中探明，進入市場機會的逐漸改善，使農民願意改變他們的作物混種組合，使用原本未被充分利用的家中勞動力並改變自己的消費模式，從而使他們在一八五〇年所賣出的穀物得以比一七五〇年時多上許多，甚至在農技沒有大幅變革下亦然。有人在德意志地區找到類似模式，只是較晚才開始。一八〇〇年，「舊政權」（Old Regime）[1]的土地使用限制被廢除，導致休耕地大減，隨後農民即改種新作物和轉而從事更市場導向的農業。[12]十八世紀的歐洲農業仍留下不少有待改善的空間，因此歐洲在碰上馬爾薩斯人口限制之前，擁有比東亞還要大的農業成長空間。

但另一方面，這一「閒置」無法被快速且輕易地運用來應付十九世紀的新增人口和其他壓力。格蘭瑟姆的資料顯示，各地轉向從事較富生產效益之農業的時間，有著極大的差異，甚至在相對較先進的法國北部亦然。誠如格蘭瑟姆在其他地方所主張的，甚至到了一八六〇年代，法國農業仍處於投資不足的境地，儘管整個經濟裡並沒有資本不足的現象；問題在於建制的改變非常緩慢，並影響到農業技術的選擇。[13]儘管法國持續自給自足，但其人口，尤其是城市人口，成長速度要比英格蘭、德意志和整個十九世紀的歐洲都慢上許多。

而在工業化與人口成長都最為快速的英格蘭，即使在一七五〇年時，這種可供運用的「閒置」資源也所剩極少，因為英格蘭的市場機會和有利的建制性作為比法國更早普及，而這兩項因素都會刺激經濟的發展；其結果就是英格蘭的農業生產力在一七五〇至一八五〇年間似乎改變不大。[14]草料作物方面的改良，使更多中等土地得以被闢為牧草地和草料種植地，從而使上等土地能更專門用來種植穀類作物，但結果是生產穀類的土地和牲畜用的土地之間有了比以往更嚴格的區分，而吃得較好的牲畜所多產生的糞肥，則完全被留在經過改良的牧草地裡，使穀物用地的肥沃程度和以往沒有兩樣。於是，可耕地的每英畝產量和總產量未有增加，衰退的隱憂也始終未消，[15]直到英國開始開採肥料、進口肥料和後來合成肥料（大部分是一八五〇年後的事）後，才有所改變。毛羅・安布羅索利（Mauro Ambrosoli）的著作指出，英格蘭人非常用心地研究了歐陸的習慣作為、一流的農業手冊和他們自己的實驗結果，但在怎麼做最能維持地力並同時增加產量上，英格蘭人並未將所有所學實際運用在農業上，因為那得用到高度勞力密集型的方法，而英格蘭的農民資本家（安布羅索利認為與歐陸的農民不同），一心追求勞動力成本的最小化和利潤的最大化。結果就是英格蘭人採用的是提高勞動生產力的方法，而這種方法在根本上與許多論及最佳農技的文獻背道而馳；事實上，這種方法在許多案例中反而阻撓了地力的保存。部分因為英格蘭所採用的方法，使得十九世紀時需要引入愈來愈多自家農場以外的磷肥和硝酸鹽，才能維持既有的產量於不墜。[16]換句話說，若沒有新的工業投入予以挽救，英格蘭本有可能連維持既有產量都很吃力，除非它大大增加投入農業的勞動力。而誠如後面會說明的，有許多地方

---

[1] 編注：舊政權在此作為德意志地區在十七、十八世紀政治基礎的統稱，其大略起始於三十年戰爭之前、結束於拿破崙戰爭之後。

便是走上勞力密集的道路，但那條路並未通往工業化。

即使有了這些新投入的工業，幾十年來英格蘭也僅能維持產出，難以有多少更亮麗的表現，而與此同時消費量卻是大幅激增。根據湯普森（F. M. L. Thompson）的估計，英格蘭每名勞動者在一八四〇年至一九一四年的農業產出或許成長了五成，但由於勞動者減少，這代表在七十五年裡的總產出或許只增加了一成二；而一八六六至一九一四年穀物產量，則甚至是下跌的。在一八四〇年時，新機器和來自農場外的飼料、肥料對農業產出的貢獻還相當少，而到了一九三八至一九三九年時，其增加的產量已達四成五。因此我們可以很清楚地看到，這些新增加的生產力大部分來自於某種在一八〇〇年左右還根本無法取得的技術。當時英格蘭的農業已經非常市場導向，但即使如此，通過市場誘導的理性化也只能得到非常有限的生產力增長，[17]而且其中有些生產力增長其實降低了農業的總體產出（儘管釋出勞動力給其他工作），更完全無助於地力維持。

此外，歐洲總人口在一七五〇至一八五〇年間增加了約一倍，[18]因此，歐陸上任何閒置的產能都被用來滿足地方的需求。在一八三六年時整個西北歐已沒有足夠的穀物來做麵包，[19]而那時歐陸的工業化才剛要開始。在德意志，自拿破崙開始摧毀「舊政權」之後的五十年裡，耕地面積成長了將近八成，但產出只勉強跟上人口激增的腳步（人口激增也部分肇因於「舊政權」的終結，因為「舊政權」既限制婚姻自由，也限制人投身原始工業型工作和其他僱傭勞動型工作的自由，而這些僱傭勞動型工作往往能促成婚姻）。事實上，在「飢餓的一八四〇年代」（The Hungry Forties）[2]和那之後日漸增加的人口外移率，表明此地食物供給的成長很可能趕不上人口的增加。[20]影響所及，歐洲大陸並沒有愈來愈多的剩餘食物可供賣到英國。

與此同時，英國本身的穀物、肉類產出已開始不足，這可以從小麥的相對價格暴增（從一七六〇年到一七九〇年便上漲了四成）[21]和後來在拿破崙戰爭期間引發的嚴重問題中看得出來。為紓解自身食物的不足，英國首先是自愛爾蘭進口食物，從一七八四年起愛爾蘭議會對這些食物補貼約一成的價值。[22]一八二四至一八二六年，這些進口食物相當於英國自身農、林、漁業產出總和約一成（超過從德意志、波蘭進口額總和），到了一八三〇年代時比重又更高（當時的統計資料無法取得），[23]但這個數字的成長幅度已幾乎到頂；而在不久後，愛爾蘭將會陷入餵不飽自己的慘境，且其農產品出口會大減（而且每下愈況）。隨著英國的食物短缺愈來愈嚴重，英國最終得高度倚賴「新世界」的糧食進口，並在較低的程度上倚賴俄羅斯與大洋洲。

不過，英國在十九世紀食物消費量的成長幅度，的確未如其人口成長和人均所得成長所預示的那麼快。誠如克拉克、胡伯曼、林德特（在第一章）所指出的，所有的估計結果都顯示，即使有我們已討論過的那些進口和會在第六章討論的糖進口量大增之影響，英國的人均食物供給在十九世紀時仍是持平或下跌的。[24]

為什麼人口在變得較富裕以後，人均卡路里消費量卻沒有增加呢？其原因肯定與工業化有

[2] 編注：飢餓的四〇年代指的是一八四〇年代中期，由於歐洲馬鈴薯因農害而大量歉收，進而在許多以馬鈴薯為主食的歐洲地區（例如愛爾蘭）引發嚴重飢荒。

關。隨著在戶外工作的人變少，食物需求量也跟著降低。一八六三年時，農業勞動家庭每位成年男子所消耗的卡路里，比城市勞動者家庭多出將近五成，而且食物上的支出比同樣所得的城市勞動者還多。[25]由於從事粗重、非機械化工作的人變少，這一轉變能使每小時的卡路里需求降低三分之一至二分之一。[26]此外，棉布成本的大幅降低（從一七五〇至一八五〇年降了八成五[27]）和家用暖氣成本的大降，[28]也大大降低了卡路里需求。[29]在十九世紀時，茶葉和糖的價格比其他食物更便宜，也較為普遍，[30]且往往用來壓抑食欲；[31]因此，它們對降低英國人穀類食物需求的貢獻，比糖所提供的卡路里占英國人所需卡路里的可觀比重一事的貢獻還來得大（第六章會進一步討論這一點）。切記，所有這些改變若非與煤方面的突破性進展有關，就是與從歐洲境外進口的便宜原物料（棉花、糖、茶葉）的爆增有關。這突顯了英國人無法以格蘭瑟姆所提的歐陸方式，來滿足其與日俱增的食物需求，從而更使我們相信，如果沒有煤和殖民地的雙重加持，英國勢必將面臨一場無法單靠內部資源來解決的生態困境。

此外，格蘭瑟姆的論點（城市需求的成長，促使農民改採較具生產效益的作物混種組合，從而增加了供給）大部分僅適用於糧食作物。纖維作物則構成較嚴重的難題，主要是因為其對地力和勞動力有極大的需求。在英格蘭大部分地方，亞麻和大麻基本上是園藝作物，其種植規模很小。就連政府的眾多補貼都未能促成產量增加，從而使英國在這些作物上無法自給自足。但即使英國能在這些作物上達到自給自足，仍遠不足以在纖維上達到自給自足，因為英國自十八世紀晚期開始大量進口棉花，而且進口量有增無減。[32]在法國，纖維作物很少被納入定期輪種的作物，因為它們耗掉太多地力。儘管大麻的栽種從一七五〇至一八五〇年的確有所增長，但只在城市附近，因為那裡有供應無虞的人糞和畜糞。然而，城市附近土地的面積有限，且由於城市周邊區域已能提供許多就業機會，因此這些農場便難以取得大幅增產勞力密集型纖維作物所需要的足夠勞動力[33]（在俄羅斯這個極端例子裡，亞麻種植的確在增加，因為要在當地休耕以讓土地休養生息並不難；然而，當地仍有不易解決的勞動力與運輸問題）。因此，歐洲的農業或許能在沒有進一步砍伐森林、土壤耗竭或技術突破下，滿足比以往更大的食物需求，但在纖維上，歐洲的應變彈性就小了許多。當布產量於十九世紀歐洲暴增時，歐陸所進口的纖維仍比中國或日本所必須（或很可能）進口的還多上許多。

如果纖維供給的價格彈性比食物供給來得低，那麼建材與燃料（馬爾薩斯所謂的四必需品裡的後面兩項）供給的價格彈性又比前述兩者低了不少。儘管造林能使每英畝木頭產量高於天然林的產量，但當時各地的造林技術仍相當粗陋，一八〇〇年時日本大概還比中國和歐洲都先進一些。[34]雖然歐洲人對熱帶雨林的涉獵經驗和東印度公司接管印度森林保留地一事，使歐洲人對造林的重要性與其技術有了寶貴的認識，但這一認識得要到一八四〇年代才開始用在歐洲。[35]毫無跡象顯示十八世紀晚期或十九世紀初期「舊世界」有哪個核心地區能大幅提高其木頭產量，我們反倒看到這些核心地區都面臨木頭需求上漲、本地植林面積減少，以及每英畝產量難以提升等問題。這說明了西歐和東亞的加速成長都面臨嚴峻的生態威脅，而這是一個值得我們進一步細究的問題。

由於森林被闢為可耕地，燃料短缺在歐洲、中國、日本三地最發達之地都構成了重大難題。在歐洲，可想而知木材短缺最嚴重的地方，就是採行集約耕種的區域（從丹麥到西西里），但歐陸幾乎每個地方都有木材短缺的問題；到了拿破崙時代，木材短缺已被視為嚴峻的全歐洲危機。[36]這一說法肯定有些誇大，因為斯堪的納維亞和俄羅斯明顯就不是如此，但這一認知的存在，卻也點出歐洲對木材供給不足的憂心已是司空見慣。

如果同意布勞岱爾的估計數據，即整個歐洲的燃料供給仍足以供給每人每年約〇．五噸的煤當量，[37]則這將使歐洲的平均值大大高於當代所估計亞洲農家所需的最低數量（人均〇．三三噸煤當量）。[38]但如果我們考慮到北歐冬天的嚴寒、歐洲較能量密集式的炊煮方法，以及歐洲效率低落的爐灶，那麼布勞岱爾的數據很可能並不代表當時歐洲人所過的生活，有比當代亞洲鄉村「最貧苦」的生活來得舒適。托爾基．基亞戈（Thorkild Kjaergaard）對十八世紀晚期丹麥燃料使用總量的估計[39]，在換算後為每年每人〇．五五噸煤當量，而這與布勞岱爾針對法國和整個歐洲的估計數據差不多。這一相對較低的燃料消費水平，使得一七四〇至一八四〇年成為丹麥歷史上室內溫度最低、結核病也最猖獗的時期。[40]

平均值無法充分反映問題的嚴峻，因為木材無法以陸路運送到遙遠的異地，這使地方上普遍有燃料短缺的情況。就連在森林覆蓋率相對較高的法國，十八世紀時仍有一些區域「已找不到木材」，「窮人過著沒火的日子」。隨著人口成長，這一情況只會更加惡化。

十八世紀歐洲境內燃料價格的上漲速度，一般來講似乎大大高於其他物價的上漲速度。[41]歐內斯特．拉布魯斯（Ernest Labrousse）估計，法國的薪材價格從一七二六至一七四一年，和從一七八五至一七八九年，都漲了九成一。在他的皇皇巨著中，這是漲幅最大的商品。一七六八年後上漲尤其快速，且漲勢一直持續至十九世紀初期，在那時蔚為一股「驚人力量」。[42]在英國，薪材價格於一五〇〇至一六三〇年已上漲了六倍，上漲速度比一五四〇年至一六三〇年的一般物價水平快了兩倍；[43]對英國的許多地方來說，十七世紀是能源危機時期。[44]一七五〇年後，英國對木頭、木炭、松脂製品、鐵條（用木炭燒製成）的短缺始終未消。鐵條價格從一七六三至一七九五年上漲了一倍，而雖有關稅保護和以煤為基礎的產物大增，英國仍得從瑞典和俄羅斯進口愈來愈多的鐵條。[45]在一七五〇年代進入英國港口的貨物總噸數，有一半以上是木材；而冷杉的進口量在一七五二至一七九二年，增加了六倍。[46]

就連在能夠湊集到足夠炊煮燃料的地方，燃料都未必足敷工業所需；由於燃料短缺，十八世紀歐洲數個地方的鍛鐵爐，一年固定只能運作幾個星期。[47]事實上，根據粗陋的估計方法，在一七八九年時，光是要維持布勞岱爾所估計的燃料消耗數據，就需要用到法國林地可永續產量的九成多。[48]因此，即使完全沒有浪費木材的情形，且所有木材都可輕易運送到需要木頭的地方，可用來擴增窯、啤酒廠、鍛鐵爐或用來製造更多紙、船與房子的木頭也是少得可憐。使用愈來愈多的煤（後面會再談到），使英國許多地方、比利時、法國里昂周邊地區和丹麥的木頭荒（透過進口）得到大幅紓解，[49]但在西歐其他地方，則要到一八五〇年後才能紓解。[50]

荷蘭是個很有意思的例子。荷蘭靠著上一章所提到的泥煤（或許可稱之為準化石燃料）運行了頗長時間。由於荷蘭投注龐大資源挖掘泥煤和建造運輸泥煤用的運河，使其在十六至十八世紀這期間擁有特別充裕且廉價的能源供給。但長遠來看，光靠泥煤仍不足以取得真正持續不墜且大規模的工業成長。[51]

這並不表示荷蘭工業的困擾肇因於燃料供給問題。德佛里斯和范德武德（A. D. Van der Woude）的研究告訴我們，不能把能源供給視為限制荷蘭經濟發展的因素，因為在工業衰退之際仍有許多泥煤尚未開採（十九世紀泥煤產產量大增），且進口的煤也能以比倫敦煤高不了多少的成本運抵荷蘭；因此，化石燃料缺乏並非限制荷蘭成長的因素。他們主張，泥煤產量停滯，乃是因為需求未成長，是以荷蘭工業的衰落是出於數個原因，但並非燃料缺乏所致。[52]

這些論點頗有道理。而且泥煤當然是開採所得來的，而非每年生長。但荷蘭人口、工業生產、人均能源使用量停滯長達一百五十年的狀況，使荷蘭成為一個特殊案例。除此之外，荷蘭向西歐許多地方輸出商業、金融、保險方面特別出色的服務，以及它長期以來倚賴穀物、木材進口卻又同時能滿足自身的纖維、燃料需求，這兩點也是荷蘭之所以特殊的因素。我們毋須贅述原物料短缺會對任何先進經濟體的經濟成長造成何等的干擾，且除了燃料短缺這個限制因素以外，其他建制性的因素也可能導致發展停滯，荷蘭的情況似乎就是如此；然而，任何大型經濟體若要在人口和人均產出上都持續進步成長，都會需要化石燃料或其他某種能大幅減輕土地制約的方法。在一七八〇年代，連人口成長停滯且有充裕泥煤的荷蘭，都必須進口相當於該地泥煤產量約三分之一的煤。[53]如果荷蘭人口於十八世紀初期至十九世紀初期和英國一樣成長了一倍，那麼就連十九世紀時出現的那種泥煤產量的急速成長，都只能維持每年每人兩百萬千卡的能源供給；到了一八一五年時，即蒸汽機尚未大量使用前，英國經濟已在運用以煤為基礎的能源，並達到每人超過八百萬千卡的程度。[54]而如果連泥煤的大量供給都不足以推動新經濟，那麼依靠每年種植的樹木就更不可能達成。

另一方面，用來製造船桅等物品的較高級木材，面臨了供給量更為不足的問題。這類短缺使英國試圖將其新格蘭殖民地裡的所有合用樹木都保留給海軍使用，並將許多商船建造業務轉移到從魁北克到馬德拉斯（Madras）[3]的諸多有廣袤森林的殖民地。在美國革命前夕，英國三分之一的商船都是在美洲殖民地所建造。[55]

就歐洲來說，英國的木材短缺並非特例，法國的狀況只比它稍好一些。一七八九年時法國境內或許還有一成六的土地為森林所覆蓋，相對的於十六世紀中葉時有超過三成三的林地，自然也是少了許多。[56]而據麥可．威廉斯的估計，到了一八五〇年時，在其他的「島嶼性、半島性歐洲」的大部分地方（義大利、西班牙、低地國和英國），其森林覆蓋率已降到五至一〇%。[57]丹麥的森林在一五〇〇年時約為其陸地面積的兩成至兩成五，但到了一八〇〇年時，儘管採取了大規模的燃料保存措施，森林所占陸地面積只剩下四%。[58]而誠如後面會提到的，這和中國的嶺南大區（中國的商業發展和人口密度僅次於長江下游的地區）在一九三〇年代時的林地比例差不多。[59]而儘管在斯堪的納維亞許多地方、東歐某些地方，以及俄羅斯的數大塊地區仍森林密布，但誠如後面會說明的，這些地區對紓解歐洲較「先進」地區燃料短缺的能力十分有限。後來成為德國、奧地利的那片區域，仍比法國有較大面積的林地，整體來說或許多了二十五%；[60]然而木材在德意志的部分地區也面臨嚴重的地區性短缺，甚至早在十九世紀人口、耕地大增之前就是如此。在十八世紀晚期，整個德意志每年的木材消耗量似乎還是超過森林成長幅度，從而造成木材進口大增和德意志境內竭澤而漁式的大量砍樹。[61]

[3] 編注：馬德拉斯（Madras），即今日清奈，位於印度東南部，緊鄰孟加拉灣。

與此同時，逐漸增加的食物需求也威脅到歐洲另一種能量的供應：地力。隨著牧草地被改闢為可耕地，綿羊和牛的飼養數量似乎一直在減少（先前所討論過的肉類消耗量長期減少就顯示此點）。[62]日益萎縮的森林也使養豬成本提高，豬隻的數量似乎也在減少。[63]在丹麥，森林正變得特別稀少，因此十八世紀時禁止牛隻進入森林，[64]這雖然使更多樹苗得以存活，但也大大提高了養牛成本，從而減少糞肥的供應量。

這造成了歐洲許多地方在十七世紀晚期和十八世紀期間，每英畝農田所灑的糞肥在品質與數量上都下跌，即使是在已開始以更集約方式耕種的某些地區亦然；[65]至少在法國，衰退的腳步似乎在一七五〇年後愈來愈快。[66]在丹麥，從一七〇〇至一七五九年，糞肥價格上漲了四倍，而作物價格則僅有微幅上漲。三葉草（苜蓿）最初似乎被當成恢復地力的靈丹妙藥，因此在十八世紀晚期丹麥的輪作農地裡，有四至七成農地都種有此種作物，但這也衍生出其他問題：三葉草過度栽種導致土壤疲乏、三葉草病在植株本身的迅速散播，以及隨之而來的產量下跌，從而使進一步改變勢在必行。[67]

在英格蘭，高度市場導向的農業和高識字率造就出為數眾多有關農業改良的著作，因此與歐洲許多地方相反的，英格蘭的牲畜數量似乎有在增加，儘管就地力保存來說，其前景仍遠不如某些持「農業革命」論點者所表示的那麼樂觀。一份一七八七年來自諾福克的報告顯示，名聞遐邇的「諾福克輪作」（Norfolk rotation）並未解決土壤退化的問題，至少對礫石多而泥土少的砂質土壤（light soils）上是如此；三葉草的種植東一塊西一塊，分布不均，而且土地出現疲乏跡象。[68]進口的三葉草品種和其他草料作物，其最了不起的作用，在於使次級土地得以成為良好的牧草地，並使最優質的土壤得以專供種植穀物。但這些新牧草地若要能永續發展，牧草地上產生的糞肥就得留在原地，於是這套作法既未紓解穀物土地的不足，也未紓解穀物供給的吃緊；它增加了農業總產出（穀物加上牲畜產品），但卻未增加作物產出。[69]

於是，整體來講，雖然土地管理知識漸有改善，歐洲某些最集約的農地（包括英格蘭境內的這類農地）在十九世紀初期時已面臨地力嚴重耗竭的問題（但或許由於實行輪作和許多沒有充裕資源供再投資的生產者早早退出農業，英格蘭似乎並未像歐洲部分地方一樣面臨嚴重水土流失的問題[70]）。若非十九世紀肥料（尤其是鳥糞）暴增的進口量、磷肥的開採和後來合成肥料的問世，其本有可能會導致災難性的結果。[71]

最後，因為過度放牧之後又砍伐森林，土壤也消失了。在十八世紀匈牙利、普魯士、瑞典、丹麥、英格蘭、荷蘭、法國沿海地區等大量砍伐樹木的地方，漂沙和巨大沙塵暴（有時把土壤帶到超過五十公里外）相當普遍。[72]還有一些原本是森林的地方，變成土質含酸性高的水鄉澤國（因為其他植被的吸水性既不如樹，且未提供同樣有利於再蒸發的地表）；而為解決此問題，便需要投入許多勞力密集的泥灰施肥和溝渠挖掘工作。[73]對法國、德意志部分地方的考古研究顯示，十八世紀是歐洲史上水土流失最嚴重的兩個時期之一，而且嚴重程度前所未見。[74]此外，水土嚴重流失通常意味著會引發其它的土壤問題，[75]而一七五〇年後歐陸西部許多地方傳出產量停滯或下滑的情事，就是明證。

歐洲低地的水土流失現象，在十九世紀得到大幅矯正（但許多高地的地力卻從未復原[76]）。

這有賴於以下諸作為的多管齊下：更好的犁地、灑糞肥技法（用到與中國老早就普遍使用的犁很像的改良犁）、再植林（得益於新的生態知識、更容易取得的非木質燃料和該世紀更晚時北美木材的輸入）、廢除殘存的公地（隨著公地萎縮和人口變多，這些公地遭嚴重過度使用）。十九世紀貧困農民遷移到城市（和美洲）一事，大概也有助益。此外，更容易取得海外農產品和來自家農場外的肥料（先是開採來的肥料、後來是合成肥料），也是使十九世紀期間更多歐洲人得以吃得更好，同時阻止土壤退化的功臣。如果沒有這幾種紓解困局的來源（「新世界」在此中扮演吃重角色），十九世紀歐洲可能會陷入生態急劇惡化的局面（中國某些地區似乎就陷入這樣的境地），或者雖免於步入這下場，卻得付出以下代價：人口成長減慢，生活水平變差，得讓更高比例的人口留在土地上，以高度勞力密集、節省土地的技法務農，而非為工業提供廉價勞力。

甚至出於某種理由，我們可以推測（但也只能推測），西歐的森林砍伐已開始對氣候產生不良的影響。在正常歐洲的降水模式下，整年降水分布會相對較平均，但十八世紀晚期卻出現了「歐洲季風」，也就是暴烈而集中（且往往高侵蝕性）的短暫降水期，與相對較長時間的旱季交替出現的現象。[77]為何會如此不得而知，但這種氣象模式比較容易出現在森林砍伐的區域。事實上，誠如前面已提過的，歐洲人才剛開始從數個殖民地的天候變化瞭解到這點，他們為了開闢種植園和提供海軍用木材，過度砍伐了殖民地的森林。[78]如今還具有這類氣候的溫帶地區不多，遭嚴重砍伐的華北便是其中之一（不久後會談到這地方）。此外，即使在森林砍伐或許還不致於影響氣候的地方，砍伐也可能對土壤產生某些效應，而且那些效應與氣候若變得較極端會發生的效應一樣。當林地變成耕地時，地表最高溫可能大幅升高（在新英格蘭地區的某些實驗裡升高了華氏十至十一度），最低氣溫則變得更低。此外，樹木較少的陸地，由於留住積雪的能力較差，於是該陸地便失去一層保護毯，導致土壤封凍深度往往甚於以往。平均風速變大，也可能帶來很嚴重的侵蝕後果：徑流流速變得更快，使水災和乾旱都加劇並降低地下水位，即使大氣天氣沒有改變亦然。[79]在歐洲境內已沒有多少農業產出可留存的那些地區，已快要遭遇這類改變（或不久就得投入更多的勞動力以避免這類問題）。換句話說，它們正面臨一場若不好好處理，便可能會大大推遲工業化的生態危機。

中國境內的森林砍伐與地力衰竭：幾項與歐洲的比較

有關中國鄉村的量化資料很少，但我們知道地區性的資源耗竭往往十分嚴重。在長江三角洲，木材短缺導致大型建築與船隻價格暴漲。建造海運船隻所需的木頭成本，從一五五〇至一八二〇年可能漲了六倍（米價或許漲了一倍），進而導致海外貿易所用的中式帆船（junk），有不少便從長江三角洲、福建、廣東遷移到東南亞去建造。[80]幾個地區的中國人盡量避免將珍貴木材當燃料燒掉，而改用作物殘餘、禾草和糞肥來充當燃料。[81]到了約一七五〇年，至少嶺南、東南沿海和特別是長江下游這三個大區，都已倚賴外部供給各種生態敏感性物品（ecologically sensitive goods）。這三個地區都進口為數可觀的食物（就長江下游來說，進口占總供給量的一成三至一成八）與木材，且長江下游（會耗竭土壤的棉花的主要產地之一）也會從東北進口大量豆餅肥料[82]（嶺南的棉花大部分來自進口，十九世紀時該地也開始進口較以往還多的豆餅；與長江三角洲不同的，當時該地人口仍持續成長）。

的確，中國高密度的人口，不免讓人以為中國的生態問題比歐洲所面臨的還要嚴重許多，但我們並不清楚是否真是如此。比起歐洲，中國或許較無機會擴大營造業和燃料密集型產業；且比起一個沒有美洲殖民地的歐洲，中國也沒有在維持既有生活水平的能力上面臨較大的威脅。事實上，中國人的生活可能還比歐洲人稍微優裕一些。

受益於水稻的種植，華南的集約式耕種得以持續不輟（在水稻田裡，大部分養份來自水而非土壤，而且一年生的水藻已足以填補連續二十四次栽種所耗掉的氮[83]）；而豬隻（重要的肥料來源）數量似乎也是有增無減。[84]與此同時，拜愈來愈多的豆餅肥料之賜，享有灌溉之利的嶺南稻田，其每單位稻米產量也持續增加，在一七五〇至一九〇〇年可能就增加了一倍。在長江下游（十八世紀時已大量使用豆餅的地區），其產量成長的速度於一八〇〇年後變慢，但有些地方，雖未大量使用新技術，仍似乎持續成長，甚至在一九三〇年代也未停止（合成肥料和殺蟲劑在一九〇〇年後才開始出現，且要到一九六〇年代晚期才普遍可取得）。[85]

旱田地區的生態較脆弱，但比起西歐境內的旱田，情況仍出奇的好。根據我對約一八〇〇年時華北某個以種植小麥、高粱為主的旱田區域所做的粗略估計，每英畝田地所用的糞肥，或許比西歐多了四至六成。對於這種糞肥的品質，我們所知甚少，但我們有理由認為它的品質比西歐的還要好，且施肥的方式較能保住其養份。[86]更重要的，典型的華北農場在平均六年一個循環的輪作裡，會種上三次可固定氮的大豆，與此相對的，在假設平均混合的農牧輪作裡，則是每六年種兩次可固定氮的三葉草（在中國和歐洲實際的輪作情況，都因地而有很大不同）。附錄B估計了以華北和英格蘭小麥田為樣本的氮耗竭率。這一估計談不上精確，但仍顯示在土壤養份的保存上，華北（或許只有在棉花田是例外）優於歐洲「先進」農業的核心地區。[87]此外，覆蓋華北許多地方的黃土還具有一重大優勢：由於黃土的毛細作用特好，因此能從地表底下異常深的地方吸取水和礦物質。若用某地理學家的話說，這使黃土只要能保持濕潤就能有效地「自我施肥」。[88]我們手上的證據強烈顯示，在十九世紀中國的許多地方，其每單位作物產量仍是持續成長的，即使沒有進口肥料或人工肥料的加持亦然；因此我們沒什麼理由認為在某些特定區域之外有很嚴重的土壤問題。相對的，如果沒有鳥糞和他地開採的肥料進口，英格蘭和其他地方的許多農民將無法維持他們約一八〇〇年時的產量水平。[89]

在歐亞大陸兩端，纖維短缺可能都是個較為嚴重的問題。在中國，誠如先前已提過的，人均棉花產量在十八世紀中期至十九世紀晚期這期間可能大減，但總產量則未有類似的減少。但即使是這樣的成就，土壤仍可能要為此付出很大的代價，至少在未從東北進口大量豆餅肥料的區域是如此。當然，其與歐洲最主要的差別在於，從十八世紀晚期起歐洲便已進口愈來愈多的纖維，最多的是美國棉花，其次是印度棉與埃及棉，後來還有來自澳洲、紐西蘭的羊毛。

中國在森林覆蓋率和燃料供給方面碰到較為嚴峻的問題，但大概仍沒有我們所常以為的那麼嚴重，而且（出人意表地）顯然還比西歐還輕微。據凌大燮（Ling Daxie）的估計，林地在約一七〇〇時占中華帝國所有土地的兩成六。[90]如果扣掉與帝國其他地方關係不大的四個偏遠、人口稀疏的地區（西藏、新疆、青海、外蒙古），則中國其他地方的林地占比數據會是三七・二％。而且，凌大燮很可能太低估了華北平原的林地所占比例。[91]

然而，凌大燮的數據是針對一七〇〇年，當時清朝的人口暴增潮才剛開始。那麼一八〇〇年的情況會更糟到什麼地步？十八世紀時肯定有許多林地被開闢成為農田，特別是在玉米、甘薯等進口作物的傳播，使人得以耕種原本不能耕種的土地之後；而從長遠來看，開墾山坡地也會造成生態災難。與此同時，從湖泊和河床闢出的新生地愈來愈多，導致河川流速變慢、河床更快淤積、水患加劇。但這些問題得在多年後才變得嚴重，而在一八〇〇年時，它們很可能和其他人口稠密地區所面臨的問題一樣輕微。例如說，移居高地導致水土流失和水災變多的模式，在高度發展的日本畿內、關東兩地區也明顯可見，而且似乎還比長江流域早上至少五十年就達到水患幾乎永遠不退的境地。[92]

讓我們先從長江下游談起。這是中國境內與歐洲英格蘭、荷蘭或日本關東、畿內之類富裕但生態吃緊的區域最近似的大區。在十八世紀中葉的長江中游和下游地區，抱怨低地過度開拓之事已是到處可聞；但大體上講，因拓地而被犧牲的資源是水，而非森林，而且其造成的問題（大部分在排水上）尚不嚴重。[93]而在一七八〇年代之前，抱怨高地開墾造成生態問題的反而較少[94]（對社會問題的抱怨則另當別論，因為開墾高地者有許多是來自其他地區的移民，使「本地人」與「移民」起衝突時有所聞）。大部分長江三角洲的土地是透過填海、填濕地所闢出，而非清除森林所闢出，因而境內樹木始終少於華南大部分地方；包括大部分長江三角洲的江蘇省，乃是南方省份中唯一一個在西元前二七〇〇年時森林覆蓋率似乎就不到五成（四十六％）的省分。[95]而凌大燮估計，一七〇〇年時的江蘇（主要由長江三角洲部分地區和華北平原的南延伸段構成），其森林覆蓋率約為五％。這使該省能和華北森林覆蓋率最低的地方，以及十八世紀的英格蘭來相比較。[96]

但森林距離長江三角洲並不遙遠。位在江南南緣之外的浙江丘陵，晚至一八〇二年時仍有森林覆蓋，且在整個一八四〇年代持續有新開墾地出現；事實上，開墾速度在一八二〇年後開始加快。[97]而可歸因於山坡地開墾的第一個水災例子，也直到一七八八年才見諸記載。[98]福建東南沿海地區（一如江南人口密度高且是造船重鎮），似乎早在十六世紀就有山坡地森林砍伐、水土流失加劇，以及水災等嚴重問題，但這情況後來似乎趨於穩定而非日益惡化。[99]

儘管長江下游的生態問題日益嚴重，但大概得要到進入十九世紀許久以後，才變得比歐洲與日本核心地區還嚴重。誠如後面會提到的，十九世紀歐洲最發達的地區已靠著地下和海外資源來大幅紓解生態壓力，而日本則是日益倚賴從遙遠外海漁業取得的食物和肥料來紓解這類壓力，只是紓解程度不如歐洲。[100]但即使有這樣的紓解，日本人口從約一七二〇至一八六〇年便始終停滯不前。有些學者也主張，儘管日本所得水平已格外的高，但日本的人均所得從十八世紀中葉開始便處於停滯狀態。[101]

就嶺南這個大概是中國商業化和人口密度第二高的大區來說，我們已可對其森林砍伐和燃料供給壓力作量化研究。雖然這個地區到了十八世紀晚期時肯定也受到生態問題所苦，但其木頭供給量仍大於「島嶼歐洲與半島歐洲」的許多地方，情況甚至很可能比法國（常被人拿來與已開發但森林遭砍伐的英國相比）還好[102]（嶺南在一七五三年時有一千七百五十萬人口，一八五三年時達到三千零五十萬；[103]法國一七八九年時人口為兩千六百萬，土地面積比嶺南大了四成左右）。

凌大燮估計約一七〇〇年時沿海省份廣東的森林覆蓋率為五四．五％，其鄰省且正漸漸成為廣東米倉的廣西則是三十九％。[104]一如中國其他地方，一七〇〇年開始的人口暴增潮令森林受創甚巨；但與長江下游不同的，嶺南的人口成長勢頭，歷經十九、二十世紀，久久未衰。到了一九三七年，廣東的森林覆蓋率可以說只剩下約一成，廣西則只剩五％。[105]但我們欠缺這中間時期的數據，因此還必須做些估計。

一個簡單的作法是利用人口趨勢。根據馬立博所編的數據，我們能算出人口成長與森林消失之間的平均關係：在廣東每增加一人，就表示森林減少約〇．四公頃，在廣西每增加一人，則表示減少〇．六公頃[106]（廣東除了開墾森林也開闢海埔新生地，還有許多非常集約的稻田，以及與廣西不同的，也進口稻米，因此兩廣之間的這個差距可以說得通）。透過馬立博每隔二十年估計一次的人口數據，我們就可利用這些平均數算出到某個年份時會有多少森林消失。這個方法很粗略，其偏差很可能使**較早**年代的情況看起來實際上的例子還糟糕。[107]計算結果可參見表三。

我們從表中可以清楚看到林地持續減少的趨勢，但一八五三年時嶺南的森林覆蓋率仍有將近兩成五，而當時人口密度則是每平方公里約七十七人；相對的，法國的森林覆蓋率在一七八九年時已降到一成六，且當時人口密度仍低於每平方公里五〇人。[108]

正因為嶺南人口密度高於法國甚多，其較高的森林覆蓋率可能還是會掩蓋其木頭較稀缺的事實。為查明這一點，我制訂了兩個簡單但人為的衡量標準。其中一個是「人均可永續燃料供應量」，用來估計在砍伐量未超過林地正常生長量的情況下，每年可採收到的熱量（以噸煤當量為單位）。另一個是「人均工業木頭供應量」，用來估計可供用於其他用途（從造紙、營造到作為鍛鐵爐燃料等）的木頭量，並假設家庭基本燃料供應需求得到滿足（但不超過也不浪費木頭）。

可能會有論者主張，若根據這兩個衡量標準，法國的情況會優於嶺南，因為依賴每一公頃森林的人少了許多。但至少有四個因素能反駁這個說法。

第一，華南的人均燃料需求大概比法國低了不少，因為較溫暖的氣候較不會有取暖的需求，且中國人的炊煮方法比歐洲快上許多又更節省燃料；此外，中國的爐灶設計，不管是在炊煮上還是家庭取暖上，都普遍比歐洲的爐灶和（尤其是）敞開式壁爐還有效率。我在計算廣東的燃料供應量時（見附錄C），已配合這些差異做了一些調整，但幾可肯定低估了它們的影響。[109]

第二，中國栽種樹木和撿拾薪材的運輸成本極低，因為其主要是在每家每戶的院子裡或附近種植小規模樹叢，並較倚賴從濃密的小森林撿拾薪材。因此相較於歐洲會把小樹枝

表三　嶺南森林面積，一七五三～一八五三

	林地面積（單位：公頃）			森林覆蓋率（單位：百分比）		
	廣東	廣西	嶺南	廣東	廣西	嶺南
1753	9,000,000	6,500,000	15,500,000	45	35	40
1773	8,200,000	6,020,000	14,220,000	41	32	37
1793	7,440,000	5,660,000	13,100,000	37	30	34
1813	6,560,000	5,240,000	11,800,000	33	28	30
1833	5,760,000	4,940,000	10,700,000	29	26	28
1853	4,880,000	4,700,000	9,580,000	24	25	24

和其它易燃物流在森林裡，中國較有理由將它們一併撿去當柴燒。我們無法確定這造成了多大的差異，因而會在計算時略去這差異，但考慮到中國農家普遍會用額外勞動力（往往是婦女和小孩）來盡量利用資源，以彌補較稠密人口的生態成本，因此上述差異的存在也就不就不足為奇[110]（一般來講，比起歐洲大部分統治階層成員，中國菁英很少打獵騎馬，因此比起其他大部分定居型社會的支配團體，中國菁英也較少花心思保留大片土地供低密度用途。從這個情況來看，相對較缺乏大片森林一事也同樣不讓人奇怪。[111]這導致中國的土地利用效率較高、閒置資源較少；然而閒置資源較多，反倒成了日後歐洲的「落後優勢」）。

第三，在亞熱帶的嶺南，每棵樹的年生長量幾可肯定大於法國。雖然我們可以估算出這一差異並納入計算，但我並未這麼做；這是另一個讓我們的比較不偏袒中國的方式。

第四個因素或許最為重要：中國農家所使用的燃料，有許多不是來自樹木，而是來自作物殘餘。因此，在法國，每當有林地被開墾為農地，都意味著該塊土地所能供給的燃料徹底消失，而在中國，開墾出的農地還是可以生產燃料。燒農作物的殘餘不免危害環境，但未必構成大問題。同時，雖然此舉將使原本會回歸土壤的有機物無緣造福土壤（因為軟體蟲、細菌、真菌會把植物分解為可供植物吸取的養份），但據我們對氮流量的估計，這也不是大問題。另一個無法計算但或許更嚴重的問題，乃是從田裡移除作物殘餘往往使更多土壤遭風蝕而流失。這個問題在華北比嶺南嚴重許多（後面會探討此點），因為華北一般來說擁有較砂質的土壤，因此從收割到下次長出根足以牢牢固著土壤的植物，得等上較久許多的時間。為了便於比較，我會先忽略這些成本，至少在探討嶺南時是如此，然後估算燃燒作物殘餘的這一作法在滿足該地區燃料需求上的功用。

在綠色革命之前所生產的稻子（和其他小型穀類植物），其可食用的部分還占不到全身一半的重量；因此，如果我們假設作物殘餘的數量相當於可吃之稻米的產量（我們對此產量已有相當清楚的瞭解），我們就肯定不會高估作物殘餘的數量。但有些作物殘餘也用於飼養牲畜，尤其是豬。雖然我們沒有任何一九二〇年代前中國所養牲畜的統計數據，但有理由認為豬（主要的肉類來源）與人的比例改變不大；這使我們得以從二十世紀的數據往回推算出十八世紀的數據。我假設每人擁有用於幹活的其他牲畜的數量和二十世紀時的華北差不多；這幾可肯定是高估的，因為嶺南農民耕地的面積比華北農民小了許多（欲更瞭解資料來源、假設與計算過程，請見附錄B）。

若把這個方法用在一七五三年嶺南的食物產出上（一如馬立博所重建的），我們可以得出以下結論：可供作為燃料的作物殘餘產生至少人均〇．〇八噸的煤當量，差不多是今日亞洲開發銀行所估計的最低需求的四分之一；更有可能的數據是人均〇．一六噸煤當量（十八世紀農民所使用的燃料不可能比今日據認必需的燃料還多，因此假設他們使用的燃料比今日還多、從而認為他們面臨嚴重的燃料危機，是十分荒謬的）。為了防止高估，只要不是由種植穀物、甘薯、豆類的土地所產生的作物殘餘（涵蓋相當廣的作物），我都完全不予計入。馬立博估計，一七五三年嶺南人口所消費的食物，很可能產自該地區僅僅三成的耕地。因此，即使在馬立博的產量估計得減半這個不大可能發生的情況下，整個嶺南地區專門用於種植其他作物的土地面積，肯定也超過總耕地面積的四成。而這樣為了防止高估而不把來自這些土地的殘餘物計入的作法，無疑也會過度修正了對利用作物殘餘獲取熱氣的樂觀估計。

接下來我們可以談談一七五三年和那之後的燃料供應量。把嶺南地區每隔二十年增加的人口計入，再加上適當數量的牲畜，同時假設多出的耕地只滿足了那一人口的食物需求（即使這項假設並不可能發生），並使用前面計算出的森林面積減少的數據，就會得出表四和表五。表四說明嶺南潛在人均燃料供應量的改變情況；表五則說明如果每年所取走的森林產量不危及森林的永續，以及若先扣掉為滿足可取得之作物殘餘與家庭最低取暖、炊煮需求之間的落差所需的數量，還有多少木頭可供用於其他用途。

這些數據雖然不精確，卻仍點出了兩個重點。一方面，我們瞭解到即使在使用資源很有效率的經濟體裡，人口成

表四　在木頭沒有其他用途下的人均總「燃料」供應量

（單位：噸煤當量）

1753	1.75	1813	0.99
1773	1.45	1833	0.83
1793	1.19	1853	0.70

表五　家庭燃料需求之外的木頭供應量

	林地（單位：公頃）	燃料所需的林地	剩下的林地	人均「非燃料用」木頭（單位：噸）
1753	15,500,000	1,650,000	13,850,000	2.85
1773	14,220,000	1,675,000	12,545,000	2.25
1793	13,100,000	2,260,000	10,840,000	1.73
1813	11,800,000	2,469,000	9,331,000	1.32
1833	10,700,000	2,956,000	7,744,000	1.00
1853	9,580,000	3,339,000	6,241,000	0.74

長都會迅速地吃掉木頭供應量。當我們記得表五裡的「非燃料用」木頭得用在許多建築、獸拉車、船和其他必需品上時，就能夠清楚看出任何產業（使用燃料來漂白、染色的紡織業亦然）成長所需的能量供給都正迅速減少。於是，只要市場手工製品的成長有助於推動人口成長，這一股力量終將關上通往「勤勞革命」與工業革命的生態窗口；也就是說，除非大規模改用化石燃料和進口初級產品，否則這樣的結果似乎無可避免。事後來看（僅管只是事後來看），即將到來的生態瓶頸似乎大大抑制了人口進一步成長與人均所得成長，也抑制了走出農業的可能性。

另一方面，這些數據並不意味著馬爾薩斯式危機就要到來，甚至晚至一八五三年都未意味著如此。嶺南的情況似乎比法國在更早期所面臨的情況還要好（法國已幾乎是西歐森林砍伐最嚴重的地區）。一五五〇年左右，法國的總潛在人均燃料供應量是二・三噸煤當量，也就是滿足基本燃料需求後，人均可採集木頭為三・六噸；到了一七八九年，這一剩餘量幾已蕩然無存。如果所有可採集的木頭都被燒掉，燃料供應量會是約人均〇・六四噸煤當量，而如果燃料消耗量維持在布勞岱爾所估計的人均〇・五噸煤當量，則會留下人均約〇・二九噸的木頭可用於其他用途。從這個角度來看，就連中國某些人口較稠密的地區，都沒有面臨特別嚴重的生態問題，日子過得似乎比經濟發展程度相近的歐洲地區還要好。

最後，我們還得思考華北地區。這個旱田地區不只無法享有水稻的好處，還得肩負供養中國首都（始終是世上最大城市之一）的重責大任。到了一九〇〇年，華北許多地方已是生態災難區，而且學界普遍認為這一情況已存在很久。凌大燮的一七〇〇年數據意味著當時山東、河南這兩個華北省份的森林砍伐已很嚴重（森林覆蓋率分別只有一・三％和六・三％）。完全位在華北大區的第三個省，直隸省，情況好了許多（二二．七%），而只有局部位在華北的山西省亦然（一八．八%）。儘管如此，華北的情況還是很令人憂心。

整體而言，中國北部和西北部這兩個大區大概是中國境內生態問題最嚴重的地區。中國西北部人口稀疏，因此我們暫且忽略該地區日益惡化的問題（儘管對當地來十分重要），而把重點擺在人口多上許多的鄰區華北。事實上，誠如第三章提過的，無論是從人均還是絕對數字的角度來看，華北非糧食作物的產量在一七五〇至一九〇〇年間都是下跌的，因為該地區愈來愈多土地得用於生產糧食。但即使在華北，約一八〇〇年時的整體情況並不進然都如此慘淡。儘管提高生活水平的可能性不大，但從生態的角度來看，保持穩定的生活水平和某種程度的人口成長，似乎還是有可能達成的。

一六九六年沿著大運河旅行的法國傳教士杜赫德（Du Halde）在其著作中提到山東南部有廣袤森林，而那裡正是華北森林砍伐最嚴重、人口也最稠密的省份之一。[112]整個十八世紀，兗州附近地區（距杜赫德筆下人物所看到的森林不遠）不斷地利用大運河把薪材往北送到臨清的朝廷磚窯。儘管運送的薪材不多，但這事也意味著山東並非如凌大燮所言那麼缺乏林地。[113]即使晚至一七九三年，據訪問北京的英國代表團成員喬治．斯當東的描述，也呈現出一幅複雜的景象。斯當東指出，在華北平原大部分地區的樹木都「分布稀疏」，[114]但同時也指出在某些地方，通常是墓地附近，有著大片樹林。[115]他認為，儘管他所看到的華北鄉村往往貧窮，但一般來說卻不缺基本必需品。他還指出華北高粱的根，通常被拿去燒成灰來當肥料，但當「**燃料不足時**」，也會拿到家裡充當燃料燒。[116]最後，斯當東指出華北境內的大運河兩岸，種著成排的楊柳和其他植物以加固堤岸。[117]儘管這些樹為數不多，但也意味著燃料短缺還不嚴重。等到二十世紀、當人們對木材的需求真的無計可施時，根本不可能防止這些樹被人盜砍。[118]

凡是量化的估計都必然很粗略，但根據二十世紀數據往回推，卻有可能得出合理的推測數據。我以山東西南部二十七個縣為樣本，這些縣在一八〇〇年時的人口大約是五百萬。到了一九三〇年代，此地燃料短缺的嚴重程度，在整個中國已是名列前茅，每年人均燃料供應量差不多是〇・〇九噸煤當量，比當時孟加拉或非洲撒赫勒地區（Sahel）的最慘地區還要慘。[119]因此，如果連這個地區在約一八〇〇年時的生活都似乎還過得下去（如斯當東的說詞所示），就難以不叫人驚訝。

根據一項粗略但非常保守的估計，山東西南部這個地區在一八〇〇年時的燃料供應量是每年〇・六二噸煤當量，比布勞岱爾對同一時期法國能源使用量的估計數據還高了約兩成，更比當代所估計的最低維生供應量高了將近一倍。儘管在該地的燃料供應量裡，大概有超過四成來自作物殘餘，但這個地區一八〇〇年時似乎可能還有至少一成三的林地。[120]這將使可供用於其他用途的木頭所剩無幾（例如鄉村房屋用到許多曬乾磚坯），更別提用於促進工業成長；燃燒作物殘餘，長遠來看可能會導致侵蝕加劇和土壤養分流失（特別是與往後數十年進一步的森林砍伐和稍後會討論的地下水位下降一起發威的話）。但在一八〇〇年時，此地的整體情況似乎並不比西歐大部分的地方還差。

因此，儘管人口稠密，一八〇〇年時中國土地所受壓力大概未比歐洲（或日本）大上多少。

至少就森林和土壤來說，中國的衰敗速率大概比十八世紀的西歐還慢。

在其他領域，歐洲可能也擁有更大的生態緩衝（ecological cushion）來減輕生態衝擊。例如，由於複種制在東亞較盛行，使東亞在十九世紀上半葉北半球氣溫降低（亦即太陽能突然減少）時，較難抵禦隨之而來的衝擊。[121]比較可以確定的是，歐洲仍有大量因為水源充足而得以轉化為可耕地的草原和牧草地。一七〇〇至一八五〇年在俄羅斯以外的歐洲所新增的農地，有將近三分之二來自這些牧草地，而人口、建制方面的歷史則顯示，這一轉化大部分發生於一八〇〇年之後。但在中國（或更精確的說，在中國的中亞），大部分尚存的草原屬半乾燥草原，新增的農地幾乎全來自於清除森林或與水爭地。[122]因此，由於歐洲得天獨厚地擁有相對較豐富的水資源，可能使其有更多的空間來處理土地壓力的問題。

土地與水資源在其他方面也彼此相關。中國人用心撿拾小樹枝、作物殘餘等物，既解決燃料短缺問題，也使被開墾的地較少，得以留下較多的樹，但在其他方面，這一作為就沒那麼理想。森林砍伐最終導致土壤侵蝕和水患。就前者來說，誠如先前已指出的，在十八世紀的中國，嚴重程度或許和歐洲一樣；就後者而言，中國的情況則比歐洲嚴重。森林砍伐也導致土壤乾燥（因為森林被砍後的地區，降雨量變少，地面水份蒸發率變高，低矮植物將直接曝露於陽光下）。尤其是在乾、濕季頗為分明地華北，其氣候模式較類似某些地中海、熱帶地區，而比較不像北歐；[123]隨著境內森林消失，這一模式大概只會更加惡化。此外，隨著黃土愈來愈乾，它不再能透過其特別強勁的毛細作用從底下提供額外養份給植物。最重要的，黃土質地非常輕，且隨著森林砍伐移除了亟需的防風林後，黃土特別容易受到侵蝕（一九三〇年代發生乾旱塵暴期間的美國大平原，其所喪失的土壤中，有許多也是黃土）。

因此，歐洲處理其燃料短缺的方法，可能比中國的方法更能符合生態保育需求（甚至在煤業勃興之前就是如此）。在此應該強調的是，這不是因為歐洲人有意識藉由維持森林覆蓋率來防止乾燥。雖然在某些歐洲人的熱帶領地（森林砍伐對氣候的影響較明顯許多的地方），已開始採取這類作為，但這些觀念（有一部分從中國、印度那兒學來）要到後來才在歐洲產生影響。十八世紀歐洲對樹木的保育做得並不多，而且完全是為了取得足夠的營造用（特別是造船用）和燃料用木材而這麼做。[124]

缺水可能已是十八世紀晚期華北部分地方的嚴重問題，但以我們現有的瞭解還無法對此作出明確的論斷。十九、二十世紀期間，地下水位大幅下降，達到可能帶來危害的程度；事實上，如今華北許多城市正同時面臨水資源短缺和地下水位嚴重下降的問題。[125]但在十八世紀晚期，這兩個問題大概還不那麼嚴重。當時的華北農民發覺必須挖更深、更高成本的灌溉用水井，尤其是如果想種棉花的話（當然長遠來看這無異於飲鴆止渴）。[126]然而，一份一七七一年對緊鄰北京南緣的地區所做的調查，顯示仍有一百一十七處水泉和五座大湖存在，且與一四二〇年的情況相比幾無改變。[127]在山東首府濟南附近和山東西南部地面水的消失，也似乎主要出現於十九世紀晚期和（尤其是）二十世紀。根據一八三九年的《濟南府志》，歷城縣內有湖七座、泉一百五十處、井十一口、池十四座、灣十八個；該志具體提到，該縣七十二處名泉中，已有兩泉消失，並列出過去（有時是遙遠過去）見諸記載但老早就消失的另外七道泉和兩座湖（這個區域的前一部地方志完成於一七八五年）。[128]這意味著當時地下水位有所下降，但還不到劇降。然而，到了一九二〇年代，幾乎各方面的記載都更詳細得多的歷城縣志，這回提到只剩下五座湖、四十處泉、五座池，以及四條小溪；該志具體指出，七十二處名泉尚存者已不到一半（一八三九年時還有七十處泉存在），而且另外列出多個已消失或大幅縮水的水域。[129]因此，任何十八世紀水井和地下水位下降的問題，都可能是日後問題相對較輕微的先兆；而到了一八五〇年後，該問題便急速惡化。

我們已能藉由後見之明，看出中國與歐洲兩地在生態與經濟關係上的某些重大差異。歐洲較難憑著本地生產來擴大其衣用纖維和木頭供應量，因為歐洲農業相對較不集約，（與東亞相比）勞動力供應有限（進而會妨礙亞麻產量的增加、較細心的燃料收集和作物殘餘的使用），而且歐洲可能根本沒有機會以和十九世紀人口成長相當的速度擴大其食物供給。不過，事實表明，歐洲可以透過長程貿易（先是棉花、鳥糞、糖、木船、松脂製品，後來是穀物、肉類、原木）來處理這些短缺問題。而另一方面，中國和日本則透過勞力密集和（後面會提到的）國內貿易，在國內滿足較多這類需要；而且中、日這麼做時，並沒有使自己立即陷入生態困境。然而就長遠來看，至少中國為此付出了不小的代價：其水資源供應的安全餘裕縮小，且（或許）易受寒冷天氣的危害。而這兩個問題，都不是透過貿易甚或今日可輕易取得的技術所能解決的。

中國邊陲地區的生態安全餘裕相對較小，這使那些地區易因為官方效率或投入心力的降低而受害。官方心力的投入有助於處理這些問題，但這一投入在十九世紀中葉時劇減。富裕的長江三角洲長久以來被認為會處理自己大部分的水資源控制和其他生態問題，因而較不受這一降低的傷害，但卻大大受害於十九世紀的內戰和鴉片進口暴增等國家新憂患與新走向的問題。[130]

最後，人們一旦靠著集約式農業和燃料收集來養家活口，就很難改弦更張、改採歐洲的方式來解決問題。而日後的事實表明，歐洲的那些土地與生態問題可以透過殖民地、技術和化學予以解決。[131]反觀中國，即使是在當代的條件下，也很難（如歐洲那樣）使足夠多的中國人口投入出口導向工業、進口更多的初級產品。這不只是因為要動用到的人口太多，還因為許多這類「剩餘」的勞動者不像在原始工業裡的「剩餘勞動者」，無法在不加劇農業產出短缺的情況下投入工廠生產。

簡而言之，十九世紀的中國不像歐洲有著那些能夠抑制生態衰退的改變。中國沒有從效率極低的土地使用模式所產生的閒置資源，例如公地共有制、三田制或專供愛馬貴族使用的牧草地。中國也沒有像歐洲一樣因較重鐵犁技術的散播中獲得好處（深犁地有助於減緩土壤侵蝕），即便這項技術在中國已盛行數百年。中國同樣也未能如歐洲一般引進植林的思想與技術。此外，貧困的農民也無法像歐洲一樣，以工業城市或美洲作為另一條出路。而且誠如第二章曾提過的，儘管邊陲地區的人民希望前往正在發展原始工業的長江三角洲尋覓賺錢機會，但社會習俗減少了其對當地生態所可能提供的紓解作用。中國既沒有勃興的煤業來取代薪材的使用，也沒有來自「新世界」的大量土地密集型物品。從一八〇〇至一八五〇年，中國人口成長速度大概低於歐洲（一七五〇至一八五〇年間的成長速度則差不多），且人口成長都集中在華北和長江中上游地區，而這些地區本來都是長江三角洲取得初級產品的重要來源地。因此，如果我們把中國在一八〇〇年左右時可能已在生態上變得比歐洲脆弱的幾個方面（肇因之一是纖維生產仍自給自足）加在一塊，並考慮到中國沒有建制性的閒置資源、較難以改善土地的管理方式，也沒有美洲那樣提供人口出路和初級產品的地方，則中國與歐洲在發展上突然分道揚鑣也就沒那麼叫人意外。我們可以看出中國某些地區的生態在一八〇〇年左右時和歐洲差不了多少（尤其是中國的核心地區），甚至惡化速度還比歐洲來得慢；然而，當歐洲的生態開始趨於穩定時，中國卻開始迅速地大幅惡化。反過來說，我們似乎可以因此想像，要不是歐洲具有多種紓解生態壓力的來源（或至少具有大部分紓解來源），無論是來自新技術、迎頭趕上的技術，或來自「新世界」的意外收穫，則歐洲本來也有可能會陷入經濟轉型較少和環境較為苦難的境地。

經過上述剖析後，我們再回頭檢視丹麥這個例子。丹麥這個西歐國家在某些方面較類似中國與日本，而較不像英格蘭。十六至十八世紀丹麥的海軍兵力和商船數量都突飛猛進（丹麥森林為此受創頗大），而且丹麥也以英格蘭和荷蘭為師，特許一些公司從事海外貿易和殖民地拓展，但丹麥最終未從海外擴張得到多大好處，其土地、燃料、地力問題也都在十八世紀變得嚴峻。儘管如此，在透過國內措施穩定生態上，丹麥做得比歐洲大部分地方好上許多，這些措施包括：有計畫且大規模的用泥灰施肥、將沙丘整闢為可用地、挖溝、有系統的管理森林、在同一塊土地上施行農牧輪作並種植大量三葉草等等。這些是非常勞力密集型的措施，據基亞戈非常保守的估計，鄉村勞動者的人均勞動時數因此增加了五成，[132]而且在許多例子裡，這些措施會需要大規模動用隸農（villein，在十八世紀丹麥隸農仍很常見）。[133]

丹麥的這些作為使農業在一個嶄新且生態上更健全的基礎上成長茁壯，但丹麥在一五〇〇至一八〇〇年間城居人口比例沒有增加，原始工業成長幅度也甚小；[134]儘管有運輸上的難題，但某些燃料密集型產品，包括玻璃，幾乎都仰賴進口。[135]儘管丹麥有為數可觀的資本、良好的運輸體系、參與歐洲科學發展、附近有許多在文化上類似的工業化模式可供效法，這個勞力密集的模式仍然延續到十九世紀。除此之外，儘管在農業、燃料保存、土地管理方面上，長遠來看這些高度勞力密集的作法會使勞動的實物生產力明顯降低，但勞動力仍絕大部分都集中在農業。根據基亞戈的估計，從一五〇〇至一八〇〇年丹麥的農業產出頂多增加了一倍（而且當中有愈來愈多的比例還必須用來支付燃料等進口物品的費用），但勞動力投入量卻增加了超過兩倍[136]（在十九世紀晚期的丹麥，勞動收益的確開始成長，但最初這主要不是因為實物生產力提高，而是因為其鄰邦日益工業化，使丹麥人能以更高價格出售自家農產品）。

於是，一旦走上透過鄉村勞動力密集化來追求生態上的幾乎自給自足這條路，就不易捨棄這條路線，至少在二十世紀化學和機械的發展使農業得以更徹底的轉型之前，還是如此。從這個意義上看，丹麥所走的路線較似於十八世紀和十九世紀初期的東亞，而較不似英格蘭或法蘭德斯所走的路（這也是安布羅索利眼中英格蘭在一場賭博裡所岔離的「農民」路線，而且若非有鳥糞和其他非產自自家農場的肥料可以取得，那場賭博本可能是生態上的一場大災難）。而即使像丹麥一樣針對土地管理投入如此龐大的勞動力，其結果仍只是**接近**生態平衡；其煤進口量於一七四〇年後有增無減，尤其是一八二〇年後。[137]

只有透過後見之明，我們才能較清楚知道歐洲的問題之所以比中國更易解決，是因為有技術變革、建制上的迎頭趕上和「新世界」資源這三者的共同加持。十八世紀晚期的東亞，相較於歐洲，無法被判定為「人口過剩」，因為東亞有較多的人生活水平和歐洲人一樣高，而且在許多方面其生態吃緊的程度還低於歐洲。

就連中國人口在一八〇〇至一九三〇年代的進一步成長（至少增加了一億五千萬，甚至是兩億兩千五百萬），都是在營養水平未有明顯下降的前提下達成的。即使是在社會災難特別嚴重、馬爾薩斯觀念似乎特別適用的二十世紀初期，中國的青壯年人口的平均身高都可能有小幅成長（青壯年平均身高常被人拿來作為替代一般營養程度的指標，儘管這個做法有所爭議）。[138]儘管對非必需品的平均消費量似乎有所減少，但誠如第三章所提過的，這主要是因為人口成長集中在較不發達地區，使得生活水平相對較高的江南等地人民在全國平均消費量裡占的比重變得較小。除了中國北部和西北部這兩個可能的例外，沒有多少跡象顯示中國有哪個地方的生活水平下降。當然，十九世紀中葉頻仍的天災人禍期間例外。由此觀之，如果所謂的「生態危機」意指既有的期望可能不保的話，沒有多少跡象顯示一八〇〇年時（遑論一七五〇年時）中國有「人口過剩」的現象和即將爆發的「生態危機」。我們頂多只能主張，當時存在有某種生態「瓶頸」，抑制了生活水平的大幅改善，同時也出現了某些跡象，暗示中國北部與西北部地區將會有更嚴重的問題發生。

整體而言，歐亞大陸兩端都碰上了嚴重的麻煩。兩地所遭遇之麻煩的程度（單單以國內資源為基礎），差異很可能相當小。歐洲的主要優勢在於擁有閒置資源（閒置資源係對密集使用土地一事設下建制性障礙所留下），而不是因為有較高明的經濟條件而得以實現漸近積累。當我們只把關注的對象侷限於這些地區的內部資源時就會發現，最重要的差異乃是人口成長和原始工業似乎會極快速地關閉通往工業革命的生態之窗（ecological window[4]），使經濟生活和人均資源使用量所產生的劇烈改變可以在任何地方發生。工業革命要能發生，就得在某處找到大量意料之外的燃料、纖維、乃至食物，甚至原始工業如果要能持續成長，就得保住這些東西。

要完全瞭解這些相當意外收穫所具有的重要性，我們得先檢視最後一個大體來講相似的領域。我已在前面主張，拜極高效率（和往往勞力密集）的資源使用方式之賜，中國、日本的核心地區在找出解決土地密集型資源短缺的**本地**良方上，表現較出色。但這些解決之道只能治標而不能治本（就木材來說尤其是如此），而且它們有賴於進口其他非本地的資源（例如用以減輕棉花田之地力耗損的東北豆餅）。簡而言之，歐洲、亞洲的核心地區都需要透過與人口較不稠密之地區的長程貿易，來取得土地密集型資源。只要這個長程貿易是與「舊世界」其他地方進行的合意性貿易，歐亞大陸兩端的核心地區就面臨了類似的機會和限制；但以下我將會提出有力的理由，證明中國的核心地區比西歐的核心地區更成功地運用這類貿易。

與舊世界的邊陲地區貿易以取得資源：以斯密式辦法解決準馬爾薩斯問題一事的共通模式和限制

自由勞動型邊陲地區裡的進口替代

中國、日本、歐洲的核心地區都從人口較稀疏的地區進口土地密集型商品（尤其是能源類商品）。就西歐來說，這指的是從波羅的海和東歐進口穀物、木材、牛，以及後來從「新世界」進口多到超乎需求的產品。就嶺南來說，是指從東南亞、乃至印度進口商品；而江南則主要倚

[4] 編注：窗口（window）在此指的是時機、機會。

賴從長江更上游和其支流運來的稻米和木材，以及從一六八〇年左右開始，倚賴來自東北的木材和大豆。在日本，十六世紀和十七世紀初期的龐大外貿，在一六四〇年後遭到官府嚴厲限制，到了一七〇〇年，除了白銀、絲織品方面的些許貿易，已幾無外貿可言。[139]但核心地區（蘇珊・韓利和山村耕造將其稱為「地區一」）與國內其他地區（韓利與山村所謂的「地區二」）之間發展出了某種內部交換模式。「地區二」似乎在一七二〇年時已達到其所能供養的最大人口水平，並輸出釘、瓦、工具、皮鞋和尤其是紡織品。「地區二」進口前述製造品，並輸出稻米、木材、馬和其他土地密集型產品。外圍地區，尤其是位在極北邊的外圍地區，也是魚的主要供應來源。從十八世紀中葉起，漁貨作為核心地區的食物和肥料，愈來愈受看重，人們也開始往愈來愈遠的地方尋覓漁貨。[140]

土地密集型的進口物得花錢才得以入手，而所有核心地區都想藉由販售製造品，尤其是紡織品，來滿足此欲求；但這一交換模式面臨至少兩個可能的限制。

第一，出口原物料者往往會走上進口替代的過程，並藉由此一過程開始自行製造他們原本進口的物品。而隨著該地區主要出口品的生產收益開始逐漸減少（例如得從愈來愈遠處將木材搬運到河岸才得以出口更多木材時），人們就會開始轉業。在二十世紀，許多第三世界國家的政府便刻意採用進口替代的策略以達成工業化，但長遠來看結果往往不盡如人意。[141]結果，經濟學家往往把進口替代視為一種欲阻止市場之「自然」趨勢的操作，透過運用關稅、補貼等作法來人為地改善工業萌生階段的競爭力。但是在兩百多年前，核心地區與邊陲地區間的技術落差往往不大，而且不管落差是大是小，該落差都沒有受到國際認可的專利權保護。此外，只有極少數的生產過程需要在初期投入大量的固定資本；而相對較高的運輸成本，尤其是體積愈大價值愈高之類貨物的運輸成本，也提供了某種程度的「天然」保護。雖然某幾類產業（例如養蠶和織造）生產過程太複雜，因而新入場者很難與已牢牢立足的生產者一較高下，[142]但還有許多產業生產過程是簡單的。於是我們可以得出一個結論：在一八〇〇年前的世界裡，進口替代並不是個「人力所強加」的過程。在人們可自由轉行從事別種生產、可自主決定要為自己生產何種物品、自主決定要用從其他勞動賺得的現金購買什麼物品（亦即可自主決定要不要參與德佛里斯所謂的「勤勞革命」）的邊陲地區，進口替代的發生似乎相當自然。這一過程只在找不到某些特殊的原物料時、只在需要用到特別複雜之技能的地方、或者有政府或領主壟斷事業阻撓的地方，才會受到阻礙。

事實上，進口替代最後擴及到中國境內那些與長江下游和嶺南有貿易往來的地區。而隨著原始工業發展起來，長江中游原本輸往下游的過剩稻米減少（既因為人口變多也因為有些土地改種棉花以供應本地紡織業者所需），也使該地區較不倚賴來自江南的布。[143]華北在十七世紀時已開始發展自產的紡織業，而隨著這過程在十八世紀裡繼續進行，華北輸往江南的原棉也因此變少。[144]

華北原棉輸出量減少的幅度，大概比長江中上游稻米、木材輸出量減少的幅度來得大，因為華北固有的人口成長抑制機制較少，而且面臨的生態問題嚴峻許多。一如長江中上游，一七五〇至一八五〇年華北人口成長幅度超過帝國的平均值。但就和長江下游一樣，長江中游的人口成長本身似乎具有自我調節的作用。十九世紀中葉內戰前的幾十年裡，隨著土地和水資源益發短缺，該地區人口成長的速度也變緩不少。此後大概花了五十年，人口成長才從內戰的摧殘中復原。[145]儘管長江中游地區的土地與水蒙受極大的壓力，但人口成長的放緩似乎來得頗快，因而得以避免重大的生態危機或經濟危機。一個評估人口成長導致生態壓力的有用指標，便是洞庭湖（中國第二大湖）的湖面面積。居民們填湖、開闢出不少新生地，使得洪患大增，並使該湖面積從一八二五至一八五〇年似乎減少了將近八百平方英哩（占該湖原面積的一成三）；但那之後直到該世紀結束，洞庭湖的面積大抵變動不大。[146]

另一方面，儘管發生一連串影響甚久、不折不扣的生態災難，華北的人口仍持續成長，幾乎未有停頓，而且從一九五〇年代起更是加快成長。在一八五〇年前後，華北人口成長最快速的地方，出現在華北境內大體來講最窮的省份河南。[147]我們並不清楚原因，但晚近對中國其他地方生育控制的研究，或許可提供一些線索。

李中清和王豐在他們論及中國人口體系的劃時代新作中，強調了親族的角色。親族透過宗族組織或住在一塊之數戶的戶長來發揮作用。親族對婚姻內生育的約束是不可或缺的，並能透過收養來彌補這類約束所帶來的損失，以在夫妻膝下無子時合理保障老年生活安穩和儀式傳承不輟。[148]已有論者主張，讓已成家的兄弟間仍保有牢固聯繫的社會安排，可以提供某種保險，使人較不需要透過生養更多小孩來避險。[149]在華南，宗族組織特別強大（但宗族組織的家戶組成，其複雜程度平均來講和華北一樣低[150]）；而在遼寧，由數戶共同組成的團體也特別普遍（遼寧是李中清和王豐鄉村資料的另一項主要來源）。

但大體上來講，宗族勢力在中國北部和西北部並不強，而由數戶共同組成的團體，（據的確零星的資料顯示）在此也遠不如在遼寧那麼常見，反而比較多是基本上獨立自主的核心家庭。在華北，兄弟分家產時（不管父親或母親是否還健在），比較不可能像華南一樣，搬離或創造出歸更上層家庭單位所有之房產。[151]即使原擺放家族祖先牌位和祭台的房間，都可能轉作住房或被分割，變成每個兄弟各有自己的祭台（即使各兄弟仍圍著一個共有的院子而居）。[152]在這樣的情況下，很難想像華北的大家庭能像江南、遼寧那樣，以具體作為和觀念宣導的方式，強烈左右核心家庭裡所做的生育決定。於是，說不定是別種親屬體系，使在中國其他某些地區裡成為抑制人口成長之重要力量的家戶機制，在中國北部和西北部只起到相對薄弱的作用，從而使這些地區更接近馬爾薩斯、哈伊納爾等人所誤認為適用於全中國的人口動態。

不管華北人口急速成長的原因為何，該地區人口密度在一八四〇年代時可能已超過長江中游五成，儘管華北有著水資源較少、作物生長季較短與其他劣勢。[153]到了一九五三年，華北人口密度已超過長江中游七成。在這樣的情況下，與長江中上游不同的，華北在一七五〇至一九〇〇年間非糧食作物的人均生產量幾可肯定曾經減少；絕對生產水平甚至說不定也降低。而如果原棉產量減少且當地又將更多的棉花紡成紗，則輸往江南的棉花勢必會大幅減少（詳見附錄F）。

不管邊陲地區的這些發展過程，是像長江中上游那樣達到相對較良性的平衡，還是像在中國北部、西北部那樣未能達到平衡，這些發展過程都限制了較進步地區持續成長和更專業化其製造業的能力。但在我們繼續談這些後果之前，值得進一步探討這個過程的起因。

截至目前為止，我都把這個發展說成是理應出現的「自然」過程，如果邊陲地區擁有大體上自由的勞動力、也沒有特殊的限制因素（例如殖民地壟斷制）的話。然而，實際情況更為錯綜複雜。我們仍不清楚是什麼因素促成這些邊陲地區人口的成長，但外部對它們產品的需求和謀生機會變多一事，肯定起了某種作用。

人口增加和原物料出口減少之間的關聯也不非那麼單純。在實行旱作的華北，光是勞動力投入量的增加，並無法使產量大增；而人口成長和環境不堪負荷則大概可以說明為何該地區有那麼多剩餘的勞動力得以投入手工業，以及原物料出口為何減少。[154]光是人口成長本身，就已是木材生產地區出口為何減少的主要原因，因為糧食作物會與森林搶地，而當時對如何提高每單位面積木頭產量的知識還很粗淺。[155]

在長江中游，剩餘勞動力也很可能提高了稻米產量；但我們並不清楚為何勞動力變多以後，剩餘勞動者卻沒有比過去更加專注於增產稻米，也不清楚他們為何不自產布而是向外購買。事實上，珀金斯的零星資料顯示，在長江中游湖南省某些最出口導向的縣裡面，其每單位面積稻米產量的確隨著該省人口達到飽合而劇增。十八世紀時達到長江下游水平的約六成，而十九世紀期間便已趕上。[156]該地的耕地面積也大增，推測大多是出現在較落後地區。[157]考慮到湖南人口從一七七五至一八五〇年增加了約四成（從一七五〇至一七七五年年均成長率大概更高，但相關資料非常貧乏），[158]因此該省很可能得以維持住其人均食物產出，從而增加該省可輸出的剩餘食物。然而，湖南的實際出口數字卻是下滑的，因此我們不得不推斷，雖然湖南各大出口縣份的產量增加幅度原本可能和其他許多地方相當，但之所以最終未能達到此一成績，至少有一部分的原因是人們選擇將勞動力用在別的用途上。許多清朝的官員就是這麼認為的，這些官員把推動二期稻的失敗，歸咎於農民不願付出必要的勞動力，哪怕當地環境就是適合如此輪作。[159] 此外，另一個導致出口下滑的原因是，那些把較多勞動力投入非穀物生產的人（不管是織布的低地婦女，還是種茶的高地男女），都仍會消耗稻米，從而減少可輸出的剩餘稻米。因此，勞動力如此重新配置並非不可避免的。

儘管勞動力投入生產出口品所帶來的實質收益逐漸減少，但初級產品的價格卻可能會升高到足以使持續專業化生產比多樣化生產還划得來的程度。雖然前現代較昂貴的運輸成本可能會助長地區的自給自足，但河上與沿海的運費往往不高，是以中國的邊陲地區能繼續將大量（但愈來愈少）體積愈大就愈值錢的物品運到江南和嶺南。不免有人會因此認為，那些不希望船隻空船而回的發貨人，會以令人心動的運費招攬江南出口品的承運（儘管要在逆流回航時增加載重是一件比順流而下江南時更棘手的事）。因此，我們還須對長江中游的原始工業化提出更進一步的解釋，無論這個工業化是透過**抑制**出口進一步成長的力量，還是透過**助長**地區內多樣化的力量來達成。

有個可想而知可能發生的情況（儘管只有少許資料可供瞭解），可能與當地的運輸成本有關。一般在大區裡，最肥沃、交通最便利、而且最靠近主要交通動脈之河川地區，會最先達到人口飽合。接著，人口成長便會開始不成比例地出現在遠離這些主要動脈之處，而要從這些地方運出大體積的貨物會有很高的成本。由於中國人均擁有的大型馴化牲畜少於歐洲或印度，也因此儘管（如第一章裡所主張的）中國在**整體**運輸能力上並未居於劣勢，但運輸成本卻可能隨著與河岸的距離而暴增。但這頂多有助於解釋為何出口未與邊陲地區的人口、耕地面積、總產出同步上揚，並未解釋為何已定居在交通便利之地附近的人，在十九世紀時出口反而較少，除非我們能證明他們開始拿初級產品換取在較晚開發地區的物產。

這個說法可以適用在定居於主要河谷之外的某些群體。這些人在十八世紀晚期和十九世紀初期開墾並耕種山坡地，而且他們的人數急速增加。這一定居山坡地的現象，老早就有人認為與中國採用會在高地和劣質土壤上生長的外來糧食作物（甘薯、馬鈴薯等）一事有關。[160]於是，山坡地開墾一事就符合馬爾薩斯的理論，亦即人口變多迫使人移往較劣質的土地，而新作物的適時出現，則又使他們得以在那裡存活，或者新闢的糧食種植地使人口得以進一步成長。然而，這類靠劣質食物勉強溫飽的貧窮高地居民，卻與河谷裡較幸運農民有出口剩餘一事扯不上關係。

但高地農業還有著與我們的論點息息相關的另一面。許多在山坡地和原屬荒地的土地上種出的作物（茶葉、花生和各種油籽作物），之所以可以有比較好的銷路，乃是因為社會變得更富裕，而非只是因為人口變多。事實上，方行在晚近某篇專題著作中，就是以非穀物食物的消費增加為證據，證明十七至十九世紀長江下游的生活水平有所改善。[161]針對中國其他地方的飲食，則尚未有類似的研究，但長江中上游的低地稻農，其貿易條件和土地生產力都正在改善，[162]似乎很可能會把他們部分的增加所得拿去購買各種辛辣調味品。如果真是如此，他們就會成為他們高地鄰居的顧客，也許還會給他們一些稻米作為回報。該著作強調，中國的非穀物經濟作物的生產者也常種糧食作物，比如茶葉和甘薯，因此其糧食產量可能也會同步成長，從而使他們比加勒比海地區「致癮食物」的高度專業化生產者更不倚賴買來的食物。[163]這類次要穀物在十八世紀晚期和十九世紀散播開來，甚至使湖南省一些原來食物無法自給的縣變成淨輸出者。[164]但是，某些原本送往下游的稻米，這時似乎也有可能轉而送往上游山區。

至目前為止，我都把這項討論侷限在經濟因素，特別針對市場力量在中國如何發揮作用予以詳述，而未提出其他有力的解釋因素。然而，若要更加周全地解釋江南重要進口品為何日益短缺，還有更多經濟上的因素需要納入。例如說，華北與長江流域之間的水路運輸於一八〇〇年惡化，進一步抑制了原棉的運送；而在長江上游、西北部、西南部，鴉片的興起成為棉花之外另一種可供種植的經濟作物，可能也是原因之一，儘管此事發生於一八五〇年後。[165]除此之外，我們還需要考量與文化和國家政策有關的其他影響因素。

官倉、義倉制度就是這類可能因素之一。至少在十八世紀，官倉和義倉在抑制季節性價格波動和歉收年價格上漲上頗有成效。誠如皮耶—埃蒂昂．韋爾（Pierre-Etienne Will）和王國斌所指出的，這一制度有助於減輕從事非穀物生產和從市場購買食物的風險。[166]糧倉制度在十八世紀時達到巔峰，但在那之後開始碰上困難。即便如此，仍有許多地方的糧倉到了更晚時仍運作良好，而與此同時政府則不再能於像以往一樣，在不同地區間大規模轉移穀物以因應偶發危機，這使得糧倉制度在十九世紀時仍能繼續為穀物剩餘地區那些選擇多樣化栽種的農民來減輕風險，只不過糧倉已經無法發揮其減輕跨地區性生產專業化風險的效果。

中國的性別規範，則可能是一個更加牢不可破的因素。女人在室內工作（尤其是紡紗與織布），比認為比起下田幹活來得更加「得體」。要不是這種心態（和要纏足妻子足不出戶的心態）

的存在，則內陸家庭本可能會找更大的土地耕種或以更集約的方式耕種（從而有更多剩餘穀物可賣），並且生產較少的布。

我們在第二章評估這些性別規範會對經濟選擇產生多大的限制時，已探討過其中的某些問題，並已瞭解即使在江南，女人也要到一八五〇年才完全不必下田幹活。我們也知道，至少在十八世紀中葉的價格下，我們不必搬出文化的偏好心態，就可以解釋這時期的鄉村女人為何織布多於農耕（在米價較便宜的長江中游，相對價格大概使女人更偏愛從事織布）。但最簡單有力的解釋未必能全盤解釋其真正的動機，而理想化的「男耕女織」家庭分工，由於受到明朝和尤其是清朝期間地官方鼓吹而變得更加普遍，大概也真的助長國內的進口替代。[167]

既然「男耕女織」這個家庭分工理想偶爾也會有不敵現實需要的時候，因此我們或許可將它視為一種被許多家庭心嚮往之的生活方式。而隨著長江中游於十八世紀晚期時開始變得愈加富裕，該地區就會有更多家庭能達成此一理想（這非常類似在某些西方國家，當男人的收入負擔得起讓女人專職持家時，就會限制女人只能操持家務）。既然文化偏好並非自行落實（湖南男人得學會如何種植棉花，湖南女人得學會如何紡棉紗和織棉布），因此清朝藉由散播耕織知識以鼓勵家庭男耕女織之舉，很可能就對文化偏好的普及有所影響。

此外，當中國內陸邊疆地帶（東北除外）在十九世紀中葉已大體上人口飽合之後，這些性別規範大概也對抑制人口移回江南起了頗大的作用。只要在內陸仍可取得土地且大部分人的技能（和自我形象）與農耕牢不可分，大概就不會有大舉往沿海遷徙之事。但儘管十九世紀時的江南動蕩不安，該地區的人均所得仍居中國之冠，而且隨著其他地區的土地變得稀少，那些沒有足夠土地的人，可想而知會移往長江三角洲來尋找手工業和服務性質的工作，從而使江南人口再度開始成長、工資下降，並讓其布料出口更加便宜。也就是說，如果女人能獨自遷徙（遷往有紡織工作的地方）而不會被人指指點點，或如果織布並未被視為在丈夫（透過擁有土地或透過長期租佃）擁有穩固的土地使用權的家庭裡，女人所應從事的理想工作，那麼這類遷徙將是順理成章的事。但由於這些文化偏好心態的確存在（在江南，即使是租佃都需要可觀的存款），很可能並沒有鄉村農戶移往核心地區。以工廠為基礎的城市工業興起（其中有些工廠還為單身女工闢了宿舍），以及歐洲定義下的那種無產階級在一九〇〇年後出現，這兩件事促成了這樣的遷徙。這樣的遷徙在此後又因為一九五〇年代中期以降的中華人民共和國禁止鄉民遷往城市，而再度中斷。

清廷推動較不發達地區的人口成長和手工業發展，並且不只把這視為文化理想的一部分，還希望能藉此讓所得足以照規定納稅的家戶數目最大化。為促成那些地區的人口成長和手工業發展，清朝並沒有單單指望市場動態。我們已知道清廷如何鼓勵人民移往人口較稀疏地區，並為此提供移民資訊、投資基礎建設，有時甚至還提供貸款。清朝的土地稅政策，既有對江南和其他一些富庶地區所要繳給官府的重度稅糧（其他地方未被課徵的稅糧）進行法定估價之事，也有讓許多新拓殖區或再拓殖區免除稅賦的實際作為，而這些土地稅政策肯定有利於「邊陲地區」發展，但同時大概也抑制了清帝國頭號核心地區的發展。

為了推廣農業與手工業方面的最佳技藝，清廷也付出雖然零星但可觀的努力。例如引入新品種作物，以及僱用江南織工去其他地區傳授技藝[168]（官吏不仕本籍和頻頻輪調的規定有利於這些作為的推展）。而在中國北部和西北部，清廷為使生態貧瘠地區的人民得以基本溫飽，也付出了不少心力。最大的這類工程就是黃河水利工程（此工程還為滿足其他目的），其在十九世紀初期大概耗去清廷總支出的一成多，比某些政府花在戰爭、還債、官餉之外的支出總和還要多。[169]

我們無法精確估量清廷政策的影響。儘管未能根本改變中國發展的格局，但肯定還是有所影響。在市場因素的共同作用下，清朝的政策將農業、手工業、商業掛帥的經濟擴散到整個帝國。然而，這一影響大概不總是時時存在，而這樣的影響是在何時改變，又為何改變，將會是個很值得探討的課題。誠如王國斌所指出的，晚明和清朝官員有兩個將經濟擴及帝國全境的模式可供仿效。其中一個模式強調跨地區之間的貿易和專業化；另一個則強調要讓大體上獨立自主且自給自足之地區的大增。這兩種擴張在早期階段通常都離不開朝廷的作為，但後一類擴張較不需要朝廷較高層持續不斷的關注[170]（或者至少當時是這麼認為。然而如果考慮到地區性或本地性專制統治的長期生態影響，此說或許就不成立。此外，要談互賴或自給自足的程度，我們也可以從許多不同的層次切入：上從帝國，中至施堅雅〔G. William Skinner〕口中的大區，下至本地行銷族群，這使得情況變得更加複雜難解）。我在先前已經主張，在一七五〇年以後，實際上的情況正積極往「個別治理」（separate cell）的方向轉移，尤其是在一八〇〇年以後，朝廷似乎愈來愈不願掌理大型工程，且即便朝廷願意，其成效也往往較差。不同盛行觀念的改變，在何種程度上能反映「何者較行得通」的認知變化，或是反過來，對何者較行得通的認知變化，能在何種程度上反映不同觀念的盛行，乃至於官員眼界的變動、特定政策、經濟大趨勢三者關係的密切程度，這些問題都還有待進一步的研究來填補。

同時期的日本展現了有些類似的發展模式，只不過日本中央政府所追求的目標大不相同。日本主要核心地區，在約一七二〇年後成長並不顯著。事實上，在十八世紀晚期和十九世紀初期關東和畿內這兩個地區的人口反而都減少了。與此同時，大約在一七八〇年以後，幾個邊陲地區的人口和手工業都突然開始成長。[171]江戶幕府並未以核心地區為犧牲品來推動邊陲地區成長，但在一七六〇年左右以後，江戶幕府仍默許某些邊陲藩的藩主，採行新措施來使這些藩得以將自身經濟多樣化，並得以比以往更安穩地供養愈來愈多的人口。

土佐這個相對較窮並輸出木材的藩，便是其中的一個例子。在十七世紀營建熱潮期間，為了提供木材給大阪（和為了支應土佐藩主服務幕府將軍和定期前往江戶報到的高昂開銷），土佐的森林遭到嚴重的砍伐，甚至還把好幾座山的樹木全部砍去。後來土佐為了滿足愈來愈多的人口需求而欲在新開墾的土地上發展農業時，反倒頻頻受害於從光禿禿的山坡瀉下的大水，而且農產量也還是趕不上人口成長的速度。土佐的情況到了十八世紀時變得更糟：人民的日常食物減少，甚至在一七五〇年代發生了好幾年的饑荒。[172]

但在十八世紀晚期，土佐的人口再度成長，生活也變得沒那麼困苦。這主要是因為該藩的專賣權遭到廢除，導致高級紙之類出口品的小規模生產得以蓬勃發展。而這類專賣權之所以會被廢除，乃是因為土佐藩主大大削減他們在江戶的昂貴開支和他們對幕府將軍的服務。換言之，幕府將軍得先同意這樣的改變，這個邊陲地區的負擔才得以減輕，其經濟也才得以擺脫有害的財政壓力。[173]

廢除有害的專賣權和勞動義務，使邊陲地區得以供養更多人口；而當此事在財政上變得可行時，這些成長的人口本身也有助於強化勞動自由化的趨勢。在外圍諸藩，隨著人口成長，二期稻作也變多，而這種高度勞力密集且難以監管的耕作制度更為盛行一事，則助長了更小型農田和更大的租佃自主的趨勢。畿內地區比外圍更早兩百年就發生了土地制度上的同樣改變，而當時畿內同樣也出現人口成長與二期稻作變多的情況。[174]

因此，雖然江戶幕府並未像清廷那樣致力於讓國內人口與原始工業的分布更為平均，但最終也還是廢除了讓人口與手工業集中於核心地區的政策。同一時期的部分歐洲國家採用了背道而馳的作法，致力於打擊市場以維持專業化核心地區的特權地位（但有成有敗）。然而不管是出於什麼原因，日本的原始工業與中國的狀況一樣，其地區性分工的程度遠不如英格蘭顯著，反而是在家庭分工上較為顯著。[175]

「舊世界」內陸地區的發展，並沒有導致向它們購買初級產品的較先進地區，立刻出現物資短缺的現象。就連人口稠密的長江下游都找到了能讓其繼續用工業出口品換取原物料的市場，部分是藉由往更遠地方尋找市場，部分則藉由專攻其他地區尚無法與之匹敵的某些利基產品，例如較高級的織物。但這些過程都仍有其極限。

到了一八〇〇年，中國的木材商人已打入帝國的每個角落，有些木材甚至需要漂流而下超過一千英哩才會抵達最終目的地。在工資較低的陝西，有些樹木得拖運六十五英哩才能抵達河邊，比歐洲人用陸路運送原木的距離還要遠（除了供應馬德里的木頭外）。[176]不過，由於這類工作需要大量的自由勞動力，因此也使這類木材的價格高漲到連富裕的江南都吃不消。誠如十八世紀某份史料所說，不管一棵樹值百兩或千兩，都還是要花上一千兩才得以入手。[177]此外，高昂的運輸成本也可能產生一種弔詭效應：森林耗竭加劇，進口地區卻未受惠，而這一情況與從家戶院子附近的樹木撿拾燃料時所達成的效率正好相反。例如在一九二〇年代，中國西北部森林的木材運輸成本高昂，使得一整棵樹只有其中最值錢的部位值得運送。這產生的影響不是使伐木速度變慢，而是增加了樹樁的體積和伐木者留在地上的「廢木」數量，延緩了森林的再生長速度。[178]隨著十八世紀晚期的伐木業愈往更偏遠處伐木，大概也產生了類似的浪費現象。於是，儘管中國的長距離產品市場效率甚高，卻無法為日益成長的沿海地區無限期提供原物料。

同樣的，日本核心地區的（地區一）與其他地區（地區二）之間的貿易在十八世紀時也碰上類似的問題，儘管這在日本可能不像中國一樣那麼快就造成問題。在「地區二」，進口替代日益興旺，諸藩裡的農民也愈來愈常涉入現金經濟，儘管這兩件事仍受「大名」專賣權的掣肘而稍稍變慢。[179]於是，到了十九世紀，「地區一」許多未受到挑戰的出口利基產品，仍是以「地區二」人數不多的菁英為銷售對象的奢侈品。與此同時，日本內陸地區的人口成長（這一成長即便在「地區一」的人口已停止成長後仍然繼續），減少了內陸土地密集型產品的剩餘數量，並導致像是木材的產出，在十八世紀時停滯不前。[180]整體來講，誠如康拉德．托特曼（Conrad Totman）所說：「德川社會在擴大其生態基礎上碰到了前所未見的難關。」[181]即便核心地區的人口成長趨零、木材與稻米貿易的自由化、[182]以及地理環境讓大半日本享有便捷水力運輸，但這樣的生態難關，還是因此而發生了。

較不自由與較少彈性的邊陲地區

與東歐貿易的西歐人則碰上另外一種限制。與中國內陸不同的，東歐到處是靠強迫性勞動力來經營的莊園，而且這些勞動者受迫的程度不一。普魯士的農民有時能靠打官司以捍衛自己的權利，但貴族地主（Junker）控制法院，農民要打贏官司的機會並沒有那麼容易；[183]而在梅克倫堡（Mecklenburg）、波蘭、俄羅斯的農民靠司法討回公道的管道更少。農民不是沒有逃走的可能，但真的這麼做的人，可能得冒著失去僅有權利[184]和遭到嚴厲報復的風險，因為逃跑的俄羅斯農奴往往被遣返。莊園主無法杜絕逃跑之事，但他們的因應之道似乎比印度、東南亞境內義務勞動者的「主人」更有條理些，因而產生頗大的嚇阻效果。波蘭農民逃跑成功的機率一度甚高，但在十八世紀時變得愈來愈困難。[185]晚近的學術研究表明，就連東歐領主的管轄權都是「經協商產生」，而非單純強加在子民身上，但這還是創造出與較自由地區所見大不相同的動力。這些差異意味著，相較於中國內陸地區，這裡的人口成長與進口替代較為緩慢。但誠如稍後會提到的，這些差異會以別種方式來限制出口成長。

相較於自耕農或僱傭勞動者的雇主，高度倚賴強制性勞動的地主則晚很多才經歷出口生產收益降低之事。至少就理論上來說，就算農奴多工作一小時，也完全不會增加領主的成本，因此即使是難以取得的木材，領主都沒必要以天價出售。而靠被依附性勞力來耕作的農業，即使是在自由勞動（甚至是低工資的自由勞動）世界裡會被視為離譜的條件下，依然能夠持續成長。例如有的時候會為因應價格下跌而使提高產量，以維持領主的收入。[186]

事實上，勞動力的榨取對象不只有順從的農民。誠如威廉．哈根（William Hagen）所探明的，普魯士在十六世紀穀物產量暴增期間，其強迫性勞動力大增的成果，有一部分得歸因於農民按規定要上繳的實物和現金減少而被抵銷掉。因此，這一勞動力的確對莊園主構成一重大成本。此外，農民（不情不願地）接受強迫勞動的增加，有一部分是因為增加幅度還算合理，讓農民仍有足夠時間（和使用自家馬匹）耕種自己的田地，而這也意味著先前有關「農民不堪強行增加的勞役壓榨」的說法很可能流於誇大。事實上，農民在自己田地所栽種的相對較勞力密集的園藝作物似乎變多。而這無疑有一部分是隨著人口成長和領主運用好幾種優勢將多餘的農地據為己有，並導致這些田地變小之後，所不得不然的因應措施；但這也很可能反映了農民實物與現金支付額的減少，從而意味著農民能以較少的穀物收成過活。[187]如果農民增加為領主種植出口作物的工作時數，而且是以較勞力密集的方式來耕種自己日益縮小的田地，則勞動總投入量很可能會增加，可能會比出口需求推高農民每小時所得且使他們得以選擇享有較多閒暇和較多消費的情況下會有的增加量還要多。於是，此地「經協商產生的領主管轄權」所產生的衝擊，很可能和較古老且片面強加的「農奴制」會予人的衝擊，差異不大。在梅克倫堡、大半波蘭、立陶宛、俄羅斯和其他許多地方，或許還是施行某種類似於農奴制的制度。

與此同時，東歐境內城鎮與原始工業的薄弱發展，也延長出口導向，並減少其成為東亞邊陲地區那種進口替代發展的潛力。東歐城鎮為何會在中世紀晚期和近代早期成長停滯和遭到毀棄，各家說法不一，有的強調來自其他工商重鎮的競爭，有的強調多場戰爭帶來的衝擊，也有的強調從根本上限制城鎮規模擴大的落後農業，還有些人則強調貴族不計代價存心要打破資產階級勢力（和不讓農民在城裡有棲身之所）的作為，更有些人強調催生出東、西歐間新分工模式的穀物產量暴增一事。[188]

不管出於何種原因，東歐的紡織品生產早在十五世紀就開始逐漸衰退，而隨著穀物出口的成長，紡織品產量更開始全面衰退。[189]但也有些地方例外，像是十八世紀的西里西亞（Silesia）、部分的波西米亞，以及部分的奧地利阿爾卑斯山區等地，紡織品的產量卻是快速增長。但這樣的成長通常發生在諸領主權力管不到的地方，亦即缺乏良好土地但也少有強迫勞動的山區。[190]而在絕大部分的東歐大平原，由於莊園勢力較大，鄉村工業遠遠落後於西歐的鄉村工業。[191]在哈布斯堡帝國治下的匈牙利，儘管不是波羅的海國家，且要到後來才成為西歐進口穀物的主要來源地，但匈牙利的確從「漫長的十六世紀」起就輸出牛、葡萄酒和其地土地密集型產品。其直到一八六〇或七〇年代為止，都有超過八成的勞動力投身農業。[192]

另外還須考量的點是，出口興旺和原始工業蓬勃發展一事，對東歐人口所產生的衝擊，大不同於其對勞動自由地區人口所產生的衝擊。在較自由的地區，出口興旺和原始工業發展往往會導致僱用更多勞動力，並促成早婚和生養較多小孩的現象。儘管有著普魯士這樣的例外：當地領主本想透過增加強迫性勞動力來回應一七六三年後重新上漲的穀價，然而眼見此舉遭遇愈來愈強的抵抗，且其效率也愈來愈低，普魯士領主們最終同意用工資僱傭的方式來獲得更多的勞動者，從而使更多人以獨立的鄉村勞動者的身份定居於他們的土地，並使新家庭得以更快形成。[193]但就目前所知，像普魯士這樣的例子在易北河以東的其他地方，並不普遍（事實上，十八世紀時強迫性勞動整體來看是變多的，有時增至一星期要工作六天），而就連在普魯士境內，這一模式主要也都是在解放前[5]的五十年裡才開始出現。[194]再者，即使有些強迫性勞力能在解放前就先轉為傭傭勞動，這趨勢也不是穩定不變的。與此相反，隨著傭傭勞動者變得愈來愈多，他們反倒也變得比較像是早期那些負債纏身的農民。在一七六三年時，這些按日計酬的散工為了要擁有房子、菜園和牲畜吃草權，得付出九．五泰勒（taler）的銀幣（一泰勒約合一名鄉村散工一星期的現金工資）作為租金。雇主以實物支付他們打穀的酬勞，並以現金支付其他幾種勞務，當時這些散工每年只需要提供六天的無酬勞動。然而到了一八〇八年時，雖然租金已減為五泰勒，但他們每年卻得付出六十五天的無酬勞動（這還不算打穀、耕田等重活），幾乎相當於一名「正牌農民」所背負義務之四成，而且正牌農民還是在比這些散工大上許多的土地上工作。[195]

比起西歐，東歐原始工業的發展較無助於使人結婚成家，或使人口成長變快。在于爾根．施倫伯姆所深入研究的一個區域裡，就連十八、十九世紀時大型亞麻業的成長，都很難為無地者提供多少機會。事實上，這一產業的勞動力大部分來自那些已擁有足夠養活全家之土地的「自耕農和依附他們的鄉村勞動者。擁有大片土地的主人依舊擁有控制這些鄉村勞動者結婚成家的權力，而且往往不希望底下出現太多家庭。人口的確有所成長，但不是以施倫伯姆早期著作裡認為的那種與原始工業化密不可分的暴漲幅度來成長。[196]維爾納．羅塞納（Werner Rosener）探究了約一八〇〇年時的整個東歐，並估計有一成至一成五的鄉村人口是大莊園上的家僕，而且這些家僕普遍無法成家。[197]例如在奧匈帝國，一直要到一七八一年，農民才得以不受領主干預地自主結婚。[198]

[5]　編注：「解放」在此指的是普魯士在十九世紀初期（一八〇六至一八一五年）所推行的一連串改革，徹底解放農奴等這類強迫性勞動。而正如本文所提，普魯士領主們在十八世紀下半葉便已陸續有這類的作為。

這種體制也使往東歐移民的人數始終不多，即便是在東歐人口密度相對較低之時亦然。當時曾有一些拓殖計畫，主要是在普魯士（有將近三十萬的拓殖者被帶進普魯士開墾、排乾並占據濕地），但也有部分是移入到加利西亞、立陶宛、俄羅斯等三地的部分地區。為使這些新佃戶不至於打退堂鼓，統治者通常得保證讓他們享有個人自由，並給予他們世代擁有自家農場的權利和數種免除規費的優惠。[199]但這些做法並非慣例，而且授予的土地原本都是荒地。最好的土地無法吸引移民前來，因為只有少數西方人會接受該地的耕種條件。此外，儘管往東歐的移民潮（大部分是德意志人）早在十二世紀就開始，且一直持續到十八世紀，但對當地情況的影響卻愈來愈小。較早期的移民既帶來新的農業技術，也帶來耕種者享有權利的觀念，從而影響了他們在普魯士、波希米亞和波蘭部分地區的斯拉夫族鄰居；但在十八世紀遷徙到更東邊地方（主要是布科維納〔Bukovina〕和俄羅斯）的人，其對當地的影響卻很小，因為他們的人數相對周邊族群來講太少，而且太孤立。[200]由此可見，當我們以為會有更多人像西歐人口的趨勢一樣往東移（隨之把觀念帶過去）時，實際上移去的人卻愈來愈少。

於是，勢必有某些建制性的力量減緩了東歐朝人口成長、原始工業化和偏離出口導向發展的趨勢，而且這些力量之強大遠甚於日本邊陲地區，更甚於中國內陸地區。這同時也使得西歐有更多的機會可以不斷地拿製造品來換取東歐的初級產品。考慮到抵達英格蘭碼頭的波羅的海木材，其價格就已是立木價格的二十倍左右（且都還未經過任何加工），那我們就會瞭解歐洲在東、西兩端的購買力、資源，以及機會成本方面的差異。根據我手中有關江南和中國偏遠內陸地區木頭價格的資料（雖然資料不多且不甚精確），江南與偏遠內陸地區的木材價差莫約是十比一。[201]

但這類貿易夥伴也會為西歐帶來不同的問題。首先，僵固的建制限制了東歐增產的能力。其次，對製造商來說，東歐不是個很好的市場，從而限制了西歐購買東歐初級產品的能力。因此，儘管依附性勞力有助於穩定東、西歐洲境內貿易模式，但也使這一貿易的規模始終相當小，從而愈來愈無法滿足西歐對土地密集型產品的需求。接下來我們不妨先探究阻礙產量增加的因素，再來探究東歐對西歐物品相對較小的需求所帶來的問題。

強迫性勞動往往沒有多大生產力，因為不管是領主還是農民，都不會花多少心力從事改良。因此值得注意的是，當普魯士貴族地主開始在自己的農場上投注更多的資本時，他們也開始使用更多的僱傭勞動力。[202]還有一點同樣值得我們記住，即東歐的領主制（一如西歐許多地方，只是西歐的領主制較為薄弱），不只涉及領主與個別農戶間的關係，還是領主與整個村子間的關係。這樣的領主制有助於複製幾種共有財產（例如林地、公共牧草地、露地），而誠如先前已提過的，要更動這幾類共有財產極難。藉由維持這類「閒置資源」，東歐的建制可能會事先留下一筆可供輸出的剩餘穀物以供未來之用；但從短期的角度來看，這也使得東歐很難將這類閒置土地用於生產穀物，不管價格誘因有多大皆然。[203]

誠如第二章已提到的，德意志境內公地的廢除提高了產量大增的可能性，但這要在拿破崙時期之後才有可能。在哈布斯堡王朝的領地，農奴解放來得比較晚，休耕制的衰落也來得較慢。一七五〇左右年時有三成三的土地休耕，到了一八五〇年也只降到兩成五。[204]在波蘭和匈牙利，遲至十九世紀中葉時才開始以新的輪作制取代休耕制。事實上，就連兩田輪作休耕制都要到十九世紀中葉才從這些地區徹底消失，而在俄羅斯、羅馬尼亞、保加利亞、塞爾維亞，此制仍賡續不輟。即使是在連接農場與港口的鐵路開通，以及一八二九年博斯普魯斯海峽開放給俄羅斯船隻通行之後，這個制度都仍然存在。在俄羅斯部分地區，兩田輪作休耕制一直沿用到農奴於一八六〇年代獲解放之後。[205]一般來講，愈往東，新技藝傳播的速度愈慢。因此，農奴解放前東歐的穀物出口量，長期維持在比生態所能支持的水平還低的水平上。而這除了有其供給面上的理由，誠如後面會提到的，還有需求面的問題存在。

東歐（和極北歐）所購買的西歐製造品並不多。東歐大部分農民幾乎都不買進口品，因為他們大部分都被排斥在現金市場經濟之外，而且城鎮居民為數不多，買得起進口品的領主人數更少，難以創造出多大的市場。在普魯士，至少「自耕農」所賣出的自家穀物，似乎足夠讓他們買得起大量亞麻製品和其他製造品；但即使在普魯士，這類家庭的數量都遠遠少於較窮的「半自耕農」、鄉村勞動者和奴僕。在波蘭，買得起許多製造品的平民似乎很少見。[206]在斯堪的納維亞的大部分地方，農場主和森林居民為自由之身，但他們人數也不夠多，不足以撐起廣大的製造品市場；因此，向他們購買東西的機會同樣不大。[207]西歐人的確成功將他們自產和來自歐洲境外的奢侈品（亞洲香料和絲織品，以及後來「新世界」的糖）都賣給上層階級，但他們從東歐進口的物品，約三分之一得用白銀購買。[208]而在貨幣化程度有限的經濟體（如俄羅斯），或在貨幣化正在進行但經濟規模小的經濟體（如挪威），白銀就很可能變得供過於求。

歐洲與東南亞的貿易也始終擺脫不掉類似的需求面問題，儘管兩地由於距離的緣故，大體積產品的貿易在汽輪問世前十分有限[209]（而且誠如第四章已提過的，有許多後來供應出口的土地在十八世紀時的東南亞尚未被開發利用）。中國、日本與東南亞的貿易，情況則較複雜，有好幾種貨幣媒介往不同方向流動（意味著主要的驅動力是套匯活動，而非達成貿易平衡）[210]，許多中國貨被人買去以便運到更西邊脫手獲利。但每個賣貨到東南亞的人似乎都發現當地市場不大，因此不管是哪種商品，只要是大批運來，都很可能在港口造成供過於求的情況。[211]與此同時，從南亞、東南亞運往中國、日本的初級產品（越南與泰國的糖、印尼的胡椒等），因為有著大上許多的市場，反而就未面臨類似的「供過於求」問題。事實上，若非這些路線兩端的當權者對參與經商者設下限制，其中某些商品的售出量很可能還會多上許多。[212]

在進出口方面，印度又是扮演複雜的中介角色。就印度與中國貿易來說，印度主要出口農產品（棉花、靛藍染料和後來的鴉片），以及再出口從更西邊處入手的部分白銀。印度從中國那兒則入手黃金和多種奢侈織物（然後再出口其中的一部分）。這裡提到的黃金肯定充當貨幣和準貨幣（例如需要黃金時常把金飾熔掉），但充當價值儲藏物的情況，多於充當官方支付媒介和（最少見地）日常交易媒介的情況。事實上，許多黃金的流通頗慢，因此可以把對黃金的需求視為主要是貯藏需求，而非交易需求。於是，在與中國貿易時，印度簡直就像是東南亞或東歐的放大版，從而符合我們先前的看法，即有許多印度人大體上仍處於現金經濟之外，而且印度的所得分配看來非常不均。

但印度在十八世紀時與其他地區貿易的情況則大不相同。印度的出口品種類在這方面多了許多，而且布這項製造品還是其中最大的一項。英國人已開始打印度森林的主意，但這時期主要是仍為了在馬德拉斯、孟買造船。木材出口仍是未來的事，棉花、靛藍染料和十九世紀的小麥出口亦然。[213]的確，誠如查爾斯·金德伯格（Charles Kindleberger）所指出的，十八世紀時印度所大量買進的歐洲製造品，除了用「新世界」金屬製成的錢幣，品項並不多；但這往往反映了當地的競爭情況或運輸方面的難題，而非反映經濟停滯。[214]此外，從歐洲進口的錢幣和從大洋洲進口的寶螺（cowries），普遍被人拿來用於一般交易，而不只是充當富人的價值收藏物。[215]有好幾個印度土邦也從中亞和阿拉伯半島進口大量的歐洲製武器和戰馬，[216]這些當然不是消費財，但它們的存在也進一步說明了把印度經濟視為「貯藏者」而非「揮霍者」的刻板印象太過誇大。因此，印度不像東歐和東南亞那樣會對其歐洲貿易夥伴構成「市場過小」的問題；然而，印度和西歐所貿易的商品，也無法滿足西歐希望拿製造品換取土地密集型產品的需要。那一交換模式更晚才會出現。

最後，與近代早期歐洲進行廣泛貿易的非洲地區，則呈現出與東南亞貿易有點類似的情況；儘管從某些方面來看，那些地區要成為歐洲所需的初級產品的供應地，前景較東南亞更差。非洲的人口同樣較稀疏（但塞內甘比亞〔Senegambia〕的某些地方例外），依附性勞力在社會結構裡也扮演吃重角色（但一如東南亞的依附性勞力，這些不自由的非洲勞動者一般來講還是比東歐農奴自由）。與此同時，當地工業能夠滿足當地的大部分需求，因此進口品大部分是奢侈品。約翰．桑頓（John Thornton）合理地主張，歐洲人在十六、十七世紀賣到非洲的鐵，占非洲所使用的鐵量不可能超過一成至一成五，即使在進口鐵的沿海地區亦然；而且進口的布也不可能超過那些地區所使用布量的二%，因為那裡進口的布大部分都充當供菁英展示的奇珍異品。而且，非洲也賣了為數不少的布到歐洲。[217]

此外，非洲（與東南亞不同的）還出產大量黃金，因此歐洲除了奢侈性製造品外，相對就沒有太多貨物可以拿來交換非洲的物品。非洲出口的初級產品主要是胡椒、黃金、象牙，而這些東西也無法替代歐洲的土地生產。一直要到許久以後，歐洲人才擁有可以迫使非洲人種植歐洲所需作物的武力（和疾病抵抗力）。[218]

當然，的確有一項非洲貨物大量出口，那就是奴隸。儘管從當今的視角來看奴隸貿易意味著一種完全宰制的關係，但奴隸貿易的成長並不表示歐洲人能片面左右與非洲的貿易。對外的奴隸貿易能夠壯大，是因為有許多社會不只沒有土地私有制，還允許把人當成財產來擁有。於是，擁有「人」這項貨物，就變成了一種儲藏與積累財富的方式，[219]而買進奴隸的歐洲人允許奴隸主把這項儲藏的財富轉化為無生命（從而雖然生產力較低但較安穩）的威望商品。隨著奴隸貿易的擴大，這些威望商品成為歐洲得持續搜尋才能滿足所需的貨物。[220]

總之，我們應避免把二十世紀的貿易模式套用在過去。因為二十世紀的貿易條件通常較有利於工業出口者而非原物料出口者，而且往往把「農業」和「貧窮」劃上等號。[221]二十世紀的這種模式只有在初級產品的生產開始需要投入更多的製造品後，以及在連窮人都開始購買許多非農產品或藉助工業投入而生產的農產品之後，才得以確立。因此，上述這類「消費不足」的現象，與研究十九世紀晚期和二十世紀的學者（雖非全部，但大部分是馬克思派學者）所常提出的現象大不相同。在大部分這類記述裡，「需求不足」被視為核心地區所面臨的問題（拜機械化之賜，生產力暴增的幅度遠超過工資微薄之勞動者的購買力成長幅度），有些學者因此主張，另闢市場的需求在十九世紀催生出新一波**晚期**帝國主義，且其資本主義氣息特別濃厚。但在前述印度與非洲等地的例子裡，「消費不足」則被視為是某些前工業時代邊陲地區裡的社會結構和人口條件所創出的問題（**這些邊陲地區**出口多於進口，原因在此），阻礙了前工業時代核心地區（某些物品供給不足但消費者並未不足的地區）獲取所需的土地密集型產品。

特別是對西歐而言，東歐代表了**生態上**能夠輸出大量穀物、木頭等土地密集型產品的邊陲貿易夥伴。而拜其僵固的建制之賜，東歐的這份餘裕並沒有像在東亞邊陲地區那樣快速被轉用於內部成長。這些僵固之處也意味著東歐與西歐的貿易很快就會達到巔峰，而且誠如前面已提過的，其水平相較於中國境內穀物、木材、肥料的長距離流動，只能算是次要。[222]另外也令人訝異的是，即便波羅的海木材儲量豐富，又有強勁需求、上漲的價格和一般來講良好的水路運輸，砍伐量卻相對有限。我們沒有量化資料可以比較東歐的木材貿易和中國的木材貿易，但相較於十八世紀的北美新英格蘭與加拿大，波羅的海的伐木量似乎更節制許多，畢竟新英格蘭和加拿大除了木材之外可供出口的貨物不多，而且所需的製造品大部分來自進口。與十九世紀的伐木業相比，十八世紀的伐木量又肯定大大不如。[223]

世界體系理論家一般把「封建」東歐與「資本主義」西歐之間的這些交換[224]視為轉型的關鍵時刻，開展了全球勞動力分工的時代。但我們在這裡所看到的，乃是這些交換在形態上或規模上都不算異於平常，而且其成長受到極重要的內在限制，限制了西歐透過這些交換擴大其食物、燃料、纖維、建材儲量的能力。光是找到「較不進步」的貿易夥伴，並無法解決任何核心地區的問題。就算有，也頂多只是短暫解決而已。

十九世紀晚期的東歐不像中國內陸和日本的「地區二」那樣，經歷過大幅人口成長（不管是透過自然增加還是透過移民入境所達成的成長[225]），也沒有早早走上進口替代的路子。這對西歐是有利的，因為這使東歐得以留下較多可供出口的土地密集型產物。工業革命時期生產活動的大量資本化和生產力的提升，已使包括布與鐵路車輛在內的商品，在哈布斯堡王朝轄地和俄羅斯境內都有其銷路。於是，歐洲（如果視為一個整體的話）最終可能獲得某種「落後優勢」，而且這種優勢是源於歐洲早期在土地密集使用上的建制性障礙。但在十八世紀或十九世紀初期的技術、建制條件下，歐洲尚無法享用這些優勢的果實。那時的中歐、東歐全境才剛開始解放不自由的農民和分配公地，而在東歐的許多地方，一般人仍只能購買極少的製造品，昂貴的資本財也很罕見。因此，東、西歐間的貿易水平在一八〇〇年左右仍和十七世紀中葉時沒有兩樣，而這遠不足以滿足西歐的需求。於是，一八〇〇年的西歐仍未能解決本章前面所描述的那些生態壓力，就像中國和日本一樣。這些壓力可能使成長完全停止，不然就是迫使其走上更為勞力密集且完全不會有重大突破的「東亞」（或者「丹麥」）式道路。本章所討論的生態上「落後優勢」，最終對歐洲的發展造成了很大的差別，但這些優勢得要在一段時日之後才得以展現。

而在這個過渡期間裡，用煤技術的突破成為了歐洲紓解生態壓力的重要憑藉，但由於還是需要更多樣的土地密集型產品，這樣的紓解還是不夠。如果西歐要在工業生產和初級產品消費上，有著遠遠超過十八世紀中葉水平的大躍進，甚至是生產總量的增加和人均生產量的成長，西歐就會需要新一類的貿易夥伴。而誠如後面會提到的，這樣的貿易夥伴只有在「新世界」才可能找到。

第六章
Chapter 6
廢除來自土地的限制：美洲這個新一類邊陲地區

在所有的核心地區中，就只有一個地區逃出了原始工業的死胡同，並在技術允許時將手工業轉化為現代工業：這個地區就是西歐。而西歐之所以能做到，主要得拜剝削「新世界」之賜，使其不必多動用龐大的勞動力；儘管如果真的這麼做，歐洲也能提供足以讓十九世紀人口成長仍綽綽有餘的初級產品（當時的歐洲如果要以更集約、更有助於生態永續的方式來利用自己的土地，本來需要多動用這些勞動力）。「新世界」既生產「實物資源」，也生產貴金屬，而這兩者必須分開探討，我們在此先從實物資源談起。這些實物資源最初產自加勒比海地區的種植園，接著轉往巴西東北部，然後則由美國南部出產。

「新世界」所出口的農產品，大部分是奴隸所種出來的。種植園幾乎都位在島嶼上，要不就是位在海岸附近。因此，儘管從中國內陸輸往江南和嶺南的貨物，在自由勞動者面臨收益減少、轉而把更多心力投入手工業時，會出現成長停滯的情況，但來自環加勒比海種植區的出口就不會有這樣的情況，也無須困擾「舊世界」森林居民遷離河岸後所面臨的運輸成本暴漲的問題。「新世界」種植園的業主（不同於東歐莊園園主或東南亞胡椒園園主）所需的勞動力大部分是從海外買來，且往往削減他們基本維生所需的生產品，並因此使西歐在與「新世界」貿易時得以避免像與東歐交易原物料時所擺脫不掉的「市場過小」的問題。此外，新世界種植園的出口額必須提高到足以支應購買奴隸的成本，同時還能滿足業主大半的衣食所需。

非洲奴隸為何成為那麼多「新世界」殖民地裡的主要勞動力？原因有好幾個。首先是「新世界」原住民與歐洲人接觸後的驚人死亡率，造成他們大部分死於疾病。而誠如先前已提過的，一八〇〇年前負擔得起橫渡大西洋船費的歐洲人少之又少，只有在能逼他們生產出口品的情況下，花錢把他們運送過去才划算。既然無法公然奴役歐洲人，那麼可行之道就是與有意前往「新世界」者簽約，要他們充當若干年的僕役以償還旅費，期滿則還其自由之身，並授予土地。隨著歐洲人（和非洲人）在「新世界」的存活率開始提高，原本的做法對大部分種植園主來說就開始變得太過昂貴；他們更偏愛先付較多的錢，買來一個永遠不必還其自由之身的奴隸。[1]倖存的「新世界」原住民有時也會淪為奴隸（尤以在巴西為然），但非洲人之所以特別受到業主的「青睞」，仍有幾個原因：「新世界」原住民被認為弱不禁風，因為許多人和歐洲人接觸後就一命嗚呼，以及至少有一些歐洲人基於人道理由反對將原住民納為奴隸（但非洲人不在人道關照之列）。[2]此外，美洲原住民若要逃跑會比非洲人容易得多，因為他們比較容易與附近尚未被征服的原住民合作（儘管非洲人有時也這麼做）。最後一個原因則和征服原住民的行動比起最早的五十年來大為放緩有關，因為在那之後（在天花已發揮其最大的破壞力且數個原住民族已拿到槍和馬）要抓到原住民並納為奴隸已不是件容易的事。[3]相對的，非洲規模龐大的境內奴隸買賣，讓歐洲人相對來講較容易在那裡取得奴隸（前提是手上得有奴隸主想要的東西）。與此同時，西班牙、葡萄牙王國也較中意跨大西洋的奴隸買賣更甚於在「新世界」擄人為奴，因為前者更容易監控和課稅。[4]這種國與國之間的競爭和軍事財政主義，也是另一種能間接加快境外人口移入「新世界」的手段，並協助讓移民的環境變成只能專注於生產出口性產品、否則就難以另謀生路（這點與中國邊疆地區的移民不同）。奴隸別無選擇，甚至他們的主人可能也沒多少選擇，因為他們（與如果在當地擄人為奴不同地）得想辦法回收他們購買勞動力所花的錢。

在一七六〇至一八一〇年把奴隸輸入英屬西印度群島的花費，約相當於同時期蔗糖出口收益的四分之一，而從英國進口貨物到「新世界」的總值則約相當於蔗糖收益二分之一，最後剩下的四分之一收益，則相當於從英屬北美進口的食物和木頭總值（不計入直接將這兩樣東西拿來換取糖的數目）。[5]在法國大革命和海地革命前夕，法屬加勒比海地區的糖出口額比英國低了約一成五，而整個十八世紀期間，法國輸入的奴隸幾乎和輸入英屬加勒比海地區的奴隸一樣多。因此，在法屬加勒比海地區，輸入奴隸的開銷應該相當於糖出口收益的約三成。[6]而在西巴這個世上最大的奴隸輸入地，一八二一至一八二六年（我找到數據的數段連續年份裡的第一段），輸入奴隸的開銷相當於該地那段期間的總出口收益。[7]由於一八二〇年代輸入特別多的高價奴隸，因此這肯定非一般情況。十八世紀晚期的平均值大概較接近於總出口值的四分之一，和在英屬、法屬加勒比海地區的情況差不多。[8]因此，奴隸買賣使歐、美貿易從根本上有別於「舊世界」核心與邊陲地區之間原物料與製造品的直接貿易，而且更具有擴展性。

再者，幾乎所有在「舊世界」裡身不由己的現金作物生產者也會一併種植自己維生所需的作物，但反觀許多「新世界」的奴隸幾卻沒有機會從事自給性農耕。有很長一段時間，種植園主買進的女奴隸非常少（而且釋放的女奴多於男奴），因此許多奴隸也沒有家庭，從而無緣如許多「舊世界」環境裡被迫種植經濟作物的勞動者那樣，有子女協助供給維生所需的物品。[9]這導致了一個結果，也就是奴隸雖然窮，但其日常需求卻為進口品創造了可觀的銷路。在這點上，奴隸與「舊世界」邊陲地區的大部分非自由民十分不同。這些日常物品（尤其是供奴隸穿的便宜棉布），占去了大半的進口製造品，相當於英屬加勒比海地區糖出口收益的將近五成。其中有些物品始終是歐洲製，還有些最初從印度經歐洲轉運過來，但後來被英國仿製品取代。

考慮到來自英屬北美的穀物和木頭（尚未計入用來直接換取糖的數量，儘管我們不知其確切數字），其價值相當於加勒比海糖收益所剩下的最後四分之一，因此這一貿易不只使北美大陸得以有錢進口英國製造品，[10]還使英國得以間接將其相對較充裕的資本和勞力更多地轉化為能夠節省自身土地利用的進口品。比起加勒比海地區的奴隸種植園，巴西與英屬北美境內的奴隸種植園有更多的必需品可以從本地獲取，因此需要從海外購買的物品也比較少，尤其是巴西為了緊縮開支而只提供異常少的食物與衣物給奴隸。[11]儘管如此，這些進口需求仍有其重要性。[12]此外，巴西為限制必需品購買量所祭出的策略（從剝削日常食物到失衡的兩性比率），也使其更加需要從非洲買進新奴隸以填補其奴隸需求。

蓄奴因此使歐美貿易不同於「舊世界」核心、邊陲地區之間的任何貿易。像中國西南部這樣自由勞動型的邊陲地區，即使擁有「新世界」一樣的生態豐饒程度，對歐洲也不會產生同樣大的助益；東歐（或後來爪哇）之類的邊陲地區亦然，因為這裡的勞力雖然被迫兼差從事出口導向的生產活動，但其主要的經濟運作模式仍是以基本維生需求為導向。波托西（Potosi）[1]的白銀出口量是個很好的例子：隨著此地原住民人口逐漸恢復，此地再次出現自給自足型的地區性經濟，而這卻導致其白銀出口量開始下跌。[13]這件事提醒我們，若沒有巨大的支配力或未能在當地**複製出**對歐洲物品的需求，則光靠歐洲本身的需求，並不能確保商品會源源不絕地流到歐洲。我們稍後會再回到白銀的議題上。在此需要強調的重點是，環加勒比海地區之所以可以輸出這麼多糖、菸草和後來的棉花，並不只是因為生態因素，還因為這個地區的社會、政治結構也被打造成「需要」幾乎其他任何東西。事實上，英國在此擁有一個與法國、荷蘭或丹麥所不同的優勢，即不需要從歐洲將**食物**運到產糖殖民地，只要靠北美大陸就能辦成此事，而且北美大陸還反過來購買英格蘭的製造品（透過投入更多的勞力和資本而不是土地）。

由於結合了使人口大量減少與引進奴隸來填補人口這兩項因素，環加勒比海地區成為出奇龐大的進口品市場和土地密集型出口品的來源。事實上，這個地區成為第一個具備今人所熟悉之「第三世界」輪廓的邊陲地區，它進口大量的資本財（在此指會走路與說話、而且還是被擄來的資本財）和日用製造品，而且出口價格則隨著生產變得更有效率、更資本密集、更普及而持續下跌。而與此相反的，在歐洲透過能源所生產的大部分資源（包括食物），其價格在整個十八世紀期間，相對於工資和其他商品，都是上漲的。[14]這使得「新世界」的種植區成為了新一類的邊陲地區，其進口量足以使本地與核心地區的貿易保持相當程度上的平衡。此外，這類地區的進、出口彼此也會刺激成長。糖出口增加總是促成奴隸進口增加，而食物與衣物進口增加，往往也使種植園欠下更多負債，從而使種植園在隔年不計代價地賣出更多糖。[15]

與此同時，由於大部分種植區只專門生產一項或兩項出口品，這大大促成了貿易本身的一項重大改進：在技術沒有大幅改變的情況下，跨大西洋航運的成本在十八世紀期間減少了約五成。這一減少有部分得要歸因於政治上的改變，因為英國海軍壓制住大部分海上劫掠，從而使保險費率降低，並使更多船貨得以靠船員較少的無武裝船隻運送。[16] 但另一個重要因素（在第四章曾簡短討論過），乃是購貨所花的時間劇減。這意味著營運資本的周轉更快、船隻使用更為集約、且要付給船員的工資大減（船員離家在外的每一天都要支薪，即使在港口等船貨買齊亦然）。滯港時間能夠減少，乃是因為有當地一名代理人在船隻抵達前先行將所要上船的貨品備齊在倉庫裡，船隻就不必停靠許多種植園，也不必花時間討價還價。比起有多種出口品可供採購的某些港口（例如印度洋港口），在每個地區都只賣一或兩種出口品時，找到人負責這類事要容易得多。[17]

如此一來，原本在「舊世界」的邊陲地區要尋找更多的初級產品時，往往意味著最易取得的貨源會先耗竭而迫使運輸成本升高，而且還與進口替代的邏輯背道而馳，但在「新世界」的許多地方，卻有一股與此截然相反的動力在運作：「新世界」的政治、社會因素不利於進口替代，且種植單一出口作物能夠壓低跨大西洋的運輸和交易成本，並反過來使美洲人得以既承受較高的本地運輸成本（亦即往更內陸擴張），同時仍能在歐洲賣出足夠貨物以支應其製造品購買開銷和償還初始創業成本。無論所用的勞動力是奴隸、契約僕役，還是需要創業資金的自由勞動者，這股動力都在運作，而且在推動北美洲移民上起了至關緊要的作用。[18] 這股動力與波羅的海貿易或來自中國內陸地區的貿易不同，它還有助於使跨大西洋的製造品（和被擄來的「資本財」）的

[1] 編注：波托西（Potosi）是南美洲玻利維亞的西南部省分，直到十八世紀以前，此地所開採的銀礦一直都是西班牙帝國最主要的白銀來源。

交換持續擴張。

換言之，在當時大部分人仍與自給式生產離不開關係、且世界也尚未步入大部分生產活動均需昂貴資本財的時代，「新世界」人口銳減、殖民地法令和蓄奴這三項因素合力打造出了一個新類型的邊陲地區，能夠替他地[2]提供愈來愈多的原物料。事實上，往後的發展表明，即使是在「新世界」許多地方，這一情況都無法長久持續；例如隨著秘魯、墨西哥境內人口水平恢復，較自給自足的經濟體再度出現，初級產品的出口量便隨之下滑。[19]綜合前述，若非在環加勒比海地區創造出的特殊條件，光是存在富裕、自由勞動型核心地區與較窮、不自由勞動型的邊陲地區間的貿易，並不會有如此劃時代的影響（例如，西歐與東歐間貿易的重要程度或活絡程度，就絕不會高於長江下游和其諸多自由勞動型邊陲地區間的貿易，但西歐正是透過與「新世界」的貿易，才產生了劃時代的影響）。正如同世界體系理論家所主張的，控制邊陲地區勞力的方式的確至關緊要，但如果因此把各種不同的「被強迫種植經濟作物的生產者」混為一談，那便流於太過簡化。「新世界」蓄奴和殖民主義因而在幾個很重要的方面有其特有的意義。

關於蓄奴對歐洲（尤其是英國）工業成長的重要性，較早期的論點往往側重於出口市場成長會促進工業蓬勃發展一事。然而，由於國內市場也正在同步成長，因此這些論點往往偏離事實且難以頂住來自「內部論」（internalism）的攻擊。這類爭辯或許本來就辯不出什麼結果，好比說，假設一七四八至一七七六年加勒比海地區的需求占去英國工業產出成長的一成二左右，[20]那麼這究竟說明了什麼恐怕也見人見智。本書在此要強調的論點是，同樣都是「市場」，有些市場就是比別的市場還重要。「新世界」的市場就是這個特別重要的例子，因為它提供了日益擴張的母國市場所無緣擁有的東西：「新世界」和奴隸貿易能在無須動用英國土地的前提下，將其生產的製造品以合理（甚至日益下跌）的價格轉化為愈來愈多需要大量土地才能產出的食物與纖維（以及後來的木材）。

另一個「新世界」，另一個意外收穫：貴金屬

與此同時，墨西哥、秘魯和後來的巴西則把大量貴金屬送到歐洲。其中有些貴金屬直接來自對殖民地的榨取，例如西班牙、葡萄牙國王從他們領地的所有開採成果抽取的份額。在一六四〇年前，依法抽取的份額是所有船運量的至少二七．五%，說不定高達四〇%。[21]由於如此高的抽取比例很快就導致走私猖獗，因此皇室實際上從未拿到這麼高的份額。為了減少走私，法定抽取比例也逐漸下調；儘管如此，皇室大概仍拿到有登錄之產量的十分之一至五分之一。[22]

流往歐洲的貴金屬，還有頗大的比例是透過經濟脅迫來取得，這是個只比前者略為間接一點的方法。無論是透過原住民實際下場開採，還是花錢免除這勞役，從而補貼他人工資，強迫性勞動所攤派的勞役額度降低了貴金屬開採的成本。[23]由於攤派勞役的直接受益者是住在「新世界」的礦業企業家，因此他們很明顯都會盡可能增加產量（不管價格高低）；而由於有許多人（從大型、中型礦主到「得上繳一定比例之開採成果」的礦工本身）都有金銀可賣，[24]因此他們無法

[2] 編注：也就是歐洲殖民母國。

阻止這些金銀被轉手到歐洲的買家手上。與此同時，殖民地立法則大大降低這些把歐亞物品拿去交換貴金屬者之間的競爭，而且至少曾試圖限制當地可取代這些進口品之貨物的生產。於是，這一貿易的規模和該貿易進行時所依據的價格便遭到扭曲，使更多所占比例不詳的出口金銀，成為送給歐洲的「禮物」。

這一「禮物」有一部分留在西歐。這些貴金屬本身對歐洲的經濟發展幫助不大，因為它們大多被當作軍費花在戰場上（包括西班牙對西北歐新興核心經濟體差點得手的攻擊[3]）；[25]但這些貴金屬可能有助於潤滑歐洲的貿易巨輪，而且肯定對軍事發展的成長有所貢獻。與此同時，許多「新世界」的財貨流向更東邊，並把其他商品帶到歐洲。這一流動大略可分為互不相干的三股。

在「新世界」的金銀出口中，較大的一股出口流到了「舊世界」裡幾個有著豐富生態的小市場區裡（從東南亞到近東部分地方再到東歐），使歐洲得以擴大其從這些邊陲地區進口的實物資源量。在這些小型市場區內，白銀或黃金的用途類似現代的貨幣儲備（但黃金作此用途的情況少於白銀），它們儲藏剩餘價值並被轉移去支應與那些對歐洲所售物品需求不大（因而供需不平衡）的區域所進行的貿易。但也可以把這些通常先製成錢幣再從歐洲轉運出去的金屬視為一種歐洲製造品，只不過恰好在這些區域有相當大的銷路，而且當地本身（因缺乏適當的原物料而）產量不大。[26]在那些正在迅速貨幣化的經濟體裡（例如斯堪的納維亞境內），這一製造品較常被視為大眾使用品；但在市場化程度最低的邊陲地區，例如東歐，它基本上是一種奢侈品。然而不管是上述哪種情況，貴金屬都使人能從這些地區得到更多的初級產品。

不過，由於貴金屬不像布或穀物會磨耗或用盡，因此，如果社會上只有極少數人在使用貴金屬，就不易創造出日益擴大（乃至久久不墜）的貴金屬市場。的確，有錢人能擴增他們所貯藏的白銀或首飾，但到了某個階段，他們所擁有的這類東西將已足敷各種想得到的債務支出之所需，而白銀作為一種炫耀性消費品，肯定已開始失去其相對於絲織品、瓷器、繪畫等物的價值。於是，就算十五世紀的「金銀荒」持續未消能讓「新世界」白銀協助西歐取得更多的原物料，[27] 但「新世界」的白銀本身並無法無限制地擴大西歐與貨幣化程度較低之「舊世界」經濟體的貿易。

第二股金銀流也有助於歐洲取得土地密集型物品，但較沒那麼直接。這股金銀流被用來換取數種亞洲（主要是印度）的製造品，而那些製造品的轉售所得，又支應了替美洲購買奴隸所花的許多成本。光是印度的布就占去十九世紀英格蘭商人用來換取非洲奴隸之貨物總值的約略三分之一，而且可能占去法國商人用來購買奴隸之物品的超過一半（法國比英格蘭更晚才製造出上好的印度織物仿製品）。[28] 葡萄牙的帝國貿易中，有許多貨物是從亞洲直接運到非洲再到巴西，在母國停靠只為運送貨物到「新世界」。[29] 換句話說，這一股金銀流促進了前述「新世界」蓄奴區大幅補強有著充沛勞力和資本但土地不足之歐洲的過程。

在印度，誠如先前已提過的，我們有充分的理由將金銀幣流動量的很大一部分，視為滿足了廣泛的交易需求，而非將它們視為彌補「貿易赤字」的一種財富儲藏。然而，儘管有可觀的證據證明貨幣化在印度方興未艾，但在缺乏來自「新世界」的貴金屬的情況下，印度接下來卻未必

[3] 編注：應指十六世紀末與十七世紀初的英西戰爭（Anglo-Spanish War）與攸關荷蘭獨立的八十年戰爭。

會進口更多的其他歐美物品。在印度，很多人進入市場都只是為了取得一些必需品、滿足偶爾才有的儀典支出（例如婚禮）、取得用以繳稅和繳其他規費的現金。他們雖然在某種程度上也購買其他物品，但我們並不清楚歐洲製造品是否具有競爭力。考慮到他們更青睞於中國的織物與陶瓷器、東南亞的美味香料和特別是來自中東的伊斯蘭物品，這意味著歐洲奢侈品也不會有好銷路。因此，就算我們只把流到印度的貴金屬視為一項產品，這也會具有一個非比尋常的意義：它們差不多就是印度唯一會大規模購買的歐洲貨（另一個我所想到可能同樣受青睞的歐洲貨則是軍火。在這個歷經蒙兀兒王朝衰落和英國崛起稱雄的時期裡，我們並不清楚若再大幅增加這項已然為數可觀的貿易會帶來什麼影響）。

最後，第三股貴金屬流曾在數十年歲月裡始終保持流量第一，但這股白銀流對減輕歐洲土地所受壓力大概幫助最少。它流到亞洲境內人口稠密、高度商業化的地區，並在那裡充當社會各階層的交易媒介；作為交換，亞洲也因此有數種消費財流到歐洲和美洲。這段描述，誠如先前已提過的，或許適用於印度的部分貿易，但在此主要仍指涉流到中國的大量白銀。在那裡，無數人用白銀繳稅和完成許多日常的購買活動。

我們很清楚白銀在此是一項物品，而非用來結清未結算帳戶的剩餘財富。的確，一五〇〇至一六四〇年白銀流入中國，黃金、黃銅則自中國流出，且往往最後落腳於歐洲。[30]雖然絲織品（中國出口的幾種「實際物品」中最重要的一項）並非金屬，它也在某些地方充當貨幣使用。於是，在這項貿易裡，「新世界」白銀只是被拿來套利的許多物品之一。由於白銀已成為中國這個世上最大經濟體的貨幣與財政基礎，[31]使中國拿自身那些較其他地方豐富的物品（黃金、瓷器、絲織品），換取其相對稀少但卻需求龐大的白銀。[32]到了約一六四〇年，這一貿易已使中國和歐洲境內的金／銀價格比差不多相當；於是，這一貿易開始失去其存在理由並急劇衰退，只有在十八世紀時才得以恢復。[33]而在這項貿易的第一階段，其對供給土地密集型商品給歐洲一事貢獻不大。但此貿易能帶來巨大利潤，讓歐洲產生了（與愈來愈多的白銀不同地）可用來與別處交換的物品。

在中國，一如在印度，我們或許很難想像如果無法取得白銀，還有哪種物品會如此大規模進口。從這個角度來看，「新世界」礦場對歐洲能夠取得「舊世界」其他地方的物品甚為重要。但從進口者的角度看，中國的情況不同於印度，因為在中國更難以把進口的大量白銀視為非必需品。於是，在沒有白銀大量流入的情況下，我們只能想像中國若非輸入其他貨幣媒介，就是大規模重新配置中國自己的生產性資源，從而或許反過來擴大了對其他進口品的需求。與此同時，從歐洲的角度看，流入中國的金屬和流入印度的金屬，差別在於前者對減輕歐洲土地所受的壓力幫助相對較小，甚至只起到間接上的幫助。

我們對「新世界」貴金屬在用途上的區別極不嚴謹，且往往犯了「後此故因此」（post hoc）的邏輯謬誤[4]。我們只能說這些金屬的不同用途和它們不同的最後目的地兩事之間有關聯，將其視為視為某種趨勢而非絕對通則。即使在東歐（或許是一般人民參與現金經濟程度最低的邊陲地

[4] 編注：後此故因此（post hoc）是一種因果謬誤，指的是把一件後發之事歸咎於另一件在其之前發生的事情；只因為兩事有時間先後的關係，未必表示兩者之間具有因果關係。

區），也並非所有進口的金屬都代表停滯經濟體裡菁英所貯藏的抽象「財富」。相對來說，即使在人民參與現金經濟程度最高的中國，也肯定都有囤積白銀之事。我們必須承認，像這類囤積白銀的行為長久以來都可以在每個地方見到，也因此某些學者所認為的西方「揮霍者」形象與亞洲「貯藏者」形象之間的鮮明差異，可以說根本無憑無據。[34]此外我們也還必須考慮到，當時一般人並沒有所謂的儲蓄帳戶，而且首飾等炫耀性物品又往往是獲得婚姻以增殖生產單位的重要一環。在那樣的世界裡，囤積貯藏一事和交易需求之間的區隔並不是那麼的涇渭分明的。

這三股金屬流儘管具有粗略與易變的性質，但它們還是能明確告訴我們一點：「新世界」金屬並不單單只是歐洲人用來轉化為「實物」資源的「貨幣」（歐洲人藉由將它們分布到「舊世界」各地來達成這一轉化），且並非始終受歐洲的需求所驅動。其他地區的內部動力照樣能創造出和歐洲一樣真切的「需要」，例如中國對更好用之通貨的需要，或東歐菁英欲將自家的剩餘穀物轉化為易儲存與運送、從而可用來替他們的戰士供應食品等必需品的心態。[35]正是歐洲動力與其他地區動力的**交會**，才決定了這些金屬流的廣度與性質。世界經濟依舊是多中心的，從其他地方發出的力量，也和歐洲所發出的力量一樣，具有左右世界經濟的能力。

事實上，誠如第四章已提過的，若非中國經濟如此充滿活力使其更改金屬貨幣基礎一事便足以吸收「新世界」在三百多年裡所鑄造的驚人大量白銀，那些礦場本有可能在幾十年裡就變得無利可圖。從一五〇〇至一六四〇年歐洲境內按白銀計定的價格大幅抬高來看，表示即使有亞洲吸走大量白銀，白銀在歐洲的價格仍然縮水；[36]而且若「舊世界」那些貨幣化程度較低的地區未將白銀貶值，這些地區也不會無限期地不斷吸收貴金屬。這是近代白銀和黃金與當今「貨幣」

又一個大不相同的地方。今天那些擁有強勢貨幣可供花用的人，絕不會在獲得更多資源上碰到困難，因為當今邊陲地區對資本的需求更是驚人地龐大。

然而，「新世界」金屬從西歐轉運他地，的確使西歐進口的實物資源數量得以遠超過其原先所能進口的數量。為了要使從「舊世界」某些貨幣化程度較低的邊陲地區流出的資源量能夠不斷擴大，有些「新世界」白銀可能得被轉換為布、瓷器或香料；而拜中國需求之賜，西歐也能有這一選項。誠如先前已指出的，西歐靠「新世界」金屬本身、往往用白銀取得且經過轉運的亞洲貨，以及來自「新世界」本身的異國貨物（例如糖、菸草）這三者的結合，其支付了西歐來自「舊世界」其他地方的進口貨物，還多於支付完全在歐洲內部生產出來的製造品。

因此，某些學者將「強取來的金銀塊」和「透過合意性貿易所取得的重要實物資源」兩者做區分一事，似乎就顯得太過牽強。[37]生產出「新世界」資源的土地和勞動，輸出許多市場外的強取性作為（extra-market coercion）的成果，而且憑藉對加勒比海種植園和對整個「新世界」重商主義政策的獨特做法，才得以避開使「舊世界」核心、邊陲地區的交換量持平的所有力量。若沒有這些特點，若沒有白銀可用來協助支應殖民地治理開銷和用來購買亞洲貨以轉運到非洲和美洲，則「生態上的意外收穫」恐怕無緣如此大量地輸送到歐洲，歐洲的生態壓力是否還能從「舊世界」其他地方獲得那麼多紓解，恐怕也是未定之天。

對生態壓力紓解程度的某些估量：工業革命時代的英國

本節牽涉到的數量極大，[38]但為達到有用的探討，必須將它們拆解為數個小項。為便於論證，我們先刪掉那些若非因為重大的建制性改變，否則原本能從「舊世界」邊陲地區取得的物品（例如俄羅斯原本很可能更大量輸出的毛皮），以及「舊世界」採用馬鈴薯之類的「新世界」植物後的獲益（若沒有馬鈴薯，愛爾蘭和普魯士都不可能輸出穀物到英格蘭）。「新世界」的大漁場，最好也略而不計；北美洲沿岸的安全登岸處，便於歐洲人前去那些漁場捕魚，但若沒有這些登岸處，歐洲人還是能去那裡捕魚。從寬鬆的定義角度看，這些屬於「新世界」帶來的意外收穫，但如果把網撒得太廣，我們就只是在計算大西洋兩岸的交換量，而非要證明這些交換（更別提它們背後的任何機制）不可或缺。因此，就十八世紀和十九世紀初期來說，討論焦點將幾乎完全集中在糖和棉花，並對十九世紀中期和晚期從美洲流出的更大量初級作物一事有所思考。

據敏茨的估計，一八〇〇年時糖占去英國卡路里攝取量的約二%，到了一九〇〇年增加為驚人的十四%；[39]實際上的數據似乎會更高。若套用敏茨所估計的人均糖消費量和換算成卡路里的方式，一八〇〇年聯合王國（包括愛爾蘭）每人每日的糖消費量會超過九〇卡路里。如果一八〇〇年時英國每人每天平均消耗兩千五百卡路里（粗估），[40]那麼即使是在那麼早的年代，九〇卡路里都幾乎相當於總攝取量的四%；如果人們真的平均每日消耗兩千五百卡路里，那麼一九〇一年糖的平均攝取量會產生超過總卡路里一成八的熱量，而如果平均消耗量是可能性更高的兩千卡路里，則會是超過兩成二。糖在今日常被斥為「垃圾」卡路里的來源，但在較貧乏的日常飲食裡，它可是甚有價值，能夠防止珍貴的蛋白質被燃燒成能量。[41]

一八〇〇年總攝取量的四%這個數據或許讓人覺得沒什麼，但在此要提醒大家，一英畝熱帶甘蔗田所產生的卡路里，相當於四英畝多的馬鈴薯田所產生的卡路里（十八世紀大部分歐洲人不屑吃馬鈴薯[42]），或九至十二英畝小麥田所產生的卡路里。[43]約一八〇〇年時聯合王國境內所消耗掉來自糖的卡路里（使用來自敏茨的數據[44]），需要用到至少一百三十萬英畝產量處於平均值的英格蘭農場，甚至說超過一百九十萬英畝也可以相信；到了一八三一年時則會需要一百九十萬英畝到兩百六十萬英畝。這時歐洲境內（和尤其是英國境內）未開墾的土地，幾乎都已不是歐洲最好的土地，因此把這些數據調得更高也就看來合理。

肉乾、船、松脂製品、少許的木材和穀物，在十八世紀晚期替歐洲省下一些土地，到了十九世紀初期時則省下更多土地。例如，原本在一八〇〇年前由北美洲輸出到英國的木材數量仍微不足道（但輸出到歐洲南部的數量則不然），但到了一八二五年，輸入量已多到足以取代超過一百萬英畝森林的產出，且在那之後輸入量還向上攀升。[45]有些土地的節省則是間接的結果，因為「新世界」白銀和該白銀再出口，支應了英國自波羅的海進口木材的許多開銷（一七八〇、九〇年代從波羅的海進口的木材每年取代了約六十五萬英畝地的產出）。考慮到英國的可耕地總共約有一千七百萬英畝，[46]且截至這時為止已自「新世界」找到三百萬至四百萬畝的「幽靈地」（ghost acres），因此這對英國土地基礎的擴大就絕非微不足道。這時候棉花都還沒登場，且來自美國的進口貨物也尚未歷經十九世紀中期將會出現的極大幅成長。

到了一八一五年，英國已進口超過一億磅的「新世界」棉花，這個數字在一八三〇年更達到兩億六千三百萬磅。[47]如果要用同樣重量的大麻和亞麻取代這些纖維，相對來說不會需要太多的額外土地面積。一八一五年時需要多二十萬英畝，一八三〇年需要多五十萬英畝。然而，就大部分用途來說，大麻和亞麻（尤其是大麻）都被認為是次級品，而且它們處理起來較麻煩許多，以機器將它們紡成紗的工序比棉紗工序還晚問世。[48]更重要的是，大麻和亞麻都是高度勞力密集和糞肥密集的作物，因此大部分人只把它們當園藝作物來種。不管是在英格蘭，還是在北美洲，就算經過三百年的官方推廣和補貼，也還是未能促成更大規模的大麻和亞麻生產。[49]

再來就該談談羊毛。長久以來，羊毛一直是歐洲主要的衣物纖維，但要飼養足夠的綿羊以替代英國用「新世界」棉花所製出的棉紗，將會需要非常驚人的土地面積。在一八一五年時需要將近九百萬英畝（根據標準農場的比例換算），一八三〇年時需要超過兩千三百萬英畝。最後這個數據超過英國作物地與牧草地的面積總和，也超過安東尼・里格利的以下估計：若要靠森林生產出約一八一五年時英國煤業一年所產出的能量，英國需要神奇地多出一千五百萬英畝的森林才行。[50]如果把約一八三〇年時的棉花、糖、木材都算進去，「幽靈地」面積會在兩千五百萬英畝至三千萬英畝之間，遠遠超過煤在正常範圍內所能提供的貢獻。

誠如第五章已討論過的，飲食習慣的改變降低了自歐陸境外進口的人均食物需求。這或許會使我們所計算出的土地節省量增加不少，但大概無法算出確切數字。家庭取暖成本變低，當然主要得歸因於煤產量的大增。但能讓更多的人在室內工作而非走「江南」、乃至「丹麥」的方式來維持生態，仍極有賴於以煤為基礎的便宜能源，以及棉花、穀物等來自海外的土地密集型進口品的供應。室內勞動者的人均卡路里消耗量，似乎比室外勞動者少了約三分之一。[51]若非有美國棉花，就不會有產量之高前所未有的便宜布料，能夠有助於保暖和進一步減少卡路里需要。

此外，茶葉和糖還具有壓抑食欲的特質，也能夠降低人們對卡路里的需要，從而在不知不覺間又省下一些土地。此成就有部分也是透過海外的強取豪奪才能取得，因為大部分的糖來自「新世界」的種植園，而茶葉最初是用「新世界」的白銀購買，後來則用印度鴉片購買。在十九世紀初期，上述這些因素加總起來已使「幽靈地」面積明顯地增加；到了十九世紀中期、晚期時，「幽靈地」的面積更出現極為巨大的增長。

美國南部當然不是後來唯一會生產棉花的地方，但若沒有這個地區，曼徹斯特的早期成長將會碰上非常大的阻礙。看看後來美國在內戰期間發生的所謂「棉花荒」，我們就可以理解若沒有這個地區的生態遺產與建制遺產，要維持棉紡織品的榮景，難度將會再高上多少。

雖然美國的棉花出口只有在一八六二至一八六五年中期因內戰而停擺（一八六一年間美國北方尚未能有效封鎖南方），但英國於一八五〇年時已開始為增加棉花供應量付出不少心力。我們幾乎可以肯定，倘若英國身處在一個美國無法供應棉花的虛構世界裡，則英國將不會為找到棉花供應來源付出那麼多的心力。由於這時英國的國力遠強於十九世紀初，因此英國所能取得的航運和其他相關技術遠優於以往。或許更為重要的，英國擁有許多工廠、大批工人和對產品心懷期望的既有顧客，足以創造出避免棉花供應量減少的誘因，且這誘因比起打造一個能克服棉花初期短缺的產業一事，要來得更加強烈許多。然而，儘管付出這些心力，「原物料供給……還是始終沒有彈性」。[52]

英國的心力主要花在印度。一八五〇年代期間，印度政府正施行「以棉花為導向的兼併暨鐵路興築政策」，但頭十年的成果卻是乏善可陳。一八六一曾出現一次重大增長，但有許多增長卻是透過減少國內消費和輸華貨物量，而非透過增加產出來達成的。即使如此，一八六一年時印度運到英國的棉花數量仍不及該年美國運到英國數量的一半。除此之外，即使當日後美國北方對南方的封鎖變得有效而且棉價大漲時，出口量也只再增加了八．六％。[53]

另一個相對來講較為成功的作為出現在埃及，而且是在少了許多外力的加持下達成的。埃及能有這番成就，乃是因為自穆罕默德．阿里（Mohammaed Ali[5]）當政以來，埃及政府自己就致力於增產棉花。當他所下令興建的紡織廠不敵同業競爭時，埃及所產出的棉花隨之可供出口之用。自一八二一年開始出口，一八二四年輸出兩千七百萬磅，到了一八五〇年代已將近五千萬磅，[54]但這還是不到一八一五年時美國出口量的一半。埃及棉花在出口最盛時曾高達將近兩億磅（仍遠不如一八三〇年美國的出口量），然後便急轉直下、出口量大跌。[55]這些為時不長的成就，是在過去四十年來上層的強力推動後才得以出現，並以受到英國蘭開夏郡的成功榜樣啟發的體制來管理。然而在事實上，一直要到美國內戰爆發為止，埃及的棉花種植區大多仍侷限在穆罕默德．阿里和其親人的莊園裡。而且儘管有如此長的準備期，這些莊園仍未能達成可永續生產的水平，更談不上是能進一步成長的生產水平，也無法以蘭開夏所能長久忍受的價格提供棉花。

尼羅河三角洲在整個美國內戰期間，無論任何季節都有約四成的土地用於種植棉花。考慮到當地採行輪作制，或許該地的每塊田地在一八六三至一八六五年間的某個時間點上都種滿了棉花。[56]鑑於埃及境內得到充足灌溉的土地不多，這大概代表了在沒有二十世紀大規模工程灌溉的情況下，埃及所能達成的栽種面積的絕對最大值。然而，即使是在這樣的土地上，栽種的成本也劇漲到只有在一八六四年的最高價格下才有可能獲利的程度，[57]而在那樣的價格下（事實上，甚至在更低的一八六二年價格下），原棉其實已比粗棉紗還要貴。[58]

相對來說，英國比較沒那麼用心在促進其他看來大有可為的地區（巴西、非洲西部、澳洲昆士蘭省、緬甸）從事棉花出口。因此，儘管棉花價格大漲，這些地方的棉花生產也幾無成效可言。[59]英國棉花的消費量在一八六一至一八六二年減少了五成五，而價格則漲了一倍（一八六一年時價格就已因為戰爭而上漲）。相對來說，一八六〇年時棉花成本已約是羊毛價格的三分之一，但到了一八六四年成本又更加增高。[60]若非英國在美國內戰開打時有著相當多的原棉儲備量以及大量過剩的庫存棉製成品（從而壓低對更多紡紗與織造工作的需求），則此一價格肯定還會再更高。[61]蘭開夏郡紡織廠的職缺在一八六二年少了快一半，而剩下的棉紡工人到了該年十一月時，一週的工作量只剩下兩天半（與此相對的，一八六〇至一八六一年時一週工作六天）。[62]許多商行（尤其是從現金儲備、設備等資源的角度來看較類似早期工廠的較小型商行）因此破產。

的確，就連這一不敷需求的原棉供應量，都大大超過十九世紀初期美國的供應量；但誠如先前已提過的，這也源於一些在當時所想像不到的作為。而且在沒有二十世紀農業工具的情況下，也不大可能找到足以替代後來「新歐洲」（neo-Europes）所產生且在極大程度造福歐洲的糧食作物。在當時的「舊世界」，根本沒有哪個地方同時具有以下的條件：比歐洲本身更利於歐洲

[5] 編注：穆罕默德・阿里（Mohammaed Ali, 1769-1849），鄂圖曼帝國時期所任命的埃及總督。其在一八〇五年創立了穆罕默德・阿里王朝（一八〇五—一九五三），被視為現代埃及的奠基者。

糧食作物生長的生態、相對較稀疏的人口和有利的建制性結構。[63]

比較與計算：這些數字意味著什麼？

或許有人會以類似（第四章所討論過的）回應海外榨取和歐洲資本積累論的方式，來反對這些計算結果。既然其他因素（歐洲內部的資本積累、國內食物供應量或諸如此類的因素）更為重大，我們怎能有定論可言？這是個重要的疑問，對這個案例而言如此，對要把歷史進程予以概念化來說，亦是如此。

如果我們大體上關注可解釋某個案例的成長，較小的因素就是次要的因素。但即使在這裡，都會出現歸類上的問題。「輸入英國的新世界農產品」這個包含性的類目，與類似的類目「（英國）國內農產量」和「從歐洲其他地方的進口」相比，或許顯得小，但如果把這些類目再細分（「從德意志進口的食物」、「從斯堪的納維亞進口的木材」等），就發現某些「新世界」亞類目，例如「從美國進口的木材」，會在這個更長的要素清單裡名列最大項目之列。而要把類目分得多細，取決於對不同產品的可替代性、特定產業對更大規模的經濟發展所具有的重要性等等事項的複雜判斷和某些更進一步的反事實條件陳述之上（這也是「新世界」資源為什麼看起來比「新世界」獲利還要重要的原因之一。的確有別的投資能帶來金錢收益，但是否有別的方法來取得大量的土地密集型產品，就比較不清楚）。因此，除非我們想直截了當地表示任何東西**總是**會有替代品，且市場也**始終**能精確地衡量出活動、物品等事物的相對重要性，否則這類判斷就無可避免（要瞭解這些假設的某些侷限，不妨想像一下火星人突然拿走地球的所有化石燃料會對經濟有多大的衝擊。雖然目前化石燃料生產者只占世界國民生產毛額中的頗小比例，但我們仍能推估真正的衝擊肯定會更大）。

大體而言，顯然在某些情況下，某些事物只要一點小幅的增加就會導致全然改觀。舉例來說，人類基因有九八．四％與倭黑猩猩一模一樣，[64]但在討論人類為何遍布幾乎整個地球（而黑猩猩只存活於一些孤立的小地區）時，恐怕只有少數人會以某個解釋太著重於剩下的一．六％基因所促成的行為而認為該解釋說不通。

「相對較小的差異卻能造成重大的歷史分歧」這個基本觀念，既早見於古諺（「少了釘子，失了蹄鐵；少了蹄鐵，失了戰馬；少了戰馬，失了騎士；少了騎士，失了消息；少了消息，失了勝仗；少了勝仗，失了王國；這全因少了馬蹄鐵釘」），也見於今日（例如非洲一隻蝴蝶振翅，改變了格陵蘭島天候這個著名的「混沌理論」例子）。這個觀念與尋求平衡的模型背道而馳，因為在這類模型中，微小的差異並不會造成重大且**持久**的分歧。因此這個觀念促成歷史學與經濟學尷尬的結合，至少促成歷史學與「假設平衡狀態是特定體系所往往趨向之目的地」的那類經濟學派結合。此外，倘若同意微小因素的重要性，也可能導致知識界的混亂無主，因為解釋可能變成大雜燴，使我們一頭霧水；或者解釋可能變成眾人各執一詞，每個人都把適合自己需求的因素說成「至關緊要」。但就歷史來說，有時必然有一些因素具有比它們本身的大小所暗示的還要大的持久效應。

要根據比較來解釋為何這類因素不容小看，有一部分取決於正被思量的諸案例在其他方面的相似之處究竟有多清楚。歷史從來不像黑猩猩與人類的例子（九八．四％的基因一模一樣）那樣俐落分明。我們反倒很常談到「約略類似」，或談到「某些優勢似乎與某個具有抵銷性的劣勢密切相關」，或談到「恐怕沒有哪個機制會在更大分歧出現的期間大大強化某個差異的重要性」。

於是，煤和「新世界」的重要性，似乎會有一部分取決於讀者對我在其他地區所提出的相似之處的信服程度，以及關於那些特定現象的論點。至於那些現象本身，基於以下四個理由，我認為它們特別值得看重：

一、前述的計算結果顯示，這些現象與某些合理的標準（例如英國境內的土地基礎）之間具有不小的關聯性。

二、這些現象出現的正是時候，正好說明了一項重大分歧的發生原因（倘若我們把那個大分歧的發生年代往回推到一八〇〇年前後的那個百年的話）。

三、這些現象透過紓解某種限制（例如土地數量有限）來影響發展，而且以當時的知識基礎和建制，這種限制原本很難予以紓解。

四、中國和日本的核心地區，以及歐洲特定地區（例如丹麥）的例子，為瞭解缺乏這些優勢的社會所會呈現的樣貌，提供了看來可靠的例子。

這些現象並不是要使我們以為，歐洲若沒有這一紓解就會蒙受馬爾薩斯式浩劫。這就好像是在想像一個與「蝴蝶振翅會產生颶風」情節所相似的環境，或彷彿以為印度、中國或日本只要有一個稍稍更長久的生態之窗，就也會產生工業革命。歐洲**本有可能**發生一場生態危機，但我們的反事實條件陳述使我們得以想像多種更有可能的結果：以一套勞力密集型的調整來因應土地壓力（現實裡，的確有人在有點類似的情況下以此方式成功因應土地壓力），但不會導致英國產生突破性進展之類的發展。事實上，誠如在本書最後一節會看到的，這些勞力密集型路徑可能也使人更難師法工業化，即使在已有技術可供模仿後亦然。因此在我看來，根據「初始條件的微小差異會導致日後大上許多的差異」這一原則來強調我所選出的這些因素，似乎是合理而非魯莽之舉。

數字之外

介紹過動態效應不易被平衡模型或性質更籠統的定量測量捕捉到這個觀念之後，我們來花點時間看看那些使「新世界」與歐洲和「舊世界」其他地方分道揚鑣一事產生關聯的途徑。我們已（在第三章）簡短談到菸草、咖啡等「新世界」出口品的動態文化效應，尤其是它們對消費習慣和促使人從事市場導向之生產的影響。這些「非必要」的物品（以及用「新世界」白銀在亞洲取得的其他物品），在我們所做的幾類生態計算裡談不上重要，但它們無疑對加速攸關歐洲經濟動態的「勤勞革命」發展助益甚大。

首先，菸草、糖、可可、咖啡和茶葉都具有些許致癮性，都易於調理和食用，且都能短暫提神。這使它們極適合在漫長工作期間的空檔食用，特別是離家在外工作時。隨著家與工作場所分開，這些特性變得更為重要，尤以在工廠時代為然（特別是在英國，「新世界」白銀使英國有錢以中國茶葉部分地取代琴酒和啤酒，從而也可能大有助於創造更適於從事快節奏且危險之工作的人口）。此外，這些新的「日常奢侈品」，除了菸草，都是歐洲未生產、因而不可能在自家製造的商品，於是只能經由市場導向的生產活動來取得。那些想得到絲織品或棉製品或大受歡迎之混紡品的人，也只能經由市場導向的生產活動來如願；至於連窮人都開始視之為重要身份地位象徵的銀質皮帶扣等小飾物亦然。

這些物品不只得花錢才能取得，而且在許多情況下它們的成本也促使人追求專業化生產。只有相當有錢的人，才會明知年輕子弟學習處理絲織品時可能會報廢該高級織物也不心疼；而那些可能會用大麻或亞麻來自製衣物的家庭，則比較不可能拿高級的織物來製作衣物，以免一不小心毀掉該織物，除非製作衣物會是他們未來的謀生技能。因此，在這時期成為許多老百姓生活一部分的異國商品，可能便會以一種重要但無法量化的方式，促成勞動時間從家用性生產轉至市場導向的生產，而這一轉變又是歐洲能從更高程度的分工得到「內生性」好處的極重要憑藉。眼下，我們暫且也把（悉尼．敏茨所言的）種植園本身作為工廠組織之重要實驗場的可能性擱下不談。[65]

除此之外我們還要切記，「新世界」金銀的貢獻，不只是使歐洲人得以在「新世界」其他地方買下別的物品而已。這些金銀也有助於歐洲軍事指揮官和主計人員的設立，而且這些人將成為「新世界」當地菁英深具影響力的夥伴（往往後來還成為他們的殖民地主子）。[66]對種植園所產的糖、菸草和殖民地所產的其他產品所課徵的消費稅，也在打造這些軍力上發揮了重要作用。一六七〇至一八〇〇年（或至一八一〇年，如果你比較喜歡把更多拿破崙戰爭時期的年份納入的話），英國政府增加的稅收（以固定價格計算），有一半來自海關收入。至少在一七八八至一七九二年，有三分之二的海關收入是來自對茶葉、糖、印度布、生絲、菸草和「外國烈酒」（大部分是以加勒比海糖製成的蘭姆酒，不含葡萄酒）所課徵的稅。[67]這些商品的關稅總值，占去這段期間英國所有主要稅目之收入的兩成二。[68]而靠這些貿易過活的各家東印度公司，當然執行了歐洲人在亞洲的許多早期征服行動。

同樣值得指出的是，愈來愈強的軍力使十八世紀晚期和十九世紀初期的歐洲人得以趁著亞洲數個地區政局動蕩不安之際擴張勢力，但歐洲自己內部也正在發生劇變。[69]金世傑認為，人口增長所導致的資源短缺及價格變動，與歐洲在十七世紀中葉和十八世紀晚期的政局動蕩，兩者有著看來可信的關聯。[70]因此，來自海外的資源起了更顯突出的作用，使人口增長的這些問題不致更加惡化。這說法也可以適用在從「新世界」商品徵得的政府稅收，因為比起向國內產物和資產課稅，這些「新世界」商品的稅收不受歡迎的程度低了許多。而當我們考慮英國相對較平順地通過「革命時代」、想起英國脫離這時期時已是個版圖大增的帝國時，在歐陸有許多地方卻正在遭遇重大的經濟挫敗，這些來自海外的資源就顯得更為意義重大。

於是，對「新世界」的剝削和對被押到那裡工作之非洲人的剝削，除了在前述「幽靈地」面積數據裡起了重要作用，似乎很可能還在許多方面起了重要作用。在把所有指標都納入考量之後，我們發現這一剝削對於使西歐與「舊世界」其他核心地區分道揚鑣上所起的作用，似乎很可能比歐洲憑著自己境內市場、家庭體系等建制所產生的任何據稱可以凌駕其他地區的優勢，都還要大。在使西歐與至少東亞諸核心地區分道揚鑣上，似乎只有三個因素很可能起了差不多重要的作用。其中一個，頗為弔詭，會是歐洲的生態「落後優勢」。這一落後留下未被開發利用的資源，從而在十九世紀時提供了生態上的喘息空間。然而，我們已知道英國（或低地國）在某些極重要的商品上（尤其是纖維作物和木頭）並未享有這些優勢，而且這些優勢還會被生態劣勢給抵銷掉。第二個可能的因素是英國煤礦床有利的地理位置和此有利位置與整個煤／蒸汽複合體之發展的關係。第三個因素則是工業創新浪潮本身。這個因素仍未得到充分探明，而且誠如先前已過的，具有非凡的重要性，因為它與豐富的煤和拜「新世界」之賜而得以紓解其他資源限制一事密不可分。

在本書最後兩節，我將從兩個方面探討分道揚鑣係大勢所趨一說。首先，我把說明「新世界」為何攸關歐洲發展的論點進一步帶進十九世紀，簡短概述這些動力如何在工業化擴散到英國以外地方之際既改變且持續。最後，我將回頭檢視中國、日本和印度。這三個地方都在不同程度上不得不採取日益勞力密集的手段來解決生態不堪負荷的問題，而且各自在不同程度上發現這些調整使他們後來較難進行資本密集、能源密集的工業化。我一再主張，若沒有前面討論過的那些意外收穫，歐洲本也可能被迫走上勞力密集程度高上許多的道路，因此，提出最後這幾個例子，用意不在替一個全球論述做完滿的收尾，而在完成以下論點：十九世紀初期代表了一個影響深遠的極重要分流時刻。拜先前討論過的諸多因素之賜，當時的英格蘭不致淪為長江三角洲的翻版，而且這兩個地方日後差異變得如此之大，讓人很難看出它們在相當晚近時還頗為相似。

進入工業世界

具有節省土地作用的「新世界」進口品，要到一八三〇年後才會大增。而曾有數十年的時間，這些進口品與化石燃料產量的驚人成長同步進展。從一八一五至一九〇〇年，英國的煤產量會增加十三倍，[71]而英國的糖進口量在同一期間也增加了約十倍、[72]英國的棉花進口量則增加了驚人的十九倍。[73]與此同時，英國也開始依靠美國的穀物、牛肉等初級產品過活，其木材進口量也暴增；最後「新世界」也成為歐洲過剩人口的巨大出口。

當然，在十九世紀初期，英國已不再把奴隸賣到北美洲和加勒比海，而且英國賣到阿根廷的奴隸始終不多。但到了十九世紀中期，拜新技術問世之賜，跨大西洋的航運成本得以比十八世紀更大幅減少，而其他改變（特別是鐵路）也正徹底改變內陸運輸的面貌。這大大加速了前面討論過的以下過程：運輸成本減少使來自歐洲的移民得以從愈來愈廣大的美洲地區把初級產品送回歐洲，藉此支應他們的旅費、初始成本和製造成本（美國的獨立也加快這一過程，因為比起先前追求利潤的殖民地公司，美國政府遠沒那麼在意怎麼收回其為保衛、發展邊疆地區的開銷）。

到了那個時候，也有一些機械資本財（而非人力資本財）是「新世界」的生產者想從歐洲得到的，而且新設計至少享有某種專利保護。與此同時，便宜的運輸、機械化的生產和歐洲移民所帶來的喜好，使歐洲此時也能在「新世界」賣出大量消費財。由於資本和勞動力以移民和投資的明確形態和以製造品的間接形態大量輸入美國，土地眾多且以市場為導向的美國便成為使人口日益稠密和工業化的歐洲臻於完善的絕佳助力。

但即使有這種種改變，英國至少仍得間接倚賴強取豪奪的形式，來支應其在十九世紀大增的「新世界」資源進口的大部分開銷。事實上，即使在「世界工廠」的聲名最盛之際，英國在美洲所賣出的東西也很少足以打平其從大西洋彼岸進口的數額。[74]隨著進口替代在歐陸和北美洲持續進行、並最終創造出在出口市場上與英國競爭的產業，這一情況更加惡化。於是，歐洲的殖民主義和海外的強取豪奪（這時集中在「舊世界」），即使未像一八五〇年前那樣重要，至少也持續重要了數十年。

事實上，在一次大戰爆發前的四十年裡，英國主要透過與亞洲貿易的巨大順差，打消了其與美洲和歐洲間已非常龐大的貿易赤字，且即使把航運、保險、利息支付等「無形」的成本算進去亦然。最大的貿易順差出現在英國與印度的貿易上。英國人透過立法，人為擴大其從布到火車頭的種種貨物在印度的銷路，而印度則透過輸出鴉片到中國和輸出茶、靛藍染料等農產品到歐陸（往往是在極其脅迫性的條件下為了出口而生產），來彌補那一赤字的頗大一部分。[75]與此同時，英國頂受住其與大西洋、歐陸貿易夥伴的龐大貿易赤字，同時仍輸出龐大資本的能力，不只對英國消費者本身很重要，也為下一波工業化國家（尤其是能保護自己市場、能在未受保護的市場上售物、並得到龐大資本挹注的美國）提供了助力。

的確誠如艾瑞克・瓊斯所主張，凡是無意中發現「新世界」並使該地人口銳減（任何帶有「舊世界」疾病的人到了那裡都會引發的作用）的團體，都可能像後來歐洲人那樣來利用美洲；但是瓊斯所謂的歐洲創業精神，[76]卻不是西歐發展能夠超越世上其他人口稠密地區的**獨有**重要因素。西歐人所享有的優勢，很大一部分要歸功於他們在組織探險活動與長期征服上的創新和在打造兼具創業精神與高度強取豪奪性質的建制上創新，還有受諸多因素影響（從美洲原住民無法抵禦天花到「新世界」白銀的大量供應，以及規模同樣龐大的中國重新貨幣化計畫）而塑造出有利於歐洲的全球形勢。而這些優勢也反過來賦予西歐人一個特別有利的位置，使他們得以撐過前一個世紀的「生態舊制度」和該制度所面臨的諸多生態挑戰，乃至繼續擴增會使來自土地的產物銷路大開的諸多產業（從紡織業到啤酒釀製業到製鐵業）。

最後的比較：勞力密集、資源與工業「壯大」

於是，當煤、蒸汽和機械化為人類的技術創新開闢了寬廣的新空間時，西歐人（尤其是英格蘭人）正好處在一個可以大展身手的有利位置，而且這個位置別人還無緣享有。廣大未開發的「新世界」資源（和地下資源）任他們取用，從而打消了來自土地的限制。不只如此，西歐人憑著在「新世界」的所得，使其在進入十九世紀時擁有更高的生活水平與更強的軍力（從而能在某些情況下強行打開市場或取得壟斷地位），以及更大規模的手工業。大部分的早期工廠工人，就來自這些原始工業勞動者，而非直接來自農民。

喬爾．莫基爾在其歐洲工業化「壯大」（growing-up）的模型中，清楚說明了從已在原始工業工作的人群裡大量招來的工廠勞力所具有的重要性。首先，儘管屢屢有人試圖在農業裡找到「剩餘勞動力」（亦即能從該產業移出而又不會明顯危害生產的勞動者），[77] 但似乎很少能夠如願，即使是在今日的第三世界裡亦然；[78] 而我們所探討的核心地區在約一八〇〇年時，個個皆承受不起農產量大跌的衝擊。其次，工廠若僱用本來在原始工業工作的勞工，還享有一項特有的優勢。因為如果工廠工人是招自農業部門，那麼即使工資未因他們成為需求對象而上漲（換句話說如果農業裡有剩餘勞動力），至少工資也沒理由下跌；而隨著大量生產技術的擴散導致工廠所生產產品價格下跌，商行的利潤會減少，說不定擴張也不順（莫基爾假設所需的固定資本相當便宜，因為工業化早期普遍如此；而由於不管生產過程如何，原物料成本都大略一樣，因此工廠的工資開銷就是最重要的變動成本）。但如果在工業開始發展之初能利用那些和工廠生產相同產品的原始工業勞動者，那麼該技術擴散除了會壓低工廠產品的價格，也會壓低勞動者獲取別種收入的可能性。於是，工廠就能降低工資並從該產業吸引新血加入；而這使工廠得以更長久地保有較高利潤。[79]

於是，在這個想定情況裡，原始工業的「壯大」就能夠導致工業發展，而不再需要仰賴讓農業在同樣土地面積下仍維持甚或增加既有產量、**同時還能**釋放出大批勞動力的社會與技術轉型。此外，原始工業勞動者在投入工廠時，往往具有某種相關的技能或有助於進一步創新的知識。這一切意味著在機械化工業問世前後的那幾十年裡，原始工業的持續發展讓歐洲處於一個（比如果歐洲被迫將更多人留在農、林業裡）更有利的位置。

讓我們稍稍換個方式來說。歐洲原始工業和許多早期機械化產業兩者的擴大，有賴於農業產出的增加。撇開本來能否在英國（乃至歐洲）境內找到數量多到足以解決這些問題的土地不談，若把大批額外的勞動力用於直接供應這些農產品，將會在日後製造更多問題。但歐洲反而是透過其他人來代替自己生產這些農產品，同時把自己的勞動力投入陸軍、海軍、貿易、製造品生產，增加這些領域的人力。當國內工廠需要更多勞動力時，歐洲尚有原始工業勞動力可用，從而享有前面討論過的那些優勢。

久而久之，拜技術變革（例如更優良的槍炮和船艦）之賜，歐洲陸海軍的人均戰力變得更強，而且得到用殖民地稅收僱用的「土著」補強或被他們取代。於是，海外產業也經歷了某種它所特有的「壯大」，意味著它們不必吸納大量的歐洲勞動力，就能以這種方式來獲取初級產品。國內農業的大幅擴張原本有其必要，但若真的追求這樣的擴張，不只會碰上生態難題，而且還難以和工業勞動力的擴張並行不悖。一八五〇年後英國的農業勞動力終於開始減少一事，被認為既與該世紀更早時還無緣取得的技術有關，也與農業進口品的大增有關；勞動力投入減少之際產量維持穩定，但未大增。[80]相較於第五章所討論過、就歐洲來講屬於特例的丹麥，兩者的情況有很明顯的差異。在丹麥，透過勞力密集方法達成生態幾乎趨於穩定一事，似乎與數十年的工業化扞格不入，儘管其中許多作為的邊際收益（和城鄉勞動者的實際工資）並不高，而且還進一步下跌。[81]

即使沒有「新世界」之類的地區來供應所需的纖維和其他土地密集型產品，中國和日本也在很長的一段時間裡，找到方法來不斷擴張其原始工業部門，就像整個歐洲所做的那樣。這些過程也涉及到貿易（與漁業）某種程度的擴張以紓解核心地區土地所受到的壓力；但相較於歐洲，中國和日本的解決之道涉及自身農業部門（尤其是纖維生產部門）更大程度的集約化和擴張。而到了十八世紀末，那一過程似乎已愈來愈慢，而且付出相當大的生態成本。日本人口到了一七五〇年時已不再成長，而雖然中國人口又繼續成長了一個世紀，但從事原始工業的人口占總人口的比例很可能已停止成長，甚或下跌。雖然在中國境內擁有大規模原始工業的諸地區中，真正經歷去工業化者很可能只占少數，但實際情況卻是中國境內偏重農業的地區在一八五〇年時，其人口占總人口的比例，已比一七五〇年時高上許多。

長江三角洲最進步的幾個府的人口，一七五〇年時占中國總人口一成六至兩成一，但到了一八五〇年時已幾乎不到九%，一九五〇年時更只有約六%。誠如不久後會提到的，在這些府裡從事原始工業的人口占諸府總人口的比例可能有微幅減少，但不管是否真的如此，清帝國原始工業最發達的地區在總體數據裡所占的比重已不如以往。在嶺南這個中國境內原始工業第二發達的大區，一七五〇至一八五〇年的人口成長率約是七五%，但整個中國人口卻成長了將近一倍；此外，在嶺南增加的人口裡，廣西這個以農林業為主的省份也占了異常高的比例。

於是，儘管有些偏重農業的大區，其原始工業的程度開始提高，但它們在一七五〇年後增加的人口裡所占的巨大比重，意味著一八五〇年時農業在整個中國所占的比重至少和一七五〇年時一樣高，即便到了一九五〇年時也低不了多少。此外，散布於內陸各農莊且往往被視為理想農戶之一部分的原始工業勞動者，比起與土地沒有關聯的真正無產階級者，較不可能願意投入工廠工作（假設有工廠存在的話）。因此，在一七五〇年後的約兩百年裡，中國很難沿著相對較容易的「壯大」道路邁向工業化，反而不得不處理直接從農業取得其大部分工廠工人所衍生的種種相關問題。

但美國的情況要我們切記，並非所有早期的工業化地區都有大規模的原始工業部門。事實上，肯尼思・索科洛夫（Kenneth Sokoloff）和大衛・達勒（David Dollar）比較過十九世紀的美國和英格蘭之後，強調英格蘭境內的農業工作由於受季節性影響較大，因此放慢了以工廠為基礎的工業發展。由於一年裡只有部分期間會有大量勞動者可用，但工資又遠低於他們會願意完全離開土地的工資，於是，事實表明手工業是工廠的頑強對手，而在這情況下對集中式工廠、設備、管理所做的投資，還不如在農、工勞動者的區隔更加涇渭分明的情況下所做的同樣投資來得有益。相對的，在美國，土地／勞動力比率非常有利，使得農場主能用其他活動（例如畜牧、伐木、種水果和開墾土地）補強其穀物生產，而由於這些活動的單位面積產量較低、時薪卻較高，於是鄉村勞動力不必大大倚賴手工業，就能有全職工作。也因此，美國工廠建成後的成長速度往往也比英格蘭（尤其是種植穀物、生產手工製品的英格蘭南部）工廠還要快。[82]

這一論點可以在英格蘭和美國這兩個地方說得通，但美國的情況仍大不同於本書所探討的歐亞大陸諸核心地區。非常有利的土地／勞動力比例，意味著美國農場在自成一體的工廠勞動力出現時能輕鬆餵飽這批人（不管這批人是境外移入，還是來自人口本身快速的自然增長和城鄉間遷徙）。這也意味著這些農場主即使沒有以工業生產為副業，仍買得起工廠產品，即使那些產品以相當貴的勞動力製成亦然。與此同時，長距離和關稅有助於使往往以較便宜勞動力製成的歐洲製造品不致全盤吃下美國市場。

在這些特殊情況下，美國那些必須找到有務農經驗者（不管來自麻塞諸塞州、愛爾蘭還是德意志）前來工作的工廠，說不定（與「壯大」模型背道而馳的）能夠比英格蘭工廠更快速擴張。但在十八世紀的「舊世界」，只有寥寥幾個地方承受得起這種人口成長模式，也就是既未增加本地農產量、也未藉由生產工業出口品帶進初級產品。在「舊世界」核心地區裡，那些沒有鄉村人口可用於原始工業的地方，這比較可能肇因於一整年非常勞力密集的複種（例如在嶺南部分地方）或為保存脆弱的生態而投入的龐大勞動（例如丹麥境內泥灰施肥、挖溝等諸如此類的勞動），而比較不可能肇因於我們在十九世紀美國農場上所看到的那幾種可獲利但土地密集式的副業。

於是，「舊世界」諸核心地區無法以美國那種方式打造出工廠勞動力。對這些地區來說，只能二選一：即若非從全職原始工業勞動力抽調出人力，就是從至少兼職性的農業勞動力抽調出人力。在這情況下，能利用原始工業勞動力一事，似乎仍是打造「舊世界」工業勞動力的最有利方式。英格蘭的情況因此比長江三角洲等地更為有利，因為英格蘭有邊陲性貿易夥伴可以補強自身經濟，而後者沒有這類貿易夥伴。

這一論點也可從莫基爾歐洲工業化「壯大」模型的另一個特徵來切入。這個模型假設人們最初是在其農業勞動的邊際生產力低於原始工業的邊際生產力時，轉而投入原始工業生產活動（前一邊際生產力剛開始時高於後者，但下跌速度快了許多，主要因為土地供給有限）。於是，只要一個區域能繼續出口原始工業產品來換取食物（或許還可加上纖維和木材），而且不會影響食物與手工製品在該地區所據以進行這些交換的「世界」市場裡的相對價格，則超過某個需要程度的多餘勞力就會全部投入原始工業。

就荷蘭和比利時來說，走上這個通常被稱作「小國假設」（small-country assumption）的狀態完全合理（莫基爾擬出這個模型就為說明這兩個地方的情況），就長江下游和嶺南、關東和畿內地區來說，走上這樣的狀態也一度合乎道理。誠如先前已提過的，長江三角洲諸府雖也進口大量的初級產品（三千六百萬人進口了一成五至兩成二的所需食物，以及木材、豆餅肥料等等），但它們所利用的腹地和行銷網絡太遼闊。因此，若我們用「小國假設」來探討該地區十八世紀中期的貿易，仍然說得通。然而，隨著其中某些腹地的人口增加（例如長江中上游和華北），其農業收益開始減少且也發展出更多自己的原始工業，貿易條件的確因此改變，轉而明顯不利於原始工業生產者。

以白銀計價的棉布價格年年波動，但我們似乎無法從一七五〇至一八五〇年的名目布價中看出什麼趨勢。[83]以我們手中有相對較有用資料的廣州原棉價格來說，儘管短期波動往往很劇烈，但也看不出一個明確的趨勢。[84]然而，在長江下游以白銀計價的米價，在那個世紀期間卻漲了四成。[85]光是這一增長大概就使第二章中那些假設性婦女的紡紗、織造所得減少約三成，從一七五〇年的七．二石米減為一八五〇年的五石米。

此外，根據岸本美緒（Kishimoto Mio）所收集的片斷資料顯示，在長江下游，一七五〇至一八〇〇年原棉價格的確上漲甚多。這一研究結果與廣州附近沒顯出任何趨勢的價格相符，因為這兩個地區間的運輸成本於十八世紀晚期和十九世紀初期劇減。這一結果也會與十七世紀模式相符，因為在那些模式裡，長江三角洲境內的原棉價格似乎和米價大致亦步亦趨。[86]如果岸本的資料大致上可以代表江南，光是一七五〇至一七九四年（她的資料截止年）紡工與織工的所得就差不多會下跌五成，儘管那會是從較高的起點下跌。而如果假設原棉價格趨勢長期來講跟著米價趨勢變動，那我們這裡所假設的織工／紡工的稻米購買力，一七五〇至一八〇〇年間會下跌兩成五，到了一八四〇年會下跌三成七。[88]若用鹽來衡量的話，下跌幅度會更大，或如果用薪材來衡量，大概亦然。

即使是這些縮了水的收入，仍能滿足女性自己的維生需求，而且離男性農業工資（從實際價值來看也在下跌的工資）差不了太多，因而中國的「性別差距」並不如歐洲那麼大。但這些收入也的確表明以家庭為基礎的紡織品生產所帶來的收入減少了不少，甚至在未有機器製織物與其競爭之時就是如此。織造非常上等之棉布的女人，大概不會蒙受這些壓力，因為此類布料的價格在同一個百年裡上漲了幾乎一倍，[88]但這些女人是特例，因為她們具有超乎常人的技藝，且每年大概也只生產較少的布匹。

在莫基爾的模型裡，長江下游原始工業勞動收益如此幅度的下跌，照理應會促使某些勞動力回頭務農、接受先前原本低到無法接受的務農收益，從而促成農業進一步集約化和某種程度去工業化。[89]雖然任何這樣的轉變都不會太大，但從某個現象仍可能可以瞭解其變動的幅度：十九世紀初期，來自長江下游的原棉在廣州似乎已變得更便宜且數量更多，令帶著印度棉前來販售的外國商人大為憂心。價格下跌可能主要是運輸改善所致，[90]但量的增加或許意味著，長江三角洲可用於本地紡織者的棉花變得較少；而長江下游原棉產量在這期間似乎不可能大增，來自華北的進口量則幾可肯定下跌。

但即使收益變低，長江三角洲大部分的女人仍繼續紡織。事實上，誠如先前已提過的，正是在十九世紀，史料完全不再提及該地區女人與男人一起下田幹活之事。[91]如果某些家庭不願讓自家妻女回田裡幹活，以免拋頭露面，而且說不定還想增加布的產量以維持收入，那麼就可能會產生類似金世傑所描述的那個準內捲情況。在那一情況裡，女人「只能」從事以家庭為基礎且工資非常低的紡織工作，因此，若要展開以工廠為基礎的紡織品生產，將會十分的不划算。任何在這期間出現的這類模式，都會是暫時形勢所致，而非（如黃宗智所認為的）一種奠基在永不改變之規範的中國長期發展基本特徵；而且，誠如金世傑所提議的，要以這類模式來從根本上解釋工廠為何未在中國發展出來，似乎已經太遲而不適用。[92]但這類模式或許有助於延緩家庭紡織品生產被工廠生產取代，即使在技術已可以為人所取得之後亦然（金世傑在其文章的更後面就曾如此表示）。不管是前述哪種情況，這些女人所置身的家庭，家中男人（和在某種程度上，小孩）仍舊被逼著在農耕、採集燃料、管理土地上採取愈來愈勞力密集的策略，而這對工業化來說並不是個好兆頭。

日本對類似壓力的回應不脫中國所採行的那個基本架構，但仍具有某些差異，而且這些差異可能帶來長遠影響。首先，日本人口比中國或歐洲的人口更早突破其歷史性上限，而且從此未再降回上限以下。當歐洲和中國人口在十七世紀晚期都下降之時，日本人口達到歷史新高，到了約一七二〇年進入平穩期，此後直到約一八六〇年才會再有變化。[93]這一漫長的人口零成長期或許代表為因應生態限制而做的某種人口調整，而且這一調整比十九世紀初期緩慢但仍正面的中國人口成長所代表的調整，還要快速且徹底；但我們也可以說這一調整更為劇烈，是因為情況更為糟糕，畢竟即使在約一八六〇年時，日本整體人口密度就比中國高上許多。[94]而日本遠洋漁獲量的大增提供了某種在中國較少被使用的紓解手段（這些漁獲既供食用也供作肥料），而且系統性造林地早早展開，也是一項重大的調整作為，[95]但日本核心地區的原始工業，在進一步擴張上卻也面臨嚴重障礙。

相對於工業產品價格，一七三〇年代的農產品價格上漲得很厲害，接著便未顯現任何變化趨勢，直到一八二〇年代晚期才開始另一波陡升；一七三五至一八二五年的平均現行價格比一七二〇年代中期價格最高時高了約兩成，比一七三〇年代價格最低時高了將近五成。[96]就我所知，不管是在畿內還是在關東，都沒有跡象顯示以去工業化因應相對價格的變動，但是這兩個地區的人口的確在減少。一七五一至一八二一年關東地區少了一成六，畿內地區或許少了五％，而人口成長可觀的那些縣，大部分都位在一八七〇年時人口仍相對較稀疏且也仍大大低於齋藤修所做的鄉村工業化指數之全國平均值的那些區域裡（相對的，畿內地區的人口密度和鄉村工業化指數都比全國平均值高了一倍）。[97]我們已知道工業、人口的大幅成長出現在土佐之類較貧窮的藩。在土佐，舊有的壟斷正在放寬，但許多這類壟斷仍然存在，遷徙障礙亦然。邊陲地區的這些成長障礙使某些邊陲地區極力要求限制家戶口數，而且做此要求的邊陲地區或許比中國境內還要多（但囿於現有資料，在此任何比較都是推測性的），從而局部保住歐陸許多地方所擁有、但中國無緣擁有的那種閒置生產力。換句話說，日本最進步地區的人口占總人口的比重，一如中國有所下降，但下降程度較為和緩，因為邊陲地區人口成長幅度較小。勞力密集程度提高，但這幾乎完全是因為每名勞動者的工時增加，而非因為人口成長。相對於鄉村，城鎮失勢，[98]但日本都市化程度相對來講仍然較高，意味著儲存於手工業（而非農業）裡的「偽剩餘」勞動力（莫基爾語），多於在中國所見。

至於印度的情況，可想而知又是與眾不同，但仍不脫那個一般架構。此外，印度不同於中國之處，表明其走向與日本的不同之處南轅北轍，而且意味著工業化在此面臨更為嚴重的長期障礙。誠如前面已提過的，印度人口的急速成長晚於中國或西歐，更比日本晚了許多，大概是在一八三〇年後，幾可肯定是在一八〇〇年後。[99]十九世紀期間印度耕地大增，也沒有多少跡象顯示食物、燃料、纖維或建材整體有嚴重短缺（分配當然是另一回事。例如十九世紀晚期印度出口大量穀物，國內卻發生嚴重饑荒）。前殖民時代晚期的商業化雖然沒有中斷，但印度非務農人口占總人口的比例在英國統治初期大概是降低的。這塊次大陸經歷了貝利所謂的「農民化」（peasantization），因為有愈來愈多原本四處流浪或從事手工業的人，被拉進（和推進）定居性農業裡。這一過程似乎在淪為殖民地之前就開始，原因之一是蒙兀兒帝國衰落後興起了諸多彼此競爭的土邦，盼望透過讓四處流浪的人定居在土地上，來增強官方管控、公共安全和國家稅收。在英國人統治下，這一過程開始加速，使愈來愈多原居住於城市的人也受到波及。[100]

印度是否在十九世紀時發生去工業化一事，已引發激烈辯論；但由於資料不足，此爭議不可能解決。[101]不過，有一點似乎已得到許多人認可，那就是從十八世紀晚期開始，全職紡工與織工（尤其是以城鎮為基礎的這類勞動者）大幅減少。這似乎先是肇因於東印度公司和其他一些愈來愈要織工專門針對某個潛在買家生產的商人所採取的措施（尤以在孟加拉採取的這類措施為然），導致許多工匠因收入減少而改行；[102]後來則是肇因於印度紡織工業與英國蘭開夏之間的競爭，導致此地工匠收入更加不穩。[103]印度城居人口占總人口比例，長期來看是大幅降低的（從十七世紀晚期的十三％～十五％降為一八八一年的九．三％），但目前仍無法更精確定出開始衰退的時間。[104]哈比卜的研究結果也顯示發生了去工業化的情形，印度在一五九五至一八七〇年代期間生產糖、棉花、靛藍染料的價值，從絕對角度來看（更別提從人均角度來看）很可能是下跌的。[105]

拜兼職性鄉村紡織活動增加之賜，印度境內棉紗、棉布的產量可能得以保住原有水平，但對未來的工業化來說，其重要性就不會和全職原始工業勞動力增加一事的重要性一樣。這些人都不是後來能轉入工廠而不致使農產量減少的人，[106]也不是受僱於工廠後，工廠老闆僱用他們的成本會跟著工廠產品的單位價格一起下跌的勞動者，因為他們有一定比例的所得來自務農。

於是我們可以說，儘管在十九世紀初期時，印度經濟的貨幣化程度比在中國、日本或西歐所見都還要低，印度卻也還是朝著類似的方向走；而且比起這三個地方，印度擁有較大的生態空間，可以容納愈來愈多的人口和人均消費。但到了二十世紀初期，印度已失去那一優勢，且既有人口稠密區的劣勢，也有原始工業不發達和內部市場不大之區域的劣勢。這種種問題的發生，與其說是因為（大體上）受市場驅動的地區性發展（就像似乎已把中國帶到死胡同的那種發展一樣），不如說是因為殖民地當局（和在某種程度上當地土邦當局）偏愛要人民定居，偏愛「習慣法」、農林產品出口和讓印度成為被母國工業產品壟斷供貨的市場。其結果就是愈來愈著重於初級產品的出口，即使人口大增時亦然；而這些初級產品的生產，往往又用到受脅迫的勞動力，而且受脅迫的程度與在十八世紀印度最不自由地區一樣高，說不定還更高。[107]

於是，儘管農商領域成長可觀，印度卻可能落入較無法以工業領軍達成轉型式成長的境地。比起在十八世紀社會趨勢持續了更久、同時人口成長、來自機械製產品的競爭更晚才到來的假設條件下至少會發生的情況，殖民地印度的「農民化」形態或許可合理稱之為「未充分發展的發展」（development of underdevelopment）。英國人大概沒有如某些民族主義學者所主張的那樣，阻撓了印度原本很有可能發生的工業突破，但十九世紀的局勢變化可能使這一突破比在沒有這些變化下更不易發生，也比西歐經濟體和東亞經濟體所面臨的轉變更不易發生。換句話說，當日本的核心地區和尤其是中國的經濟地區可能會因為它們的邊陲地區往「核心」地區看齊而面臨發展瓶頸時，印度的核心地區卻落得往邊陲地區看齊的更悲慘境地。

在此最令人堪稱奇蹟之處，就在於當「小國假設」變得較不適用於東亞諸核心地區時（主要因為其邊陲地區境內的人口與原始工業成長，使可供投入它們「世界」市場的初級產品數量，相對於它們的需求，變得較小），這同一個假設仍適用於英國，儘管英國人口暴增且人均需求上升（最初上升緩慢，後來在約一八四〇年後急速上升）。此外，在接下來的百年裡，這一假設不只仍適用於英國，還適用於愈來愈大範圍的「工業歐洲」。若沒有這一奇蹟，就不可能同時備齊「較多的人口」、「較高的人均消費」，以及「勞力密集程度**較低**的土地管理」（全是「歐洲奇蹟」的主要憑藉）這三項因素。若沒有這一奇蹟，歐洲前工業時代市場經濟的成就，雖然令人讚嘆，卻可能把歐洲導向與其他地區同樣令人讚嘆的市場經濟體一樣的方向。若沒有這一奇蹟，只怕就連另一個奇蹟，也就是構成「工業革命」初期歷史的一連串技術創新，都很可能放慢到牛步化。

誠如第五章討論過的，西歐的「落後優勢」是促成這一奇蹟的因素之一。由於存在建制的阻礙，使有些國內資源沒有被開發利用，而這些阻礙在十九世紀才得到疏通且一度使某些正在工業化的地區的進口需求不致進一步擴大。但誠如先前已提過的，這一論點不大能用在英國，用在纖維和木頭上亦說不通。另一個推手則是技術方面的迎頭趕上（例如每單位面積產量方面），但光是這個還是無法解釋為何歐洲可以竄到世界其他地區前頭。煤當然大大減輕了歐洲的木頭供給困擾，但有頗長一段時間，只有英國和其他一些地方得以如此。再者，即使在煤使用量很大的地方，木材的整體需求仍有增無減，因為木頭還有其他許多用途。木材進口量在整個十八世紀晚期持續上升，十九世紀時增幅更是高逾以往（但誠如先前已提過的，透過與蒸汽動力、鐵路等諸如此類事物搭上關係，煤也有其他發揮之處）。

於是，若要更全面說明歐洲核心地區所發生的事，我們也必須審視其邊陲地區，弄清楚為何這些邊陲地區供給「世界」市場的初級產品變多而非變少。原因有一部分在於東歐與俄羅斯境內的建制性作為。這些作為長久抑制在中國內陸和日本的「地區二」裡相對較快發生的那種人口成長和原始工業，也就是造成更多的「落後優勢」，但這些優勢要到一八六〇年後才會被大規模利用。另一部分原因，誠如本章所主張的，主要在於「新世界」使歐洲得以經由第一個原始工業世紀向工業化過渡，而這不只是因為「新世界」豐富的天然物產，還因為有獨一無二的建制和客觀形勢，使歐洲人得以比純斯密式貿易更早且更多地將「新世界」物產帶到歐洲。

這些建制性因素，有一些（例如奴隸貿易和礦場勞動制度）明顯背離市場原則，而且常被我們草率地歸於「前現代」世界，因而忘記了它們在催生我們當今世界上所起的作用。還有些因素，例如法人組織，則成為大家所熟悉的「現代」之物，我們清楚其源於歐洲。因此，我們往往忘記它們是歐陸外的遭遇（encounter）所創造出來，且往往是為了那些遭遇而創造，更忘記在很長的一段時間裡它們可能是支應行使暴力之龐大固定成本的最重要方法。後來這一方法還迫使這些企業增加「異國」進口品的**數量**（而非如威尼斯人和葡萄牙人所常做的那樣，把心思全擺在淨利率上），從而擴大歐洲在海外的勢力。另外還有些因素，例如眾所皆知的專業化奴隸種植園，它們在歐洲創造新一類邊陲地區上所發揮的作用，也在此得到新的詮釋。除了這些建制，還有好幾個全球形勢也有利於歐洲勢力在「新世界」的擴張，從風系和疾病抵抗能力上的落差，到歐洲國家間的競爭和中國對白銀的需求等，都有影響。

要使跨大西洋貿易成為絕無僅有的自我擴張途徑，前述這些在大體上屬於歐洲之外且無關市場的因素都是所不可或缺的。藉由這一途徑，歐洲（尤其是英國）能利用自己的勞動力和資本來紓解其吃緊的土地壓力，從而把擴展速度（與東亞的情況不同）遠超過農業的人口擴張、原始工業擴張，都轉化為有利於日後發展的資產。若沒有這些因素，人口與原始工業的擴張可能會是日後一場浩劫的基礎，或者可能會受阻於十九世紀愈來愈高的初級產品價格，或可能因為會需要以更勞力密集的方式來利用並保存有限的土地基礎一事而受到大力抑制。

原本沒什麼特別優勢的西歐核心地區，為何能獲得獨一無二的突破，得天獨厚地成為十九世紀新的世界經濟中心，並得以讓遽增的人口享有前所未見的高水準生活？要解釋這個問題，我們理當要把市場以外的因素和歐洲境外的形勢視為最關鍵的因素。而在跨地區比較的路途上走了這麼遠之後，我們至少已經對本書一開始曾談到的方法論問題，找到了一部分的解決辦法。這趟探索之旅表明，與其假設自己正在尋找工業化前夕諸多真正獨立自主之實體間的差異，我們更應該承認那些業已存在的關聯在創造這些差異上所扮演的重要角色。

附錄
Appendix

附錄 A 人均陸路載運量的比較性估計：德意志與北印度，約一八〇〇年

水路運輸具有相當高的成本優勢，但在許多前現代的經濟體裡，大部分物品走陸路運送，因為往往根本無水路可用，或即使有水路可用，來往水邊仍需要頗長的陸上運輸。但就任何前工業時代的經濟體來說，針對陸路貨運量（不管是真實貨運量、還是潛在貨運量）所做的估計，都非常少。

宋巴特在《現代資本主義》（Der Moderne Kapitalismus）卷二第一部分頁三三九～三四一，對約一八〇〇年時的德意志所做的計算，是少見的例外。他倚賴一八四六年所統計出用於運輸且行走於德意志關稅同盟裡的馬匹數量，認為那一數量稍低於一八〇〇年時使用的馬匹數量（因為鐵路開始興建一事很可能已開始使人不再像過去那樣想擁有馬）。然後他把這數量乘上每匹馬看來可信的可負載量和每日可行走距離，並假設每年工作兩百五十天（最後一個假設並未被表述出來，更別提得到解釋，但若要使他的數據彼此相符，這一假設不可或缺），結果是每年五億噸

公里，也就是每年三億兩千五百萬噸哩。

在晚近某篇文章中，伊爾凡・哈比卜估計印度北部的班賈拉人（banjaras，居無定所的牧牛族群，為別人運貨，有時自己從事買賣），每年最大運貨能力為八億兩千一百萬公噸哩。[1]哈比卜針對極重要的變數（班賈拉人牲畜數量）所提出的數據，係大略參考非官方觀察家的說法而得出，而非以正式的統計資料為本，因此似乎既可能流於保守，也同樣可能流於高估。

此外，哈比卜的估計以每年約一一五個工作天為本，不到宋巴特數據的一半。班賈拉人居無定所，牲群得不斷移動以找到食物，正因為一路邊走邊吃草，很少吃買來的飼料，因此牠們是非常低成本的運輸工具。出於同一原因，哈比卜推測牠們每天只能走六至七英哩。於是，哈比卜的工作天數據（盡可能保守的數據），就我們所要做的比較來說，似乎太偏低。要估計**載運量**，我們不妨不估計工作天數，而只比較每日可利用的載運量。我選擇另一個可行作法，這個作法使結果稍稍（但就只是稍稍）有利於德意志。假設宋巴特估計的工作天數合理，且把哈比卜的估計數據加倍，得出每年約二三〇個工作天的數據（相對於德意志的二五〇天）。於是，哈比卜的數據變成每年十六億四千兩百萬公噸哩，也就是宋巴特數據的五倍多一點。比較載運量時，我們所面對的最後一個不確定之處，乃是宋巴特未清楚交待所用單位是英制噸還是公噸，如果他指的是前者，北印度的數據就得往上調整一〇%，從而是德意志數據的五倍半。

最後，我們得除以人口。在這方面，數據也是很粗略，但我們能得出看來可信的數據範圍。針對後來成為德意志帝國的那片地區（從而與宋巴特所依據的德意志關稅同盟馬匹統計數據所涵蓋的區域約略相當），柯林・麥基佛迪（Colin McEvedy）和理察・瓊斯（Richard Jones）估計一八〇〇年時的人口為兩千四百萬；[2]湯瑪斯・尼伯蒂（Thomas Nipperdey）對同一時期同一地區估計的數據是三千萬。[3]對印度人口的估計則各家說法差異甚大：《劍橋印度經濟史》估計約一八〇〇年時整個次大陸的人口在一億三千九百萬至兩億一千四百萬。但大部分數據位在一億七千萬至一億九千萬間。[4]如果扣除南印度約兩千萬的人口（南印度不在班賈拉人活動範圍內），[5]就得到一億五千萬至一億七千萬，也就是德意志人口的五至七倍之多，陸路載運量為德意志的五倍至五倍半。

這意味著德意志人均陸路載運量可能高於北印度，但高出不多。此外，我們手中的資料大概不利於印度。班賈拉人專門從事長距離運輸，意味著我們忽略了把貨物運到地方市場和其他短程運輸的牲畜載運量。在前工業時代的經濟體裡，這類短程運輸大概占了陸路運輸的一半以上。相對的，宋巴特計算了所有用來運輸的馬匹，把主要用於載人而非載貨的馬匹清楚涵蓋在內。由於資料本身不盡可靠，我們無法做出決定性的比較，但載運量似乎很可能相差不大，而且在這兩個地方都有許多閒置的載運量可用。

附錄B

對十八世紀晚期用在華北與歐洲農田之糞肥的估計，以及對因此產生之氮流量的比較

根據二十世紀滿鐵[1]的調查結果（這些調查結果在其他方面似乎很精確），在較窮的華北農村，每畝耕地所用的糞肥在一千八百斤至兩千斤之間。我據此估計為一千九百斤。針對較發達的華北農村，滿鐵的數據為每畝耕地三千斤。[1] 換算成每英畝公斤數，即是每英畝耕地六千六百至一萬零六百公斤。

為根據這些數據往回推算十八世紀晚期的情況，我假設在僅有少許耕畜的經濟體裡，豬和人是最重要的肥料來源。[2] 我還倚賴珀金斯的以下估計：豬的數量大致與中國人口數量趨勢相當。[3] 再利用黃宗智所得出的一七九〇年、一九三三年河北、山東兩省人口數據，[4] 十八世紀晚期的糞肥供應量應該是一九三〇年水平的六成左右。

[1] 編注：南滿洲鐵道（South Manchuria Railway），簡稱滿鐵（Mantetsu）。是大日本帝國在一九〇六年為經略中國東北而成立的國營鐵路運輸公司。

但這些較少的十八世紀糞肥供應量所施用的耕地少於二十世紀。把黃宗智的一七五三年、一八一二年數據（兩者數據非常接近）取其中間值，並把這些數據與其一九三三年數據相比，就得出一．四的倍數。[5]

計算出的結果是每英畝耕地五千六百至八千九百公斤，比斯利歇．范巴特（Slicher Van Bath）所估計的十八世紀晚期四千至五千六百公斤數據高出不少；[6]而且這個「歐洲」數據所倚賴的資料過度偏重荷蘭、萊茵蘭、英格蘭、法國的資料。華北的糞肥品質似乎很可能（但無法證實）和歐洲境內糞肥一樣好或更佳。

根據作物產量和糞肥水平推算出土壤養份趨勢，很難做到精確。施加特定數量的糞肥（或者，更為重要的，種植會固定氮的作物，例如豆科植物），會為土壤增加多少養份，取決於許多因素，包括我們所不清楚的一些因素。太多當地情況會影響估計，因此即使在今日，最可靠的估計都還是高低相差非常大的區間值，而非單一數字。舉個極端例子，據說栽種黃豆每公頃可固定一五至三三一公斤的氮。[7]但比較西歐和中國境內農業所產生的氮流量有其用處。這一比較運用了針對極重要參數（例如一噸特定作物所增加的氮量）所算出的平均結果。把重點擺在氮這個元素上很有道理，因為它是三大植物「巨量養份」（macro-nutrient）之一。同為巨量養份之一的磷，其濃度常與氮的濃度密切相關。第三個巨量養份鉀，則更難分析，因為在植物還無法利用的土壤裡，能存在大量這類養份，而至目前為止我們對於為何會如此仍所知甚少。[8]此外，氮無法以可被大部分植物利用的形態長久儲存於土壤裡（除非透過栽種可固定氮的作物），因此，在前現代，氮流量經常是對土壤生產力起限制作用的因素。[9]

懷著上述認知，我利用彼得・鮑登（Peter Bowden）所估計的數種參數數據，比較了重建的「典型」華北農場與英格蘭農場模型。[10]在大部分方面，英格蘭較類似長江下游或嶺南這兩個中國經濟最發達的地區，但小麥、稻米的生態差異是無法克服的難題。至少拿華北來和英格蘭相比時，我們是以類似的作物來比較，於是選擇一個特定的估計數據，比如種植一噸小麥所會耗掉的氮量，不會扭曲我們所做的比較。我假設華北農場採兩年三作的輪作制，即兩年裡種兩次小麥和一次大豆（普遍見於華北的作法）；至於英格蘭農場，我假設一年一作，兩年種小麥，再一年種會固定氮的三葉草。

每一熟的小麥，為產出一公斤小麥和跟著一起長出的麥稈，似乎會耗掉土壤約〇・〇二三四公斤的氮。[11]如果把麥稈犁回土裡，但（誠如一般會有的情況）麥稈裡的養份至少有一半在這過程中流失，[12]那麼歐式農耕每公斤小麥所耗掉的氮養份會是〇・〇二一四公斤。至於華北，我假設**所有**殘餘物都未回歸土壤（儘管這說法流於誇大），那麼生產每公斤小麥所耗掉的氮會是整整〇・〇二三四公斤。

一七七〇年代英國小麥產量為每英畝平均約二十三蒲式耳，[13]以八蒲式耳等於一夸特，[14]五夸特等於一噸來換算，[15]這相當於每英畝五二三公斤。十八世紀晚期華北的直接數據極難覓得，但對一九三〇年的可靠估計會是每畝約一百斤；[16]把此數據與該時期華北小麥田每畝殘餘物數量（據《山東の畜牛》這一滿鐵調查的說法為一四〇斤[17]）結合，我們也得到非常切合實際的小麥／草料比。然後如果運用珀金斯人均食物產量未變這個論點往回推算一八〇〇年時的情況，並且調整每畝產量以得出真正的（大概的）已知耕地趨勢和人口趨勢，就會得到一八〇〇年每英畝約三〇六公斤的數據。[18]於是，在六年期間，我們模型裡的那個英格蘭農場會有四熟的小麥，六年下來的每英畝總產量為二〇九二公斤，而華北農場會有六熟小麥，每英畝總產量為一八一六公斤（值得注意的是若把華北農場三次大豆的收成加進去，該農場的食物總產量就比英格蘭農場高了許多，儘管就中國來說，華北的食物產量相對較低）。

英格蘭六年期間四熟的小麥應該會從每英畝土壤攝取走四四．七七公斤的氮；中國的小麥則是每英畝攝取走四二．四九公斤。我們接下來就來談怎麼補充地力，先從糞肥開始談起。

當今的數據顯示，畜糞投入土壤的氮量，約是新鮮糞重的〇．九％，其中有一半或更多在施用於土壤後揮發掉。[19]如果把這些數據用在十八世紀晚期，英格蘭、華北這兩座農場即使沒有栽種會固定氮的作物，看來都會很容易就補充流失的氮，但這似乎不大可能發生；這兩個地方（和幾乎世上任何地方）的農民都發現輪作是維持高產量所絕對不可或缺。這些二十世紀晚期數據對十八世紀晚期來說為何偏高太多，至少出於兩個原因。首先，它們來自用商業性飼料餵食長大的牲畜，而那些飼料比更早時牲畜所吃的飼料營養許多。其次，上述數據是就新鮮糞肥而言。糞肥若未立刻施用，其價值會迅速流失，[20]但出於節省勞力的考量，在中國和歐洲，糞肥都是累積了一段時日後才施用。事實上，在英格蘭某些農場上，大規模施肥一年不到一次。[21]

因此，當時施肥的益處肯定比二十世紀的計算結果所意味的低了許多，但低了多少不得而知。不過，不管絕對水平為何，華北農場在這個領域裡表現大概相對較出色。它們每英畝所施用的肥料重量大概多了六成，而且它們更常施肥，因儲存而流失的養份因此大概較少。最後，中國境內大部分畜糞來自豬，而英格蘭大部分糞肥來自乳牛或肉牛。豬所產生的糞肥，養份較高許多，至少就今日來說是如此。（新鮮豬糞）氮含量為二．〇～七．五％，相對的，肉牛為〇．六～四．九％，乳牛為一．五～三．九％。[22]中國人較頻繁施用較多較營養的糞肥，這種施肥方式應該比英國人的施肥更讓土壤受益。

最後，我們要談談固氮作物。在華北，這類作物一般來說會是大豆；在英格蘭，則會是豌豆、菜豆或三葉草。三葉草的固氮作用遠優於豌豆或菜豆，而在當今的條件下，大部分種類三葉草根部上的細菌，每英畝會固定二十四至九十四公斤的氮，大部分品種平均每英畝會固定六十公斤左右的氮。這意味著它的固氮量稍高於大豆（每英畝四十八公斤的氮）。[23]但我們假設的那座中國農場六年收成三次大豆，而英格蘭農場同期間只栽種兩次三葉草；在比較過兩者的平均值後，我們發現又是中國農場表現較佳（每六年每英畝一四四公斤的氮對一二〇公斤的氮）。

這一比較受制於多個不確定的因素，但至少再度表明中國經濟情況較差一說並沒有道理。而若以豌豆或菜豆（而非以三葉草）作為小年作物的英格蘭農場，情況大概會差了許多。以普通菜豆來說，當今的固氮量是每英畝四至二十六公斤，平均為十二公斤，而就豌豆來說，則是每英畝七至三十一公斤，平均二十二公斤（但兵豆的固氮量更高一些，蠶豆則更高許多）。[24]瓦茨拉夫．斯米爾所估計的菜豆產量與每英畝約〇．五六噸這個平均作物產量相符[25]（各估計值之間同樣又有很大差異），但鮑登提到英格蘭真實農場三個年份的菜豆產量數據，其中兩個年份（一七三七和一七三八）是每公頃一三．四至一五蒲式耳（第三個年份是一六七一年，而在該年的數據裡，每種作物的據報產量都高得離譜）；[26]這相當於每英畝〇．一四四噸，也就是當今平均值的幾乎四分之一。如果我們把固氮量打上類似的折扣，使其少到每英畝三公斤，那麼固氮量會少到無法彌補兩年種植小麥所流失的氮（附帶一提，對豌豆、菜豆、三葉草所做的比較〔三葉草種植在「經過改良」的農場迅速傳開〕間接表明圈地可能在另一個方面造成重大差別，儘管晚近著作傾向於別種看法）。

總而言之，不管是就英格蘭，還是就華北來說，我們都無法精確估算氮流量，但我們可以說，我們手中的種種證據顯示，華北的生活水平絲毫不遜於英格蘭；許多證據顯示華北的生活水平更有過之。

附錄C

法國、嶺南與華北一部之森林覆蓋率與燃料供給量估計，一七〇〇～一八五〇年

對華北燃料供給量的估計，鎖定山東省西南部，這是華北平原人口最稠密的地區之一。先前我已根據相當可靠的資料，估計過一九三〇年代該地區的燃料供給量（其所用的基本史料和手法，可見於彭慕蘭一九八八年博士論文的附錄F）。

為根據這些估計數據往回推算十八世紀晚期的情況，我再度使用了黃宗智所估計的該時期華北人口與耕地面積百分比變化（見前面所述）；沒有詳細的數據可讓我個別估計這些縣的變化。而我再一次同意珀金斯的論點：在中國，豬隻數量的變化大致上與人口數量的變動亦步亦趨，而耕畜數量的變化則大致與耕地面積的變化亦步亦趨。

接著，若要照全省數據所表明的將耕地面積減少約三成，就得猜測這些土地在用於耕種之前的用途。我盡可能找出在使用過程中生產最少燃料的土地，以壓低我的燃料供給估計值。

例如，估計一九三〇年代的燃料供給量時，我認為該地區一八・九%的土地用於建築和道路，因此未生產生物量（biomass）；這個估計值大概原本就偏高。建築、道路所覆蓋之土地的面積，應該大致上和人口、商業化程度的變動亦步亦趨，因此，估計約一八〇〇年時用於這些用途的土地面積時，最可信的估計似乎是只有前述比例的六成；但我最後認為屬於這類用途的土地是一九三〇年代數據的八成（即一五・一%）。

至於未用於耕種、蓋房子或築路且非完全無用的土地（例如多岩的山坡或長不出植物的沙地），則必須劃歸以下三類的其中一類：草場、準森林或成熟森林（照每英畝能量產量由低至高的方式排序）。華北所擁有的草場面積數百年來都相對較少，其所擁有的大型牲畜，除了犁地所不可或缺的牲畜，也相對較少；據一九四〇年的某項調查，該地區的牲畜從草場攝取的食物，只占牠們所攝取食物的七・五%。為使我的估計值始終維持保守，我假設約一八〇〇年時農場牲畜所攝取的食物，整整一半來自草場。這比任何軼事性證據所間接表明的比例都要高出許多，而且必須把該地區兩成七的土地都劃歸這一類（相對的，一九三〇年代時這比例只有三・八%）。然後我把剩下的一成三土地全劃歸林地，把其中三分之二的土地劃歸產量較低的準森林一類。這和一九四九年後的調查所發現的比例差不多，但比那更早一百五十年時，成熟森林所占的比例幾可肯定更高。

最後，我再度依據珀金斯的假設，調整可供後來使用之作物殘餘物的數量。如果約一八〇〇年時，大略相當於一九三〇年代七成的土地供養大略相當於一九三〇年水平六成的人和畜，而且產生的人均剩餘量未比一九三〇年時多上許多，也未少上許多，那麼當時每英畝的作物產量就是約一九三〇年代水平的八成五；同樣的，我假設當時每英畝所產生的作物殘餘物數量，也是約一九三〇年代水平的約八成五。我還假設一八〇〇年農場牲畜的攝食量和一九三〇年差不多，假設一八〇〇年時農村家庭燃燒木材、禾稈等燃料的手法，在效率上和一九三〇年代差不多。結果，就尚未使用化石燃料時期的標準來看，當時的燃料供給頗為寬裕，每人每年達〇・六二噸煤當量；由於進行這一計算時，對土地使用方面的估計值牽一髮就足以動全身，只要更動我那些有關土地使用的非常保守的假設的任何一個，燃料供給量的估計值就會立即大增。

計算法國的燃料供給量就簡單得多。作物殘餘物和禾草很少用做燃料，因此除了得關注多少土地是林地，不必太費心去思考土地使用模式。為粗估出人均燃料供給量，我使用了庫珀（J. P. Cooper）著作所引用的一五五〇年、一七八九年林地面積粗估數據：分別是約一千八百萬公頃和九百萬公頃；至於每公頃林地的可永續性燃料產量，我使用了斯米爾的全球平均數據，即每公頃三・六噸木頭（一・八噸煤當量），並把這數據也用在華北。[1] 人口數據（一五五〇年一千四百萬和一七八九年兩千五百萬），則來自麥基佛迪和瓊斯的著作。[2]

結果得出一五五〇年的人均燃料供給量為人均一・三一噸煤當量，一七八九年則是〇・六四噸煤當量。一五五〇年時每人所使用的燃料大概未超過〇・五噸煤當量，因此我們應該把滿足該水平所需燃料後剩下的木頭視為可供用於其他用途，而這類剩餘的木頭數量很可觀，約略是每年每人三・六噸。但到了一七八九年，林地每年新增的木頭，大概幾乎全得用於滿足布勞岱爾所估計的燃料消耗量（〇・五噸煤當量）。只剩〇・二九噸可做其他用途，只比約一八〇〇年時理論上華北可供用於燃料以外用途的人均〇・二四噸木頭高一點點，而華北是清朝內地十八行省裡森林砍伐最嚴重的兩個地區之一。根據亞洲開發銀行的建議，人均〇・三三噸煤當量是符合可永續要求的最低人均燃料使用量，本書用在法國和華北的人均〇・五噸煤當量則不符合該銀行的上述建議，但如今亞洲大部分最窮的人所住的地方，氣候比法國和華北境內氣候還要溫暖，而且他們所擁有的爐和房子，熱量生產效率也高於十八世紀時人們所擁有的；此外，其中許多人所使用的炊煮方式，其燃料使用效率即使沒比當時華北高上許多，至少也比當時法國高上許多。如果〇・五噸煤當量真的是華北、法國兩地合理的最低值，到了一八〇〇年，這兩個地方都不可能在不致令部分人口遭遇嚴重燃料危機的情況下，騰出許多木頭用於其他用途。

但嶺南的情況稍好於法國，儘管其人口密度在一七五三年時已和一七八九年時的法國一樣高，且在一八五三年時已成長約一倍。這一優勢主要源於兩個因素。首先，在嶺南，一如在華北，作物殘餘物向來充當燃料使用。其次，由於嶺南的亞熱帶氣候和使用中國式炊煮方法，以亞洲開發銀行的人均〇・三三噸煤當量，而非以用在法國和華北的〇・五噸煤當量，作為「維生」所需的最低燃料消耗水平，似乎很合理。斯米爾估計，在今日最窮的熱帶村子裡，人們燒掉的燃料，只有溫帶地區窮人的五分之一；[3]嶺南雖然屬於亞熱帶，我假設該地區的人所需的人均燃料為法國境內的三分之二，從而大概未充分傳達該地區的優勢，特別是因為他們使用的炊煮方法也比歐洲人符合經濟效益。此外，為避免太強調這一氣候上的差異，我所使用的每公頃可永續木頭產量數據，和我用在法國、華北的數據一樣，儘管在較溫暖的氣候區樹木每年的生長量高了許多。

第一件要務是估計不同時期的林地面積。我先從凌大燮所估計的約一七〇〇年嶺南森林覆蓋率著手；[4]馬立博認為這些估計值大體上與其他資料相吻合。[5]凌大燮估計，一七〇〇年時廣東兩千零二十萬公頃土地裡，五四．五%是林地，廣西一千八百七十萬公頃土地裡三九%是林地。到了一九三七年（有較好資料可供利用的一年），廣東森林覆蓋率降到一〇%，廣西降到五%，[6]而這兩個省的人口分別增加了約兩千五百萬和一千萬。[7]人口成長是砍伐森林的主因，因此我把消失的林地除以增加的人口，得到廣東境內每增加一人平均約消失〇．四公頃林地和廣西約〇．六公頃林地的數據（這一差異有其道理，因為廣東境內高產量水稻農業面積多了許多）。

這一作法雖然粗略，卻比較可能**誇大**而非低估這時期早期的森林砍伐程度。在這一時期的早期，還剩下足夠的林地，因而沒必要為了取得燃料乃至建材而砍掉超過永續性產量水平的樹木；到了這時期末期，光是為了維持最基本的家用需求，都不得不過度砍伐樹木取材，從而加劇那些會破壞僅存森林的需求。結果見表六。

接下來我們得弄清楚靠作物殘餘物能滿足多大比例的維生水平燃料消耗量（人均〇．三三噸煤當量）。為避免高估可取得

表六　剩下的林地面積（單位：公頃）

	廣東	廣西	總數
1753	9,000,000	6,500,000	15,500,000
1773	8,200,000	6,020,000	14,220,000
1793	7,440,000	5,660,000	13,100,000
1813	6,560,000	5,240,000	11,800,000
1833	5,760,000	4,940,000	10,700,000
1853	4,880,000	4,700,000	9,580,000

之燃料的供給量，我做了兩個極不切實際的假設。首先，我假設遭砍除森林但未成為作物種植地的土地未生產燃料，且生產極少的牲畜飼料。這使大量土地被略而不計。馬立博所估計一七〇〇至一九三七年廣東境內新增的所有耕地，只相當於消失之林地面積的六分之一；至於廣西，則是約三分之一。剩下的消失林地，有許多成為種不成作物的草場（尤以丘陵地區為然）[8]，但那些草場的草，有許多被收割去餵食牲畜和供做其他用途。

其次，我只計算來自糧食作物的作物殘餘物。我們並不清楚在二十世紀前的諸多不同時期，嶺南農地究竟有多少被用於種植別種作物，但我們根據約一七五三年時的當地史料，對嶺南的食物消費量有相當可靠的估計：六千萬石，也就是約九十三億斤。[9]稻米（和大部分其他作物）所產生的作物殘餘物，按重量來計算，稍多於可食用的產量，因此不需精確的面積數據，就能得到可從糧食作物取得之殘餘物的最低數據。但要瞭解這個估算方法有多保守，有一點值得注意，那就是據馬立博的估計，一七五三年時嶺南的食物需求可能靠僅僅一千六百八十萬畝土地就得到滿足，[10]而光是廣東境內耕地面積就達四千三百萬畝（第九章）。因此，由於我們先前把既非農地也非林地的大量土地（而且是愈來愈多的土地）排除在外，我們所估計出的數據也就未把該地區許多（很可能是過半）作物殘餘物納入其中。

要估算出一七五三年可供用作燃料的作物殘餘物數量，最後一步是得估算出需要多少作物殘餘物作為動物飼料。為此，我估計十八世紀嶺南人均牲畜數量和二十世紀華北一樣，約略是每六人一個牛當量。這或許稍稍低估了豬的數量，因為嶺南比華北富裕，而珀金斯估計在這個時期裡整個中國的人均豬隻數變動不大。[1]不過，這幾可肯定高估了役畜的數量，因為這類牲畜所需的數量隨耕地面積變動，而非隨人口變動，而且嶺南的人均耕地面積遠少於華北。十八世紀牲畜的飼料消耗量被假設為和二十世紀一樣。最後，我假設大約一半的牲畜食物需求靠作物殘餘物之外的東西滿足：禾草、在林地地面吃草、人吃剩的殘餚等（光是禾草可能就滿足了一半以上的牲畜食物需求）。這些計算得出的結果，乃是一七五三年時可供用於燃燒的人均作物殘餘物為六三六磅（即〇．三一八噸），從而產生了人均〇．一六噸的煤當量，亦即最低需求量的將近一半。剩下的燃料需求可能靠消耗掉嶺南一千五百五十萬公頃林地裡僅僅一百六十五萬公頃林地的可永續性木頭產量才滿足。

然後我用同樣保守的方法估算出未來從作物殘餘物產生的燃料供給量。換句話說，我拿馬立博所估計的每二十年的人口增長數，乘以他所估計的人均食物消費量，得出可供使用的額外殘餘物（再度不考慮新闢出的土地面積比種出這多出的食物所需的土地面積大了許多一事），加上相應於人口成長的牲畜食物需求，假設人均燃料需求不變，然後估計要消耗多少林地才能永續地滿足未靠作物殘餘物滿足的燃料需求。結果見表七。

表七　嶺南地區可供用於燃料以外用途的木頭，一七五三～一八五三

（單位：公頃）

	嶺南林地面積	用於燃料供給的林地面積	可供其他用途的林地面積
1753	15,500,000	1,650,000	13,850,000
1773	14,200,000	1,675,000	12,525,000
1793	13,100,000	2,260,000	10,840,000
1813	11,800,000	2,469,000	9,331,000
1833	10,700,000	2,956,000	7,744,000
1853	9,580,000	3,339,000	6,241,000

最後，我計算了「額外」之林地的可永續性木頭產量，再除以人口（見表八）。人口成長使「剩餘」的木頭供給難以支應所需，即使在大體來講相當節儉的生態／經濟體制裡亦然。在人口約略成長了七成五的百年裡，林地面積減少了僅僅四成，但「剩餘」的木頭供給減少了五成五，人均剩餘木頭少了七成五。不過，現行的水平和趨勢仍優於前工業時代的法國。一五五〇年時法國的人均剩餘木頭為三．六噸，比一七五三年時的嶺南還高，但高出的幅度未如預期那麼大；由於作物種植地對法國的燃料供給毫無貢獻，每多出一人所加諸「剩餘」木頭的壓力，比嶺南高出許多。到了一七八九年，人口已比一五五〇年增加了將近八成（和一七五三至一八五三年嶺南成長幅度差不多），但人均剩餘木頭量的減少幅度達驚人的九成二，剩餘木頭只有嶺南水平的四成。沒有新的燃料來源，這兩個地區都有大麻煩要降臨。但與我們的直覺認知相反的，情況更為吃緊者似乎是法國。

表八　嶺南地區人均「可取得」的木頭，一七五三～一八五三

（單位：噸）

1753	2.8	1813	1.3
1773	2.2	1833	1.0
1793	1.6	1853	0.7

附錄D
對多種進口品為十八世紀晚期和十九世紀初期英國所提供之「幽靈地」面積的估計

糖

在十九世紀初期的大不列顛和北愛爾蘭聯合王國，糖消費量大約是每年十五萬噸，後來關稅降低，大幅刺激了購買量。[1]由於五・六噸的糖就能為一百四十人提供每日四百二十卡路里的熱量長達一整年，[2]因此十五萬噸的糖便能為六十一萬四千人提供每日兩千五百卡路里的熱量達一整年（每日卡路里攝取量的數據各家說法差異頗大，但對法國大革命前夕巴黎平民的估計數據低於此，[3]對十九世紀英格蘭勞動者的大部分估計數據亦然[4]）。

若以糖以外的作物供養這麼多人，會需要多少面積的土地？按照敏茨的換算方法把十五萬噸糖換算成總卡路里數，得出五七一八億一二四六萬六千千卡的數據。再採用附錄B中英格蘭小麥產量數據，假設十分之一的小麥收成得留下來供隔年播種之用，每一英畝播種的田會產生四百七十一公斤的小麥。把小麥碾成粉後，提取率約為五成，[5]於是這變成二百三十五公斤的麵粉，而由於每公斤麵粉有約三千四百千卡的熱量，[6]每英畝播種的田所產生的總熱量就是七十九萬九千千卡。這意味著會需要約七十一萬五千英畝播種的上等田。此外，據鮑登的英國農業概述，[7]這樣的農田需要的耕畜會是一年四頭公牛，每頭牛會需要一英畝地的乾草產量（即使假設公牛所攝取的食物有一半來自公共牧草地而且一年裡只有部分時間在牛棚裡餵食亦然）。於是，二十英畝播種的小麥田其實需要至少二十四英畝的地；按比例加乘後，要用小麥填補進口糖所產生的熱量，就會需要八十五萬八千英畝的地。如果想在未利用公共牧草地的情況下，撥出足夠的乾草來餵飽耕畜一整年，這數據就得增加至一百萬零一千英畝；如果假設採三田輪作制，每種二十英畝小麥，就得撥出十英畝地休耕（或在較現代的三田輪作制裡撥出十英畝地種三葉草），並讓牲畜在那十英畝地吃草，數據就增加到一百零七萬兩千英畝。最後，如果假設真正休耕的地為十英畝，另有四英畝地供生產乾草（儘管到了十八世紀末這作法在英格蘭已不盛行），數據又增加為一百二十一萬五千五百英畝。

另一個替代性作法，便得承認整個聯合王國基本上是個單一食物市場，在一七七〇至一八六〇年間英格蘭高度倚賴「凱爾特地區」（譯按：Celtic fringe，指包括蘇格蘭、威爾斯、愛爾蘭在內的六個使用凱爾特語的地區）來供給食物。[8]而這一作法只有在凱爾特地區有其他卡路里來源的情況下才得以施行。十九世紀初期蘇格蘭、威爾斯、愛爾蘭三地人口總和，幾乎和英格蘭一樣多，而且糖的消費速率也差不多。[9]把諾埃爾．戴爾（Noel Deerr）的聯合王國平均消費數據（人均約十八磅）乘以米契爾（B. R. Mitchell）著作裡的人口數據[10]，就會得到以下結果：

一八〇一年：三億一千一百萬磅

一八一一年：三億三千三百萬磅

一八三一年：四億三千兩百萬磅

把前面討論過的那些方法用在第一個數據，就得出八十九萬兩千至一百二十六萬四千英畝的幽靈地。一八一一年數據則變成九十五萬至一百三十四萬六千英畝的幽靈地；一八三一年數據則成了一百二十三萬七千至一百七十五萬兩千英畝的幽靈地。如果代以布勞岱爾[11]所認為的典型歐陸產量（假設英格蘭得從歐洲的其他地方進口額外的穀物），這些數據則都會幾乎加倍；如果假設馬鈴薯的使用量更多，這些數據則會縮水。

木材

木材的情況最容易計算。我使用了瓦茨拉夫・斯米爾[12]所估計的一公頃具有相對良好生產力的「天然」森林（亦即非人造林）增產的可收穫木頭量，以及亞瑟・洛爾（Arthur Lower）的波羅的海、美國出口英國的木材數量數據[13]和把板英呎換算為立方英呎得出的數據，結果會得出如下的估計值：十八世紀末每年從波羅的海輸入相當於六十四萬六八七五英畝地產量的木材（根據每年一億五千萬板英呎[2]算出），以及十九世紀初期每年從北美洲輸入比一百萬英畝地產量還稍

[2] 編注：1板英呎（board feet）指的是1英呎長、1英呎寬且1英吋厚的木材體積。此計量單位主要用於美國和加拿大地區木材體積的計算上。

高的木材（根據兩億五千萬板英呎算出）。

棉花

一八一五年，英國進口了約一億磅的「新世界」棉花；一八三〇年則是兩億六千三百萬磅。[14]亞麻田如果照顧得當，每英畝亞麻田約能產五百磅亞麻，[15]而約二十萬英畝地所產的亞麻，可能足以替代一八一五年進口的棉花；約五十萬英畝地所產的亞麻，則可能足以替代一八三〇年的棉花進口量。但亞麻生產易遭遇本書正文裡提到的那些難處，而且很難增產到上述的產量水平；十八世紀晚期英格蘭總產量可能只有八百萬磅，種植面積或許是一萬六千英畝。[16]而每英畝產量和亞麻差不多的大麻，則會碰上所有作物都會碰上的許多問題，不適合用來製作較好的織物。[17]

至於羊毛，我利用了鮑登所重建的十七世紀一個位在良田上的五百英畝綿羊飼養場。[18]據他的估計，這樣的飼養場能養一千頭閹羊（每頭每年生產四．五磅的羊毛）和一一八一頭其他綿羊（每頭每年生產三．五磅羊毛），整個飼養場每年共生產八四四五磅的羊毛。以這樣的產出速率，得有一萬一八四一座這樣的飼養場，或五九二萬五百英畝的地，才足以生產出和一八一五年進口的棉花一樣重的羊毛，更需要一五三九萬三千三百英畝地，才足以替代一八三〇年進口的棉花。一磅羊毛生產出三萬五八四〇（六十四乘五六〇）碼的六十四分細紗線，[19]而一磅棉花生產出五萬三七六〇（六十四乘八四〇）碼的六十四分細紗線，長度為前者的一倍半（十八世紀棉紗支數大部分在四〇至八〇之間，但十九世紀機器能紡出更細許多的棉紗[20]）。如果根據這個因素調整，以取得足以生產出和進口棉花所生產一樣多之紗線的羊毛，就一八一五年來說，就要將近九百萬英畝的地，一八三〇年則需要超過兩千三百萬英畝的地。

附錄E

對中國長江下游地區鄉村紡織工人收益能力的估計，一七五〇~一八四〇年

任何對從事棉紡織工作之女人收益的估計，都必然是粗估，因為我們所擁有的原棉和棉布價格資料都相當零星，而且短期價格波動往往相當大。把最高時的棉花價與最低時的布價搭在一塊（或反過來把最低時的棉花價與最高時的布價搭在一塊），會帶來嚴重誤導人的結果。此外，「布」這個產品非常多種，歷來所引用的價格並非個個都清楚交待所指的是哪種布的價格。江南所產布的平均品質，在本文所探討的這個期間有所改善，[1]原因之一是勞動成本較低的幾個大區滿足了它們自己更多的低品質布需求。

把岸本美緒所記錄的原棉價格資料[2]和張忠民所記錄的布價資料搭在一塊，[3]結果看來就很合理，而且它們似乎代表了最典型的情況。不過，方行[4]引用了更高許多的原棉價格（幾乎和張忠民所引用的最後布價一樣高），而廣被引用的十八世紀史料《木棉譜》所引用的一個布價，從那些較高棉價的角度來看是說得通的，但如果和岸本的原棉價格匹配在一塊，就會使紡織勞動者的收益高得驚人（方行的棉價是華北的棉價，而且是偏遠市場的價格，但由於華北輸出原棉到

江南，問題仍在）。而這些差異頗為重要，因為鑑於米價已為人所熟知，利用相對較高的棉價和布價算出**以稻米計**的收益，比使用低價格所算出的還要高。

因此，我做了兩組計算：其中一組使用較高的布價和棉價，另一組使用較低的價格。就既紡紗也織布的個人（或家戶）來說，這兩個假定情況得出的結果非常接近，儘管高價假定產生的收益較高。就那些只紡紗的人來說，低價假定證實了這類工作的收益不足以供養一名成年女子的觀點，但這也只在對種種參數都做最悲觀的假設時才成立。在未做如此假設的情況下，低價假定意味著這類工作能養活一名成年女性，但扣除了銷後所剩不多。這不足為奇，因為不從事織造的紡紗工大部分是年輕女孩，至少在長江三角洲是如此。相反的，高價假定意味著連成年女紡紗工都能養活自己且綽綽有餘，這就有點讓人懷疑，但又非完全無法置信。而就只織布的女性來說，儘管低價假定所得出的收益相當高，但看來仍然可信；而高價假定所得出的收益，則超過大部分鄉村家庭所必有的支出。

於是，低價假定似乎較可能成立，較不支持我的假設，且與較多可取得的價格資料相符。因此，我在本書正文中只使用那些數據；但在這篇附錄裡，我把兩個估計值並呈。

一、十八世紀中期既紡且織的情況

使用高價格

資料選用

就十八世紀中期來說，《木棉譜》說「木棉布之佳者每尺未嘗過錢五十」（這裡所謂的品質之「佳」究竟「佳」到何種程度並不清楚，而一錢則約略相當於千分之一盎司的白銀）。盧漢超（Lu Hanchao）[5]引用了一六七七年的一份史料，說入手原棉後，一名女性會需要花約七天才能將其紡織成一匹二十尺的布；這些對物質生產力的估計，與黃宗智的估計相差不遠。這一匹布會值約一千錢，若以一七五〇年的銀／銅兌換率，就是一．一兩銀。

但這個價值有一部分來自布裡的棉，而非來自該女性的勞動，而且棉價差異頗大。岸本美緒的資料顯示在十八世紀中期的江南，每斤未軋過的棉花要價二十至四十錢，每斤價格通常在二十至三十間，但早年時每斤則超過四十錢。[6]誠如稍後就會見到的，這些價格比方行所引用的華北棉價低了許多。然而，把岸本的布價與她的原棉價格相匹配之後，我們就得到紡織勞動與棉花本身在布匹價值裡所占的比重，而且這些比重與從方行著作得出的比重非常接近。[7]這個假設原棉和布價都便宜的「低價」假定，在本書頁四〇二至四〇三和四〇六至四〇七有進一步的說明。

但如果把岸本的相對較低原棉價格與《木棉譜》裡的高布價相匹配，問題就來了。一斤未軋過的棉花只生產〇・三三斤軋過、淨過的棉花，因此岸本的未軋棉價格將意味著每斤軋棉要價六十至一百二十錢。在這種價格下，紡織成一匹布的約一・三三斤棉花，[8]在一般年份的成本將是一百三十錢左右；把這與《木棉譜》布價相匹配，布的價值裡就有將近九成是勞動的收益。這似乎高得不可置信，而且由於我想對紡織勞動者的收益做保守的估計，我假設《木棉譜》價格只在原棉價格也很高時才會出現（儘管是否真是如此並不清楚）。於是，我使用的是方行較高許多的數據，[9]據他的著作，在十八世紀晚期的華北，每斤軋過的棉花要價一百四十至四百錢。在這時期華北仍把部分原棉運到長江下游，因此我假設長江下游價格不可能低於華北價格，隨之選用方行的最高價格四百錢（又是為了使收益估計值往下偏）。這一「高價格」想定在下一節和頁四〇五至四〇六有進一步說明。

高價格想定的結果

在這些價格下，一匹布裡的一・三三斤未軋棉會值五百三十三錢，也就是超過該匹布價值的一半（但這些價格的波動對那些把自產棉花紡織成布的家庭來說無關緊要）。方行也估計，紡棉紗（比起織布遠較不需技能且報酬較低的工作）的女人，通常會賺到相當於她所用棉花之價值三至五成的收益[10]（黃宗智也倚賴的一個估計值），因此，鑑於這些價格，我們的估計似乎就相當保守，也暗示既紡棉紗也織棉布的女人替原料的價值增加將近九成，遠低於方行所引用布價大體上是棉花價四倍的當今估計值。[11]

如果女人紡織七天就能賺到四百六十七錢，一年工作兩百一十天就會有一萬四千零一十錢的收益（這個一年工作天數大大低於在二十世紀初期江南的鄉村紡工、織工身上觀察到的天數，他們平均一年工作超過三百天；[12]而一如附錄F所顯示的，這個工作天數與我們對該地區布匹總產量的保守估計大略相符，如果江南每個女人都織布的話。肯定有些女人不織布，因此，那些真的織布的女人，一年工作天數很可能稍稍超過兩百一十天，而我們的收益估計值很可能又是偏低）。按照十八世紀中期的兌換率，這相當於一五・五兩銀。如果使用王業鍵以一七五〇年為中心的三十一年米價移動平均數（一・六七兩），這能買到九・三石的米。

低價格下的紡織

前面引用的《木棉譜》價格似乎並非常態，或許反映了特別高品質的布價或不尋常年份的布價。張忠民[13]引用了十六尺長的布〇・三或〇・四兩的價格（在《木棉譜》中八成的布長十六尺），但未交待重量，除了「清中葉」，也未提供確切年份。方行[14]告訴我們，乾隆時期（一七三六～一七九五）布價平均〇・四兩，但在某些年份可高達〇・七或〇・八兩。他也交待了布的重量，說這樣的一塊布用掉三斤原棉，也就是在《木棉譜》裡和盧漢超、黃宗智計算時所提到的標準布匹所需棉花數量的四分之三。在此我們就以他的〇・四兩為基點往下探討。

按照十八世紀中葉長江下游的兌換率，〇・四兩約合三百六十錢。如果岸本美緒棉花價格代表未軋棉的價格（不然，這些價格會低得離譜，並會使收益估計值即使在低布價情況下都會非常高），這些布匹的棉花含量會值約九十錢。這些數據與方行所引用的一份史料完全相符，[15]該史料說布價是同重量原棉的四倍。於是，勞動為這塊布所增加的價值會是兩百七十錢；如果把這套公式用在盧漢超、黃宗智和《木棉譜》所提到的更大塊布匹上，勞動所增加的價值會是三百六十錢。如果這是女人紡織七天的所得，她一年工作兩百一十天的收益就會是一萬零八百錢，也就是十二兩銀子；比我們用高價格所估的結果低了約兩成二，但以一七五〇年的米價來算，仍足夠買到七．二石米，而且誠如接下來會提到的，與男性農業勞動者所能得到的收益無分軒輊。

與男性收益比較和與食物成本比較

對人均米消費量的估計，最低為每年每人一．七四石，最高為二．六二；馬立博認為二．一七石是可靠的平均值。[16]我所見到的最高估計值是從事戶外體力活的一名成年男性每年消費五．五石；潘敏德以二．五石為成年女性消費量，孩童消費量則更少許多。[17]這些資料有助於在關照種種相關因素下探究我們假設的女性收益。

在這時期的江南，無地的男性農業勞動者一般每年賺二至五兩的現金；[18]其中較高的那個數據並非來自年工資率，而是來自月工資率乘以十二，因此這個數據假設了這樣的勞動者一年十二個月都找到工作（有些不大可能，但並非完全不可能）。農業勞動者工作期間也得到雇主提供膳食，至少提供部分膳食。如果為了論證的遂行，我們假設他們三餐全得到免費供應，假設他們一年到頭都找到工作，假設他們的日常食物每年以五石米為主（稍低於最高的可取得數據），那麼他們每年所賺的現金和米就相當於一〇．四至一三．四兩銀子（或換算成米的話，六．一至七．八石米）。

於是，我們假設的這位高價織工／紡工的收益是男性農業勞動者收益的一一六%至一四九%，儘管他整年工作而她「只」工作兩百一十天。如果檢視養活自己後剩下的收益淨額，並且記住女人食量普遍比男人（尤其是下田幹活的男人）少了許多，那麼差距就拉得更大。女人養活自己後會剩下六．八石米，男人只剩一．二石至三．〇石。

在我們那個可能性較高的低價格想定情況裡，那位既紡且織的女人收益就沒這麼好，但比起男性農業勞動者還是比較好。她的十二兩銀子所得比我們用非常寬鬆的假設所計算出的男性農業勞動者一〇．四至一三．四兩銀子收益的中間值稍高一些；而由於成年女性食量比男性小，她所擁有的消費後所得剩餘也比男性農業勞動者高了不少。

換句話說，高價格想定裡的女人能靠自己的工作養活一．九個男人，或者（如果她是寡婦的話）能養自己、一個年邁的父母或公婆、三個或甚至更多個年幼小孩（視年齡而定且當然假設有年邁的祖父母幫忙照料小孩和其他家務，使這位母親得以有時間紡織）。低價格想定裡的女人能養活一．四個成年男性，或養活自己、一個老人、或許還可養活多達兩個的小孩。這樣的生活會很困苦，但比起以一名已喪妻的男性農業勞動者為戶長的家庭，不會比較差，很可能還更好些，即使他在其他方面際遇頗好亦然。在這時期，女性收益，一如「內捲」式論點所意味的，顯然並未低於基本維生需求。

二、十八世紀中期紡而不織

使用高價格

對只紡紗的女人來說，情況慘了許多，但還是沒有黃宗智所認為的那麼慘。如果女子使用一具有一個踏板的紡車（成人才有辦法用的機器），一天能紡出八兩重（〇．五斤）的棉紗；如果未使用紡車（許多紡工是無法操作這類紡車的年幼女孩），較可信的產量是每天五兩重（〇．三一斤）。她的工作收益很可能相當於她所用棉花原料之價值的約三至五成，[19]因此她所賺的，相當於〇．〇九至〇．二五斤清過、軋過的棉花，視她每日的產量和價格波動而定；為了論證的遂行，我們採用〇．一六斤這個稍稍低於上述區間之中間值的數據。如果棉花價格低者每斤一百四十錢，高可達每斤四百錢，而且我們同樣取其中間值（在此，與既紡且織者的情況不同的，選擇原料的高端價格不會使我們的估計變得較保守），她每天會賺到四十三錢，一年工作兩百天的話，就是八千六百錢（九．五兩銀），足夠買到五．七石的米。接著我們繼續使用上述棉價區間和紡工收益占棉紗價格比重區間兩者的中間值，但把產量估值降到區間的低端（每天五兩重），假設紡工操作不了踏板紡車。在這情況下，紡工每年會賺到六千四百錢，或約合七兩銀，或四．二石米。如果針對男性農業勞動者的收益能力，繼續做出和前述一樣寬鬆的假設，那麼在這些中間值想定下，這些女人所賺的就比男性農業勞動者少了許多，頂多八成七（如果把我們對紡工的高端估計值和對農業勞動者的低端估計值匹配在一塊的話），說不定幾乎不到五〇%（如果反過來把紡工的低端估計值和農業勞動者的高端估計值匹配在一塊的話）。但即使如此，我們都該謹記這些工資足以養活一名成年女性和至少一個小孩，江南只從事紡紗的人似乎大部分是年輕女孩，這一想定情況以每年工作兩百天為基準。

如果堅持使用這一價格區間的低端、這一生產力區間的低端和一年兩百個工作日，收益估計值（三．七兩銀子或二．二石米）就的確或許會低於一名成年女性的最低維生需求，但大概不致如此，這將相當於每天能買到約合一千八百七十卡路里的米。只有針對所有變數（棉花價格、每日生產量、價格中歸紡工所有的比例）都採用最低值，才會得出低於維生水平的工資：每年工作兩百天，賺二．八兩銀子，亦即一．七石米。

使用低價格

但如果在棉花價格上採用低價數據，而且繼續以占所使用原棉之成本四成的比例計算紡工的收益，我們就真的得到非常低的收益估計值。如果軋過的棉花每斤約九十錢，而一名紡工每天只能處理〇．三一斤，她每天就只能賺到微薄的二十八錢，也就是一年約一．三石米。這比成年女性的基本維生水平低了許多，但大概仍足以養活從事此類工作的一名青春期前女孩（在江南地區，有許多紡紗工作落在這類女孩肩上）。同樣應該注意的一點，我們的紡工收益估計值（一如黃宗智的估計值），係根據棉花價格的某個百分比算出，而那一估計值的來源，即方行的著作，也是我們的高原棉價格的來源。[20]若說這個百分比在較低的棉花價格水平下說得通，實在沒道理。相反的，比較可能的情況似乎是，在原棉較便宜許多的年代和地方，紡工收益占棉紗成本的比例會更高一些，而方行對勞動占棉紗成本比重所提出的低數據，局部反映了在某種經濟體裡使用高價棉花的女人所面臨的壓力。在這種經濟體裡，布市場競爭極激烈，而且能在價格高時放棄購買棉布的消費者，多到足以使連在純粹本地市場裡販售的人，都難以將上漲的原料成本全部轉嫁給買家。

三、十八世紀中期織而不紡

紡工收益占棉布價值裡的小比例，就代表織工收益在其中占了相當大的比例。所需棉紗全部自外買來的鄉村織工大概少之又少；大部分鄉村織工若非自行紡製部分棉紗，就是有個女兒負責紡紗（在後一情況裡，家庭很可能從未仔細計算他們自產布所收到的價格裡，有多大比例來自家中每個成員的付出）。但為了論證的遂行，我們假設有個女人只從事織造，並計算她個人的所得。

如果紡織出一匹布要花七天，且用掉約二十一盎司的棉花，而這位女人只有每天能紡出五盎司棉紗的簡單紡車可用，那麼，七天裡想必有四天都在紡紗，剩下三天則用來將紗織成布。如果她有機會用到一天能產八盎司棉紗的腳踏式紡車，那麼紡紗只要用掉二・五天，織布則是四・五天。在此我們就假設是後一情況，因為那有利於做出較保守許多的估計，而且因為像這個例子裡的成年女子，沒理由不去使用較好的技術。如果我們接著使用前面探究過的低價格想定（似乎是比較常見的情況），那麼就要花四・五天，把值約一百六十八錢（比已軋棉的一百二十錢價值高了四成）的紗線，織成值約四百八十錢的布。於是，在這個想定情況裡，只織布的女人工作四・五天能賺三百一十二錢，也就是一年工作二百一十天能賺一萬四千五百六十錢，約合一六・二兩銀子。這個數據比我們高價格想定裡的既紡且織者的收益還要好，比低價格想定裡的既紡且織者和男性勞動者的收益都要高出多達三成五。同理，在高價格想定下，棉紗會值三百六十錢，棉布會值一千錢，於是全職織工每四．五天就會賺到六百四十錢，比低價格想定裡的收益高了一倍多，而且鑑於我們瞭解其他人的收入，這看來相當不可信。

四、十八世紀中期以後的紡紗與織布

由於價格資料零星，很難弄清楚一七五〇年後的百年裡紡工、織工購買力的變化。布價似乎變動大不（但最高級布例外），[21]米價（有非常多的文獻可茲佐證）則漲了不少，因此我們可以確定我們那位假設的既紡且織者實際購買力下跌，但為估算出下跌多少，我們得做出一些假設。在下文裡我概述了四個可能的想定情況，而在那些情況裡，購買力都下跌兩成五至五成。

A

這是最簡單的作法且產生最樂觀的結果。這得以我們的高價格想定為起點，並運用來自廣州地區的原棉價格趨勢；我們所擁有的該地區資料相對較完善，而這主要得歸功於當時廣州有外國人（其中許多外國人從印度運來棉花）。一七五〇至一八五〇年這些原棉價格未顯出長期的變動，[22]布價也未顯出變化趨勢，因此這個模型告訴我們，紡織品生產者的名目收益應該也沒有改變。於是，從實際角度來看，她會因為米價上漲而變得較窮。一七五〇至一八〇〇年米價上漲了約兩成二，到了一八四〇年上漲了三成二。[23]

B

不過，在長江流域，原棉價格不可能和廣州地區一樣沒有明顯的變動趨勢。事實上，廣州地區價格的持平意味著長江流域價格呈向上趨勢。嶺南老早就從長江下游取得其大部分棉花，但十八世紀中期時，嶺南也開始買較便宜的印度棉花；至於來自長江下游的棉花再度把廣州的印度進口棉花擠出去一事，普遍被歸因於長江下游與嶺南間運輸成本大跌。[24]如果廣州價格持平而運輸成本下跌，這意味著在江南購入棉花的成本上漲。但上漲多少？

我們先把高價格想定當成一七五〇年代情況的代表。如果這麼做，就必須把方行的高端價格當成我們的十八世紀中期出發點，但他沒有提供長期趨勢方面的資料，因此我們需要有個替代辦法來說明接下來的百年裡原棉價格可能再上漲多少。有個很簡單的辦法頗為可取，那就是假設在這漫長期間棉花價格與米價亦步亦趨。在十七世紀期間，這兩種產品的價格的確一起變動（儘管棉價變動晚數年），因此這個假設看來似乎成立。[25]不管從說明價格為何上漲的貨幣性解釋來看，還是從更切合我們分析所需的某個假定來看（這個假定強調江南的貿易夥伴地區境內變動的土地／勞動比例和原始工業化，導致江南更難取得便宜的進口稻米和原棉），這個假設也似乎有其道理。事實上，出於某些理由，我們可以認為原棉蒙受的通貨膨脹會比穀物所蒙受的來得厲害。華北是長江下游最大的境外棉花來源，在一七五〇年後的百年裡人口成長特別高，而且（誠如第三章和附錄F裡所表明的）棉花種植面積大概減少，其本地的紡織業則更為壯大；因此，華北原棉出口劇減可能特別厲害。隨著大運河衰敗，華北與長江下游間的運輸成本很可能上漲，從而進一步妨礙江南進口原棉。與此同時，長江下游與嶺南之間運輸成本的下跌（兩地間運輸就沿著江南輸出原棉的路線），大概提高了嶺南市場買家所願意支付的價格。輸入長江下游的稻米（大部分來自長江中游）減少，理由就和從華北輸入長江下游的棉花減少一樣，是因為這個相對較不發達的地區人口成長和原始工業化，但其但減少幅度沒有後者那麼劇烈；而與東北的貿易成長，可能透過次級穀物進口的增加，為長江下游進口量減少的困擾，提供了至少某種程度的紓解。主要進口物是用來磨成粉充當肥料的大豆，但也輸入一些小麥（和一些供食用的大豆）。於是一七五〇年後原棉價格與米價同步上漲之說雖然出於猜測，但那大概是個穩妥的猜測。

如果根據米價趨勢來估量棉價，那麼，一塊值一千錢的棉布所含的原棉，到了一八〇〇年時，其價值應該已從五三三錢（如前面所討論過的，根據方行的著作算出）上漲到六五四錢。紡織勞動者的勞動收益占價格的比重，隨之跌了約兩成五（從四百六十七錢降為三百四十六錢）。在這五十年裡，米價漲幅為兩成多一點，[26]實質收益的降幅則達到約四成。如果用同樣的方式計算一八四〇年的情況，會發現一塊值一千錢的棉布所含棉花的成本上漲到七百零二錢，紡織勞動者的收益隨之降到兩百九十八錢；由於稻米進一步上漲到每石二・二〇兩銀，在這九十年間實際收益降幅擴大到約五成二。

但誠如先前已提過的，我們的低價格想定大概是比較常見的情況，而在此，我們也能得出兩種可能情況。第一種採用岸本美緒零星的十八世紀棉價數據，認為它們可信；第二種則使用她的研究結果（十七世紀棉價大略來講與米價亦步亦趨），並將此結果用在十八世紀和十九世紀初期。由於可取得的資料不多，這兩種情況都只是粗估。

C

岸本收集了一些十八世紀江南原棉的價格，而那些價格顯示從一七五〇至一八〇〇年價格上漲了超過一倍（儘管在區分實際趨勢與短期波動上我們又碰上麻煩）。[27]而誠如先前已提過的，把這些價格與張忠民、方行所引用的十八世紀中期布價匹配在一塊時，就產生合理的收益估計（但與《木棉譜》中的布價匹配時，則產生非常高的收益估計）。如果接下來搬出我們對一七五〇年的低價想定，使用岸本的棉價和張忠民、方行的布價，然後把原棉價格增加一倍，那麼一塊值四百八十錢的棉布所含之原料的價值，就從一百二十錢上漲為兩百四十錢，既紡且織者分到的價值隨之從每匹布三百六十錢降為兩百四十錢，名目收益減少三成三。如果接著以至一八〇〇年為止的米價漲幅（岸本的棉價資料到一七九四年為止）進一步減少這些收益，實際收益的降幅就是四成五。如果（在資料付諸闕如下）我們假設到一八四〇年為止棉價未再上漲，米價的進一步上漲還是使實際收益減少將近五成；如果一八〇〇年後棉價繼續漲，收益能力的跌幅會更大。

D

最後，我們使用對十八世紀中期的低價格想定，但假定原棉價和米價亦步亦趨。如果如此，一塊值四百八十錢棉布所含棉花的成本，就從一七五〇年的一百二十錢漲為一八四〇年的一百五十八錢，而既紡且織者所分到的棉布價值則從三百六十錢降為三百零二錢，降幅逼近三成三。吳承明和許滌新引用了一份十九世紀中期的史料，該史料記載一八二一年時每擔（一百斤）

原棉的賣價為「三千兩百」(大概是銅錢),[28]這會非常接近岸本所收集到的更早七十年的未軋棉價格;但同一份史料也記載,十至二十年後四千五至五千(錢)是較正常的價格(而且一如在其他史料所見,記載了更激烈許多的短期價格波動)。於是,這一資料產生的百年價格漲幅和原棉價格與米價亦步亦趨這個假定所產生的漲幅差不多,差異之處在於那一漲幅全發生在該期間的最後二十年。

如果使用米價指數並把原料在我們布價中所占的價值從一百二十錢調高為一百五十八錢,既紡且織者所分到的價值就從三百六十錢減為三百零二錢,名目收益減少一成六,減幅不算太大。但若與米價漲幅匹配在一塊,就連這一想定情況都產生至一八四〇年時實際收益三成七的降幅(一八〇〇年的數據會是棉的價值一百四十七錢,勞動價值三百三十三錢,因此名目收益降幅會是七%,實際收益降幅則會是兩成五)。

附錄F

對一七五〇年和那之後長江下游地區和整個中國棉花、絲產量的估計——並與大不列顛及北愛爾蘭聯合王國、法國、德意志比較

廣東的絲產量

我只估算過兩個最大產區的絲產量：廣東（大部分是珠江三角洲）和長江三角洲。就廣東來說，估算方法和用在糖產量的方法（見第三章）基本上一樣。我們先是使用馬立博關於耕地和糧食作物所需土地面積的資料，估出一七五三年時至少有一千六百八十萬畝地用於種植非穀物作物（馬立博本人表示今日的數據大概比這個多出約兩成）。然後我們把其中一成地（一百六十八萬畝）歸為種桑以供養蠶的地，一如我們估算糖產量時所為。這幾可肯定是低估，因為桑樹和甘蔗是該省最常見的兩種非穀物作物，因為這所產生的全省桑田面積，比一九二〇年代期間該省三個最大的產絲縣境內的桑田面積還要少，比珠江三角洲所有縣份的桑田面積少了許多。據蘇耀昌（Alvin So）估計，要養活能生產一擔（一三三磅）上等絲的蠶需要二十畝桑田，如果使用這一估計值，[1]一百六十八萬畝地每年能生產約一千一百萬磅的絲。

差不多同一時期，廣東所生產的絲約占中國出口絲的四分之一。[2]廣東擁有中國唯一對外開放通商的港口，而且其與中國最大國內上等絲市場（長江下游和京畿地區）的距離，比另一個主要產區（長江三角洲）與該市場的距離，遠了數百哩，因此廣東絲生產的出口導向程度，似乎不可能低於長江三角洲的絲生產。於是，長江三角洲的絲產量似乎不可能不到廣東產量的三倍（三千三百萬磅），而且似乎很可能還多上不少：這是開始估算該地區產量時該謹記在心的一個準則。

江南的絲產量

就長江三角洲來說，我們對其耕種模式瞭解較多許多。王業鍵仔細估計了該三角洲十四府的食物消費量和食物進口量，[3]我們可據此估算為了提供當地所需糧食裡自產的那一部分，得有多少地用於種植糧食作物。我使用珀金斯每畝地產一．九石糙米的數據作為平均產量，[4]使用王業鍵的各府人口數據[5]（其實是一七七八年的數據，但該地區一七五〇年後人口成長不多），還使用了珀金斯、梁方仲所引用、來自官府課稅清冊的耕地面積數據[6]（這些數據的確不算太高，這些清冊則來自一七三五和一八二〇年，而就大部分府來說，兩個年份的數據非常接近）。

我只在兩個方面捨棄王業鍵的資料，而這兩者都會降低我的產量估計值。首先，我把位在長江北岸的三個府略而不計。這些區域的確產棉也產絲，但它們也是主要的產鹽區，從而使我們在把非穀物地歸類為其他哪種作物的種植地時比較棘手。我把這三個府完全略去，從而自然降低了我的總產量估計值。其次，我以二．二石米這個估計值或與其相當的值，而未以王業鍵的二．〇石米，作為人均穀物消費量。這使我計算出的結果與馬立博的廣東數據一致，意味著劃歸穀物地的土地面積得多於王業鍵著作所間接表示的。

如此計算出的總數，見表九「長江三角洲諸府境內非穀物作物種植面積」。這些數據大體來講與王業鍵所引用的當今偶然估計值（例如某府一半土地種棉花）一樣，或較低於它們。

一旦對非穀物種植地的面積做了這些估計，就得斷定在這類土地上可能種植的非穀類作物各占了多大面積。以這個地區來說，這類土地會絕大部分用於種植棉花和桑樹，而非形形色色的廣東經濟作物；因此，儘管我們會再度任意減少種植面積（就某些府來說減少五成），以確保我們的估計是保守的，但我們就可以不必去做偏低的估計（例如

表九　長江三角洲諸府非穀物作物種植面積估計，約一七五〇年

府	耕地面積	穀物種植面積	非穀物作物種植面積
蘇州	6,254,000	3,471,209	2,782,791
松江	4,048,871	1,877,230	2,171,641
太倉	3,962,671	1,263,409	2,699,262
常州	5,579,264	3,222,943	2,356,321
鎮江	5,200,023	1,815,028	3,384,995
江寧	5,233,949	1,798,866	3,435,083
杭州	4,284,327	1,733,300	2,551,027
嘉興	4,356,442	1,538,385	2,818,057
湖州	6,136,678	1,406,438	4,279,640
寧波	4,066,059	1,290,984	2,775,075
紹興a	3,492,271	2,955,317	536,954

a在一七三五年和一八二〇年的諸府耕地總面積數據裡，只有紹興府的兩年份數據相差甚大；一八二〇年數據（六百七十六萬五五一四畝）是此處所用數據的將近兩倍。若採用這數據，會使紹興府非糧食作物土地所占比例高到將近六成，而比起這裡所用的約略一成五的比例，那個比例與其他諸府的比例擺在一塊遠更一致。不過，我還是決定使用較低（且幾可肯定較不準確）的那個數據，以免估算絲、棉花產量時有高估之虞。

將廣東境內非穀物種植地一成劃歸甘蔗、桑樹種植地），反倒可以拿王業鍵對這些府的特色界定（主要產棉、主要產絲或兩者皆產）作為指導依據。

杭州、湖州、嘉興都是以產絲為主的府，棉花產量很低；這三府共有一〇〇九萬八七二四畝地種植經濟作物，能產生六六六五萬一五七八磅的上等絲。如果，為了論證的遂行，我們認為這些經濟作物地只有四分之三種桑樹，這仍會產生約五千萬磅的絲。蘇州、寧波和紹興三府混種棉桑。據我們更早時的計算，這三府有六〇九萬四八二〇畝地種植經濟作物。蘇州府被幾乎公認是帝國裡商業化程度最高的府，因此該府的數據似乎有點低，而紹興府的數據則肯定偏低（見表F.1的注釋），但我還是把這一面積數據進一步減少五成以求更加謹慎。於是有三九四萬七四一〇畝地種植經濟作物，棉、桑各占一半；如此一來，會另外產生一〇〇五萬六四五三萬磅的上等絲。於是，即使我們打了這些折扣且假設長江三角洲其他地方完全不產絲（肯定絕非事實），就得出該地區每年約生產六千萬磅絲的估計值，每個居民差不多兩磅。如果把這數據調高一倍，大概還是說得通。

要得出全國性數據極難，因為我們已略去許多產區而且針對剛剛檢視過的這兩個產區，我們都力求得出偏低的數據。不過，有一點仍值得指出，那就是如果上述數據代表中國絲的總產量，那就表示一億七千五百萬至兩億兩千五百萬人生產了約七千一百萬磅的絲，也就是每人每年生產了五・一至六・五盎司的絲。這數量不算多，但就奢侈品來說，絕非小數。

江南棉

在前述過程裡，我們認定棉桑混種諸府有一五二萬三七〇五畝地種植棉花，儘管那是在將這幾府的非糧食作物種植面積任意減少五成之後所得出。如果每畝地生產約三十九磅軋過的棉（這似乎是這時期的平均產量），這些地會有五九四二萬四四九五磅的產量。然後如果將三角洲地區主要產棉的諸府境內的種植面積乘以同一個產量估計值，就得到五億四七七六萬四七七八磅的棉花，再加上先前的數據，就是六億磅多一點。同樣為了力求保守，我自行將這數量減為五億磅。不過，這得出的江南人均棉花產量還是十六磅多一點。

為估算江南地區有多少棉花製成布，還需要兩個步驟。首先，得算出非用於製布的棉花數量（主要用於棉襖和棉被的填充物）。關於十八世紀時作此類用途的棉花數量，我們手上沒有估計值，但二十世紀初期，這些用途的棉花，就整個中國來說，為每人約一．三磅。[7] 如果十八世紀時也是如此，江南可供用於紡織的棉花會是人均約一四．七磅；我把這調低為比較好計算的一四．五磅。

其次，得考慮到江南從華北進口的棉花和江南輸出到東南沿海、嶺南的棉花（大部分用來換取糖）。令人遺憾的，關於這些輸出入量，我們幾乎沒有確鑿的資料。有些軼事性的證據指出，十八世紀時江南的棉花進口大概多於其出口，因此如果把輸出入量擱在一旁，也不會擴大當地棉布產量估計值；我把這視為權宜辦法予以採用，使用了來自上個段落的棉布產量數據。但出於某些理由，我們可以認為雖有軼事性證據，江南即使在一七五〇年代都是原棉淨**輸出地**；而由於接下來的百年裡，嶺南需求增加，來自華北的進口量減少，到了一八五〇年時江南肯定已是如此。令人遺憾的，沒有資料可供我們直接估量這些輸出入量（而且叫人慶幸的，這些輸出入量對計算**全國性**產量來說不重要）；它們對我們的地區性估計值可能會有多大影響，我們只能訴諸揣測。

有個理由要我們認為江南輸出原棉，那就是以江南的勞動力，要把該地區所生產的原棉全部製成布會很困難（儘管不無可能）。如果遵照附錄E中我們對布匹大小和人均女性生產力的估計值，四億五千萬磅棉花（扣除充當填充物的棉花之後的數量），將足以織成約三千萬匹布，而這麼多的布會需要約相當於一千萬成年女性一年工作兩百一十天才能織成。一七五〇年，江南有約一千六百萬女性居民；如果該地人口的年齡結構和二十世紀初期時差不多，則會有將近一千萬十至五十歲的女性。[8] 由於我們知道有相當多的女性養蠶，而且有些女性除了紡織還從事別種工作，因此要有足夠的成年女性投入棉布紡織，恐怕也很困難。

對此問題，有好幾種可能的解決辦法。其中一種是由九歲和說不定八歲的小孩提供部分勞動力（用在紡紗上，而非織布上）；這大概屬實，但這類女孩的人數頂多只有三十萬多一點。五十歲以上女性的人數會多上許多（或許達兩百五十萬），而且其中有些人的確紡紗織布，但究竟有多少人就不得而知。男人的確做了部分織布工作，但我們無從知道做了多少。我相當武斷的估計，紡紗織布女性一年工作兩百一十天。這數字有可能太低（誠如前面已提過的，二十世紀初期超過三百天），但若把工作天數調高許多，會使女性（和家戶）收益高到讓人難以置信。這幾個因素不無可能使我們的勞動生產力估計值與江南進口的原棉和出口的原棉一樣多的假設不相牴觸，但更有可能的情況似乎是仍有某些殘差得用出口來予以解釋。其中部分殘差大概輸往緊鄰地區，例如緊鄰江南的北邊三個相當繁榮的府，這三個府大概另有一百五十萬名年紀在十至四十九歲的女性，而王業鍵筆下的「長江三角洲」就包括這三個府。

差額的其他部分會輸往東南沿海和嶺南。江南出口額的龐大，由這兩個地區紡織業的勃興可以看出（這兩個地區自產棉花極少，雖然從印度進口了一些棉花，但根本不敷所需）。另外，由江南從這些地區進口糖的規模也可看出，很可能將近三億磅，每磅（白糖）價格和已軋棉的價格差不多。[9]當時人常把嶺南、江南間貿易說成主要是這兩種商品的交換，因此如今不免有人想據此斷言江南出口了三億磅的已軋棉；但我們無從確認這個商品貿易進出口等額，或無從瞭解其他涉及的貨物（包括數種昂貴奢侈品）。而由於來自華北的進口規模較難估算（見頁三三五～三三七），若想估算出得把江南布匹產量數據刪減的額度，似乎只會是徒勞；在更多資料出現之前，最穩妥的作法似乎是簡單表示（切記我為了盡量壓低這一估計值所做的其他事），人均一四．五磅大概有點高，但還不致於高得離譜。

但在一部剛出版的重要著作中，李伯重估計了江南的布產出，而那個估計值比我的低了不少（他未觸及全帝國的產出）。有趣的是，他的估計值反映了對每名勞動者產出的估計值，而後者與我的差不多，[10]但他假設江南從事紡紗、織布的人口占該地區總人口的比例低了許多。

李伯重把徐新吾對江南松江府人均布消費量的估計值套用在整個江南；然後加上吳承明和許滌新的「出口」估計值，以得出江南的總產出。[11]但除非松江府的布特別重，徐新吾的估計值

（以匹計）若換算為人均布消費量，會使松江（或許是清朝最富裕的府）的該人均值，比起吳承明和許滌新審慎的全帝國平均值（見頁三三七），都低了不少。然後李伯重根據這一產出往回推估出從事紡織品生產的女性人數。[12] 他以這個估計值相當接近他所估計的鄉村非務農家戶數目，證明這個估計值站得住腳。但由於有許多家庭既務農也紡織，這一作法很不可靠。於是，我認為，依據紡織業勞動力得出的估計值反倒和我的較高推測值比較一致。

李伯重估計，在江南某個地方約有一百四十萬戶，每戶有一母一女從事紡織品生產，能生產出他所認為江南布產出的約六成。如果剩下的約四成都由類似家戶以類似速度生產出來，這還是會產生約兩百三十萬對這類母女（不到所有鄉村家戶一半）的紡織業勞動力和總共約相當於三百五十萬個成人從事紡織品生產的勞動力，約占江南所有勞動力的一成九。在我看來，這些數據太低。

李伯重指出，清朝初期和中期的數個觀察家估計江南非務農的勞動力占五至七成，但他認為這些數據肯定太高。[13] 於是他採用一九三〇、四〇年代調查得出的估計值（一成多一點的鄉村家戶未務農），同時表示這是個保守的估計。他還表示江南人口約一成五住在城市。[14]

李伯重認為鄉村非務農家戶只占一成，就十八、十九世紀來說太低，而且很可能偏低許多。他這看法幾可肯定沒錯（但為了使他的估計保守，他還是使用這一估計值）。首先，到了一九三〇年代，鄉村紡紗業已因為來自城市的機械化競爭而奄奄一息。此外，誠如第五、第六章討論過的，我們有充分的理由認為江南的布產量到了一九三〇年代已下跌（織布業也跟著衰退），剩下的棉布產業已有一部分移到城市裡。再者，儘管出現數座大城，一九三〇年代從中國其他地方運到江南的穀物似乎比更早兩百年時還要少；這使其他證據所表明的當地穀物產出想必有增無減（主要因為投入的勞動力增加）一事得到進一步的確認。增加的勞動力裡，有一部分肯定來自每個勞動者的勞動量增加，但我們也有充分的理由懷疑農業勞動力有所增加。基於上述這些理由，更早兩百年時江南非務農鄉村家戶所占的比例，幾可肯定超過一成甚多。而在其中某些家戶裡，男女都從事紡織品生產，從事布匹生產的人數因此會增加不少。如果把城市裡的生產和一半以上務農家戶裡女性的生產加進去（別忘了李伯重在別處提出的看法，也就是「男耕女織」的理想分工模式，清朝時終於在江南取得幾乎全面的落實[15]），就不難得出更高許多的江南布產量數據。在此所做出的刻意簡化的假設（江南的原棉進出口打平），或許會產生有點太高的數據，但在計算過程中我還做了其他力求保守的作為，而我依舊認為我所估計的一七五〇年江南人均棉布產量超過十四磅的數據不算離譜。

與聯合王國比較

如果我們同意上述說法是個粗估值，一八〇〇年時，即紡織技術的突破已開始往外擴散許久以後，聯合王國的棉、羊毛、絲、亞麻製品產量合計達到人均一二．九磅一事，就饒富深意。[16]（一磅亞麻或羊毛生產出的布匹面積，大體來講少於一磅棉花所生產的，因此，把這些不同種類的紡織品按同樣重量混在一塊計算，既簡化了比較，也使該比較對中國不利）。令人遺憾的，我們不清楚長江三角洲所生產的布有多大比例出口，這個比例很可能比聯合王國（約產量的三分之一）還高，[17]從而使該地區的布**消費量**低於聯合王國的水平。但生產力分別位居中國、歐洲第一位的兩個地區，其人均產量可能差不多和這項關鍵商品的消費量或許差不多一事，饒富深意，尤其是在我們記得一七五三年時有三千一百萬人口的長江三角洲諸府，人口比聯合王國多了將近一倍。

全國棉花產量並與歐洲其他地方比較

當我們想要拿整個中國與整個歐洲比較時，資料問題就變得更棘手許多。有關中國和歐洲的資料都非常零散，生產活動在地理上太過分散，使我們無法集中於一些重要地區。誠如前面提過的，絲織品的生產是例外。中國的絲織品產量可能過半產自長江下游，說不定達四分之三。但絲織品在紡織品總產量裡占的比例很小，而棉花生產則相當分散。

令人遺憾的，我們用來估計糖、絲織品和江南棉布產量的方法，用在範圍明確且高度商業化的地區很好用，但用在面積遼闊而商業化程度較低的地區，就不管用。在這類例子裡，舉例來說，我們所假設的人均食物消費量，出現相對較小的變動，就很可能使我們所估計的可供用於植棉的土地面積增加一倍或兩倍（比如從非常大之總面積的三～九％增加一倍或兩倍）。因此，我們得試試別的方法，並從後來的數據往回推算。

一八七〇年，即捻亂和太平天國之亂平定後不久，中國生產了約十八億五千萬磅的棉花，[18] 到了一九〇〇年減少為約十五億磅，但後來又再度增長，其勢至今未衰。一七五〇年的產量似乎很可能比這低不了多少，因而人均產量較高許多。這一說法或許讓人覺得意外，但逐一檢視過中國的各大棉花產區，證實此說不假。

首先，有一點必須指出，即清代首度開始種植棉花的大地區不多。[19]長江中游諸省的棉花種植面積一七五〇年後的確增加，但它們的產量從未達到非常高的程度。與此同時，西部四川、陝西兩省境內某些重要的產區，十九世紀時改種別的經濟作物（罌粟），而因此被棄種的作物往往是棉花；其中某些改種發生於一八七〇年前，某些發生於那之後。[20]中國各地還散布別的小塊棉花種植區，但一七五〇年和一八七〇至一九〇〇年最重要的產區是長江下游和華北。就長江下游來說，若說棉花產量在十九世紀大增太過牽強。一七五〇至一八五〇年，該地區最商業化的地方，人口和耕地面積都未成長，在該地區其他地方，成長也不多；經過十九世紀中葉的天災人禍摧殘，人口和耕地面積大減，到一九〇〇年時或許恢復到原來水平，但要到一九四九年後才會再大幅成長。[21]我們的種種證據顯示，一七五〇年此地區種植經濟作物的土地所占的比例，已和接下來兩百年所會達到的比例一樣高（事實上，一九三〇年代輸入此地區的稻米大概少於一七五〇年代，這意味著可能已有部分土地改回種植糧食作物），因此，在這段期間經濟作物面積照理應該始終變動甚少。甚至棉花種植面積可能減少，至少到一九〇〇年時是如此，因為一八七〇年後更多許多的土地改種桑樹。我們手中的產量數據很零星，但它們未顯示一七五〇至一九〇〇年長江流域棉花產量有所增加；照理也不會增加，因為技術上沒有重大改變，而且（在人口未增加下）勞動力投入量大概變動不大。

最後，該談談華北。華北的資料特別稀少，棉花種植面積的變動很可能比其他任何地方來得大。一方面，克勞斯的估計值顯示山東和河北的棉花種植面積，一九〇〇年時總共只有三百萬畝，一九二〇年代時增加到五百萬至六百萬畝（儘管軍閥在此地區為害甚烈），一九三〇年代又增加到更多[22]（山東和河北是華北三大產棉省之二；至於第三個省河南，我未找到有用的資料）。這一增長很可能只是恢復到更早時的水平，因為我們已知道一八七〇至一九〇〇年全國棉花產量下跌，而且華北受到十九世紀晚期數場大旱打擊，想必使種植棉花之類需要大量用水的作物風險特別大，照理下跌的全國產量裡，應有頗大一部分發生於華北。就連克勞斯的一九二〇年代數據，都只相當於這兩省幾乎不到三%的耕地面積。

另一方面，趙岡引用了一份十八世紀中期的史料，該史料說直隸（清時河北的名稱）境內二至三成耕地種植棉花，且光是該省境內就有一千四百萬至兩千一百萬畝。[23]同樣問世於十八世紀的史料《棉花圖》記載，直隸省保定以南土地二至三成種棉花。[24]視我們對這份陳述作何解讀而定，一八二〇年時登記的田畝少者三千五百萬畝，多者五千萬畝（這大概又大大低估了實際耕地面積）；乘以二至三成，表示光是該省就有七百萬至一千五百萬畝棉田。即使以山東、河北兩省一成土地植棉計算，都會有一千七百萬至兩千四百萬畝，也就是一九〇〇年數據的六至八倍。[25]如果我們使用前面用於其他地區的估計方法，接受低得離譜的官府耕地面積估計值，假設人均食物消費量為每年二·二石，上述數據也是這兩省可供種植非糧食作物的大略面積。[26]如果同意一七五〇年代的耕地面積已接近一九三〇年代水平，可供種植非糧食作物的耕地面積就暴增為高到令人難以置信的七千萬至九千萬畝，視我們所假設的人均食物消費量為二·二石或二·五石而定；不管是上述哪種情況，棉花都會是最普遍的非糧食作物。因此，我們有充分理由認為一七五〇年華北所產棉花可能比一八七〇或一九〇〇年多了不少。

其他資料間接表明同一情況。一七五〇至一八七〇年山東、河北兩省人口增加了超過四成，到了一九一三年已增加了約八成，而耕地面積增幅則少了許多。事實上珀金斯表示這一耕地面積根本沒增加。[27]我覺得這說法太極端，因為誠如第五章裡指出的，我認為這兩個省的森林面積，即使在一八〇〇年時，都比一九三〇年代時多了不少。但就連官府所提而令人存疑的一七五〇年代數據，都意味著到一八七三年時增加了幾乎四%，到一九三〇年代時增加了約四成五；「增加的部分」包括地籍清冊裡大增的耕地。[28]在中國其他地方，日益惡化的人／地比例，被單位面積產量的大增而大部分抵銷掉，而單位面積產量的大增，則是更密集使用肥料（包括糞肥和豆餅）、更多的複種、每畝所投入勞動力增加（例如透過極細心除草）獲得。但華北未種會像稻米那樣只要多投入勞動力、產量即會有可觀增加的作物；多投入的肥料大部分是糞肥，因為效力較好的豆餅也較貴；而較短的生長季使複種制的採用不可能大增。此外，一八五三年黃河改道後澇害與土壤鹽鹼化的問題加劇，很快就造成山東省數千萬畝地產量減少。於是，華北所需要專門用來提升糧食產量的土地面積，其增加速度似乎非常可能比一七五〇至一八七〇年、一九〇〇年、乃至一九三〇年華北耕地面積的增加速度還要快上許多；而這反過來意味著該地區棉花的絕對產量在這期間很可能大幅減少。

因此，華北棉花產量的減少幅度似乎很可能和四川、陝西所可能有的減少幅度一樣大，而長江下游產量則差不多持平；只有長江中游和（可想而知的）河南（兩個遠較次要的產棉區）產量增加。由於這些地區性結果，約一七五〇年時中國棉花總產量似乎很可能至少和一八七〇年時一樣大，或肯定和一九〇〇年時一樣大。

如果為了更求審慎，把用來填充和非紡紗用的棉花從一九〇〇年的數據裡扣掉，然後除以一七五〇年較少許多的人口（一億七千五百萬至兩億兩千五百萬），就會得到每人約六．二磅的人均消費量；若用一八七〇年的數據來算，則得到人均將近八磅的答案。這些數據比吳承明和許滌新所估計的一八四〇年數據都高上不少，而後者係根據二十世紀數據往回推算出來（這可是很棘手的事，因為關於一八四〇年後中國百年動亂期間產量和生活水平究竟上升還是下跌並未有定論）。[29]他們提出人均約三．五磅（含填充用的棉花）的消費量，相對的，連我較低的估計數據都達七．五磅（含填充用的棉花）。但這差異其實並不讓人苦惱。如果我的棉花總產量一七五〇至一八四〇年變動不大一說沒錯，而人口在這期間增加了一倍（吳承明和許滌新使用了一八四〇年四億人的數據），那麼他們針對一八四〇年估計的人均消費量，就應差不多是我一七五〇年估計值的一半。於是，我針對一七五〇年提出的估計區間似乎合理，而低的那個數據比高的那個數據更有可能。

拿這與歐洲的數據比較，誰高誰低？把棉、羊毛、絲、亞麻的消費量加在一塊，聯合王國（包括愛爾蘭）一八〇〇年的人均消費量似乎是約八．七磅。[30]法國一七八〇年代的亞麻產量似乎是人均約六．九磅，棉花產量則微不足道，只有〇．三磅。[31]現存的羊毛資料，都以平方碼計，而非以磅計，若要得到精確的換算，得先確定製成的是哪種布；但使用看來相當保險的換算率，約一八〇〇年的產量似乎是每年每人一．一八磅。[32]於是，在法國大革命前夕，法國人均紡織品產量類似於我們對中國的那個較高估計值，而且比我們的那個較低估計值高了三分之一。就德意志來說，我所能找到的最早數據顯示紡織品產量比中國少了許多：一八一六年人均毛織物產量只有一．一磅，一八三八年的人均棉織物產量仍只有〇．六磅，一八五〇年的人均亞麻織物產量則是約三・三磅，總計人均紡織品產量為五磅。[33]從英格蘭進口的布無疑使德意志的消費量高於這些生產數據，但十九世紀初期德意志人每年的用布量，似乎還是很可能少於更早七十五年時中國的人均用量。德意志當然絕非當時歐洲最窮的地區（就我所知，十九世紀初期以前的東歐或南歐未有有用的數據），而我們對中國的估計，包含了中國最偏遠貧困的地區。於是，十八世紀中期至晚期中國的紡織品消費量似乎比歐洲高了不少。

致謝
Acknowledgements

凡是浩大的工程，都有賴多方協助才得以完成。我原本只是想替另一本主旨與內容皆大不相同的書寫一篇文章，不料經過錯綜複雜的發展，一篇文章竟成了一本書。而正由於過程的錯綜複雜，許多人的見解和意見反而比平時更加重要。

許多人讀過本書的原稿，並對某個版本的原稿提出寶貴意見，這些人包括史蒂夫・托皮克（Steven Topik）、提摩西・吉納那（Timothy Guinnane）、王國斌（R. Bin Wong）、丹尼爾・西格爾（Daniel Segal）、喬爾・莫基爾（Joel Mokyr）、安德烈・貢德・法蘭克（Andre Gunder Frank）、埃德蒙・柏克三世（Edmund Burke III）、蘭道夫・希德（Randolph Head）和他世界史研究班裡的學生，以及詹姆士・吉文（James Given）、金世傑（Jack Goldstone）、馬立博（Robert Marks）、德尼斯・佛林（Denis Flynn）、萬志英（Richard Von Glahn）和傑森・赫克特（Jason Hecht）。本書的部分內容也曾在大大小小的研討會上提出，許多同僚在研討會提供了深刻且有用的建議，由於人數太多，我無法在此一一列出。「全加大經濟史研究會」（All-UC Group in Economic History）的會議上總會出現具有創見的評論，而這些評論特別值得一提。如今是同業透過網路互動的時代，因此我也要感謝Joshua Rosenbloom, Alan Taylor, Samuel Williamson，在我於「經濟史網路」（EH.NET）上簡短說明本書論點之後，主辦了一場格外有益的線上討論。在那場討論會上（和後來在「世界史學術網路討論群」〔H-World〕上由Patrick Manning主持的另一場討論會），出現了發人深省的想法和有用的建議，讓我受益良多。

這本書把我帶到遠非我專長的領域，因此我也倚賴許多同僚的引領，得知在他們所熟悉的領域，有哪些資料是我必須一讀；除了上述的許多人，羅伯特·摩勒爾（Robert Moeller）、安妮·沃爾特爾（Anne Walthall）、李中清（James Lee），對我幫助特別大。還有些同僚在其他方面助我完成此書：彼得·林德特（Peter Lindert）、魏思韓（John Wills）、史景遷（Jonathan Spence）、麥克洛斯基（Deirdre McCloskey）、肯尼思·索科洛夫（Ken Sokoloff）、濱下武志（Hamashita Takeshi）是其中特別要予以感謝者。

向這麼多人同時表示感謝，可能稀釋了我對其中任何一位同僚的感謝之意；然而，那當然不是我的本意。王國斌特別值得一提，他從頭到尾看過兩個版本的原稿，與我徹底討論了本書論點所具有的問題，在參考書目方面提供了寶貴意見；我把如此密切的同僚情誼視為理所當然，但那絕非尋常情誼可比。在此有個遲來的機會在書面上向Dan Segal表示感謝，也特別令人快慰。這二十多年來，他對我的教導之多，不管是在我們都感興趣的題材上，還是在何謂知交好友的體悟上，恐怕是任何人都不能及的。我深信在這份感謝清單上的每個人，都對本書的論點至少提出過某些反對意見，因此，在此我還是要不厭其煩地重述，本書若有錯誤，全該由我一人負責。

撰寫本書時，還受惠於不少有形的支持。這本書是我在一次休假從事另一個案子時開始成形（儘管那時的樣貌大不同於後來的成書）。那個案子得到加州大學校長研究獎學金和ACLS/SSRC/Ford Foundation Joint Fellowship in Chinese Studies大力支持。本書內容大半寫於後來某次休假期間，那次休假則是因為John Simon Guggenheim Memorial Foundation與加州大學爾灣分校的慷慨出資才得以成真。普林斯頓大學出版社的Peter Dougherty和他的助理Linda Chang所提供的協助和鼓勵，還有Jennifer Backer嫻熟、細心的文字編輯作業，大大改善了本書。

我個人私下得到的協助，絲毫不亞於我專業領域裡得到的協助。本書大半內容在艱困的情況下寫成，若沒有許多人的幫助，我面臨的難關肯定會更棘手許多。碰上麻煩時，新舊朋友、同僚和不少鄰居一起助我度過難關，盛情可感。我無法在此將他們的大名一一列出，若漏列其中哪位，我會很過意不去，因此只能一道表示感謝；但我心中的感謝未因一併致謝而有所稍減。

最後，但絕非最不重要的，我的家人在這些年表現出不凡的體諒，若沒有這份體諒，我不可能有時間或平靜的心情寫書。David、Jesse、Benjy表現出的勇氣和毅力，遠超過一般人眼中的小孩子；他們一再迎接挑戰，同時始終不失小孩的熱情和愛，始終討人喜歡。我要大大感謝他們。

至於我的妻子Maureen Graves，我該說什麼呢？過去幾年我們常聽到的一個比喻或許很適切。我們原計畫到巴黎一遊，最後卻置身紐西蘭，而Maureen自始至終，既未忘記回巴黎這個目標，也懂得只要不去尋找羅浮宮，就能享受置身紐西蘭的樂趣。這一平衡之舉有賴於耐心、毅力、遠見和愛，而它們個個都是我所無法說明或充分表達感謝的。只能說這本書是她的書，藉以聊表我的感謝。

加州爾灣

一九九八年九月

解說
為什麼中國沒有資本主義？《大分流》之後的反思

台大經濟系特聘教授兼系主任　林明仁
台大經濟系碩士班　鄭紹鈺

諾貝爾獎經濟學得主盧卡斯（Robert Lucas）曾說：「一旦你開始思考經濟成長，就很難想別的事情了。」

「在十四世紀生活水準居於世界領先地位的中國，是如何被以英國為首的西方世界，在過去兩個世紀藉工業革命之力，高速成長反超車的？」這個大哉問，一直是史學界與社會科學界最歷久彌新的核心議題。傳統的西方中心論強調早在十五世紀英格蘭與荷蘭的人均國民生產毛額（GDP per capita）就已經超越中國。而西方自文藝復興以來在技術、文化與制度上的各項先備發展，也都讓工業革命的產生，看來只是時間早晚的問題而已。反觀中國雖然有過如火藥、紡織、造紙等領先全球的技術，在明清時代（可能）也出現過所謂萌芽階段，但資本主義卻始終未在中國生根。根據傳統的說法，主要是因為中國的市場運作並不健全，而農業產出的增長，也只是透過密集的勞動投入而來，並未將剩餘的勞動力與資金移出農業部門，只能在馬爾薩斯的人口論陷阱中打轉，自然無法進入現代經濟成長的階段，此即黃宗智所謂的內捲化之說。[1]

彭慕蘭的《大分流》一書，便是在這樣的學術氛圍底下，從GDP的計算、對歐洲與中國更細緻的制度比較、以及歐洲所面臨的機運下手，論證作為當時學界主流的傳統歐洲中心論假說，並不足以解釋歐洲與中國的大分流。可以想見，在本書出版之後，一定會有許多各領域的學者對他的資料跟論點提出批評。本篇解說分別對《大分流》一書中論點的反思，以及分流成因的各家觀點，對讀者作提綱挈領的說明。

到底誰算錯了？

在《大分流》的第一章跟第三章，彭慕蘭利用了許多統計數據，說明中國在出生率、科技、交通、奢侈品等方面，與同時期的英國相差無幾，並認為大分流的時點大約在十八世紀中期，遠晚於當時主流學說的看法。

對於這個大膽的論點，最新的研究有許多批評。布羅德拜瑞（Stephen Broadberry）是牛津大學的經濟史教授，也是《經濟史評論》期刊的主編。他在二〇一五年的文章（Broadberry 2015）認為，加州學派的中國數據應屬高估，大分流並沒有像《大分流》強調的那麼晚發生，不過這篇文章肯定了《大分流》一書的另一個貢獻，便是其強調了「地區差異」。布羅德拜瑞發現，在歐洲內部其實有許多小分流：義大利先超過了西班牙，荷蘭後來居上，最終由英國的工

[1] 有關黃宗智的內捲化理論，請見黃宗智（1985）跟黃宗智（1990）。

業革命超越了其他歐洲國家。亞洲則有日本後來居上中國的小分流。而他認為黑死病與貿易路線的擴張是解釋這些小分流的重要因素。布羅德拜瑞、管漢暉與李稻葵（Broadberry, Guan and Li 2018）則提出大分流的分界點應始自蒙古南下。根據他們的估計，北宋的人均GDP超過一○○○美金，高於歐洲的七五○美金。卻在一三○○年（元朝）時開始落後，於明清鼎革後，GDP便開始快速衰退，而且是全面性的。這現象已經不能單純地用中國的地區差異來解釋，而是跟制度的變化有很大的關係。

彭慕蘭在二○一一年的文章〈回覆與再思考〉（Response and Reconsideration）中，承認他高估了一些中國資料，以致於把大分流的時間估計的稍晚，然而他也說的確有不少後續研究是支持他的論點的。但無論如何，現在已經沒有任何一個研究，會直接宣稱在一五○○年的時候，英國跟荷蘭的發展遠遠超過全世界其他地方。就如同布羅德拜瑞等人所言：一三○○年時中國與西方最富裕的地方發展相當應是一個合理的猜測，但在一七五○年之後，雙方差距就已經大到無法用地區差異來解釋了。這個時間點，也是在我們所認知的工業革命之前（Broadberry, Guan and Li 2018）。

在這裡特別要提醒的讀者的是，計算GDP即便在現代都是一個細瑣繁重的工作，更遑論斷簡殘篇的古代資料處理有多複雜。因此在對這些資料作詮釋時，一兩百美金的差異，很可能是落在測量誤差（measurement error）範圍內。陷在這些枝節的計算比較過程中，可能會讓我們見樹不見林，忘記了更重要的問題：大分流為什麼會發生？

下圖一畫出了英國、法國、中國、日本跟台灣的人均國民生產毛額，資料取材自經濟學家麥迪森（Angus Madison）的「麥迪森計畫」（Madison Project）。[2]縱軸是取了對數之後的GDP，因此下圖斜率在數學上其實就是經濟成長率。從下圖可以很清楚地看到，在一七〇〇年之前，這幾個國家的人均國民生產毛額互有超前。接著英法兩國開始緩步上升，中國則些微下降。但在一八二〇年之後，英法兩國經濟成長率開始大幅提升，百年之後人均國民生產毛額就已經來到英法六〇〇〇美金比中國的六〇〇美金！另外，日本在明治維新、台灣在日治時期之後，也都開始了高速的成長。換句話說，在十七世紀之前，東、西方的生活水準，並沒有太大的差異，但十八世紀中葉後，西歐開啟現代經濟成長模式，到了二十世紀初，已經把

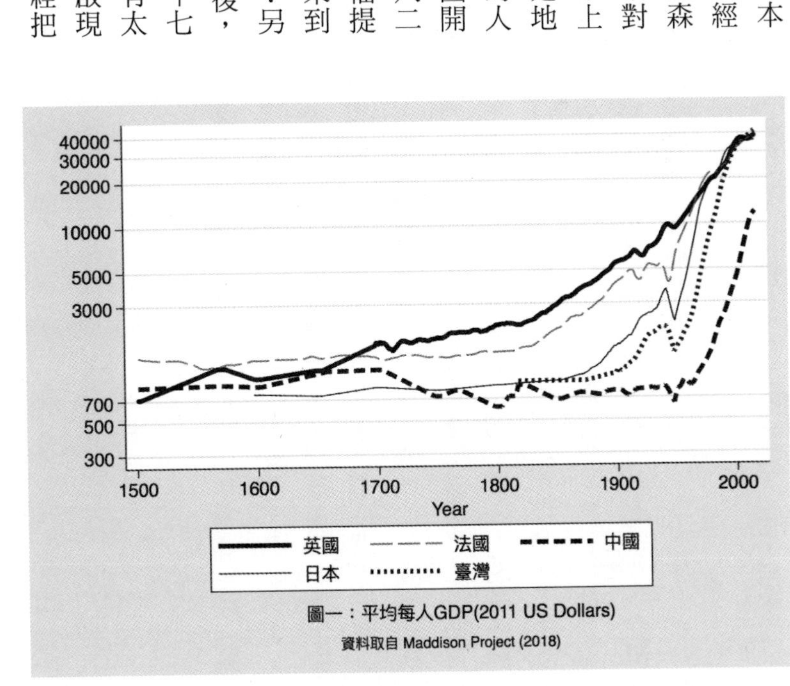

圖一：平均每人GDP(2011 US Dollars)
資料取自 Maddison Project (2018)

[2] 圖一使用的資料來自於Maddison Project Database, version 2018，並請參考Bolt, Inklaar, Jong, and Zanden (2018), "Rebasing 'Maddison': new income comparisons and the shape of long-run economic development", Maddison Project Working paper 10。對於「麥迪森計畫」這一個長期計劃有興趣的讀者，請參考麥迪森（2007）。

東方遠遠甩開！當看到此時東、西方的差異如此巨大，爭論十六、十七世紀東、西方到底誰比誰高出一兩百塊美金，反而就顯得荒謬了起來。換句話說，所有的歸因討論與對當時資料的詮釋，都得要對一八二〇年後的大分流如何產生鋪路，提出假說加以論證，才是正途。

成長是運氣還是制度？

經濟成長其實就是現代經濟學研究的起點，畢竟祖師爺亞當・斯密都已經把書名定成《關於國家財富的本質與後果的研究（An Inquiry into the Nature and Causes of the Wealth of Nations，簡稱國富論）》了！而依據國民所得之父，一九七一年諾貝爾經濟獎得主庫茲涅茨（Simon Kuznets）的定義，經濟成長是「社會脫離傳統農業經濟，平均每人GDP成長率持續大於零，平均每人GDP水準逐年上升的現象」。除了GDP的持續成長外，生產力的增加、經濟結構的轉變、社會對事物的看法、意識形態的調整、市場化及世俗化、技術創新的速度，也是庫茲涅茨所認為的重要指標。他也更進一步提出，國家要能進入現代經濟成長的階段，上述這些指標與該國過去或其他尚未進入此一階段的國家相比，都得要有數倍以上的成長才行（both large multiples of the previous rates observable in these countries and of those in the rest of the world）。[3]以此觀之，圖一的西歐英、法兩國在一八二〇年就符合了這個標準。日本在一八七〇年，台灣則是在一九一〇年，而中國則要到一九五〇年之後才開始現代經濟成長。

雖然《大分流》花了不少篇幅論證，即便在一八二〇年，江南與英格蘭的生活水準是相當的，並接著強調資本主義在英國發生純粹只是機運，尤其是「新大陸市場」的發現跟「煤炭」的開採時，會讓讀者有：這麼重要的歷史事件，本書論點居然是「英國佬只是運氣好而已！」之驚嘆。但其實《大分流》並未忽略制度的角色，只是彭慕蘭對於制度的看法比較微妙（subtle）。他反對的是當時所盛行的「歐洲有健全運作的市場，中國則沒有」的觀點。他比較了同時期中國跟歐洲各國的土地制度，發現歐洲許多地方不允許土地自由轉讓，反而在中國，千年土地八百主，土地自由轉讓是常態。他也比較了中國與歐洲的勞動市場，反對黃宗智所提出的「內捲化」假說，即中國陷入了人口壓力跟農地面積過小的惡性循環，中國農家為了顧及生存，只能大量將勞動力，投入到勞動密集的小農經營上，導致邊際勞力產出持續遞減，乃至利潤趨近於零。彭慕蘭花了許多篇幅說明當時中國人的娛樂商業化（commercialization of leisure），他認為，如果中國當時真的像黃宗智所說的，過度投入於勞動上，並會過度減少娛樂，那史家又該如何解釋明清發達的娛樂呢？

那彭慕蘭認為什麼制度在歐洲很重要？當時的主流學說強調歐洲「看不見的手」，但彭慕蘭卻認為歐洲比中國多出的是「看得見的手」。大規模的殖民地與新市場，是中西顯而易見的差異。兩方的政府對於海外貿易的態度則是造成這差異的主要原因。歐洲的政府透過特許、軍事等手段，協助歐洲的私人企業開拓了海外貿易並從中獲利。儘管中國也有鄭芝龍等盜商合一的海上集團，但在歐洲的海外發展裡，政府與公司之間緊密地合作，是明清中國所沒有的。

[3] 請參考庫茲涅茨（1966）跟庫茲涅茨（1973）。

彭慕蘭進而將這種差異，歸諸於中國與歐洲列國政治環境的不同：歐洲列國的海外拓殖，其實是歐洲內部軍事競爭的延伸，至於中國的朝廷，從未許可中國的海商集團在海外有排他性的權力。也可以說彭慕蘭雖然強調「機運」的層面，卻也相當小心地考量了海外市場與歐洲特有的政治與制度的關係。簡言之，彭慕蘭反對把大分流的差異歸因於「中國的市場先天不良於行」的解釋，進而去尋找真正可造成差異的解釋（non-trivial explanation）。

史學界的迴響：從土地交易制度出發

《大分流》在經濟史界產生了巨大的迴響。出版後不久，在書中被他批評的主要學者，很快地提出了回應。許多不滿意「機運說」的學者，也提出了許多新的假說，主要集中在制度上面。以下我們就一一說明。

首先，黃宗智立刻回文為他的「內捲化」理論辯護（Huang 2002）。他認為十八世紀江南農業仍是勞力密集的，而同時期的英國卻已經轉成了資本密集的農業。彭慕蘭（Pomeranz 2002）的回應認為，黃宗智說得對，英國的確有比較多資本密集的農業，但《大分流》的主要論點是：你不可能只用中國的勞力過度密集來解釋大分流本身。兩方的辯論當然沒有結論。

不過在《大分流》出版的前幾年，黃宗智便將研究的注意力轉向晚清到民國的法律；而在《大分流》出版之後，他的研究更是集中在清代到民國初期的收養、婚姻、勞動、土地買賣等中國傳統的法律制度。在這一輪的研究裡，黃宗智對中國傳統的制度仍多有批評，但也強調他的研究不是要說明中國與西方的法制「誰優誰劣」。而在《大分流》出版後的兩年，黃宗智便退休了，於是將中國傳統的法律制度與《大分流》連結起來的工作，則是要等到於今年（二〇一九）在耶魯法學院拿到終生聘任的張泰蘇來完成。

張泰蘇大學在耶魯主修數學跟歷史，後來在耶魯獲得法學博士與歷史博士，現任教於耶魯法學院。他博士論文的問題意識，便是想要將中國傳統制度的缺陷，和《大分流》的議題連結起來，這也是他最近出版的《儒家的法律與經濟學》（The Laws and Economics of Confucianism）的主題。張泰蘇觀察到英國於中世紀之後，在土地法律上，有讓產權明確化的趨勢，反觀中國的土地契約，卻從明清時期開始，發展得越來越複雜。舉例來說，中國的「典契」讓把土地「典出去」的人，可以在未來的任一時間，把土地「贖回來」，張泰蘇認為典契會讓想要收購大片土地的買家卻步，阻止了整併土地的規模經濟。

張泰蘇因此推論「典契」會讓被交易的土地零碎化，不利於土地集中。而有規模經濟的經營農場不易產生，則是江南農業生產力逐漸落後於英國的主因。至於中國法律何以會發展出「典契」，則跟中國的儒家文化有關。儒家文化注重「長幼有序」、「論資排輩」，所以地方的風俗傾向保護「又老又窮」的小地主，導致年輕又富有創業精神的年輕買家無法「圈地」，將土地整併成現代的經營式農場。這可以說是「內捲化」理論被批評之後，重新省思了中國傳統的制度，提出了「內捲化2.0」的新解釋。而從一開始只強調小農勞力密集的內捲化假說，到更進一步思考「是什麼文化跟制度導致了中國的農業型態跟英國不同」，這問題意識的改變，便是由《大分流》所推動的。

經濟學界的迴響：從制度出發

由艾塞默魯（Acemoglu）和羅賓森（Robinson）兩位所著之《國家為什麼會失敗》（Why Nations Fail: The Origins of Power, Prosperity, and Poverty），應該是近期制度經濟學的扛鼎之作了。他們提出廣納型（inclusive）制度跟榨取型（extractive）制度的分別，認為歐洲得以發展的原因，主要是能夠制定出政治上廣泛分配權力、經濟上開放機會的廣納型制度。他們也結合許多歷史事實，用了許多篇幅討論哪些因素可以支持廣納型制度的發展，以及國家如何透過制度避免菁英破壞正向回饋，邁向良性的循環，而非走回榨取的老路。在他們的書中，運氣（如賈德・戴蒙在《槍炮、病菌與鋼鐵》中提到的地理說）從一開始就是他們要反對的論點。[4]

另一位提出不同看法的則是在史丹佛大學任教的格雷夫（Avner Greif），他喜歡用賽局理論解釋歷史現象，研究的一貫主題便是中世紀以來歐洲商人，或環地中海地區的猶太社群，如何發展「非正式制度（informal institutions）」來促進貿易。在他二〇〇六年出版的專書《制度與通往現代經濟之路：中世紀貿易的教訓》（Institutions and the Path to the Modern Economy: Lessons from Medieval Trade）中，便特別回應了彭慕蘭的看法。他認為就算在十八世紀的時候，中國與英國的經濟表現雖然在統計上極為相近，但是在商業組織的制度上，卻早有所不同。格雷夫認為歐洲從中世紀晚期以來，便開始發展出「既非國家，亦非血緣」（neither the state nor kin-based）的社會組織，這些制度是為了解決合作問題刻意設計出來的。

後來在二〇一七年另一篇與塔貝里尼（Guido Tabellini）合著的文章裡，格雷夫更進一步探討中、西在社會組織上的不同。他們認為，歐洲從中世紀以來依靠的是自治城市，中國從宋代以來卻是依賴宗族。兩者最大的差異在於供給公共財或其他財貨時，促進合作所需的執行成本（enforcement）的性質有所不同：宗族內部的執行成本較低，但是西方的方法，在建制好之後，卻更可以擴大履行對象的範圍（scalability）。換句話說，中國選擇了一條一開始比較簡單，固定成本投入較小，但日後發展較為困難的捷徑，西方則反之（Greif and Tabellini 2017）。

另一位對《大分流》提出意見的，則是在西北大學經濟系任教的莫基爾（Joel Mokyr）。普林斯頓大學出版《大分流》時，是將其歸類於「西方史」（Princeton Economic History of The Western World）而非「中國史」，而這西方史系列的編輯，就是莫基爾，他也是彭慕蘭謝辭裡特別感謝的對象之一。《大分流》在提及英國工業革命與說明大分流時間點時，也特別引用莫基爾的「全面改變生產過程的發明」（Macro-inventions）的概念。彭慕蘭認為，在一七五〇年以前，西方在此時並沒有比中國多了多少，因此在土地制度與技術創新都沒太大不同的情況下，很難解釋大分流會在一七五〇年以前發生。

不過莫基爾本人並不同意這樣的解釋。莫基爾（Mokyr 2015）在書評中提到，加州學派為了避免西方中心論，不喜歡談論文化的優劣。但是對他來說，文化跟制度是最重要的。莫基爾在二〇一六年出版、統整其近年想法的專書《增長文化：現代經濟的起源》（A Culture of Growth: The Origins of the Modern Economy）中認為，西方有別於世界其他地方之處，正是來自於有競

[4] 有關於他們對彭慕蘭《大分流》的直接回應，請參考Acemoglu, Johnson, and Robinson (2002)。

爭的思想市場（Competitive Market of Idea）。[5]

莫基爾在該書中提出了自己的大分流議題：為何在西元一二〇〇年，西方還是一堆野蠻人所處的原始世界，而中國的宋代則是知識的黃金年代。但只經過短短三百年，中國的文人如徐光啟卻感受到西方有些知識已經超過中國，而積極與耶穌會交流？乃至西元一七〇〇年後，西方如牛頓、亞當．斯密、休謨等科學哲學家相繼大放異彩？更特別的是，西方傳統的「正教」（orthodoxy）或既得利益者，當然也想要抵抗這些新觀念的發展，但是在「啟蒙時期」（Age of Enlightenment），新觀念又是如何如願打倒舊勢力？

啟蒙可說是西方獨有的現象。德先生跟賽先生得以在西方站穩腳步，跟啟蒙運動的勝利有關。[6]相對的在東方，清代文人也開始了考證運動，批評舊的知識，卻沒有帶來西方啟蒙運動的效果。莫基爾認為，這是出於知識的市場在中西運作大為不同的緣故。在中國，精通數學沒有辦法讓學子得以通過科舉，但是在西方，從「文人共和國」（The Republic of Letters）這一類的跨國文人社群成立以來，文人專精數學、發明新的定理，可以在同儕當中得到聲望。一旦名氣大了，便可以得到私人或官方的贊助，這些贊助讓西方文人可以溫飽，更可以替他的新見解添加了權威，因為審查人通常都是學界內資深的學人。[7]在書中，他更仔細地舉例這樣的贊助制度，讓牛頓他們這些「天才」如何辛勤工作。當然中國也有贊助制度，卻是壟斷在帝王手中，當帝王對新知有興趣的時候，知識可以突飛猛進，但是事在人為，當帝王失去興趣，或是換了皇帝，研究便可能停滯甚至倒退。

莫基爾（Mokyr 2016, Ch.11）則對「西方為何有競爭的思想市場」進一步提供了解釋。「思想市場的自由競爭」觀點可以追溯到書中不斷引用的大衛・休謨（David Hume），而休謨本人就認為政治分裂的局面導致的列國競爭是一個因素。莫基爾給了兩個理由，說明政治競爭如何加強思想市場上的競爭：第一個是不同國家會想要競爭最好的公民來增加實力（這一點與李斯的〈諫逐客書〉不謀而合），第二個則是保守勢力「協調失靈」（coordination failure），也就是保守勢力彼此分裂，無法一起來壓制新觀點。而中國就是一個最好的反例，因為大一統的帝國沒有協調失靈的問題，科舉考試，本身就可以決定什麼知識有用、什麼知識沒用，所有的國民也服膺「一舉成名天下知」的文化價值，整個國家就也形成一個千年不變的超穩定結構。

莫基爾更進一步強調政治分裂對於知識競爭的效果，不只是國家與國家間的競爭。政治分裂的另一個結果是歐洲生產知識的團體，或是文化創業者（cultural entrepreneurs），時常是國家

---

[5] 莫基爾（2015）這篇雖然是書評，但其實這篇文章有一半是摘要莫基爾（2016）。

[6] 莫基爾這觀點似乎也可以用來思考中國的五四運動：中國為在進入民國之後，想實施西方的制度卻百般失敗，仍要發動一場五四運動邀請「德先生」跟「賽先生」到中國來。周策縱便認為傅斯年等新興的知識份子在五四運動的時候，其目標便是要「走向大眾、啟蒙大眾、組織大眾」（to go among the masses of people, and enlighten and organize them）（Chow 1960）。余英時近年的文章（Yu 2016），則強調五四運動跟西方啟蒙運動仍存在了一段不小的差距，特別是指出傅斯年他們沒有西方經歷啟蒙時的「文人共和國」（The Republic of Letters）。莫基爾（2016）認為「文人共和國」這個社群，在西方啟蒙運動之所以重要，是因為這個社群的存在，讓歐洲知識份子得以一邊彼此競爭，卻又可以透過「文人共和國」來協調彼此的合作（coordinate）。若我們接受莫基爾的觀點，則中國在五四運動時，並無這樣的社群，或許這可以說明，為何五四運動帶給中國的新觀念，一如余英時（Yu 2016）所指出的，常常彼此分歧，有時甚至互相衝突。

[7] 審查一事，出於他書評中對自己見解的摘要，見Mokyr (2015, p.99): "Patronage depended on the evaluations and recommendations of senior scholars."。

之外的獨立機構。早期的修道院，後來的大學，獨立運作的行會，乃至自治的城市，常常都是新知識的來源，國家要想辦法跟他們競爭或合作，但這些團體不是國家的一部分。在二〇一七年發表在《經濟學季刊》（QJE）的文章當中，莫基爾便與另外兩位經濟學家格拉克羅瓦（De la Croix）與狄歐普克（Matthias Doepke）共同提出了總體模型跟數據專門處理行會（guild）對於默會致知的知識（tacit knowledge）傳播的效果（De la Croix, Doepke, Mokyr 2017）。

若將中國的科舉制度拿來與莫基爾所言，用以鼓勵文人證明、創新跟發明的西方制度相對照，其後果就很明顯了。十年寒窗如果成功，收益是如此之大，導致一代又一代的年輕人義無反顧地投入這個成功率不高但獎金很高的錦標賽（tournament）中。事實上，這些年輕人並非缺乏聰明才智，香港中文大學的白營（Bai, Ying）與在加州大學聖地牙哥分校（UCSD）任教的賈瑞雪（Ruixue Jia），在二〇一五年的研究就發現，在科舉廢除後，中舉比率越高（代表人力資本越高）的地方，參加後來革命黨活動的比例越高，同時擁有現代人力資本成立新式西方事業或出國留學的機率也越大！[8]

整體來說，經濟學家利用賽局模型與計量技巧，以歷史事件作為詮釋的藍本，討論各方利益相關人（貴族 vs 國王，貴族 vs 創業家）如何在既有的政治經濟誘因結構下作選擇，以及他們會如何試圖改變這些誘因結構的過程。在這個過程中，若能產生出較能融合各方利益的廣納型制度（inclusive institution），經濟成長就可能發生。在此一大架構之下，比方如何跳脫宗族為主的傳統治理、轉向以數字為基礎的現代治理，如何處理破壞性創造所產生的社會後果等等機制（mechanism），應該會是未來的發展方向。

社會學界的迴響：中國不可能在十九世紀發展出資本主義？

《大分流》出版後，最不能同意該書結論的，恐怕是任教於芝加哥大學社會系的趙鼎新了。他直截了當地說：「中國在十九世紀或此前或稍後的任何時候，都沒有可能出現工業資本主義方面的根本性突破。」（趙鼎新，2014）

他認為，即便明清時期江南有較高的生活水準，但「技術創新並沒有鼓勵性的回報，科學方法／理性極不發達；最重要的是儒法合一的新儒家意識形態沒有面臨重大的挑戰，商人也無法利用他們的財富來獲取政治、軍事和意識形態方面的權力從而抗衡國家的權力。」（趙鼎新，2014）這與西方有很大的差別：西方不論是宗教、政治、封建領主、商人、城市工匠行會等各階層的菁英，都長期處在與其他階層鬥爭的狀態之下。沒有人能夠長期保有穩定的權力，因此菁英的面貌，在不同的地區與時間是不同的。再加上歐洲長期存在著多國／多地區的競爭狀態，使得制度競爭成為一個可接受的概念，修改制度後所帶來的好處，也會多次地出現。但對傳統中國來說，儒家對統治基礎提供正當性，法家則提供如何使用權力的操作手冊。皇族加上數量龐大的官僚系統一起統治中國，換個朝代之後，整件事情重來一遍，唯一不變的，則是菁英的面貌。總而言之，帝制與內向的國家權力永遠是政治制度的核心，或者是用總體經濟學的術語來說恆定狀態（steady state）。[9]

[8] 有關於廢止科舉後對於革命黨的影響，請參考白營與賈瑞雪（2016）。廢除科舉後與成立新式西方事業的關係，請參考白營（2014）。

[9] 有關趙鼎新關於大分流文獻的意見，請參考趙鼎新（2015），特別是第十二章"Market Economy under the Confucian-Legalist State"。

換句話說，歐洲人在政治行不通的時候，會思考制度的設計哪裡有問題，但中國人則只能如「大旱之望雲霓」，期待明君的降臨。這樣的制度，對在資本主義中扮演關鍵角色的商人來說，基本上是相當不利的。缺乏意識形態支持，也沒有很大政治跟經濟權力的商人，從來就不是帝國要捍衛的對象。讀者可以想像，如果你是胡雪巖，賺來的錢是投資在「浙江鹽大使」政府獨占事業並買官比較保險，還是投資海外新航路冒險或新技術開發比較划算？

《大分流之外》與《大分流》之後

彭慕蘭在二〇一一年回應了文獻在《大分流》出版十年後的發展，並回應了同刊號其他文章的批評，也談及了他認為《大分流》一書較弱的地方跟貢獻。他同意科技跟知識傳播的討論是書中最弱的部分，因為他當時缺少了足夠的資料去說明這一部分。而他的確也高估了一些資料，大分流的時間應該還是要再提前。

另外，加州學派的健將王國斌（Roy Bin Wong）與加州理工學院的羅森塔爾（Jean-Laurent Rosenthal，經濟學家、歐洲經濟學史家）在二〇一一年合寫了《大分流之外》（Before and Beyond the Divergence），除了回應許多批評，也對加州學派的觀點提供了經濟學模型與制度變遷的解釋。他們認為，關於探討中國土地制度發展不良的文獻，比如說土地典賣、回贖的現象，在歐洲許多地方也很普遍。類似於格雷夫所說（Greif 2006）的商業組織，在中國也是存在的，而中國也發展了許多非正式組織去協助長程貿易。

不過他們也同意大分流的差異，可以追溯自一五〇〇年左右，尤其是對知識創新所提供的制度支持，很可能是主因。他們主要的假說也跟歐洲政治分化、中國大一統有關：中國在承平時期，大量的製造業勞力是分散在鄉村，歐洲則因戰爭頻繁，需要有可以關上大門的城市，用中國人習慣的用語來說，明清的中國是搞「鄉村企業」，歐洲因為頻繁的戰爭所以是搞「都市企業」。長年的戰事讓歐洲陷於長期的貧窮，但企業為了躲避戰爭，有誘因遷入城市，在城市中面對較高昂的勞力價格跟相對較低廉的資本價格時，這些企業進一步就有誘因發展出節省勞力的技術（labor-saving technology），這便是工業革命的前身。[10]他們以此解釋了為何宋代有製造業科技水準較高的現象，因為宋朝戰事最為頻繁，大量的人口集中在少數的城市，因此有了與歐洲城市製造業的技術進步相當類似的先決條件與發展過程。[11]彭慕蘭在書中，沒有特別談論歐洲的政治情勢、軍事對於新科技的影響，不過《大分流之外》補足了這一塊。

最後，彭慕蘭在回應趙的評論時，也認為「他的確指出我忽略的問題」。而他也正在寫一本新書針對這些批評作出回應。希望在不久的將來，大分流2.0可以帶給我們更多知識上的辯論。[12]

[10] 他們的假說認為戰爭改變了資本價格跟勞動價格，因為改變了創新的型態，不過他們對戰爭本身的看法是負面的，並認為莫基爾的「啟蒙假說」忽略了啟蒙的代價是包括宗教戰爭在內的大小戰事。

[11] 莫基爾（Mokyr 2015）不同意王國斌與羅森塔爾（Rosenthal and Wong 2011）的推論，認為這只是某種「要素價格」理論的變體，一如彭慕蘭在《大分流》中引用的莫基爾的學說，莫基爾一貫的論調便是「要素價格」只有改變創新的型式，而不會影響創新的程度。集中在都市，只是有利於節省勞力的創新，集中在鄉村，也可以發展有利於使用勞力的創新。

[12] 二〇一五年時彭慕蘭接受中國《澎湃新聞》的記者楊松林的訪問，標題為〈彭慕蘭獨家回應《大分流》爭議：趙鼎新指出了我忽略的問題〉。網址為：https://www.thepaper.cn/newsDetail_forward_1386034

結語

研讀《大分流》，可以有兩個不同的切入點。一個是學術的，不論是從歷史材料的蒐集，農家生活水準的計算，到東西方土地制度、新創制度、宗族與現代政府提供公共財、乃至市場競爭的比較，都可以讓我們更瞭解人類生活互動的過程，以及制度跟各種機制從中所扮演的角色。對彭慕蘭來說，雖然許多人針對他的論點，提出不同的看法，但之後大家開始提出新的解釋，並與他的資料與說法對話，這是他當初寫作的重要目的。學術研究，永遠是希望大家開始討論大分流為何發生，而不是在假設知道答案後，才開始研究大分流。從激起討論的角度來看，《大分流》是成功的，而這些論點的相互激盪，也正是莫基爾所說的「有競爭的思想市場」的最佳例證！若能從這些討論連結到本土議題，如台大法律系王泰升老師的《去法院相告》便討論到，臺灣從「包公判案」的清代，過渡到了日治時期的近代西方式法院，臺灣人如何在這變遷中利用法律制度來解決紛爭；或如台大經濟系吳聰敏老師對大租小租權的研究，以及古慧雯老師對典契的研究，也都可以讓我們更瞭解發生在這塊土地上的歷史。

另一個切入點毋寧是更入世的，從反事實分析（counterfactual analysis）的角度去看。現在的台灣，如果能更加開放思想的競爭市場，更往數字管理的方向發展，更強調以證據為本的政策制定（evidence-based policy evaluation），並且對於創新的市場給予更大的寬容（整體來說，便是建立更包容的政治經濟制度），那台灣的發展，將與沒做這些有多大的不同？

參考書目

趙鼎新（2014）。加州學派與工業資本主義的興起。學術月刊，46(7)，157– 169。

Acemoglu, Daron, Simon Johnson, and James A. Robinson (2002), "Reversal of Fortune: Geography and Institutions in the Making of the Modern World Income Distribution," *The Quarterly journal of economics*, 117(4), 1231–1294.

Acemoglu, Daron and James A. Robinson (2013), *Why Nations Fail: The Origins of Power, Prosperity, and Poverty*, New York: Crown Books.

Bai, Ying (2014), "Farewell to Confucianism: The Modernizing Effect of Dis- mantling China's Imperial Examination System," Working paper, Hong Kong University of Science and Technology.

Bai, Ying and Ruixue Jia (2016), "Elite Recruitment and Political Stability: The Impact of the Abolition of China's Civil Service Exam," *Econometrica*, 84(2), 677–733.

Bolt, Jutta, Robert Inklaar, Herman de Jong, and Jan Luiten van Zanden (2018), "Rebasing 'Maddison': New Income Comparisons and the Shape of Long-Run Economic Development," *GGDC Research Memorandum*, 174.

Broadberry, Stephen (2015), "Accounting for the Great Divergence," working paper.

Broadberry, Stephen, Hanhui Guan, and David Daokui Li (2018), "China, Europe, and the Great Divergence: A Study in Historical National Accounting, 980–1850," *The Journal of Economic History*, 78(4), 955–1000.

Chow, Tse-tsung (1960), *The May Fourth Movement: Intellectual Revolution in Modern China*, Cambridge, Mass., Harvard UP.

De la Croix, David, Matthias Doepke, and Joel Mokyr (2017), "Clans, Guilds, and Markets: Apprenticeship Institutions and Growth in the Pre-Industrial Economy," *The Quarterly Journal of Economics*, 133(1), 1–70.

Ellickson, Robert C (2012), "The Costs of Complex Land Titles: Two Examples From China," in *Brigham-Kanner Prop. Rts. Conf. J.* vol. 1, HeinOnline, 281.

Greif, Avner (2006), *Institutions and the Path to the Modern Economy: Lessons From Medieval Trade*, Cambridge: Cambridge University Press.

Greif, Avner and Guido Tabellini (2017), "The Clan and the Corporation: Sustaining Cooperation in China and Europe," *Journal of Comparative Economics*, 45(1), 1–35.

Lucas Robert E., Jr (1988), "On the Mechanics of Economic Development," *Journal of Monetary Economics*, 22(1), 3–42.

Huang, Philip C (1985), *The Peasant Economy and Social Change in North China*, Stanford University Press.

——(1990), *The Peasant Family and Rural Development in The Yangzi Delta, 1350-1988*, Stanford University Press.

——(2002), "Development or Involution in Eighteenth-Century Britain and China? A Review of Kenneth Pomeranz's the Great Divergence: China, Europe, and the Making of the Modern World Economy," *The Journal of Asian Studies*, 61(2), 501–538.

Maddison, Angus (2007), *The World Economy Volume 1: A Millennial Perspective Volume 2: Historical Statistics*, Academic Foundation.

Mokyr, Joel (2015), "Peer Vries's Great Divergence," *Tijdschrift voor Sociale en Economische Geschiedenis*, 12(2), 93.

——(2016), *A Culture of Growth: The Origins of the Modern Economy*, Princeton University Press.

Pomeranz, Kenneth (2000), *The Great Divergence: China, Europe, and the Making of the Modern World Economy*, Princeton University Press.

——(2002), "Beyond the East-West Binary: Resituating Development Paths in the Eighteenth-Century World," *The Journal of Asian Studies*, 61(2), 539–590.

——(2011), "Ten Years After: Responses and Reconsiderations," *Historically Speaking*, 12(4), 20–25.

Rosenthal, Jean-Laurent and Roy Bin Wong (2011), *Before and Beyond Divergence*, Harvard University Press.

Yu, Ying-shih (2016), "Neither Renaissance nor Enlightenment," in Josephine Chiu-Duke and Michael S. Duke (eds.), *Chinese History and Culture: Seventeenth Century Through Twentieth Century*, vol. 2, Columbia UP, 524–574.

Zhang, Taisu (2011), "Property Rights in Land, Agricultural Capitalism, and the Relative Decline of Pre-Industrial China," *San Diego Int'l LJ*, 13, 129.

Zhao, Dingxin (2015), *The Confucian-Legalist State: A New Theory of Chinese History*, Oxford University Press.

20. 出處同上。
21. Li Bozhong（李伯重）1994a: 34; Skinner 1977a: 213，配合Skinner一九八七年著作做了調整。
22. Kraus（1968），被引用於P. Huang（黃宗智）1985: 126, 128。
23. Chao（趙岡）1977: 23。
24. 被引用於Zhang Gang（張岡）1985: 99。正定、順德、廣平、大名、易州、趙州、深州、定州的耕地面積數據，加上來自Liang Fanzhong（梁方仲，1980: 401）的或許是河間、保定的數據。
25. 關於太偏低的官方耕地面積數據和對這些數據看來合理的修正，見P. Huang（黃宗智）1985: 325。
26. Marks（1991: 77），指出人均一·七四至二·六二石的估計值，並把二·一七石用在比華北繁榮的嶺南。
27. Perkins 1969: 219。
28. P. Huang（黃宗智）1985: 322。
29. 出處同上，322。
30. 根據Deane and Cole（1962: 51, 185, 196, 202）算出。
31. 資料來自Mitchell 1980: 30, 448, 478。
32. 資料來自Markovitch 1976: 459；頁497論計量單位。為換算成磅，我使用了Chao（趙岡，1977: 234）所估計的粗棉布重量和Jenkin、Ponting的以下看法（1982: 11-12）：同長度、同細度的毛紗和棉紗，前者重量是後者的一·五倍。
33. 資料來自Mitchell 1980: 30, 448, 464, 478。

22. Dermigny 1964: IV: 表19。
23. Y. C. Wang（王業鍵）1992: 41-44。
24. 見，例如，Greenberg 1951: 91-92。
25. Kishimoto（岸本美緒）1997: 141。
26. Y. C. Wang（王業鍵）1992: 41-44。
27. Kishimoto（岸本美緒）1997: 139。
28. Wu and Xu（吳承明與許滌新）1985: 323。

附錄F

1. So（蘇耀昌）1986: 80。
2. 出處同上，81，注釋2。
3. Y. C. Wang（王業鍵）1989。
4. Perkins 1969: 21。
5. Y. C. Wang（王業鍵）1989: 427。
6. Perkins 1969: 230; Liang Fanzhong（梁方仲）1981: 401-413。
7. Chao（趙岡）1977: 233。
8. Buck 1964: 377。
9. 見Mazumdar（1984: 64）論糖價；附錄E論棉價。
10. Li Bozhong（李伯重）1998: 150-151, 219注釋28。
11. 出處同上，109。
12. 出處同上，185注釋10。
13. 出處同上，22-23。
14. 出處同上，20-22。
15. Li Bozhong（李伯重）1996: 99-107。
16. Deane and Cole 1962: 51, 185, 196, 202。人口數據來自Mitchell 1988: 9-10。理想狀況下，拿長江三角洲與大不列顛比會較為可取，因為愛爾蘭很可能降低了人均數據，而且長江三角洲境內沒有面積和愛爾蘭差不多的貧窮區域，但我無法拆解聯合王國的數據。
17. Deane and Cole 1962: 185, 196, 202。
18. 根據Chao（趙岡，1977: 233）和Kraus（1968: 162）算出。
19. Zhao（趙岡）1977: 23。

13. Lower 1973: 25, 39, 259。
14. Mann 1860: 112。
15. Warden 1967: 11。
16. Rimmer 1960: 5。
17. Warden 1967: 49。
18. Bowden 1990: 86。
19. Jenkins and Ponting 1982: 11-12。
20. Mann 1860: 26-27。

附錄E

1. Fang（方行）1987: 89。
2. Kishimoto（岸本美緒）1997。
3. Zhang Zhongmin（張忠民）1988。
4. Fang（方行）1987。
5. Lu（盧漢超）1992。481。
6. Kishimoto（岸本美緒）1997: 139。
7. Fang（方行）1987: 92。
8. P. Huang（黃宗智）1990: 84。
9. Fang（方行）1987: 84。
10. 出處同上，88。
11. 出處同上，92。
12. Xu Xinwu（徐新吾）1992: 469。
13. Zhang Zhongmin（張忠民）1988: 207。
14. Fang（方行）1987: 92。
15. 出處同上，92。
16. Marks 1991: 77-78。
17. Pan（潘敏德）1994: 327。
18. Zhao（趙岡）1983: 57。
19. Fang（方行）1987: 88。
20. Fang（方行）1987。
21. Zhang Zhongmin（張忠民）1988: 207-208。

23. 出處同上，142。
24. 出處同上。
25. 出處同上，145。
26. Bowden 1990: 374-375。

附錄C

1. Cooper 1985: 139，注釋2; Smil 1983: 100-101。
2. McEvedy and Jones 1978: 59。
3. Smil and Knowland 1980: 119。
4. Ling（凌大燮）1983: 34。
5. Marks，個人書信，一九九六年八月。
6. Ling（凌大燮）1983: 35。
7. Marks 1997: 280。
8. 見，出處同上，280, 319-327。
9. Marks 1997: 251。
10. 出處同上。
11. Perkins 1969: 71。

附錄D

1. Mintz（1985: 143），誤用「British」這個詞；Mitchell的著作（1988）有真實數據。
2. Mintz 1985: 191。
3. Braudel 1981: 130。
4. Clark, Huberman, and Lindert 1995: 223-226。
5. Aykroyd and Doughty 1970: 86-88。
6. 出處同上，89。
7. Bowden 1990: 73, 75, 294。
8. 見Thomas 1985a。
9. Deerr 1950: II: 532。
10. Mitchell 1988: 9-10。
11. Braudel 1981: 121。
12. Smil 1983: 36。

2. McEvedy and Jones 1978: 71。
3. Nipperdey 1996: 85。
4. Visaria and Visaria 1983: 466。
5. Subrahmanyam 1990: 360。

附錄B

1. 所有數據都被引用於P. Huang（黃宗智）1985: 147-148。
2. 見，出處同上，138-154。
3. Perkins 1969: 71。
4. P. Huang（黃宗智）1985: 322。
5. 出處同上，327。
6. Slicher Van Bath 1977: 94。
7. Smil 1985: 140。
8. Smil 1990: 429。
9. Kjaergaard 1994: 22, 58, 87。
10. Bowden 1990。
11. 根據Smil著作（1985: 174）裡的每公頃數據算出；根據Smil著作（1983: 203）裡有點不同的資料所做的估計，得出每公斤小麥耗掉0・0209公斤氮這個相差無幾的數據。
12. Smil 1985: 218。
13. Bowden 1990: 197。
14. 出處同上，373，表四十八，注釋a。
15. 出處同上，32。
16. 見，例如，Perkins 1969: 267, 270。
17. 南滿洲鐵道株式會社 1936: 33。
18. 欲更深入瞭解如何用珀金斯的論點從一九三〇年代往回推算約一八〇〇年時的農業參數，見附錄C和Pomeranz（1995）。
19. Smil 1983: 333-334, 336。
20. 出處同上，335-336。
21. Slicher Van Bath 1977: 94-95。
22. Smil 1985: 153。

90. Greenberg 1951: 91-92。
91. 見Li Bozhong（李伯重）1996，尤其是頁103-104。
92. 誠如我在第二章和其他地方所主張的，這一未發展出工廠的現象是否需要多加解釋並不清楚—在中國和其他地方，這一發展都面臨許多障礙，而且較「自然」的作法似乎是把原始工業化的發展潛能發揮到極致。需要解釋的問題，乃是為何歐洲部分地方未走上這條路—因此可以把歐洲視為能像中國那麼做但最終未那麼做（或把英格蘭視為能像法蘭德斯那麼做但最終未那麼做），而不能把整個世界視為能像英格蘭那麼做但最終未那麼做。
93. Saito（齋藤修）1985: 185。
94. McEvedy and Jones 1978: 166-171, 179-181；特別注意日本可耕地所占比例不高這一點。
95. Totman 1989: 81-170; Howell 1992: 271-275。
96. Saito and Shinbo（齋藤修與新保博）1989: 91。
97. 見Saito（齋藤修，1985: 211），並與Iwahashi（岩橋勝，1981: 440）比較。
98. Sugihara（杉原薰）1997: 153。
99. Moosvi 1987: 402-405; Subrahmanyam 1990: 358-360; Habib 1982a: 166-167; Visaria and Visaria 1983: 463-465。
100. Bayly 1983: 219-216, 290-292; Bayly 1989: 188-189。
101. 見，例如，Bagchi 1976; Vicziany 1979: 105-143; Bagchi 1979: 147-161; Perlin 1983: 89-95; Harnetty 1991: 455-510。
102. Hossain 1979: 326-335; Mitra 1978: 23, 25, 29, 32, 37-38, 48-49, 56, 79-80, 84, 87-92, 132, 144, 164, 172-173。
103. Harnetty 1991: 463-466, 505-507; Mitra 1978: 188, 194-195。
104. Habib 1982a: 168-169。
105. 出處同上。
106. 關於印度農業缺乏真正的「剩餘勞動力」，即使二十世紀亦然，見Schultz 1964: 61-70。
107. 見，例如，Bayly（1989）論茶園。

附錄A

1. Habib 1990。

73. 比較Farnie 1979: 7；見Mitchell（1988: 709-7122）論糖消費和（1988: 196-201）說明直到一九二〇年代為止國內產量始終不高；Bruchey 1967: 表2-A。
74. 見Latham（1978b: 69）和Hobsbawm（1975: 138, 144-145）論貿易差額；見Platt（1972: 4-5）論英國在拉丁美洲市場所受的限制。
75. 見Latham 1978b: 69-70, 80, 89; Farnie 1979: 325; Hobsbawm 1975: 149。
76. Jones 1981: 84。
77. Lewis 1954: 139-191；關於後來的專題著作，見Myint 1958: 317-337。
78. Schultz 1964: 61-70。
79. Mokyr 1976: 132-164。
80. Thompson（1989: 189）告訴我們，一八四〇年至二十世紀初期農業勞動者的人均產出成長了約五成，但此類勞動者的數量減少了二五%，產出淨成長為一二・五%。此外，就連這些成長都有賴於非農場自製化學品和其他農用產品的使用量大增（見193-199）。
81. 見Kjaergaard 1994: 160論工資趨勢。
82. Sokoloff and Dollar 1997: 1-20。
83. Zhang Zhongmin（張忠民）1988: 208。
84. 見Dermigny 1964: IV: 表十九。
85. Y. C. Wang（王業鍵）1992: 42-45。
86. Kishimoto（岸本美緒）1997: 139, 141; Greenberg 1951: 92; Dermigny 1964: IV: 表19。更深入瞭解，見附錄E。
87. 更深入瞭解，見附錄E。
88. Zhang Zhongmin（張忠民）1988: 194。
89. 這個關係若化為圖表，差不多會是如下：

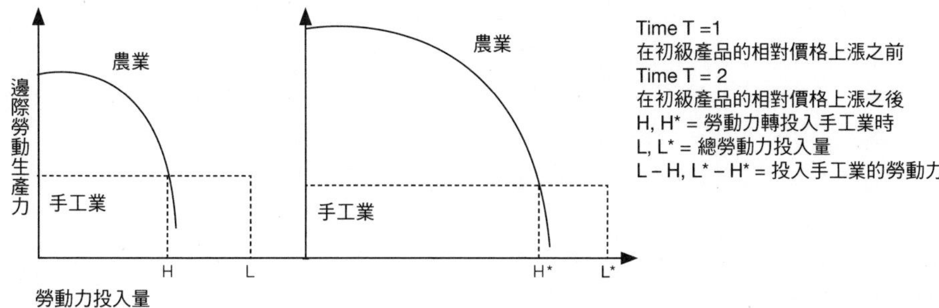

49. 見Warden（1967: 32-40）論英格蘭和其殖民地。
50. Wrigley 1988: 54-55。瑞格利其實以「喬治三世死亡年」（一八二〇）為截止年，但根據Mitchell著作（1988: 247）裡的煤產量統計數據，生產量其實在一八一五年才會達到必要的一千五百萬噸。更重要的是瑞格利所估計的一英畝林地一年生產兩噸木柴，誠如他所指出的，大概偏高，從而使他所估計的煤影響程度偏低。如果他使用當今的全球中數，一如Smil（1983: 36）和我在其他地方之所為，他所估計的煤影響程度會升高到稍多於兩千一百萬畝「幽靈地」。
51. Clark, Huberman, and Lindert 1995: 223 vs. 226。
52. Farnie 1979: 136。
53. 出處同上，137, 142, 145-146, 151。
54. Issawi 1966: 362, 416-417，度量衡換算來自頁518。
55. 出處同上，417。
56. Owen 1966: 424。
57. 出處同上。
58. Farnie 1979: 145。
59. 出處同上，150。
60. 出處同上，147, 162。
61. 出處同上，138-139, 144-145。
62. 出處同上，145-146。
63. 見，Crosby 1986。
64. Diamond 1992: 23。
65. Mintz 1985: 46-61。
66. Bayly 1989: 74; Washbrook 1988。
67. 根據O'Brien著作（1988: 15）裡的數據算出。
68. 根據同上著作（11）裡的數據算出。
69. 肇因於商業化且動搖從非洲北部到爪哇之諸多穆斯林帝國根基的政治危機，有助於替新一波歐洲帝國主義創造有利條件。Bayly（1989）對此有精闢的描述，且指出這些危機與較貼近歐洲人自身的「國家總體崩潰」，大體上有著相似之處。
70. Goldstone 1991，散見全書各處。
71. Mitchell 1988: 247。
72. 根據Mitchell著作（1988: 709-711）算出。

30. Flynn and Giraldez 1997: xxvii; Von Glahn 1996: 129-133, 224-229。
31. 關於不同地方的金／銀價格比數據，見Von Glahn 1996: 127。
32. Flynn and Giraldez 1997: xix。
33. Von Glahn 1996: 128, 232。
34. 晚近有人重述了這一據稱的差異和其持久不墜的重要性，見Kindleberger 1990。
35. Blum 1961: 201-204。
36. Hamilton 1934; Flynn and Giraldez 1996: 323-329。
37. 見，例如，Jones 1981: 83-84。
38. 關於這一節所用的計算方法，見附錄D。
39. Mintz 1985: 133。
40. Clark, Huberman, and Lindert（1995: 223）收集了數種對勞動者家庭人均消費量的調查結果，提出**每名成年男性當量**低至一千五百卡路里（以一七八七至一七九六年鄉村窮人為樣本）和高達兩千四百卡路里（以一八六三年和一八八九至一八九〇年城市勞動者為樣本）的估計值，並估計一八六〇年代鄉村勞動者的人均消費量為三千兩百卡路里；但即使用後一數據，得出的人均數據都不到兩千五百卡路里。
41. Daniels 1996: 277。
42. Braudel 1981: 170; Salaman 1949: 479-484。
43. Mintz 1985: 191。
44. Mintz在此提到「英國」（Britain），但他的數據與Deerr和Mitchell所提供的大不列顛及北愛爾蘭聯合王國數據都相符，因此他大概也意指大不列顛及北愛爾蘭聯合王國；就他的目標來說，那差別不大。而誠如先前已提過的，英格蘭從一七七〇年起非常倚賴來自威爾斯、蘇格蘭、愛爾蘭的食物供給（若非這幾個地方有別的方法滿足最起碼的卡路里需要，它們所能供給的食物不會有這麼多），因此聯合王國數據就是我們估計加勒比海地區對餵飽日益工業化之英格蘭的貢獻程度時所需要使用的數據。
45. 關於計算方法，見附錄D；出口數據來自Lower 1973: 259。
46. Mitchell 1988: 186。這一數據其實是後來（一八六七年）的數據，但它是我們所能取得的最早數據而且似乎在那時相當穩定。
47. Mann 1860: 112。
48. Mokyr 1990: 103。

8. 關於奴隸購買和價格，見Miller 1986: 70; Ludwig 1985: 107, 314; Curtin 1969: 216。巴西一七九六、一八〇六年的出口數據來自Morineau 1985: 177-178。
9. 見，例如，Schwartz（1985: 354-358, 385）論巴西的兩性比例和結婚率。
10. 見Shepherd and Walton 1972: 43-44; Richardson 1987: 765-766。
11. 見，例如，Schwartz（1985: 136-138, 296, 436, 441-442）論巴西。
12. 見，例如，Subrahmanyam（1993: 182-185）論被運去巴西供製成奴隸衣物的最便宜布。
13. Lang 1975: 61, 65-66。也見Stern（1988），對西班牙所統治的「新世界」裡重新出現內部調和與自主程度相當高的經濟體一事，有較為概論性的探討。
14. 見，例如，Goldstone著作（1991: 186）裡的圖表；也見Thomas 1985a: 140-141。
15. Richardson（1987: 745-746），說明英屬西印度群島任何一年的糖出口和隔年該地區對奴隸的需求之間的直接關係，而奴隸進口增加，糖產相應增加。
16. Shepherd and Walton 1972: 81-84。
17. 出處同上，52-53。關於印度洋上任何商船所載船貨的種類繁多，見Van Leur 1955: 132, 253; Chaudhuri 1978: 204-208。
18. Shepherd and Walton 1972；尤其是McCusker and Menard 1985: 18, 23, 28-30。
19. Lang 1975: 61, 65-66。
20. Richardson 1987: 768
21. Hamilton 1934; Flynn and Giraldez 1996: 321-329。
22. Morineau 1985: 102, 121, 289。
23. Stern 1988: 849-852; Tandeter 1993: 15-85。
24. Stern 1988: 852-854。
25. Flynn 1984: 43。
26. Perlin（1994: 113-118, 147-174）強調一點，即在這個時期，人們常認為把錢幣當成製造品，比把它當成與「物品」截然相反的「金錢」，更為有用。Perlin（1991: 239-371，尤其是248-249, 268-280）探討了被當成物品且常針對偏遠的目標市場設計的錢幣的生產。
27. Day 1978: 3-54。
28. H. Klein 1990: 291。
29. Subrahmanyam1993: 183-185。

些已成為世界經濟之邊陲地區一部分的國家，鮮少能打消其與核心地區的差距。但這類假設也構成多種強調有必要把資源移出農業並盡快打造工業基礎的發展計畫和觀點的基礎，即使在後來的理論（與先前的理論不同的）往往在原則上稱頌參與全球市場的效用時，亦然。

222. 見本書頁50-51, 285-286。

223. Lower（1973: 22, 31-32）和McCusker and Menard（1985）論十八世紀晚期的波羅的海、新英格蘭和加拿大；論十九世紀，見Lower 1973: 59-134; Tucker and Richards 1983: xii-xvii。

224. Wallerstein 1974: 71-89。

225. 就外來人口的移入來說，許多維持多重社會體系的國家的存在，也在另一方面攸關歐洲的發展—但又是透過妨礙短期效率，而非透過推動移民，來造成影響。某些俄國沙皇或許偶爾對德意志人許下特殊承諾，以吸引他們移民俄國，但鑑於大部分俄羅斯土地和耕種者所具有的法定地位，於是就連俄羅斯「黑土」帶都不會像四川或江西高地吸引福建人那樣，或中國東北吸引山東人那樣，把人從過度擁擠的西發利亞（Westphalia）或東盎格利亞（East Anglia）吸引過去。這些人最終還是待在原居地，直到受「新世界」的吸引才離開—如果是在十七或十八世紀前往「新世界」，要付出**暫時**失去自由的代價，但如果在十九世紀或二十世紀初期前去，會待在擁擠許多的統艙裡，但船費也驟減。

第六章

1. Galenson 1989: 52, 76; Morgan 1975: 215-216, 296-299。
2. Thornton 1992: 135-136。
3. 出處同上，138-141。
4. 出處同上，136-137。
5. 根據Miller著作（1986:70）裡的奴隸價格算出；英國的進口數據以Mitchell著作（1988: 462-464）和Deerr著作（1949-1950:1）為基礎；也見附錄D。
6. 關於出口數量，見Deerr論英屬加勒比海地區（1949-1950: I: 193-205）和法屬加勒比海地區（I: 235-242）；關於奴隸進口，見Curtin 1969: 216。
7. 一八二一至一八二六年的數據來自Miller（1986: 70）和Ludwig（1985: 107, 314），使用每個奴隸約二十五萬雷阿爾（real）的價格（接近Miller所估的最低值）；計算方法和用在西印度群島的方法相同。

196. Hagen 1997。
197. Rosener 1994: 154。
198. Good 1984: 34。
199. Rosener 1994: 130-132。
200. Gunst 1989: 63-64。
201. Albion 1965: 103，比較Li Bozhong（李伯重）1994b: 93。但有一點應該特別強調，即李伯重所引用的某些價格報告並不明確，使用了「幾兩」或「幾十兩」之類的詞。
202. Hagen 1986a: 86-92。
203. Rosener 1994: 172-184。
204. Good 1984: 70。
205. Gunst 1989: 76-77。
206. Hagen 即將出版。
207. Blum（1961: 132-134）論俄羅斯境內貨幣經濟受到的限制；Jeannin（1969: 94）論斯堪的納維亞；Kindleberger（1990: 58-59）論挪威。
208. Glamann 1977: 262-263。
209. Barrett 1990: 250-251。
210. Von Glahn 1996: 132。
211. Van Leur 1955: 67, 135-136, 162, 197-200。
212. Cushman 1975: 105-106, 124, 200-211; Viraphol 1977: 107-121, 181-209。
213. 見Wadia（1955）論船；Rangarajan（1994）論森林；McAlpin and Richards（1983）論棉花種植面積和林林砍伐；Latham and Neal（1983: 271-273）論小麥。
214. Kindleberger 1990: 68-69；賣到中國的歐洲貨清單，見Chaudhuri 1978: 475-476。
215. Perlin 1987: 248-314。
216. Chaudhuri 1990: 278-283。
217. Thornton 1992: 45-54。
218. 出處同上，112-125; Crosby 1986: 136-142。
219. Thornton 1992: 85-90。
220. 關於取得足供這項貿易所需的印度布所面臨的困難（刺激英格蘭棉業蓬勃發展的因素之一），見Hobsbawm 1975: 57-58; Chaudhuri 1978: 273-275。
221. 在對依賴與世界體系的分析中，這一假設得到最周密的闡釋。這些分析強調那取初級產品的物品，或甚至不是來自其周邊地區所該繳給它的租金和稅。

177. 被引用於 Li Bozhong（李伯重）1994b: 93.

178. Menzies 1996: 634。

179. Hanley and Yamamura 1977: 19-23, 131-146。「地區二」裡「大名」控制較有成效一事，似乎可部分歸因於治理者的不同──「地區一」大部分由德川將軍自己統治，而德川將軍管理自己的領地，往往比許多「外樣大名」的管理來得寬鬆──還有部分是因為「地區二」裡城鎮、貿易較不發達和非務農就業機會較少。

180. Totman 1995: 104。

181. 出處同上，102。

182. 出處同上，105-107。

183. Hagen 1985: 114; Hagen 1986a: 71-72。

184. Hagen 1985: 114; Hagen 1996: 308; Hagen 即將出版：38-39。

185. Blum 1961: 309-310, 552-554; Hagen 1996: 307；比較 Reid 1988a: 129-130; Fukuzawa 1982b: 251; Habib 1982c: 248; Ludden 1985: 42-50, 80-84。

186. Kochanowicz 1989: 100-102。

187. Hagen 1985: 104, 107, 111; Hagen 1986b: 154; Hagen 即將出版：38-39, 43。

188. 見 Hagen 一九八八年著作和即將出版之著作裡的歷史著作摘要。

189. Pach 1990: 183, 186-188, 190; Kisch in Kriedte, Medick and Schlumbohm（1981: 178-199）。

190. Kriedte, Medick and Schlumbohm 1981: 14, 19。Good（1984: 22）針對奧匈帝國發出同樣的觀點，認為原始工業與地力貧瘠、缺乏莊園農業兩者有密切關係。

191. Gunst 1989: 64, 69。波希米亞的確既有大莊園，也有高度發展的原始工業，但那些莊園至少在兩個方面異於其他莊園。首先，農民擁有就東歐標準來看特別穩固的權利。其次，由於在大部分莊園形成**之前**就存在強大的採礦部門，加上該部門催生出相對較多的城鎮人口和貨幣化程度異常高的經濟，莊園的剩餘作物大部分銷往本地市場（而且以供釀製啤酒的黑麥、啤酒花藤居多，而非以穀物居多），而非出口到西方。

192. Good 1984: 23。

193. Hagen 1986a: 73-90。

194. Rosener 1994: 113。

195. Hagen 1986a: 88。

154. 更深入的探討，見附錄F。
155. Menzies 1996: 619-622, 644-665, 659-663。
156. Perkins 1969: 21, 315, 318-319, 321。
157. 出處同上，234。
158. Perdue 1987: 56-57。
159. 出處同上，129, 132。
160. 精闢陳述，見Ho（何炳棣）1955: 192, 196-197。
161. Fang（方行）1996: 97。
162. Perdue 1987: 113-135; Perkins 1969: 21。
163. Mazumdar 1984: 269-270; Gardella 1994: 32。
164. Perdue 1987: 134。
165. 關於南北大運河的衰落，見Hoshi（星斌夫）1971: 223-227; Pomeranz 1993: 154-164。關於鴉片在某些地區取代了棉花，見Chao（趙岡）1977: 23。
166. Will and Wong 1991: 496-497。
167. Mann 1992: 75-96; Li Bozhong（李伯重）1996: 99-107。
168. Mann 1992: 86; Wong（王國斌）1997。
169. 關於這套補貼生態脆弱之華北的作法，Pomeranz（1993）有長篇幅的描述。但該描述強調這一補貼於十九世紀末時遭收回，因此它無法說明為何二十世紀時人口持續快速成長。
170. Wong（王國斌）1997: 139；也見224-229。
171. 關於核心地區人口成長停滯，見Saito（齋藤修，1985: 211），並與Iwahashi（岩橋勝，1981: 440）相比較。關於十八世紀中葉遭遇嚴重饑荒，邊陲地區人口仍持續成長一事，見L. Roberts 1991: 87-91。
172. L. Roberts 1991: 88-100, 115-121。
173. 出處同上，271-299。
174. Smith（1959），被引用於Palat 1995: 62。
175. Saito（齋藤修1983: 40-43。
176. Wu and Xu（吳承明與許滌新）1985: 435-446; Li Bozhong（李伯重）1994b: 93; Braudel 1981: 365-367。關於馬德里，見Ringrose 1970: 27。馬德里負擔得起異常昂貴的資源（從而成長到非其周邊腹地所供養得起的規模），乃是因為它既能收稅，又是「新世界」白銀的停靠站，而這些白銀不是來自它所生產用來換令數以百萬計的人受惠（受惠人數之多是在非歐洲人世界的其他地方所未見），對二十世紀全球GDP總成長的貢獻，比西方自身成長的貢獻還要大。

132. Kjaergaard 1994: 151。事實上，他發現工作週的長度很可能增加了五成，每年的工作週數也增，因此增加幅度很可能超過五成。也見頁55-56對泥灰施肥的探討，在該段落中他計算出每通德（tonde，〇・五五公頃）的勞動天數很可能是一一〇，但以每通德五〇個勞動天數為基礎作進一步的計算。
133. Kjaergaard 1994: 37-38。
134. 出處同上，151-154。
135. 出處同上，123。
136. 出處同上，158。
137. 出處同上，127-128。
138. Lee and Wang（李中清和王豐）即將出版：6, 10。
139. Sugihara（杉原薰）1996: 38。
140. Hanley and Yamamura 1977: 19-28, 132-136, 163-171; Howell 1992: 271-275。
141. 當然，同樣表現甚差的開放型經濟體更多。
142. Borah 1943: 85-101; Schurz 1939: 44-45, 364-366。
143. Li Bozhong（李伯重）1998: 108。
144. Lu（盧漢超）1992: 482-483。
145. Perdue 1987: 219-233; Skinner 1987: 67-77。
146. Perdue 1987: 204。
147. Liang（梁方仲）1981: 396-397（一八五〇年前）；Lin and Chen（林富瑞、陳代光，1981: 39）論一七七四年和那之後的情況，不考慮一八四二年數據和一七一一年的河南數據。前一數據就他們所列出的各省數據來看可能偏高，後一數據則低得離譜（但會使該省後來的成長率更加可觀）。
148. 見Lee and Wang（李中清和王豐）即將出版的著作，尤其是章七和章八；關於收養，也見Waltner（1990）和Dennerline（1986）。
149. Cain 1982: 173。
150. 見，例如，Buck 1964: 367。
151. Wakefield 1992: 224-229, 254。
152. Wakefield 1994: 201, 227-228。
153. Skinner 1977a: 213, 226，經過調整以配合Skinner一九八七年著作。

119. 見Pomeranz 1993: 125; Pomeranz 1988: 附錄F。

120. 見附錄C。這個林地數據比凌大燮針對這整個省所估的數據（1983）高了許多，但我認為只有在兩個情況下，這個數據才可能偏高。一個是如果我嚴重高估了每英畝作物產量，但得在生態受創嚴重且技術上乏善可陳的十九世紀期間，產量增加的速度變得比快速成長的人口都要快上許多這個推論上，我才可能嚴重高估，而這個推論本身不大可能成立。另一個情況是如果我大大低估了這個地區非糧食作物種植地的面積的話，而非糧食作物似乎（一如二十世紀時的情況）以小麥和高粱為主，還有相對較小的菸草和棉花。這個情況的可能性較高—我已在第三章說明為何整個華北十八世紀晚期的棉花產量大概比一百年後還要多—但如果我的林地數據因這個原因而有錯，那將意味著可供取得作為燃料的作物殘餘比我們所以為的還要多，且約一八〇〇年時中國比我所間接表明的還要富裕。

121. Marks 1997: 224。

122. 關於歐洲的數據，見Richards 1990: 164。

123. 見，例如，Hsieh（謝覺民）著作（1973）裡的地圖I-17和I-23。這兩個地圖顯示華北大部分地方年平均降水量約五百公釐，其中兩百五十公釐在七、八月降下，另有一百五十公釐大部分降於十月至四月。關於與北歐的比較，見Wallen 1970: 63, 114, 162-192, 227-239。

124. Grove 1995: 56-59, 155, 199和全書各處。

125. Smil 1994: 38-49; *China News Digest*（《華夏文摘》），一九九八年五月二十一日。

126. Pan（潘敏德）1994: 57-59。

127. Zuo and Zhang（左大康、張培元）1990: 476。但這個區域與眾不同，因為它境內許多地方被闢為御用獵苑。

128. *Jinan fuzhi*（《濟南府志》）: 1839；卷6。這裡所提到已消失的水域，出現在卷6：24a-b，卷6：32a，卷6：33b，卷6：35a，卷6：40b，卷6：42b。

129. *Xuxiu Licheng xianzhi*（《續修歷城縣志》）: 卷十－十二；提及七十二泉之事，出現在卷十：44a。

130. 見Pomeranz 1993: 章3-5。

131. Sugihara（杉原薰，1997）以較樂觀的心態解讀這個現象，主張採用西方技術並予以改造以因應後來東亞「奇蹟」所留下的大型人口基礎一事，至目前為止只產生一個生活水平和西方最富裕國家不相上下的國家（日本），另一方面此舉

101. Hanley and Yamamura（1977: 16-28）考察並批評了這個觀點；L. Roberts（1991: 88-95）表示需要予以更複雜的剖析，主張舊觀點或許真的適用於某些時期和地區。
102. 見，例如，M. Williams 1990: 181-182。
103. Marks 1997: 280。
104. Ling（凌大燮）1983: 34。Robert Marks寫了第一本全面考察嶺南生態史的著作，認為這些數據大體上似乎言之有理。
105. Ling（凌大燮）1983: 35。
106. 根據Marks著作（1997: 280）算出。
107. 事實上，我們會認為，在這個時期的更早階段，每多一個人導致的森林減少量，會比較晚階段時導致的減少量少。較好的土地可能先有人移居，於是較早時增加的人口所需的土地面積，大概少於較晚時所需（但升高的土地生產力能彌補較少的土地面積）。此外，在較早時期，新人口所帶來的額外燃料需要，能在不超過每年樹木生長量的情況下得到滿足；但隨著人口變得非常稠密，為了取得燃料而砍掉的樹量可能超過森林的可永續水平，從而使至少某些地區陷入每下愈況的局面。
108. 法國人口統計資料來自McEvedy and Jones 1978: 59。
109. 關於爐灶設計、炒菜方式和其他會影響炊煮的燃料使用效率的事物，見Anderson 1988: 149-151, 154。也見附錄C，頁387-388。
110. 關於這個樹木栽種模式和其與歐洲境內模式的差異，見Menzies 1996: 663, 667。
111. 這一概括性的陳述，主要指的是漢人士紳、商人和地主，而非入主中國、創建清朝的滿人；但除了北京和東北，滿人在中國各地始終人數不多。此外，許多滿人在文化活動上變得比較不「尚武」，不再打獵騎馬，但只有少數漢人開始打獵或騎馬。
112. Pomeranz 1993: 134。
113. Xu Tan（許檀）1986: 138。
114. Staunton 1799: I: 279; II: 46。
115. 出處同上，I: 266；還有II: 46, 169。
116. 出處同上，II: 138, 141。
117. 出處同上，II: 142。
118. 關於二十世紀燃料短缺和盜砍樹木，見Pomeranz 1993: 124-125, 143-145。

76. 出處同上，136。
77. 出處同上，133；也見Lamb 1982: 235-236。
78. Grove 1995。
79. 對這些關係的有用概述，見Cronon 1983: 122-123。
80. Li Bozhong（李伯重）1994b: 86-89, 94; Viraphol 1977: 180。
81. Marks 1997: 320。Li Bozhong（李伯重，1998: 48, 200，注釋23）指出江南糞肥短缺和改用非出自自家農場的肥料之事。但他強調新肥料的優點，而非強調畜糞的其他用途。
82. Y. C. Wang（王業鍵）1986: 90-95; Y. C. Wang（王業鍵）1989: 427; Adachi（足立啟2）1978; Marks 1991: 76-79。
83. 對水稻生態的精闢描述，見Geertz 1963: 29-37。放在稻田裡的乾水藻，其恢復流失氮的能力，見Smil 1985: 140。
84. Perkins 1969: 71-72。
85. Marks，個人通信，論嶺南；Perkins（1969: 21）論長江下游。
86. 見附錄B裡對計算過程的說明。
87. 見附錄B。
88. Chi（冀朝鼎）1963: 14-15。
89. Rossiter 1975: 149-153, 172; Ambrosoli 1997: 395; Hobsbawm 1975: 106; F. Thompson 1968: 65-70。也見附錄B。
90. Ling（凌大燮）1983: 34。
91. 見後面，頁295-296和附錄C。
92. 比較Totman（1992: 22）與Schoppa（1989: 147-167）；Perdue 1987: 227, 230; Will 1980; Osborne 1994: 30-31。
93. 比較Schoppa 1989: 120-139與147-163；也見Perdue 1987: 196, 202, 219-233。
94. Osborne 1994: 30。
95. Ling（凌大燮）1983: 33。
96. 出處同上，34。
97. Osborne 1994: 36。
98. 出處同上，30-31。
99. Vermeer 1990: 141-147, 156, 161。
100. Totman 1992: 23。

49. Kjaergaard 1994: 120。
50. Nef 1932: I: 169。
51. De Zeeuw 1978: 23-25。
52. DeVries and Van der Woude 1997: 709-710, 719-720。
53. 出處同上，709，注釋18。
54. 荷蘭的數據係根據同上的出處（扣掉進口煤的貢獻）和頁719的看法（十九世紀泥煤產量和十七、十八世紀產量總合相等）得出。英國的煤產量數據來自Mitchell（1988: 247）；煤的能量成份，根據Smil著作（1985: 36）得出，假定軟煤、硬煤以各半的比例混合。
55. Lower（1973: 36）論魁北克；Cronon（1983: 109-110）論新英格蘭；Gadgil and Guha 1993: 119; Albion 1965: 161; Thomas 1985a: 140。
56. 見Cooper 1985: 139，注釋2。
57. M. Williams 1990: 181。
58. Kjaegaard 1994: 15。
59. 林地面積估計，見Ling（凌大燮）1983: 35。
60. M. Williams 1990: 181。
61. 出處同上；Heske 1938: 5, 25-26。
62. Slicher Van Bath 1977: 90。
63. 出處同上，89。
64. Kjaegaard 1994: 107。
65. Slicher Van Bath 1977: 95。
66. Blaikie and Brookfield 1987: 131-132。
67. Kjaegaard 1994: 60, 85-86。
68. Ambrosoli 1997: 374。
69. 出處同上，392-394。
70. Blaikie and Brookfield 1987: 140。
71. Hobsbawm 1975: 106; F. Thompson 1968: 62-77。
72. Kjaegaard 1994: 20-21。
73. 出處同上，21, 40-41, 50-56。
74. Blaikie and Brookfield 1987: 129-131, 138, 140。
75. 出處同上，137。

25. 出處同上，226-228。
26. 出處同上，225。
27. Mokyr 1990: 111。
28. Clark, Huberman, and Lindert 1995: 223。
29. 出處同上，235。
30. 出處同上，233。
31. 出處同上，234。
32. 關於進口，見Bruchey 1967: 表2-A；關於對亞麻的補貼和它們的作用不大，見Warden 1967: 362-364。
33. Grantham 1989a: 49-71；關於歐陸亞麻增產前景不看好，見Warden 1967: 724。
34. Totman 1995: 104; Totman 1989: 116-170; Li Bozhong（李伯重）1994b: 88; Osako 1983: 132, 135, 142; Menzies 1996: 651-654。
35. Grove 1995: 187, 199, 261, 264-266, 299-300, 332-336, 365, 382, 387-406, 409, 427, 435, 440, 463-464, 471-472。
36. Kjaergaard 1994: 18-19, 89-91。
37. Braudel 1981: 367。
38. 針對這一估計，見，例如，亞洲開發銀行（Asia Development Bank）1982: 114, 360。在歐洲，由於該地的炊煮方法，這些最低數據大概會稍高一些，在較寒冷的一部分北歐地方則當然又會更高（相對的，當時的亞洲窮人，除了華北境內者，大部分住在相對較溫暖的氣候區）。
39. Kjaergaard 1994: 123。
40. 出處同上，97。
41. Goldstone 1991: 186。
42. Labrousse 1984: 343, 346-347。
43. Nef 1932: I: 174, 263。
44. Nef 1964: 262-264。
45. 但注意，瑞典與俄羅斯在鐵方面享有的競爭優勢，有賴於低勞動成本和高品質鐵礦砂，而非只是憑藉充足的燃料（Flinn 1958: 151）。
46. Thomas 1985a: 140; Thomas 1985b: 729。
47. Braudel 1981: 367。
48. 見附錄D。

Arasaratnam 1980: 259-260。

6. Chaudhuri 1978: 155-156; Latham 1978a: 50。
7. 例如，把Raychaudhuri（1982b: 306）、Bayly（1983: 204-206, 251, 266, 272, 290）、Prakash（1981: 196-197）拿來與對中國、日本、西歐的正統記述相比較。
8. David Washbrook（1981: 196-197）在試圖說明為何十八世紀印度走「資本主義」路線，但其走向不會通往工業化時，大略表達了這一觀點：他把重點擺在勞動力的廉價上，而非勞動力大多**被拴住**上（我認為至少同樣重要的一點），而且未討論廉價閒置生產能力的問題。有經濟學家把這個想定情況的另一個部分闡述為「剩餘生產力出口」（vent for surplus）外貿模式，主要應用於十九世紀晚期和二十世紀仍有許多土地可開發的國家（見Myint 1958; Lewis 1954）。這些經濟學家所提出的諸多觀點中，有個觀點認為在這樣的情況下，成長所需的資本很少，至少有一段期間是如此；為了我們的探討目標，我們或許可以用另一種方式表述這個高明見解：在這樣的環境裡，只需相對較少的投資和肯定不需對具有轉型作用的技術做大投資，菁英利潤就能透過出口成長。
9. Perlin（1994: 83-85; 1985: 468-473）特別有力的闡明了這個觀點。
10. 這個短語出自Franand Braudel（1981: 70）。
11. 關於中國，見Ho（何炳棣，1959）；關於日本，見Saito（齋藤修，1985: 185-188）；關於歐洲，見McEvedy and Jones（1978: 26-30）。
12. Nipperdey 1996: 126-127, 130-131。
13. Grantham 1989b: 147, 151。
14. 例如，Clark 1991: 454-455。
15. Ambrosoli 1997: 367, 374, 392-395, 412。
16. 出處同上，412。
17. F. Thompson 1989: 189, 193; Ambrosoli 1997: 395, 412。
18. McEvedy and Jones 1978: 28-29; Grantham 1989a: 43。
19. Thomas 1985a: 149。
20. Nipperdey 1996: 92-93, 97。
21. Thomas 1985a: 141。
22. 出處同上。
23. 出處同上，145-146。與歐陸進口品比較，見頁141。
24. Clark, Huberman, and Lindert 1995: 215。

（Bernal 1966: 51），而一七七〇年費城有三萬人，紐約有兩萬五千人、波士頓有一萬六千人（McCusker and Menard 1985: 131）。

141. Blussé（1986: 97）說一八〇〇年時巴達維亞和其城郊腹地已有十萬中國人。

142. 關於這些憂慮，見Shepherd 1993: 162-168。

143. 這一觀點由Wrigley（1988）提出並在Wong（王國斌）的著作（1997）裡得到詳盡闡述。

144. 注意，這裡所謂的人口「飽和」地區並非意指人口稠密地區：例如北印度的人口密度高於西歐，但該地的生態也使其能供養多上許多的人。人口相對較「飽和」的地區是其所供養的人口和其在沒有重大技術突破下所大概能供養的人口差不多的地區。這類地區可能面臨隱然逼近的生態危機，而且在這類地區裡，掌控較稀缺之生產因素（土地或說不定還有資本）的菁英，或許較不會堅持將（充沛）勞動力拴住；因此，就勞動力市場的出現來說，這類地區具有較佳的條件，從而就整個生產因素市場的出現來說，亦然。十八世紀晚期的中國、日本、西歐，似乎都以這些條件為特色：這時這三個地方都已達到前所未見的人口水平—要到工業化開始之後（西歐已快開始工業化，日本還要再兩代；中國則要在一百多年後），這些人口水平才會被大幅超越—而且人口成長率大增。相對的，有些如今幾乎成為人口壓力代名詞的地方，例如印度、爪哇和越南，至這時為止，人口成長似乎始終慢了許多，十九世紀初期或中期人口才開始急速成長；就東歐來說，人口急速成長來得更晚。

145. 把Levine（1977）與Kriedte, Medick, and Schlumbohm（1981）拿來與Elvin（1973）或P. Huang（黃宗智）（1990）相比較；Wong（王國斌）的著作（1997）也指出這一相似之處。

第五章

1. Moosvi 1987: 402, 405; Subrahmanyam 1990: 358-360; Habib 1982a: 166-167; Visaria and Visaria 1983: 463-465。
2. Gadgil and Guha 1993: 91-110。
3. Van Schendel 1991: 38。
4. 見，例如，Rangarajan 1994: 149-152。
5. Raychaudhuri 1982a: 180-181; Habib 1982a: 168; Habib 1982c: 249; Fukuzawa 1982b: 251-252; Raychaudhuri 1982b: 284, 304; Raychaudhuri 1982c: 335;

122. Crosby 1986: 71-103, 196-216。

123. Morgan 1975: 198。

124. 見，例如，Mintz 1985: 163-164, 170。

125. 從某些數據可看出「新世界」進口品在財政上的重要性，見O'Brien（1988: 11, 15），以及本書第六章。

126. Galenson 1989: 67-68。

127. 見，例如，在Heidhues著作（1996: 164-182）裡引用的例子。

128. 說明巴達維亞附近區域情況的絕佳例子，見Bluss（1986: 26-27）；關於勞動工資大體上頗高一事，見Reid（1988a: 129-131）。

129. Wang Gungwu（王賡武）1990: 400-421。

130. Blussé 1981: 174。

131. 出處同上，175。

132. Blussé 1986；欲瞭解在這個事例裡所發生的事，見Fu（傅樂淑）1966: 173-174。

133.「帝國自稱天下，榨乾別的經濟體不會使它的經濟富裕起來，因為它是唯一的經濟體（這的確是中國人的意識形態，很可能對此深信不移）。」欲瞭解此觀點，見Wallerstein 1974: 45。關於清朝討論報復之事，見Cushman 1978和Fu（傅樂淑）1966。173-174。

134. 對有著太密切之海外關係的中國人不放心（而非對外國人不放心），以及清朝對商業勢力和海上武力被同一批人把持一事的疑慮，見Wills（1979, 1999）。關於清朝最大的安全隱患是內部叛亂一說（若允許那些最終會返鄉的人民行使暴力，肯定只會加劇這隱患），見Wong（王國斌）1997: 83-89。

135. 更詳細的敘述，見Wills 1994: 223-228。

136. Santamaria 1966: 78-79。

137. McCusker and Menard 1985: 199。

138. 見Ng（吳振強，1983: 157）論航運成本；關於糖出口量，見同上（163）和Shepherd 1993: 156-166，並與Deerr 1949: 193-203，Phillips 1990: 59, 61，Steensgaard 1990a: 140相比較。

139. 見，例如deJesus（1982: 21-37）對西班牙人在此區域控制力的薄弱所做的個案研究。在馬尼拉附近，西班牙人的控制力較強，但那裡的中國人仍比西班牙人多上許多。

140. 一六〇三年屠華慘案前夕，在馬尼拉的八連（parian）或許有多達三萬的中國人

98。

111. 關於十九世紀上半葉茶葉、糖消費量的增加，大體上是價格下跌所致，而非所得增加使然的證據，見Clark, Huberman, and Lindert 1995: 233-235；也見Mokyr 1988: 74-75, 79-86。

112. North（1994: 262-263）承認，稅收的需要既曾促使國家摸索如何強化對產權的保障，也曾促使國家模索如何降低對產權的保障（例如在西班牙和葡萄牙），但還是強調前一走向最終占上風，且因為國家的稅收需要而勢所必然。

113. 注意，悌力指的是政府為了增加從本國人民身上取得的資源，而在資本密集、強取密集這兩個策略上所做的選擇；他未否認每個國家都以強取豪奪的作為來與其他國家打交道，或應對歐洲以外的子民。

114. Tilly 1990: 134-137, 150-151。丹麥大概可歸入「強取兼資本密集」一類，因為它的課稅水平在十八世紀歐洲名列前茅（大部分稅收用於供養從人均角度來看歐洲最大的陸軍和艦隊），同時它也有發達的貿易和應有的一批從事歐洲境內貿易的特許公司。但儘管投入這麼多心力，它還是在一六五八年失去今日的瑞典南部，一八一四年失去挪威，該世紀更晚時失去石勒蘇益格—荷爾斯泰因（Schleswig-Holstein），國土面積和國力大不如前。見Kjaergaard 1994: 4-5, 14-15。

115. Bayly 1989: 8, 116, 161, 195-213, 235-236; E. Thompson 1966。

116. 見Brenner（1985a, b），論法國國家建構與圈地、兼併土地等活動所遇障礙之間的關聯；與Rosenthal（1992）論地方法院裁定權與它們對改良所構成的障礙。在此值得指出的，Brenner主張這一政策形同為了確保政權的稅基和徵兵基礎而保護**農民**的政策，但已有人對此說提出質疑（比較Cooper, Rosenthal等人著作），他們指出，以分割公地為例，頑抗此類計畫者，其實往往是富人和特權階級。此說在某種程度上說得通，但只是強化了本書先前已表明的以下看法：社會內部「競爭性」較高的經濟建制，較能在競爭性的國際政治體系裡勝出一說，立論太不嚴謹。

117. Arrighi 1994: 282-284。

118. G. Parker 1988: 63-64。

119. 見Reid 1988a: 122-123。

120. Bayly 1989: 52-53, 67-70; Marshall 1987: 70-82。

121. 見，例如，Marshall 1980: 15-17, 21-23, 27; Bayly 1989: 98。

95. Galenson 1989: 57。
96. 就連在殖民時期的北美洲（「新世界」境內出口比重最低的地區），歐洲需求都對該地的經濟發展有推波助瀾之功。對此的通論性探討，見McCusker and Menard 1985，尤其是頁17-34對這些議題的概述；也見Shepherd and Walton 1972。
97. Von Glahn 1996: 214。
98. Flynn and Giraldez 1996: 321-329。
99. Flynn（1984: 47）引用了歐洲數國這方面的例證。
100. 我把這界定為全球貿易的「最新發展階段」，並非意指緊接著可能會有規模類似的其他交換。若說鑑於當時採礦、打印和其他相關技術的分布狀況和礦床的分布狀況，貨幣性白銀，就中國來說，是個幾乎沒相近替代品的物品，亦不無道理：若這一極不尋常的情況屬實，那大概會使白銀在諸多行銷大眾市場的商品裡，以其能承受高加成售價（high markup）和跨洲運輸成本而獨樹一格（晚近與同事王國斌交談時，他說一八五〇年前歐洲諸多的出口品裡，既有相對較少的相近替代品而且有在中國大量銷售之潛力者，可能只有先進軍火這一項）。如果這一推測得到接受，偶然性與因緣際會在歐洲崛起裡所起的作用就會更大。
101. Frank 1998: 158-164。
102. 見，例如，Arrighi 1994: 73。
103. Steensgaard 1982: 235-258；也見Gaastra（1981: 57）論政府協助荷蘭東印度公司董事頂住想盡快結束公司之股東的壓力。「退出」、「置喙」之語來自Hirschmann 1970。
104. Mokyr 1990: 140, 184-186。
105. 出處同上，183-186。
106. North 1994: 263。
107. 有個影響了不少人的例子，見Braudel 1977: 68。
108. Chaudhuri 1985: 210-214; 1990: 384-386，提出類似的論點，但認為決定財政吃緊與否的主要變數是帝國所能課到稅的農民數量，而非帝國所面臨之軍事壓力的高低。
109. 關於印度的證據，見Perlin 1979全書各處；Bayly 1983: 217。
110. Kwan（關文斌）1990: 146-147; Mann 1987: 42（政府發給商人營業許可，目的在管理市場，而非提高稅收）; Mann 1992: 76-79; Zhang Xiaobo（張筱伯）1995: 94-

81. 就北美洲的例子來說，見Majewski（1994: 47-105，尤其是50-51, 93-94, 109ff），論民間出資和法人形態的重要（即使對從未發放股息的工程來說亦然）。關於鐵路出現後銀行重要性即提高一事，也見D. Klein and Majewski 1991: 12-18。關於鐵路時代前政府補助就扮演的重要角色（和公債市場因此扮演的重要角色），見Goodrich 1960: 51-65。
82. Smith 1937: 637-638。
83. 晚至十九世紀初期，約翰·麥克丹（John Loudon McAdam）仍從中國帶回後來以他的姓取名的那種築路法，為歐洲的築路技術做出重大貢獻：見Heske 1938: 24。
84. Schran 1978: 30-31。
85. Albion 1965: 103（提了一個比立木價格多了十九倍的最後價格），對比Li Bozhong（李伯重）1994b: 93。李伯重在其著作中引用的資料相當含糊且主觀，但它們似乎意味著最後價格比立木價格多將近九倍是常態。當然，這些增幅可能因別的來源區域或別種木材而有異；但無論如何，這一證據似乎使那些主張中國伐木業特別苦於運輸基礎設施不足的人，得提出證據來證明己說。
86. Braudel 1982: 196-205。
87. Rabb 1967: 35-48; Andrews 1948: 18-19。
88. DeVries 1976: 213。
89. O'Brien 1982: 17。在後來一篇文章中（O'Brien 1990: 171, 176-177），他承認歐陸境外貿易產生的利潤可能為資本形成總額貢獻了五分之一至六分之一，但他不願估計那其中會有多大比重來自各種強取豪奪的作為。因此，較穩當的作法似乎是堅守他最初的數據。
90. Kuznets 1968: 47-50。
91. O'Brien 1982: 17。
92. DeVries 1994a: 58-60。
93. 關於菸草的大起大落，見Morgan 1975: 185-186, 197；關於想過安穩日子和輕度參與市場的念頭，見Kulikoff 1992: 17-18, 27-28, 35, 39。
94. Galenson（1989: 56-64）估計了以契約僕役身份來到美洲的人數，證實船費之高，遠非只幹得了粗活的勞動者（尤其是年輕的此類勞動者）的財力所能負擔；對來自德意志或歐洲其他地方的移民來說，大概更是如此，因為那些地方的工資大體來講低於英格蘭境內工資。

64. 被引用於Hanley and Yamamura 1977: 357。
65. Pan（潘敏德）1994: 章三。
66. 見章二，頁87-89。
67. Griffin 1977: 43-59; Morris and Williams 1958: 137-149。
68. DeVries 1976: 211。
69. 出處同上，165-167; de Zeeuw 1978。
70. 見Braudel（1982: 585），儘管他主張這些活動在亞洲比在歐洲更不普遍；Gardella 1992a: 319-321; Perlin 1990: 258-301。
71. Subrahmanyam 1993: 62-74；也見Bayly 1989: 67-74。
72. Ukers 1935: 1-5；Chaudhuri 1985: 92, 198-199。
73. Habib 1990: 398; Wang Gungwu（王賡武）1990: 421。
74. Brenning 1977: 326-338, 331-332。
75. Subrahmanyam 1993: 186; Subrahmanyam 1990: 193-218; Bluss 1986: 97-99, 116, 120, 123-129, 154, 165; Ng（吳振強）1990: 311-312; Bayly 1989: 69; Lombard 1981: 179-180; Pearson 1991: 108。
76. Chaudhuri 1978, 1981; Steensgaard 1982。
77. Chaudhuri（1978: 444-452）論一七六〇年前的東印度公司；Bayly（1989: 98, 120）論一七六〇年後的東印度公司；Glamann（1981: 249-250, 264-265）與Gaastra（1981: 69）論荷蘭東印度公司。更概論性的敘述，見Lombard 1981: 179。
78. Hobsbawm 1975: 109-115。
79. Braudel 1977: 60。或許有人會認為這一情況類似Schultz針對晚至一九六〇年代的許多「低度開發」區域所假設的情況：他主張，投資新農業技法受到限制，並非如某些人所說的肇因於儲蓄不足，而是因為新技術和其他投資機會的供給不足，使地主和其他擁有財富者在思考投資選擇時無緣藉由這些投資機會展現財力。見Schultz 1964: 83-90, 96-101。
80. Roy（1997: 78-114）提出一個會引發爭論的論點，主張即使就規模大上許多的美國鐵路網的發展來說，法人形態的組織都非功能上所不可或缺—但一旦有人用這種組織來將金融家的鐵路投資收益最大化，它就成為其他商行所據認該遵循的正常建制，而且儘管法人形態並非天生就是組織他們事業的較有效率方式，其他商行還是往往這麼做。

34. Lieberman 1990: 79-80。
35. Subrahmanyam 1993: 18-25; Reid 1993: 116, 120。
36. Reid 1988b: 120-121, 126-129, 145。
37. 見Bayly（1989: 52-55），概述蒙兀兒、薩法維、鄂曼圖這三個帝國向民間金融家借錢以維持軍隊的「軍事財政主義」之事。
38. Perlin 1985: 尤其是422, 431-432, 442-446; Perlin 1979: 179, 187-192。
39. Perlin 1985: 448注釋83, 452。
40. 出處同上，442-448；也見Wink 1983: 606-608。
41. Perlin 1985: 431-432。
42. Subrahmanyam 1990: 298-342。
43. Subrahmanyam 1993: 章一。
44. 出處同上，20-26; Subrahmanyam 1990: 298-342; Perlin 1979: 172-237。
45. Subrahmanyam 1993: 16。
46. C. Hill 1980: 188-189。
47. Subrahmanyam 1993: 18-27; Subrahmanyam 1986: 357-377。
48. Van Schendel 1991: 38。
49. Marshall 1987: 40, 51, 59, 71, 75-79。
50. Bayly 1983。
51. 出處同上，383-387。
52. Schama 1988: 347。
53. Bayly 1983: 387-388。
54. DeVries 1976: 211; Clark 1996: 567。
55. Habib 1982d: 376-377; Chaudhuri 1981: 45; Perlin 1990: 269。
56. Hanley and Yamamura 1977: 345。
57. Zhang Xiaobo（張筱伯）1995: 97。
58. Pan（潘敏德）1985: 40-45; Pan（潘敏德）1994: 103-130。
59. L. Hill 未出版。
60. Braudel 1977: 60。
61. DeVries 1976: 213-231。
62. 見前面第三章的討論。
63. Riskin 1975: 65-80，尤其是頁75。

11. Chan（陳錦江）1982: 219-222。
12. 見，例如，Pomeranz 1997b（論玉堂醬園）。
13. Wu and Xu（吳承明與許滌新）1985: 439。
14. Rowe 1984: 72-72; Zelin 1988: 79-80, 86-90, 96-101; Zelin 1990: 87-88, 91-95, 106。
15. Habib 1990: 389。
16. 見Chaudhuri（1978, 1981）以瞭解他更早的觀點。
17. Chaudhuri 1985: 210-215, 226-228; Chaudhuri 1990: 386。
18. Chaudhuri 1985: 210, 214。
19. 出處同上，228。
20. 出處同上，213。
21. Totman 1993: 333（被迫借款），以及519（晚至一八三一年仍有拖欠債款之事）。
22. Clark 1996: 587-588。
23. Kwan（關文斌）1990; Zhang Xiaobo（張筱伯）1995。
24. Zelin 1988: 87-95, 97-109; Zelin 1990: 86-88, 92, 95, 98; Kwan（關文斌）1990: 271-272, 290-300; Pomeranz 1997b。
25. 就這個相似之處來說，有個例外，那就是如關文斌（1990: 272，注釋2）所指出的，缺少一個能兼顧特定投資人所需的流動性與商行對實收資本的需要的股權市場，但玉堂醬園似乎也找到高明辦法來做到這一點（Pomeranz 1997b）。
26. Ho（何炳棣）1954。
27. Zelin 1990: 99-100; Zhang Xiaobo（張筱伯）1995: 88-91; Kwan（關文斌）1990: 175-187, 262-276。
28. Ng（吳振強）1990: 315；關於典型描述，見Van Leur 1995。
29. Shepherd and Walton 1972: 87。
30. Gardella 1994: 34-35; Gardella 1992b: 101-107。
31. Wills 1995; Godley1981: 60-61。
32. 關於明朝公共財政，見R. Huang（黃仁宇）1974: 5, 24, 49-50, 80, 104, 112, 114, 119, 148, 150, 203；關於商人涉入稅收的促進，見Zhang Xiaobo（張筱伯）1995: 94-98；關於賣官，見Ho（何炳棣）1962: 33, 47-50；關於商人較少涉入政府財政一事和與近代歐洲的比較，見Wong（王國斌）1997。
33. Van der Wee 1977: 345, 352, 368, 373。

220. 對此更詳細許多的解釋，見Flynn and Giraldez 1996; Von Glahn 1996; 83-142, 224-237; Perlin 1991: 315-348。
221. Mukerji 1983。
222. Sombart 1967: 134-135。
223. 例如，Dewald 1987: 195。
224. Clunas 1988: 65-72; Clunas 1991: 155-156；就日本來說，看看在十七、十八世紀的中型港口新瀉境內店鋪販售的各種現成物品：Takekoshi（竹越與3郎）1967: 3: 11。
225. Raychaudhuri 1982b: 266。
226. Arasaratnam 1980: 259-260。
227. 出處同上，265。
228. Reid 1988a: 135-136。
229. Reid 1989: 64-71。
230. Wu and Xu（吳承明與許滌新）1985: 437-439。
231. 見Howell 1992: 271-278。

第四章

1. Braudel 1977: 47。
2. 出處同上，60。
3. 出處同上，69-71。
4. 出處同上，72-74。
5. Chaudhuri 1981: 40, 45; Chaudhuri 1985: 212。
6. Chandler 1977; Gardella 1992a: 317, 331，尤其是321。
7. Mann（1987: 91-93）提供了絕佳例子，讓我們瞭解中國傳統史料如何刻意淡化經商對名門望族的重要性，以及用某些暗語來把經商有成說成更值得推崇的另一種成就。也見Pomeranz 1997b: 19。
8. 關於瑞蚨祥，見Chan（陳錦江）1982: 218-235；關於玉堂醬園，見Hai（海山）1983: 48-78, 90-106與Pomeranz 1997b。
9. Kwan（關文斌）1990: 260-272, 290-294; Zhang Xiaobo（張筱伯）1995: 67-72。
10. Beatle 1979: 1-23, 127-132; Dennerline 1986: 173-179, 194-207; Rowe 1990: 51-59, 63-65; Watson 1990: 247。

外，當我們對歐洲可能較耐用的那幾類物品（例如房子）扣掉其貶值的部分，同時對在歐洲可能較快貶值的那幾類物品忽略其貶值的部分，就使歐洲人看來比實際富有，使亞洲人看來比實際更窮。

197. Brook 1993; Peterson 1978。
198. Shen（沈從文）1992: 516。
199. Mann 1997: 16-18; 76-120。
200. 出處同上，212-216, 219。
201. Ko（高彥頤）1994: 266-278; Mann 1997: 121-128。
202. 對於選擇的真正自主程度和選擇在界定身份地位上有多大作用，至少就英格蘭部分社會來說，Handler and Segal的著作（1990）有所探討，尤其是頁43-63。
203. 例如，Rowe 1992: 2-3, 5-6, 32-34。
204. 見，例如，Stone 1979: 93-107，尤其是99-100。
205. 比較Sahlins（1976: 216）:「金錢之於西方，就如同親屬關係之於其他地方。」
206. Clunas 1991: 58-60, 110, 137。
207. Shen（沈從文）1992: 491。
208. Teng and Fairbank（鄧嗣禹和費正清）1954: 19-21。
209. 例如，Sahlins 1994（1989）。
210. 單單從泰國輸入的多種奢侈品，見Cushman 1975: 105-106, 200-204；關於從東南亞島嶼熱帶叢林進口的物品，見Warren 1982: 419-420。
211. Warren 1982; McNeill 1994: 319-325。
212. McNeill 1994: 325-336。
213. Warren 1982: 419-434。
214. Clunas 1991: 58-60。
215. Idema 1990: 467-469（來自文學作品的例子）；Waley-Cohen 1999。
216. Barrett 1990: 224。
217. Wills 1995（未刊行；徵求許可後引用）；Hamashita（濱下武志）1988: 16-18; Sahlins 1994（1989）。
218. Perlin（1991）未提到絕對優勢（由於歐洲在印刷和金屬壓印圖案上占上風，這似乎是假設性的優勢），但的確強調市場力量足以使歐洲專門針對亞洲國內貨幣的使用需求生產許多錢幣。
219. Flynn 1995: 429-448。

185. 一八四三年，中國有一六五三座人口超過兩千的城鎮（Skinner 1977a: 229），而雖然那時人口已有大幅成長，城市居民占總人口**比例**未有大幅成長。

186. 我未找到全歐洲性的消費資料，但從生產資料可推斷該世紀中期時有大幅成長。Mitchell（1993: 511）探明巴西產量大漲，以及一八五〇年代至一八七〇年代歐陸大部分地方開始出現甜菜（1993: 255-312）。

187. E. Weber 1976: 143。

188. Mokyr 1988: 74-75, 79-90。

189. 例如，就連此時期「庶民文化」的某位主要研究者的著作裡，都出現大相逕庭的強調之處：Kriedte, Medick and Schlumbohm 1981 vs. Medick 1982。

190. 也見Brook（1993）和Peterson（1978）；Clunas 1991: 169, 173。

191. Shen（沈從文）1992: 489。

192. 出處同上，488。

193. Staunton 1799: II: 180。

194. DeVries 1993: 101-104。

195. Jones 1981: 113-114。

196. 當我們把物品按照最不耐久（食物和飲料）到可能最耐久（例如房子）的程度之別排列，這問題就明顯呈現。要衡量人吃得多好，正確的依據顯然是他們每年所獲得食物的**流量**，因為除非你使食物完全「貶值」，食物對你毫無好處；衡量任一時刻手邊食物的存量毫無意義。但就房子來說，用來衡量日子過得好不好的依據乃是可取得的**存量**（因為人每天使用該存量而且只使它貶值些許）。如果某人發現，比如，日本人每年花在住宅上的平均開支多於英格蘭人（因為日本人的木造房子比石造房子更常需要修理和替換），據此主張日本人住得必然比較好，肯定太離譜。但人如何處置耐久性介於房子與麵包之間的東西（從衣物到家具等），特別是如果它們的過時既取決於實際的磨損和撕扯，也取決於時尚的話？大體來講，我們已接受這些物品天生不耐久這個現代觀念，因此計算它們每年的生產（和購買）流量，而未特別從國民所得裡扣掉它們的「貶值」。但在許多較窮的經濟體裡，這類物品貶值速率的高低可能對人的福祉有很大影響，而且反過來又與他們的支出水平有關係（從而如果我們無視貶值的話，與他們**表面看來的**福祉有關係）。畢竟，人為了維持現狀所必須做的任何支出，對人的影響都一樣，不管那支出是為了支付債務利息、為了彌補實際貶值而做的修補，或出於社會性需要而必須把仍然堪用的日用品替換，皆然。此增長和地區性差別、技能差別的縮小。

158. Hanley 1983: 190。

159. 全部被引用於Hanley and Yamamura（1977: 88-89）。

160. Crawcour 1965: 41。

161. Raychaudhuri 1982c: 266。

162. Moosvi（1987: 303-304）主張約一五九五年時，城市地區的附加價值可能占蒙兀兒帝國總附加價值的一成七；所用的方法很粗糙，但就這些目的來說似乎管用。

163. Moosvi 1987: 108, 129, 131, 221, 278。

164. Hambly 1982: 440。

165. Bayly 1983: 201-206。

166. Habib 1982b: 224。

167. Parthasarathi 1998: 82-101。

168. Perlin 1978: 183-184, 188; Perlin 1985: 440-441, 448注釋83, 452; Bayly 1983: 195。

169. Parthasarathi 1998: 92-96, 99-101。

170. Ludden 1985: 46-52, 59-67, 81-96。

171. Bayly 1983: 194, 370-371, 466-467; Perlin 1978: 191。

172. Bayly 1983: 242。

173. 出處同上，347；但有個相反觀點，見Perlin 1985: 468-470。

174. Reid 1988a: 129-136; Reid 1989: 64-71。

175. DeVries 1975: 231和表6-16。

176. Dewald 1987: 72; DeVries 1975: 表6-8至6-10。

177. Saito（齋藤修）1978: 99。

178. Clunas 1991: 173。

179. 更完整的解釋見Skinner（1971, 1976）。

180. Brook 1998: 221-222。

181. Guo Qiyuan（郭起元）1962: 36: 21a。

182. Clunas1988: 66-68。

183. Skinner 1977a: 238。

184. Nyren 1995: 8, 11, 17, 18, 23-24, 46-47。

64。

140. Brook 1998: 181。

141. Fan（樊樹志）1990: 279-281。

142. 被引用於Rawski 1985: 17。

143. Galeota Pereira 1953: 40; Da Cruz 1953: 109。

144. Da Cruz 1953: 92。

145. 出處同上，96-97。

146. 出處同上，99。

147. 出處同上，106。

148. 請注意，這些房子位在村子，而非位在市集鎮或十六世紀時中國最商業化地區裡的地主已開始遷入的有城牆圍繞的縣城。此外，達克路士認為這些房子與匪患猖獗的區域（通常是鄉村裡經濟較不發達的地區）有密切關係。

149. Esherick（1981）和Stross（1985）針對卜凱資料的侷限之處，提供了兩個有用但分歧的觀點。

150. 見，例如，Pan（潘敏德）1994: 325-326, 382-383, 394-397。

151. Bernhardt 1992: 50-52, 135-136, 219-223。

152. 根據Ling（凌大燮，1983: 34-35）的林地面積和一七〇〇年人口一億至一億兩千萬、一九三七年四億五千萬至五億算出。森林砍伐和每年人均可採得之木頭的數量變化，第五章有更詳細許多的探討。

153. DeVries 1975: 表6-16; Buck 1937: 456。

154. DeVries 1975: 220-224; Schama 1988: 311, 316-320。

155. Buck 1937: 457。

156. 中國小麥區樣本每戶平均人口為五·五人，中國稻米區樣本則是五·二人（Buck 1937: 370）。德佛里斯的資料沒有家戶人口的數據，但從我們手中的總體性人口數據來看，平均來講似乎很可能一樣多或更多。另一方面，歐洲北部的家戶組成往往沒中國家戶那麼複雜，亦即一對夫妻和其小孩之外的家戶成員，不像在中國那麼多。同住一屋簷下但並非主核心家庭一員的家戶成員，可能會更想有自己的床，乃至其他某些自己的東西，因此這往往從一開始就會抵銷擁有較多家戶成員所引發的作用。

157. 見Hanley and Yamamurar著作（1977: 357-358）裡的概述。見Nishikawa（西川俊作，1978: 76-79）和Saito（齋藤修，1978: 85, 93, 99），論實質工資的總體性

四分之一。用出口量來推算總產量絕不合適，但中國這時唯一開放通商的口岸就位在廣東，而且相較於長江下游（本身就是最大奢侈品市場），廣東離中國最大的幾個國內奢侈品市場更遠數百英哩，因此該省出口導向程度似乎不可能低於江南；如果此說屬實，廣東在出口裡所占的比重，應該差不多就是該地在總產量裡所占的最大比重。

118. Kraus 1968: 158-159, 162-164, 167。
119. Chao（趙岡）1977: 23。
120. 出處同上。
121. Skinner 1977a: 213; Ho（何炳棣）1959: 244-247。
122. Skinner 1977a: 234-235, 713注釋30-32。
123. Kraus，被引用於P. Huang（黃宗智）1985: 128。
124. Chao（趙岡）1977: 23。
125. Fang Guangcheng（方觀承）《棉花圖》，被引用於Zhang Gang（張崗）1985: 99。
126. 詳情見附錄F。
127. 官方的耕地面積數據太偏低，看來可信的修正數據，見P. Huang（黃宗智）1985: 325。
128. Marks（1991: 77）估計人均食物消費一·七四至二·六二石，比華北還富裕的嶺南為二·一七石。
129. 詳情見附錄F。
130. Perkins 1969: 233-234。
131. P. Huang（黃宗智）1985: 326-327。
132. P. Huang（黃宗智，1985: 53-69）考察了土壤方面的許多問題。
133. 根據Deane和Dole的著作（1962: 51, 185, 196, 202）算出。
134. Mitchell 1980: 30-449, 478。
135. 資料來自Markovitch 1976: 459；計量單位方面的資訊，見頁497。為了換算為磅，我用了趙岡（Chao，1977: 234）所估計的粗棉布重量和Jenkins、Pontings的觀察結果（1977: 11-12）：毛紗的重量是同樣長度、同樣精細的棉紗的一·五倍。
136. Mitchell 1980: 30, 449, 478。
137. 被引用於Pan（潘敏德）1994: 85。
138. Cheng Hongmou（陳宏謀）1962: 68: 5a-6a。
139. Dubridge 1991: 226-252; Pomeranz 1997a: 188-191; Wu Peiyi（吳百益）1992: 39-

99. 出處同上，218-220。
100. 出處同上，234-235。
101. 出處同上，236。
102. Braudel 1984: 575。
103. Jones 1981: 110。瓊斯這一觀點所依據的證據其實來自印度，而誠如前面所說，就印度來說，他的看法很可能沒錯；但他關於「亞洲」和「歐洲」的概括性看法，說服力就弱了許多。
104. Chang（張仲禮）1962: 326；較泛論性的闡述，見頁296-331。
105. 根據Lindert與Williamson著作（1982: 393, 396-397, 400-401）中的資料算出。
106. 可用來購買非必需品的所得，其分配的平均程度必然大大低於總所得的分配平均程度。此外，**財富**不均使人更難清楚掌握情況，這是每個債務纏身而每年都得把部分所得拿去彌補其負淨財富的農民都能告訴我們的道理；關於中國、歐洲兩地財富分配狀況的差異，我們幾乎一無所知。
107. Staunton 1799: II: 134-131。
108. Fang（方行）1996: 93, 97。
109. Phelps Brown and Hopkins 1981: 14, 一七九〇年代英格蘭貧窮人家把五成三所得花在穀物上。
110. Fang（方行），1996。方行手裡沒有對鄉村勞動者所得的獨立估計，於是以農書中對這類工人所需要領到之東西的敘述為本，計算五種基本消費財（穀物、其他食物、燃料、住居、衣服）的價值和家庭的生產開銷。他所依據的史料略去不常有但非常大筆的支出，例如生命週期儀式、珠寶（儘管連窮女人都似乎往往有一點珠寶）、娛樂和次要食物（例如去市場順便買回的點心），以及由妻子（比如從事織造的妻子）以工作所得買下，而未被關注農業工作者本身之受僱、監督、工資的人察覺到的任何物品。
111. 方法與計算方面的詳情，見附錄F。
112. 這些推測所依據的理由，在附錄F有更詳細說明。
113. Chao（趙岡）1977: 233。
114. Deane and Cole 1962: 51, 185, 196, 202。人口估計來自Mitchell 1988: 8-10。
115. Deane and Cole 1962: 196, 202。
116. P. Huang（黃宗智）1990: 137
117. So（蘇耀昌，1986: 81，注釋2）說一八四〇年前廣東貢獻了中國絲織品**出口**的

73. 出處同上，206, 268。
74. 例如，Dumont 1970。
75. 見，例如，Stansell 1986: 164-165。也見Adshead（1997: 25-26），說法稍有不同，但具有類似的實際意涵。
76. Perlin 1979, 1985; Washbrook 1988。
77. Moosvi 1987: 175-176; Bayly 1983: 199, 266; Raychaudhuri（1982b: 181）論隨從人數之眾。
78. Bayly 1983: 266
79. Tavernier 1925: I: 105; Hambly 1982: 438-442。
80. Bayly 1983: 199。
81. Reid 1989: 60, 64, 69, 71。
82. Reid 1993: 87。
83. Menzies 1992a: 64; Osako 1983; Totman 1992: 22。
84. Hanley 1997: 25-35。
85. 出處同上，36。
86. Bray 1997: 59-172，尤其是頁71。
87. Totman 1992: 23; Totman 1995: 84; Osako 1983: 132-135; Menzies 1992a: 64, 69。
88. 見，例如，Perdue 1987: 109-110。
89. Saito（齋藤修）1978: 98。
90. Hanley 1983: 188-189。
91. Bray 1997: 77。
92. Reid 1988a: 62-73。
93. Medick 1982: 86, 90-95。
94. Kriedte, Medick and Schlumbohm 1981: 64-65, 69; Medick 1982: 90。
95. Medick 1982: 94-95。
96. 見，例如，Medick 1982: 103-104。
97. 注意，梅迪克筆下的薩克森緞帶製造者想讓自己**有別於**農民，不想讓自己像有錢的農民；還要注意，梅迪克主張鄉村工匠採納多種新消費，以在未擁有土地的情況下彰顯自己的身份地位—對鄉村社會的其他人來說，擁有土地至關緊要—而他的這個觀點，就農民來說，就較不適用。
98. DeVries 1975: 220-224。

46. Ng（吳振強）1983: 99, 157; Ng（吳振強）1990: 305-306。
47. Ng（吳振強）1983: 184-186, 190。
48. Daniels 1996: 87; Mintz 1985: 190。
49. 當然，這說法未必放諸四海而皆準。例如，在印度某些地方，食物交換被以大不相同的方式賦予社會價值意涵，而不難想像的，這一不同方式可能在很大程度上左右了大部分居民的用糖（或未使用糖）。但就歐洲和中國來說，像這種可能大大左右對糖之接受程度的文化因素，出現機率顯然不大。
50. Mazumdar 1984: 80, 284-285, 287, 372。
51. 對這一論點的精闢陳述，見Perkins 1969。
52. Thomas 1985a: 142-147。
53. 被引用於Braudel 1982: 226。
54. 例如，Polanyi 1957。
55. Appadurai 1986: 25（原文就以不同字體強調）
56. 也見Sahlins 1976。
57. Hoskins 1953: 44-59; Stone 1979: 169-170, 245-246。
58. Sombart 1967: 97, 100-105。
59. Schama 1988: 311。
60. Braudel 1982: 311-333。
61. Clunas 1991: 54-55。
62. 《金瓶梅》，692。
63. Clunas 1991: 8-39。
64. 出處同上，151。
65. 出處同上。
66. Hanley and Yamamura 1977: 89。
67. Yamamura（山村耕造）1974: 41-47。
68. P. Burke 1993: 148-161，尤其是158。
69. 例如，Tavernier 1925: I: 52; Raychaudhuri 1982a: 180-181; Raychaudhuri 1982b: 266-267; Bayly 1983: 206, 266。
70. Bayly 1983: 201-204; Bayly 1989: 51。
71. Bayly 1983: 201-202, 204-206, 266。
72. 出處同上，466-467。

26. 被引用於同一出處，272。
27. Marks，私人書信，一九九六年八月。
28. 出處同上。
29. Mazumdar 1984: 271, 372。
30. 見Daniels1996年著作頁90的地圖，該地圖含有另外六個產蔗省份的府。
31. Daniels1996: 97, 105。
32. Mazumdar（1984: 357, 374, 376）說一七九二年從廣州出口六萬五千擔，約合八百六十萬磅，另有約兩百六十萬磅出口到日本。即使在一八三三年，廣州出口也只增加到三千四百萬磅。
33. Nguyen 被引用於Reid 1988a: 31。
34. Cushman 1975: 105。
35. 官方統計的一七四一年總人口是一億四千一百萬，但Ho（何炳棣，1959: 36-46）主張這至少低估了兩成。另有人認為數目還要更高。
36. Daniels 1996: 276。
37. 這些數據係根據Mazumdar著作（1984: 64）裡引用的價格算出來。這個著作裡引用的「斤」不確定是相當於約一·一磅，還是相當於約一·三磅（市斤），因此衍生了不準確的結果。但對我們的目的來說，這個差值不大，不會造成太大影響。
38. Daniels 1996: 93, 97。
39. Shepherd 1993: 482，注釋78。
40. Ng（吳振強）1983: 134-135; Ng（吳振強）1990: 306。
41. 被引用於Daniels 1996: 85。
42. Chang（張仲禮）1955: 303。
43. 這個數據係把Gardella著作（1994: 8）中表格裡的總產量減掉出口量再除以十二億人口得出。
44. 從地方菜系的特點，從我們所知的運糖路線，從談及這些地區大量用糖和其他地區較少用糖的軼事，可看出這個特別集中的現象。如果這些地區在十八世紀中葉時真的消耗掉中國**所有的**糖，如果全國消費量處於我前面提的估計區間的最低值，這些區域的人大概每年每人得用掉一〇·七磅的糖。這個數據相當高，但從台灣產糖區的居民每年每人用掉十磅的估計值來看，並不盡然離譜（Shepherd 1993: 482，注釋78）。
45. 以Skinner1977a: 213的陳述為依據，並配合Skinner1987年的研究結果而有所調整。

10. Mintz 1985: 67。
11. 整個歐洲的數據取自Mintz（1985: 73），刪減以取得英國的數據（Mintz1985: 67）。法國的估計數據見Braudel 1982: 226。
12. 葡萄牙、西班牙殖民地的生產數據來自Phillipps（1990: 58-61），法國、荷蘭、英格蘭殖民地的生產數據來自Steensgaard（1990a: 140）。歐洲人口數據來自McEvedy and Jones1978: 26-29。英國消費數據來自Mintz（1985: 67, 73），以一七〇〇年的數據作為一六八〇年的數據。
13. Braudel 1982: 226。
14. 出處同上，227。
15. 出處同上，224。
16. Mintz 1985: 16-18, 138-139, 164。
17. McKendrick, Brewer, and Plumb 1982: 1-6，尤其是4-5。
18. Pollard 1981: 84-106, 111-123。
19. Daniels 1996: 55, 59, 62-63, 70-71。
20. Mazumdar 1984: 62。
21. 出處同上，64。
22. 屈大均，1968: 卷14：20b-22a。
23. Daniels 1996: 73, 75, 80-81。
24. Mazumdar 1984: 297。穆素潔以有力的論據說明中國的糖產量不大可能低於亞洲其他地方許多。亨利．博瑟姆（Henry Botham）是十八世紀晚期的種植園主，在東印度群島和西印度群島都待過。他若聽到這說法，大概會表示贊同：他證實中國的自由勞動者生產甘蔗的效率，高於在亞洲、美洲境內歐洲人殖民地裡工作的不自由勞動者（被引用於Daniels 1996: 93）；還有些西方人主張，晚至一八四〇年代，中國人所帶來的種蔗方法仍較高明。Shepherd（1993: 159）所估計的台灣每英畝產量較低許多，但比起在中國大陸，在人口如此稀疏的邊疆地區，要人盡可能增加每英畝產量的壓力少了許多。此外，台灣的甘蔗田仍全部是看天田，而在廣東和福建，許多甘蔗是靠灌溉種出來，從而能有較高許多的產量（Daniels 1996: 105-236）。尤金．安德森（Eugene Anderson，1988: 80-81）估計帝制時期晚期任何地方的每英畝糖產量，少則一千六百磅，多則三千兩百磅；穆素潔的兩千四百磅數據正好在這一區間的中間。
25. Mazumdar 1984: 280-281。

技術，但又未足以鼓勵人去想像、引入需要把既有的性別規範作最寬鬆解釋、才會得到採用的新機器。這不無可能，但為此，我們得把某個程度非常精確的作用歸因於一個本來就無法量化的因素，從而使這個論點無法被證明為不正確。

166. Chao（趙岡，1977: 30-31）認為這份文獻不值一顧。更晚近時研究了廣東紡織業的Robert Marks，則沒那麼確定。
167. P. Huang（黃宗智）1990: 95。
168. Horrell and Humphries 1995: 102-103。
169. 例如，North 1981: 164-166。

第二部的導論

1. 例如，Mukerji，1983。

第三章

1. Sombart 1967: 95.
2. Mintz 1985: 108。
3. Mintz（1985: 57-60）的確表示，「新世界」的種植園可能在其營運規模、工作集約、需要密切監督與協調方面，預示了歐洲工廠的走向，但他非常清楚在「新世界」用來將工作集約化的直接強取豪奪和消費主義動力（這些新奢侈品對歐洲生產來說真正具有革命性意涵的所在）絕不可混為一談。此外他的確證實了種植園與工廠的某些相似之處，但未證實有什麼直接「學習」之事發生，還有其他許多建制可能是人們據以改造出相關特徵的憑藉。
4. Braudel 1982: 252，引用Staunton的話；Gardella 1994: 38。
5. Braudel 1982: 251。
6. 根據Gardella著作（1994: 6）裡的出口數據和McEvedy、Jones著作（1978: 28）裡的人口數據。
7. Wu（吳承明）1983: 99。
8. 十九世紀中葉中國遭遇重大災難前夕，人口通常估在四億兩千五百萬至四億五千萬之間，但較晚近G. W. Skinner的著作表示三億八千萬左右可能是較準確的數據（1987: 72-76）。
9. Staunton 1799: II: 48; Cranmer-Byng（Macartney）1962: 225；信被引用於Dermigny 1964: III: 1253。

148. P. Huang（黃宗智）1990: 65，引用Li Wenzhi（李文治）等人所著 1983: 407, 413-417。夫妻檔勞動者的僱用合約往往可能包括夫妻與他們小孩的膳食；或者，丈夫一人的僱用合約可能供餐較少（認為他的妻子會替他準備餐食）。不管是上述哪一種情況都會使黃宗智的推斷無法成立。
149. 資料來自Pan（潘敏德）1994: 97-101。我自行添加了別的計算數據。
150. Zhao（趙岡）1983: 55-56。
151. Pan（潘敏德）1994: 348。
152. Lu（盧漢超）1992: 482-483。
153. Zhang Zhongmin（張忠民）1988: 207。
154. 出處同上，207-208。
155. Xu Xinwu（徐新吾）1992: 469。
156. 見附錄E。低價格情況在這裡為何可能太悲觀的理由，尤其見頁321-322。
157. 關於一七三〇、四〇年代這些織工的某些工資數據，見Zhao（趙岡）1983: 57。就他所引用的四個例子，有三個例子，這些工資其實似乎低於十六兩，但這些數據似乎又只包含現金收入，而勞動者幾可肯定也得到免費供餐，或許還有住宿以及其他福利。
158. Li Bozhong（李伯重）1998: 150-151。
159. Goldstone 1996: 1-21。
160. Li Bozhong（李伯重）1996: 102-106。
161. 出處同上，105。Bray（1997: 206-272）主張，在帝國晚期，男人在紡織品生產上扮演的角色其實大了許多，而這觀點會在許多方面使我分工未受到古老規範過度約束的說法更有說服力。不過，她的論點大體上只就紡織工作上高超技能的表現和位於市場高端的織工而發（見，例如，239-241, 257），而這一情況或許有點類似西方傑出男性大廚的情況—社會上有精於廚藝的男性，並未使大部分烹飪之事由女人操持一事有多大改變。
162. Li Bozhong（李伯重）1996: 105。這一差異或許也有助於說明太平天國之亂後為何不再有文獻提到江南地區女人下田幹活之事，因為也是在這個時候，江南大規模捨棄棉業，轉而發展養蠶業（P. Huang〔黃宗智〕1990: 120-122）。
163. Gardella 1994: 172; Bray 1997: 221-222。
164. C. K. Lee（李靜君）1995: 385。
165. 金世傑或許會主張這個親族結構的靈活變通，足以讓其願意採用已證明有用的維繫人作為有效生產者和社群一員的身份來說可能都很重要。

138. P. Huang（黃宗智）1990: 44；也見Warden（1967）描述用亞麻纖維（638-639）和大麻纖維（48-49）製成紗線的難題。

139. Bray 1997: 256, 260, 263, 265。

140. 據Pan（潘敏德，1994: 36-38, 110-113；也見Adachi（足立啟2, 1978）的說法，不管在哪個地方，一塊豆餅都抵得上三十至五十倍充分稀釋過的糞肥，因此施用時較省事；豆餅也省下收集肥料所需的大量勞動力。一個家庭花三兩錢購買足以替五畝稻田補強肥料的豆餅，相當於花掉一名長工一年現金工資的五分之三，但更接近長工現金工資與實物工資總和的四分之一。購買豆餅和糞肥的成本差額，很可能約相當於一名勞動者一個月的總工資（為求穩妥，工資估計偏高），使必須運到田裡的肥料少了約四千八百至六千兩百磅。這可能省下一個月勞動力的一大部分，至於省下多少，視田地的分散程度而定。足立把重點擺在有錢農民的豆餅購買量上，但特別表示他們買這些豆餅主要是為了節省工資支出；類似的道理似乎也適用於較小規模的農民上（在十八世紀長江下游的家戶平均持有地區間裡，五畝地很可能偏較小的那端：見Pan〔潘敏德〕1994: 521-524，對「平均」土地面積的精闢探討）。與散工的平均工資相比，沒那麼有利，但散工工資必然大大超過基本維生所需，因為這類人有許多日子找不到工作。

141. Pan（潘敏德）1994: 41-43。

142. Perkins 1969: 21。

143. Bernhardt 1992: 228。

144. 關於法國、奧地利君主仿效中國皇帝農耕儀式，見Ledderose 1991: 245-246。關於清朝皇后祭拜蠶神（「女人以帝國官員身份主持的唯一公開儀式」），見Mann 1992: 79-81。

145. 中國思想家往往主張藉由母親從事這些工作時的身教，孩子學到勤勞、節儉、守紀律的美德。於是，即使不用自己賺錢、生活還是過得去，女人還是往往被鼓勵做這些事，而歐洲女人則往往被力勸如果生活過得去，勿為了賺錢而工作。見Mann 1992: 86-89。

146. Tanaka（田中正俊）1984: 90-92; Nishijima（西嶋定生）1984: 61-62; Lu（盧漢超）1992: 490。

147. Kriedte, Medick, and Schlumbohm 1981: 50-51, 102-104。

114. DeVries 1994b: 249-270。
115. Braudel 1981: 132。
116. 出處同上，134-135。
117. 根據Abel著作（1980: 136, 161, 191）算出。
118. Clark 1991: 446。
119. Braudel 1981: 131-133。
120. Kriedte, Medick, and Schlumbohm 1981: 28-29。
121. Levine 1977: 58-87。也見Kriedte, Medick, and Schlumbohm 1981: 57, 77-86。
122. 見Ogilvie與Cerman（1996: 1-11）中對該專題著作的概述。
123. Kriedte, Medick, and Schlumbohm 1981: 100-101。
124. 出處同上，77-88, 139。
125. Nipperdey 1996: 91-93。
126. 出處同上，121, 144, 150, 183, 192, 197。
127. DeVries 1994b: 249（以別種字體強調乃是作者所添加）。
128. DeVries 1993: 107-121。
129. DeVries 1994b: 257。
130. Kriedte, Medick, and Schlumbohm 1981: 64-65, 68-69; Medick 1982: 90-92。
131. 論糖，見Mintz 1985: 132。
132. DeVries 1976: 179-180; DeVries 1993: 見全書各處和107-114。
133. Perkins 1969: 71。
134. Zhao（趙岡）1983: 55-57。
135. 見Ho（何炳棣，1955）論「新世界」糧食作物的擴散，指出它們在貧瘠地區最為重要。
136. 論中國，見Teiser（1993）和Johnson, Nathan and Rawski一九八五年著作中的文章；論英格蘭，見Plumb 1972。
137. 為免誤解，我得另外指出，這一差異未必意味著中國人（或其他非歐洲人）必然較「看重來世」，或較易於把資源「浪費」在「不具生產效益」的儀式上。地方表演或出殯，不管做的人是專業人士或業餘人士，都用到同樣的資源（人的時間、食物、戲服或喪服的材料等）。「儀式」開銷的生產效益也未必低於其他開銷。雕刻神主牌，一如抽菸，創造了經濟需求，說到使購買者成為更強壯的生產者，兩者的實質貢獻都不大：在特定環境裡，就心理層面來說，這兩者對

89. 出處同上，116-118。
90. 在Mann（1992）的著作中，可找到對這些議題特別清楚的探討。
91. Li Bozhong（李伯重）1998: 107-108; Lu（盧漢超）1992: 480-481; P. Huang（黃宗智）1985: 118-120; Marks 1997: 171-173。
92. Sewell（1980: 117-121）論法國；Walker（1971）論德意志。
93. Wong（王國斌，1997）非常有力的闡明了這個觀點，並針對歐洲國家所會和不會回應的幾種經濟混亂與中國境內的經濟混亂的差異程度，探討此說的意義。
94. Kellenblenz 1974: 59。
95. Walker 1971: 88-107。
96. Levine 1977: 19-20。
97. Ogilvie 1996: 128-129。
98. Kriedte, Medick, and Schlumbohm 1981: 143, 182, 197-198。
99. Ogilvie 1996: 136。
100. Phelps Brown and Hopkins 1981: 3。
101. 被引用於DeVries 1994a: 40-42。
102. Allen，被引用於Postel-Vinay 1994: 72。
103. Williamson 1990: 183。
104. DeVries 1994a: 45, 53, 56。
105. 出處同上，61-62。
106. 同處同上，57-60, 62。
107. Williamson 1994: 162, 166; Williamson 1990: 182-183。英格蘭數據是更大許多的南方差距與較小許多的北方差距兩者的加權平均值；我根據頁182的一七九七年、一八五一年指數自行換算出來。
108. Postel-Vinay 1994: 65-66, 72-74。
109. 出處同上，78-79。
110. Williamson（1990: 193）估計，生活成本上的各種差異、城市生活的缺點、鄉間較易得到濟貧物資這三個因素，化解了大半的工資差距，但他推斷它們仍未能解釋勞動力市場為何大大失靈。
111. Saito（齋藤修）1978: 92。
112. Nishikawa（西川俊作）1978: 81-82。
113. P. Huang（黃宗智）1990: 91, 110。

68. Slicher Van Bath 1977: 113-114。
69. Soboul 1966: 159-161。
70. DeVries 1976: 58-59; Kjaergaard 1994: 148-149, 154-155, 167, 221-223。
71. Soboul 1966: 168-179; Behrens 1977: 606-607; Mooser 1984: 99-103。
72. Brundage 1973: 2-5。
73. Kulikoff 1992: 185-186。
74. 出處同上，191。
75. 例如，Morgan 1975: 215-234。
76. Greven（1970: 26-27, 109, 193）給出另一個平均餘命數據，說十七世紀晚期二十歲男子的平均餘命為四四．二歲，同年齡女子為四一．六歲（後來的這一年齡男女，平均餘命降到稍低於四十歲），不到二十歲者的死亡率特別低。Razzell（1993: 765）針對不同類（大部分是菁英階層）的英格蘭人估算了平均餘命，認為十七世紀時，活到二十五歲者預計可再活二十五至三十一歲，但在十八世紀中期和晚期，這個數據上升為接近三十五（從而與麻塞諸塞人幾乎相當）。
77. 見Galenson 1989: 52-96; Morgan 1975: 295-315；第四、第六章會對此有更多著墨。
78. J. Lee（李中清）1982: 284, 293; Sun Xiaofen（孫曉芬，1997: 30-34）論四川；Marks（1997: 291）論廣東。
79. Lee and Wong（李中清和王國斌）1991: 52-55。
80. Zelin 1986: 518。
81. 見，例如，Judd 1994。
82. Y.C. Wang（王業鍵）1989: 427。
83. 根據Perdue著作（1987: 25, 40）算出。
84. Everitt（1967: 尤其是543-563, 568-573）論英格蘭；論法國，見Kaplan（1976: 69-70）談迫使穀物只能在有多個買家的市場出售的作為，（90-91）談這些規則的廢除，（289-290）談「囤積」如何變得正常。也見Usher 1913: 306。
85. Braudel 1977: 53。
86. Mann 1987: 42, 45。
87. Pan（潘敏德）1994: 130-201，尤其是175-187；也見Lu 1992: 488-490。
88. 吳承明、新滌新 1985: 112-115。

51. Lewis 1954: 139-191。
52. DeVries 1994a: 61。
53. Mokyr 1985a: 107-108。
54. Schultz 1964: 61-70。
55. Rosenthal 1992: xxi，43, 48-50, 60, 70, 93, 120, 165。
56. Chen and Myers 1976; Marks 1997: 105-110; Perdue 1987: 165-174, 181-196（指出問題變成灌溉設施的興建**過多**，而非如Rosenthal針對法國所指出的興建不足）；Kelly 1982: 89-103, 118-195（尤其是頁192-195），204-219; Ludden 1985: 87-89; Stein 1982a: 109-116; Fukuzawa 1982a: 200。
57. 見，例如，Grantham 1989c: 43-72。
58. Tilly 1975: 392-393, 397-400, 409-414。
59. Kaplan 1976: 252-299; Tilly 1975: 424-428; Meuvret 1977: 卷4-6各處。
60. Goldsmith 1984: 186, 187。
61. 尤其值得一提的，這類勞動者在任何事物上多花的一小時，對領主來說仍具有機會成本—這名勞動者在那期間本可能被迫從事的其他某種工作的價值。但在可供選擇的工作並不多的地方—例如，在欠缺資本、主人偏好或其他原因，因而沒有工業生產或所需的勞動力都已被指派工作的農業莊園—這個成本也可能會非常低。無論如何，對領主來說，如果替代的選項是讓勞動者享有閒暇，要勞動者做事所會產生的成本，實質上是零，但對必須誘使自由勞動者放棄閒暇前來工作的雇主來說，就非如此。第五章會更詳細探討此議題，特別是在東歐的時空環境裡探討此議題。
62. Lewis 1954; Chayanov 1966: 53-117; P. Huang（黃宗智）1990; Geertz 1963。
63. Elvin 1973: 235-267。
64. 在Jing and Luo（景甦和羅崙）取樣的三三一個「管理型地主」中，他們名下的土地只有兩成由非佃戶耕種（1986: 附錄1和2），而這類地主所持有的土地不可能超過總耕地兩成（見，例如，P. Huang〔黃宗智〕1985: 104），意味著可能有四%的土地，其耕種主力既非土地所有人，也非佃農。
65. P. Huang（黃宗智）1985: 85-105。
66. Ye（葉顯恩）1898: 232-233, 239-240, 291。
67. M. Elliott 1993: 346, 383（滿人的奴隸大部分是家僕）；更概論性的敘述，Wei, Wu, and Lu（韋慶遠、吳奇衍、魯素）1982: 77-91。

用新技法一事造成多大影響心生懷疑，隨之就會碰上一個更嚴重的麻煩。已有人提出一些這類懷疑，Patrick O'Brien（1977: 174）和F. M. L. Thompson（1968: 71）是其中犖犖大者。不過，他們的論點建立在即使英國其採用新技法的速度都沒我們過去以為的那麼快這個主張上，而非建立在對英國較勝一籌一說的否定上；而對英國人口數的修正後研究成果，往往把我們對英國農業成長幅度的估計值再往回往上推（被引用於Cooper 1985: 141-142）。O'Brien要我們勿草率地認為農業差距之大足以說明英國的工業突破為何較早，的確有其道理，但這並未使以下觀點就此失去說服力：法國兩百多年間始終「無法突破」人口增長上限，一再受苦於餬口危機（Ladurie 1974, 1976），人口密度低於英格蘭、低地國、西德意志或北義大利（Cooper 1985: 138-139），農業體制受阻於習俗而無法變為較有生產力。

42. Allen 1982; McCloskey 1975a，1975b，1989; Clark 1998。
43. Clark 1998: 77, 87-94。
44. 出處同上，94-97；也見McCloskey 1989: 159。
45. 但對McCloskey等人來說，市場根本沒有失靈：在利息太高，使大部分人無法藉由留住、貯存本會出售的穀物以防範饑荒之時，露地耕作制（使農民保有未集中在一地的數塊小田從而）是降低風險的合理辦法；這一情況一旦改變，露地的效率不彰就不再被這一保險防饑功能抵銷，露地制隨之開始式微。
46. McCloskey（1975b: 155-156）提到這點，說這是可能會有的問題，但斷言用在其他生產要素的資金的確等同於它們真正的機會成本。
47. 說明這一觀點的最權威性著作是馬克斯・韋伯的《新教倫理與資本主義精神》（The Protestant Ethic and the Spirit of Capitalism）。後來又出現其他數個解釋，其中有些解釋較著重於不斷在改變的觀念，其他則較著重於物質的作用，但各家都認同這一現象的重要。布勞岱爾和揚・德佛里斯在探討物質作用方面成就斐然，後面會談到。
48. 見，例如DeVries1976: 219-226, 232-235。
49. 見Wrigley 1990: 107-111。
50. 見，例如，Phelps Brown and Hopkins（1956: 306和1957: 289-299，尤其是頁296），指出農業未能完全吸收增加的勞動力和因此導致人民大量投入兼職和低工資的工作。也請注意，十八世紀許多時候，十五至四十歲的歐洲男性，將近五%在軍中服役（DeVries 1976: 204），卻未造成顯著的勞動力短缺。

18. P. Huang（黃宗智）1985: 79-81; P. Huang（黃宗智）1990: 58-75。
19. Myers 1982: 290-291; Rawski 1985: 6，注釋裡有好用的著作概述；Bernhardt 1992: 24-26。
20. Zelin 1986: 510-514。
21. Buoye 1993: 54-57。
22. P. Huang（黃宗智）1985: 139-145。
23. F. Thompson 1963: 68。
24. Carr 1967: 51。
25. Forster 1960: 120, 162-163。
26. 關於荷蘭，見DeVries 1974: 33, 38, 44-78, 54；關於倫巴底，J. M. Roberts 1967: 68-69；關於瑞典，M. Roberts 1967: 142, 146。
27. Bloch 1966: 127-128; Brenner 1985a: 47-48。
28. DeVries 1974: 27-28, 31-32。
29. DeVries 1974: 152, 243; DeVries 1976: 36。
30. Bloch 1966: 128-192。
31. 見DeVries書中的比例 1976: 39-40。
32. Ambrosoli 1997: 393-394。
33. Parker and Croot 1985: 80-81。
34. Bloch 1966: 221-222。
35. 出處同上，233。
36. 出處同上，179-180。
37. DeVries 1974: 152; DeVries 1976: 64-67。關於北義大利普遍禁止休耕之事，見Zangheri 1969: 33-37。
38. J. Elliott 1961: 62-64；也見J. Klein 1920。
39. Nipperdey 1996: 123, 131, 134。
40. Slicher Van Bath 1977: 71; F. Thompson 1968: 63-73。
41. 針對「農民個人主義」在法國開始擅場的時間，**為何**比在英格蘭晚上許多，還有不同的農業改變模式與「資本主義」階級結構、體制、心態的關係，學界有激烈的爭議，而在此，我們毋需為此爭議費心著墨；重點要擺在時間差本身和這一轉變的相對較慢和新技法的較慢引進兩者的基本關聯（Bloch 1966: 197-198）。如果對十八世紀英國農業優於法國農業一說心生懷疑，亦即對可自由運運業者的技術需要，肯定一如陸海軍對有助加農炮瞄準之儀器的需求，起了重大作用。

152. E. Thompson 1967: 66-70。
153. Mokyr 1990: 85, 103-104。
154. 從瓦特的模型到一八七〇年代時已上市的蒸汽機，效率又增加了三倍。見Mokyr 1990: 90。
155. 出處同上，88。
156. Von Tunzelmann 1978: 224, 289。
157. Mokyr 1990: 88, 90。
158. Von Tunzelmann 1978: 62-63。

第二章

1. 見，例如，North and Thomas 1973，特別是頁157-158; North 1991: 35。
2. 見，例如，Senghaas 1985: 28-30, 65。
3. P. Huang（黃宗智）1990: 108。
4. 出處同上，114。
5. 見Levi對皮埃蒙特地區某村子的土地市場的探討，1988: 79-99。
6. R. Huang（黃仁宇）1974: 99。
7. P. Huang（黃宗智）1985: 87。
8. Pomeranz 1993: 240。
9. Chen（陳翰笙）1936: 34-35。
10. Buck 1937: 192。
11. Jing and Luo（景甦、羅崙）1986: 34-35; P. Huang（黃宗智）1985: 103。
12. P. Huang（黃宗智）1990: 103, 45%。
13. Marks（1984: 44）證實大部分土地是可終身保有的不動產，但在有些區域，佃戶很普遍；Chen（陳翰笙，1936: 19）指出，在某些特別異於常態的村子，六成八的土地由佃戶承租。
14. Naquin and Rawski 1987: 100-101。
15. Watson 1990: 247。
16. 例如，P. Huang（黃宗智）1990: 107。
17. Osborne 1994: 11-13, 15, 19。

132. Needham 1965: 135-136, 225-226, 369-370, 387。
133. Hartwell 1967: 102-159。
134. Needham 1965: 497。
135. Huang（黃宗智）1985: 114-115; Ho（何炳棣）1959: 136-137。
136. Huang Qicheng（黃啟臣）1989: 1-2, 46, 84。
137. 出處同上，2, 70-72。
138. 出處同上，2。
139. Sun Jingzhi（孫敬之）1988: 93。
140. 見，例如，Huang Qichen（黃啟臣）1989: 70-72，列出十七世紀的煤礦。
141. Huang Qichen（黃啟臣）1989: 109-140。
142. 見Needham 1965: 513-515, 522, 525-528, 531（提到直徑一吋、需要非常精細的手藝才製得出的十七世紀鐘錶，以及能仿制從西方輸入之最精巧鐘錶的鐘錶匠）；也見頁285、296，談早在十一世紀時就出現、有差動齒輪的里程計。
143. Skinner 1977a: 217，談運輸成本；也見T. Wright 1984: 9，提到中國西北的煤從礦場運到五十公里外的河岸，價格漲了四倍。還有DeVries and Van der Woude（1997: 37），論歐洲：「歷史上，能源礦床的開採與否，取決於運輸成本，更甚於資源本身的採集成本。」
144. Yu Minxia（余明俠）1991: 27。
145. 出處同上，19, 21。
146. Sun Yingxing（宋應星），《天工開物》，一六三七：卷十一，被引用於余明俠1991: 23。水的問題似乎比較不大，即使在徐州煤礦亦然。該地煤礦所在區域，雨量比西北多了許多。見，出處同上，27。
147. 詳情見第五章和Nef 1964: 174, 263-264。
148. Nef 1932: 156-158; Wrigley 1988: 77-78。
149. Nef 1964: 158, 183, 203; Nef 1932: 215-224。
150. Harris 1992: 18-23，尤其是21-23, 27, 30-31。
151. 在遠洋航行上，就歐洲來說，又是英國特別精於此道，就世界來說，則又是歐洲首屈一指。海運在亞洲非常發達，在某些方面甚至領先歐洲，但相較於歐洲，亞洲的海運更偏重於較貼近海岸的航行，而且在無邊無際的大洋上航行的時間更少。而在大洋上，初期導航犯了較小的差錯，後果就不堪設想。歐洲航運業者的跨大西洋遠航，乃是亞洲的長程航海者所未從事過的航行，而跨大西洋航

112. M. William 1990: 181。關於某些特定國家，見Darby 1956: 203-204和與Cooper 比較 1985: 139注釋（法國）和M. Williams 1990: 181（德意志）。
113. Blaikie and Brookfield 1987: 132-133。
114. Wrigley 1988: 80-81。
115. Braudel 1981: 170。
116. Grove 1995: 408。
117. 誠如第五章裡會看到的，歐陸西部大部分地方的森林覆蓋率，仍優於英國，但十八世紀時，由於大部分區域不像英國那樣煤炭使用量日增，因而受苦於較嚴重的燃料短缺和較快速的木頭價格漲勢。
118. 關於歐洲人借鑑印度觀念和習慣作法一事（葛羅夫主張這些觀念「比從印度以外地方引入任何一套觀念……還要重要」，頁382），至少在一八五七年前是如此，見Grove 1995: 387-388, 406, 440, 471-472；關於中國的影響，見187；關於更早時期，見77-80。中國官方生態認識的洞見和侷限，見Dunstan 1997。關於日本的造林，見Totman 1989。
119. Grove 1995: 435, 463-464, 471-472, 480。
120. Morton 1981: 118-121。
121. Wrigley 1988: 54-55；要更瞭解換算一事，見本書第六章注釋50（頁460）。
122. Hammersley 1973: 602-607；也見Flinn 1978: 139-164。
123. M. Williams 1990: 181。
124. Harris 1988: 25, 56。Flinn（1978: 145）也指出，若非有煤，一七五〇年後英格蘭鐵產量可能因木炭短缺而成長受阻；他的重點在證實更早期的產出率乃是可持續的，而且並未發生日益惡化且促成以煤為基礎的製鐵業問世的木炭危機。
125. Harris 1988: 26; Flinn 1958: 150。
126. Harris 1988: 26。
127. Hammersley 1973: 608-610指出高運輸成本使木頭價格因地而有很大差異，而且往往由一個買家或賣家支配某個市場，因此以價格來評斷稀缺程度大多不準。此外，木炭價格包含頗大的勞動成本，因此與木頭價格的關係並不密切。
128. Flinn 1978: 143-145, 147-148; Hammersley 1973: 608-610。
129. Flinn 1984: 114。
130. Flinn 1984: 26, 121-128。
131. 關於中國，見，例如Needham 1965: 255。

蘭、英格蘭與西歐其他地方、與更早時期相比之後，驚訝於在原始工業與農業之間季節性流動的工人何其之少，而肯尼思・索科洛夫（Kenneth Sokoloff）和大衛・達勒（David Dollar）一九七七年比較過英格蘭與美國之後，驚訝於即使在十九世紀晚期，在農業和工業兩領域都兼差打工的英格蘭人何其之多。第六章會再探討美國例子和其所代表的意涵。

89. DeVries 1994a: 57-62; Allen，被引用於Postel-Vinay 1994: 72。
90. Parthasarathi 1998: 101-102。
91. Mokyr 1991: 177-181。
92. MacLeod 1988: 158-181。
93. Jacob 1988: 92-93。
94. Mokyr 1990: 166。
95. Lazonick 1981: 491-516; Bairoch 1975: 3-17，論約一八〇〇年時國民所得的差距和現今更大許多的差距。
96. Braudel 1982: 522, 575; Frank 1998: 289-291。
97. Chapman，被引用於Mokyr 1998: 289-291。
98. Li Bozhong（李伯重）1988: 108。
99. H. Klein 1990: 291-293。
100. 見Mitra 1978: 46-47, 51, 63-66, 75-92, 113-115, 126-127, 14-15；關於工資比較，見Chaudhuri，1978: 157, 273。
101. 見，例如，Mokyr 1990: 221。
102. 例如，Hobsbawm 1975: 38。
103. 見，例如Bruchey 1967: 表2-A（未編頁碼）。
104. W. Parker 1984: 38; Mokyr 1985a: 107-108。
105. Gunst 1989: 73-74。
106. Parthasarathi 1998: 107。
107. Goldstone 1991: 186; Labrousse 1984: 343, 346-347。
108. Blaikie and Brookfield 1987: 129-140，特別是138; Kjaergaard 1994: 18-22。更多詳情，見第五章。
109. Blaikie and Brookfield 1987: 139。
110. 出處同上，133。
111. Chao（趙岡）1973: 22-25, 30-31。

68. 見，例如，Henderson 1984; Kawata（河田悌一）1979。
69. Widmer 1996: 95-99, 103-104, 107-108, 113-115。
70. Bayly 1989: 80-81。
71. 注釋7所探討過的山東、荷蘭兩地人口密度的差距，就是個特別有意思的例子，因為灌溉並非山東農業裡的重要因素。中國農業技術概論，見Bray 1984。要找個非關中國且真的涉及灌溉的例子，可考慮發生在南印度卡維里（Kaveri）三角洲的一件事，即當地的耕種者交出九成四的收成，卻未餓死（Van Schendel 1991: 44）。這間接表示一個農民可供養十六人（儘管大概不是餵得很飽）一間接表示在亞洲某些地區，每個工人的生產力，而非每英畝的生產力，能大大高於在歐洲所發現的任何生產力。
72. 關於鐵，見Dharampal 1971: 243-244, 246-247, 260；至於英格蘭的鐵價（和生鐵轉化為條鐵之事），見Deane and Cole 1962: 222注釋5、223注釋1。關於織染，見Mitra 1978: 13。
73. Thornton 1992: 45-48。
74. 見Hanley 1997: 104-105, 110-111; Reid 1988a: 38。
75. Dharampal 1971: 141-164，論印度；Du Jiaji（杜家驥）1994: 154-169，論中國。
76. Xiong（熊秉真）1995 論婦幼照護；Unschuld 1986: 183-197; Widmer 1996: 95-115，以及Bray 1997: 311，論醫學出版品的普及。
77. Smil 1994: 234。
78. 見，例如，Anderson 1988: 154。
79. Mokyr 1990: 13, 57, 83。
80. Greenberg 1951: 87。
81. Bray 1997: 217-220。
82. Elman 1990: 79-85。
83. Smil 1994: 107。
84. Elvin 1973; Frank 1998; Habbabuk 1962; Washbrook 1988。
85. Reid 1989: 61, 69-71; Reid 1988a: 135。
86. Mitra 1978: 37-41; Hossain 1979: 324-338; Arasaratnam 1980: 259-260, 263, 265, 268, 272, 278。
87. 見，例如，Staunton 1799: II: 138。
88. 當然，「相對較少」是個相對詞。德佛里斯與羅伯特・艾倫（Robert Allen）把荷

327和所附的注釋提出合理的論點，證明將成年男性消耗量估計為成年女性消耗量的**兩倍**非信口胡說。如果此說為真，中國每個成年男性當量消耗量，將會是光靠穀物就產生更為可觀的3181卡路里，但男女間卡路里攝取量相差如此大，會使「成年男性當量」成為有點靠不住的比較標準。不過，一九三〇年代上海的資料顯示成年女性的穀物消耗量是成年男性平均消耗量的七成七（上海社會局 1989: 183）；這相當接近於Clark, Huberman and Lindert研究英格蘭資料時所用的0.733轉化率。

48. Ng（吳振強）1979: 56，被引用於Reid 1988a: 48-49。
49. Reid 1988a: 45-50。
50. Visaria and Visaria 1983: 472-473。
51. Parthasarathi 1998: 79-109。
52. Hajnal 1965, 1982；尤其見1982: 476-481。
53. Cornell 1996: 43-44; Hayami，被引用於Goldstone 1991: 405。
54. Smith, Eng and Lundy 1997: 107-132。
55. Skinner，被引用於Goldstone 1991: 407。
56. Reid 1988a: 16, 160-162。
57. Lee and Guo（李中清和郭松義）1994: 1-38; Li Bozhong（李伯重）1994a: 41-42, 46-52。
58. Lee and Wang（李中清和王豐）將出版的書: 20-21; Lee and Campbell 1997: 90-95。
59. Li Zhongqing（李中清）1994: 3。
60. Li Bozhong（李伯重）1994a: 57-58。
61. Abu-Lughod 1989: 193-197。
62. Will 1980; Perdue 1987: 211-219。
63. Bernhardt 1992: 129-134。
64. Reid 1998a: 121-128。
65. Jones 1988: 130-146，尤其是145-146。
66. Hao（郝延平）1986: 28; Morse 1966: II: 61, 180, 256, 322，特別針對美洲市場談，以及談布的較低價格。
67. 尤其見Jacob 1988: 27-30, 58-59, 60, 77, 81-82, 89, 110, 123, 150-151, 158, 209, 223。

23. Braudel 1981: 196。
24. Jones 1981: 7。
25. Hanley 1997: 104, 110-111, 117, 119-120; Reid 1988a: 36-38, 41。
26. Bairoch 1975: 7, 13, 14。
27. Stone 1979: 58。
28. Knodel 1988: 68-69。
29. Wrigley and Schofield 1981: 230, 708-713。
30. Razzell 1993: 757-758。
31. 出處同上，759-763；調整後的平均餘命是我自己所算出來。
32. Blayo 1975: 138-139。
33. Nipperdey 1996: 89。
34. Hanley and Yamamura 1977: 221-222。
35. Smith, Eng and Lundy 1977: 51在表格中列出的數據46.1和50.8，乃是**未來**平均餘命。在此也應指出的，在這項調查裡，一如在晚近對中國人的調查裡，高殺嬰率（往往**不是**因為食物嚴重短缺）這個調查結果，使出生時和一歲時的平均餘命出現特別大的差距，使後者成為瞭解整體狀況的較佳依據。有些人無法相信會有人即使未到走投無路仍然殺嬰，對於這些人，我建議不只該思考殺嬰一事在有錢中、日人家裡的盛行，還應思考歐洲富裕城市人，老早就知道把自家嬰兒送給鄉村奶媽養會使嬰兒早夭機率大增，仍堅持這麼做。
36. Telford 1990: 133。
37. Lee and Campbell 1997: 60, 76-81。
38. Lavely and Wong 1998，尤其是頁721-724。
39. 這個皇族的成員是滿人，但住在中國且在許多方面已相當漢化。
40. Li Zhongqing（李中清）1994: 7。
41. 出處同上，9。
42. Braudel 1981: 129-130。
43. Clark, Huberman and Lindert 1995: 223-226。
44. Pan（潘敏德），未出版：10。
45. Marks 1991: 77-78。
46. 被引用於Perkins 1969: 300。
47. 關於英格蘭，見Clark, Huberman and Lindert 1995: 226注釋。Pan（潘敏德）1994:

36. Blaut 1993: 42, 124, 152。
37. 關於鄂圖曼帝國人口，見McGowan 1994: 646-657。該帝國人口似乎大部分地方都相對較稀疏，而且在十八世紀的大部分時候有減無增。

第一章

1. 瓊斯所謂的「歐洲人」所指為何，有時並不清楚；有時，這個詞涵蓋整個歐陸；有時則只指西歐，乃至西北歐。
2. Jones 1981: 4-5。
3. 出處同上，14。
4. 出處同上，22-35, 40-41。
5. Van Schendel 1991: 42; Marshall 1987: 7, 23。
6. P. Huang（黃宗智）1985: 145。
7. 關於計算結果，見附錄B。
8. 黃宗智著作（1985: 322）裡所提的人口數據，以山東為例，約一七五〇年時每平方英哩四百人（在沒有淨糧食輸入下供養的人口），相對的，根據McEvedy與Jones的著作（1978: 62-63），荷蘭一地是約一百六十人，而且是在有大量糧食進口的加持下。
9. Bray 1984: 48, 198-200（與歐洲相比）; Palat 1995: 60（關於磨製麵粉）。
10. Smith 1937: 637-638。
11. Habib 1990: 376-377。
12. 見附錄A。
13. 見，例如Gardella 1992b: 101-102。
14. Wu（吳承明）1983: 277。一石約合一〇三公升；一石米重約七十二公斤。
15. Perkins 1969: 297-307; Marks 1991: 77-78。
16. Braudel 1981: 127。
17. Jones 1981: 81; DeVries 1974: 170。
18. P. Huang（黃宗智）1985: 322。
19. Xu Tan（許檀）1995: 86。
20. Smith 1958: 68。
21. Reid 1989: 57。
22. Bray 1984: 53; Palat 1995: 60。

23. 但值得一提的，晚近幾年，許多西方經濟史學家也已開始感興趣於描寫使合同容易落實，從而即使沒有官方大力參與保障財產權，仍使有效率的市場得以有機會出現的建制性作為。有益的摘要說明，見Greif 1998: 597-633。
24. 見，例如Ambrosoli 1997; Levine 1977; Kjaergaard 1994。
25. Wittfogel 1957; Jones 1981: 66-67; Jones 1988: 130-146; Mokyr 1990: 233-234, 256-260; Powelson 1944。
26. 杉原薰和速水融（Sugihara and Hayami，1989）認為十七世紀就已有分道揚鑣的「工業」革命和「勤勞」革命，Arrighi則在十八世紀看到這現象。的確有跡象顯示存在如此早的這一分流，但我仍要主張直到十八、十九世紀之交，這一分流才會確立，那時，「新世界」加上煤，表明這種利用土地且資源密集的道路會繼續安穩走上很長時間。
27. P. Huang（黃宗智）1990: 11-17；相關的論點，也見Goldstone 1996。
28. DeVries 1994b。
29. Braudel 1997: 60; DeVries 1976: 210-214。
30. Flynn 1984; Hamilton 1934。
31. Braudel 1997: 60-75。
32. Mokyr 1976: 132-164；比較Lewis 1954: 139-191。
33. 關於歐洲境內的資本積累相對於「異國資源」，見DeVries 1976: 139-146, 213-214。關於需求，見同上，176-192; Mokyr 1985b: 21-23；而Mokyr 1985a質疑需求因素在工業革命裡的重要性。
34. 在這方面，有一點應該指出，即「專業化」（specialization）不同於「分工」（division of labor），更不同於「複雜」（complexity）。例如人能想像這樣的社會：有極複雜的交換規則來決定誰每週烘焙麵包，但沒有哪個人是全職的麵包烘焙師傅。這樣的社會，其複雜程度肯定能不亞於任何社會，其成員肯定個個能掌握一套非常複雜的技能，但正因為這原因，它不會具有某種社會所具有的那種經濟動能：在那種社會裡，成員一再受外力驅策而專門從事他們自身特別能找到銷路的少數幾項工作。
35. 我把這些壓力稱作準馬爾薩斯氏動能，因為我並未主張人口稠密必然會導致我所討論之任何核心區域裡生活水平的下降，而是只主張鑑於前工業時代革命的技術，土地／勞動力比率的日益惡化大大阻礙進一步的大幅成長，主張早期的工業技術雖然緩和了這個限制，這些技術本身並不足以改變大局。

本較低且效益較高（例如，McCloskey 1975a, 1975b, 1989）。本書頁一〇二至一〇六會討論（和反駁）這一觀點，而這一觀點的進一步後果，就是催生出如下主張：傳統露地在法國境內未受到差不多一樣有效的政府打擊一事，對法國發展的阻礙，並不如先前史學家所普遍認為的那麼大。

7. 針對這個以英國為中心的看法，有兩個很典型但大不相同的陳述，見Landes（1969）和Hobsbawm（1975）。對這一看法最清楚且犀利的評論之一，乃是O'Brien and Keydar 1978。
8. 見，例如，Snookes 1994a; Wrigley 1990: 101-102。
9. O'Brien 1982: 12。
10. 出處同上。O'Brien以英、法為主題和Keydar合寫了一本書，在此書中O'Brien提出更令人信服但大不相同的觀點，即歐洲的工業化不單單是英國的創新向歐陸其他地方的擴散。例如法國專注於不同的產業，而那些產業往往涉及將英國的半成品變成成品。但英法之間的互補性，既說明可能存在不同的通往工業化之路，也間接表示我們不能簡單的將英國工業化排除在這故事之外，然後說即使沒有英國的工業化，歐陸還是會工業化。誠如後面會提到的，若沒有兩個重大的斷點（分別由煤和殖民地所造成），則英國的故事根本難以想像。
11. Wong（王國斌）1997。
12. 關於以「文明」為比較單位效益不大一事，見Fletcher（1995: 3-7）；Hodgson（1993: 17）。關於大陸，見Wigen and Lewis（1997）。
13. 例如，我比王國斌更加強調全球形勢的因緣際會和相互影響，除了歐洲、中國，還把更多地方納入討論；我也對他的某些主題，例如國家形成，著墨甚少，對他未全面探討的某些主題，例如環境改變，著墨較多許多。
14. Tilly 1984。
15. Jones 1981, 1988。
16. Hajnal 1965, 1982。
17. Jones 1988; Elvin 1973; Powelson 1994。
18. Abu-Lughod 1989; Frank 1998。
19. 見，例如，Jones 1981: 70-74。
20. Crosby 1986: 2-5, 294-308。
21. Frank 1998: 283，利用了格申克龍（Gerschenkron）的理論。
22. Sugihara（杉原薫）1996。

注釋

Notes

導論

1. 在此應該指出的是，對大部分作者來說，「西歐」是個社會、經濟、政治上的概念，而非真實的地理實體：例如愛爾蘭、南義大利、伊比利半島的大部分地方，經濟發展程度遠不如一般認為歐洲或西歐所一貫擁有的那種發展程度。一般來講我會從地理的角度使用這個詞，同時指出在這些比較中常被人拿來代表「歐洲」的那些區域（例如荷蘭南部或英格蘭北部），若與中國的江蘇省之類地方，而非與中國或印度之類的整個次大陸，做比較，或許會在大小和經濟特色上得到較好的比較。
2. 例如現今對Eric Williams（1944）、Andre Gunder Frank（1969）、Samir Amin（1974）之類人士的論點，大體來講不以為然的主流論定。對海外榨取這個主題的通論性精闢評論，DeVries 1976: 139-146, 213-214。
3. 針對據認彼此有系統性關聯而非真的各走各的諸實體之間的比較（他所謂的「涵括式比較」）所作的探討，見Tilly 1984。
4. 例如，Blaut 1993: 186-206。
5. 晚近的一個好例子，見Britnell 1993。
6. 要充分瞭解把立法改變和民間習俗的重要性盡可能貶低的傾向，可看看重新解釋英格蘭露地（open field）耕作制衰落一事的眾多專題著作。這些露地曾被視為具體反映了敵視新興資本主義的集體倫理觀，並在較富個人主義、較少家父長主義的觀念稱霸國會時，被議員透過立法摧毀。如今則普遍主張，露地其實具體反映了在收成不穩定且沒有保障的世界裡個人的合理策略，它們的消失主要因為利息逐步降低使另一種收成保障措施—即穀物貯存—相較於把個人的土地維持在許多分布零散而且可能在土壤和微氣候上稍有差異的小塊土地上，成

16:9（九月）：52–57。

Zuo Dakang and Zhang Peiyuan（左大康、張培元）. 1990. "The Huang-Huai-Hai Plain." In B. L. Turner et al., *The Earth as Transformed by Human Action*. New York: Cambridge University Press. 473–77.

Press. 39–64.
Xiong Pingzhen（熊秉真），1995，《幼幼：傳統中國的襁褓之道》，台北：聯經。
Xu Tan（許檀），1986，〈明清時期的臨清商業〉，《中國經濟史研究》，2 (1986): 135–57。
——. 1995，〈明清時期山東的糧食流通〉，《歷史檔案》，57. 81–88。
Xu Xinwu（徐新吾）編，1992，《江南土布史》，上海：社會科學出版社。
《續修歷城縣志》，1968（1924，濟南），台北：成文出版社，重印本
Yamamura, Kozo（山村耕造）. 1974. *A Study of Samurai Income and Entrepreneurship: Quantitative Analysis of Economic and Social Aspects of the Samurai in Tokugawa and Meiji Japan*. Cambridge, Mass.: Harvard University Press.
Ye Xian'en（葉顯恩），1983，《明清徽州農村社會與佃僕制》，合肥：安徽人民出版社。
Yu Mingxia（余明俠），1991，《徐州煤礦史》，南京：江蘇古籍出版社。
Yu Yingshi（余英時），1985，〈儒家思想與經濟發展：中國近世宗教倫理與商人精神〉，*The Chinese Intellectual* 6 (Winter): 3–45.
Zangheri, R. 1969. "The Historical Relationship between Agricultural and Economic Development in Italy." In E. L. Jones and S. J. Woolf, eds., *Agrarian Change and Economic Development*. London: Methuen. 23–40.
Zelin, Madeleine. 1986. "The Rights of Tenants in Mid-Qing Sichuan." *Journal of Asian Studies* 45:3 (May): 499–526.
——. 1988. "Capital Accumulation and Investment Strategies in Early Modern China: The Case of the Furong Salt Yards." *Late Imperial China* 9:1 (June): 79–122.
——. 1990. "The Fu-Rong Salt Yard Elite." In Joseph Esherick and Mary Rankin, eds., *Chinese Local Elites and Patterns of Dominance*. Berkeley: University of California Press. 82–112.
Zhang Gang（張崗），1985，〈清代直隸商品經濟分析〉，《河北師院學報》，#3. 9–104。
Zhang Xiaobo（張筱伯）. 1995. "Merchant Associational Activism in Early Twentieth Century China: The Tianjin General Chamber of Commerce, 1904–1928." Ph.D. diss., Columbia University.
Zhang Zhongmin（張忠民），1988，《上海從開發到開放，1369～1843》，昆明：雲南人民出版社。
Zhao Gang（趙岡），1983，〈中國歷史上工資水平的變遷〉，《中國文化復興月刊》，

——. 1994. *Mountain of Fame: Portraits in Chinese History*. Princeton: Princeton University Press.

——. 1995. "How We Got Obsessed with the 'Tribute System' and Why It's Time to Get Over It." Paper delivered at annual meeting of the Association for Asian Studies, Washington, D.C.

Wink, Andre. 1983. "Maratha Revenue Farming." *Modern Asian Studies* 17:4. 591–628.

Wittfogel, Karl（魏復古）. 1957. *Oriental Despotism: A Comparative Study of Total Power*. New Haven: Yale University Press.

Wolfe, Martin. 1972. *The Fiscal System of Renaissance France*. New Haven: Yale University Press.

Wong, R. Bin（王國斌）. 1997. *China Transformed: Historical Change and the Limits of European Experience*. Ithaca: Cornell University Press.

Wright, Mary C. 1962. *The Last Stand of Chinese Conservatism*. Stanford: Stanford University Press.

Wright, Tim. 1984. *Coal Mining in China's Economy and Society, 1895–1937*. Cambridge: Cambridge University Press.

Wrigley, E. Anthony. 1988. *Continuity, Chance, and Change: The Character of the Industrial Revolution in England*. Cambridge: Cambridge University Press.

——. 1990. "Brake or Accelerator? Urban Growth and Population Growth before the Industrial Revolution." In A. D. van der Woude, Akira Hayami, and Jan DeVries, eds., *Urbanization in History*. Oxford: Clarendon Press. 101–12.

Wrigley, E. Anthony. 1994. "The Classical Economists, the Stationary State, and the Industrial Revolution." In Graham Snookes, ed., *Was the Industrial Revolution Necessary?* London: Routledge. 27–42.

——, and Roger Schofield.1981. *The Population History of England, 1540–1871*. Cambridge: Cambridge University Press.

Wu Chengming（吳承明），1983，《中國資本主義與國內市場》，北京：中國社會科學出版社。

——, and Xu Dixin（和許滌新），1985，《中國資本主義的萌芽》，北京：人民出版社。

Wu Peiyi（吳百益）. 1992. "Women Pilgrims to Taishan." In Susan Naquin and Chun-fang Yu, eds., *Pilgrims and Sacred Sites in China*. Berkeley: University of California

1870–1914. Stanford: Stanford University Press.

Weber, Max. 1992. *The Protestant Ethic and the Spirit of Capitalism*. London: Routledge.

Wei Qingyuan, Wu Qiyan, and Lu Su（韋慶遠、吳其衍、魯素），1982，《清代奴婢制度》，北京：中國人民大學出版社。

Widmer, Ellen. 1996. "The Huanduzhai of Hangzhou and Suzhou: A Study in Seventeenth-Century Publishing." *Harvard Journal of Asiatic Studies* 56:1. 77–122.

Wigen, Karen, and Martin Lewis. 1997. *The Myth of Continents*. Berkeley: University of California Press.

Will, Pierre-Etienne. 1980. "Une cycle hydraulique en Chine: La province du Hubei du 16eme au 19e siècles" (A hydraulic cycle in China: The province of Hubei from the sixteenth through nineteenth centuries). *Bulletin de l'école française d'extreme orient* 68. 261–88.

——., and R. Bin Wong（王國斌）. 1991. *Nourish the People: The State Civilian Granary System in China, 1650–1850*. Ann Arbor: University of Michigan Press.

Williams, Eric. 1944. *Capitalism and Slavery*. New York: Russell and Russell.

Williams, Michael. 1990. "Forests." In B. L. Turner et al., *The Earth as Transformed by Human Action*. New York: Cambridge University Press. 179–202.

Williamson, Jeffrey. 1990. *Coping with City Growth during the British Industrial Revolution*. New York: Cambridge University Press.

——. 1994. "Leaving the Farm to Go to the City: Did They Leave Fast Enough?" In John James and Mark Thomas, eds., *Capitalism in Context: Essays on Economic Development and Culture in Honor of R. M. Hartwell*. Chicago: University of Chicago Press. 159–82.

Wills, John E., Jr. 1979. "Maritime China from Wang Chih to Shih Lang: Themes in Peripheral History." In Jonathan Spence and John Wills, eds., *From Ming to Ch'ing*. New Haven: Yale University Press. 201–38.

——. 1984. *Embassies and Illusions: Dutch and Portuguese Envoys to K'ang-hsi, 1666–1687*. Cambridge, Mass.: Harvard University Press.

——. 1993. "European Consumption and Asian Production in the Seventeenth and Eighteenth Centuries." In John Brewer and Roy Porter, eds., *Consumption and the World of Goods*. London: Routledge. 133–47.

Wallen, C. C., ed. 1970. *Climates of Northern and Western Europe*. Amsterdam: Elsevier Publishing Co.

Wallerstein, Immanuel. 1974. *Capitalist Agriculture and the Origins of the European World Economy*. New York: Academic Press.

——. 1989. *The Modern World-System III: 1730s-1840s*. New York: Academic Press.

Waltner, Ann. 1990. *Getting an Heir: Adoption and the Construction of Kinship in Late Imperial China*. Honolulu: University of Hawaii Press.

Wang Gungwu（王賡武）. 1990. "Merchants without Empire." In James Tracy, ed., *The Rise of Merchant Empires*. Cambridge: Cambridge University Press. 400–421.

Wang, Yeh-chien（王業鍵）. 1973. *Land Taxation in Imperial China, 1750–1911*. Cambridge, Mass.: Harvard University Press.

——. 1989. "Food Supply and Grain Prices in the Yangtze Delta in the Eighteenth Century." In *The Second Conference on Modern Chinese History*. 3 vols. 台北：中央研究院，2:423–62.

——. 1986. "Food Supply in 18th Century Fukien." *Late Imperial China* 7:2 (December): 80–111.

——. 1992. "Secular Trends of Rice Prices in the Yangzi Delta, 1638–1935." In Thomas Rawski and Lillian Li, eds., *Chinese History in Economic Perspective*. Berkeley: University of California Press. 35–68.

Warden, Alexander J. 1967. *The Linen Trade*. London: Cass.

Warren, James. 1982. "The Sulu Sultanate." In Eduard de Jesus and Alfred McCoy, eds., *Philippine Social History: Global Trade and Local Transformation*. Quezon City: Ateneo de Manila University Press. 415–44.

Washbrook, D. A. 1988. "Progress and Problems: South Asian Economic and Social History, c. 1720–1860." *Modern Asian Economic and Social History* 22:1. 57–96.

Watson, Rubie（華若璧）. 1990. "Corporate Property and Local Leadership in the Pearl River Delta, 1898–1941." In Joseph Esherick and Mary Rankin, eds., *Chinese Local Elites and Patterns of Dominance*. Berkeley: University of California Press. 239–60.

Weatherill, Lorna. 1988. *Consumer Behavior and Material Culture in Britain, 1660–1760*. New York: Routledge.

Weber, Eugen. 1976. *Peasants into Frenchmen: The Modernization of Rural France,*

Van der Wee, Herman. 1977. "Monetary, Credit, and Banking Systems." In E. E. Rich and C. H. Wilson, *The Cambridge Economic History of Europe*. Vol. 5. Cambridge: Cambridge University Press. 290–393.

Van Leur, J. C. 1955. *Indonesian Trade and Society: Essays in Asian Social and Economic History*. The Hague: W. Van Hoeve.

Van Schendel, Willem. 1991. *Three Deltas: Accumulation and Rural Poverty in Rural Burma, Bengal, and South India*. New Delhi: Sage Publications.

Vermeer, Eduard. 1990. "The Decline of Hsing-hua Prefecture in the Early Ch'ing." In Eduard Vermeer, ed., *Development and Decline of Fukien Province in the 17th and 18th Centuries*. Leiden: E. J. Brill. 101–63.

Vicziany, Marika. 1979. "The Deindustrialization of India in the 19th Century: AMethodological Critique of Amiya Kumar Bagchi." *Indian Economic and Social History Review* 16:2. 105–45.

Viraphol, Sarasin. 1977. *Tribute and Profit: Sino-Siamese Trade, 1652–1853*. Cambridge, Mass.: Harvard University Press.

Visaria, Leela, and Pravin Visaria. 1983. "Population." In Dharma Kumar, ed., *The Cambridge Economic History of India: Volume 2, 1757–1970*. Cambridge: Cambridge University Press. 463–532.

Von Glahn（萬志英）, Richard. 1996. *Fountain of Fortune: Money and Monetary Policy in China, 1000–1700*. Berkeley: University of California Press.

Von Tunzelmann, G. N. 1978. *Steam Power and British Industrialization to 1860*. Oxford: Oxford University Press.

Wadia, Ardeshir Ruttonji. 1955. *The Bombay Dockyard and the Wadia Master Builders*. Bombay: A. R. Wadia.

Wakefield, David. 1992. "Household Division in Qing and Republican China: Inheritance, Family Property, and Economic Development." Ph.D. diss., University of California, Los Angeles.

Waley-Cohen, Joanna. 1999. *The Sextants of Beijing: Global Currents in Chinese History*. New York: W. W. Norton.

Walker, Mack. 1971. *German Home Towns: Community, State, and General Estate, 1648–1871*. Ithaca: Cornell University Press.

21:1. 62–77.

——. 1989. "Rural Society and Agricultural Change in 19th Century Britain." In George Grantham and Carol Leonard, eds., *Agrarian Organization in the Century of Industrialization: Europe Russia and North America.* Greenwich, Conn.: JAI Press. 187–202.

Thornton, John. 1992. *Africa and Africans in the Making of the Atlantic World, 1400–1680*. Cambridge: Cambridge University Press.

Tilly, Charles. 1975. "Food Supply and Public Order in Modern Europe." In Charles Tilly, ed., *The Formation of National States in Western Europe*. Princeton: Princeton University Press. 380–455.

——. 1984. *Big Structures, Large Processes, Huge Comparisons*. New York: Russell Sage Foundation.

——. 1990. *Coercion, Capital and European States, AD 990–1990*. London: Basil Blackwell.

Totman, Conrad. 1989. *The Green Archipelago: Forestry in Preindustrial Japan*. Berkeley: University of California Press.

——. 1992. "Forest Products Trade in Pre-Industrial Japan." In John Dargavel and Richard Tucker, eds., *Changing Pacific Forests*. Durham, N.C.: Forest History Society. 19–24.

——. 1993. *Early Modern Japan*. Berkeley: University of California Press.

——. 1995. *The Lumber Industry in Early Modern Japan*. Honolulu: University of Hawaii Press.

Tracy, James. 1991. "Introduction." In James D. Tracy, ed., *The Political Economy of Merchant Empires*. Cambridge: Cambridge University Press. 1–21.

Tucker, Richard P., and J. F. Richards, eds. 1983. *Global Deforestation and the Nineteenth-Century World Economy*. Durham: Duke University Press.

Ukers, William. 1935. *All about Coffee*. New York: The Tea and Coffee Trade Journal Company.

Unschuld, Paul（文樹德）. 1986. *Medicine in China: A History of Pharmaceutics*. Berkeley: University of California Press.

Usher, Abbott Payson. 1913. *The History of the Grain Trade in France, 1400–1710*. Cambridge, Mass.: Harvard University Press.

料生產を主とする研究史的覺え書〉，收入西嶋定生博士還曆記念論叢編集委員會編，《東アジア史における国家と農民：西嶋定生博士還曆記念》，東京：山川出版社。

Tandeter, Enrique. 1993. *Coercion and Market: Silver Mining in Colonial Potosi, 1692–1816*. Albuquerque: University of New Mexico Press.

Tavernier, Jean-Baptiste. 1925 (1676). *Travels in India*. 2 vols. Trans. from the 1676 French edition by V. Ball. Ed. William Crooke. London: Oxford University Press.

Teiser, Stephen. 1993. "The Growth of Purgatory." In Patricia Ebrey and Peter Gregory, eds., *Religion and Society in T'ang and Sung China*. Honolulu: University of Hawaii Press. 115–46.

Telford, Ted. 1990. "Patching the Holes in Chinese Genealogies: Mortality in the Lineage Population of Tongcheng County, 1300–1800." *Late Imperial China* 11:2 (December): 116–36.

Teng Ssu-yu and John K. Fairbank（鄧嗣禹和費正清）, eds. 1954. *China's Response to the West*. Cambridge, Mass.: Harvard University Press.

Terada Takanobu（寺田隆信），1972，《山西商人の研究》，京都：京都大學文學部內東洋史研究會。

Thomas, Brinley. 1985a. "Food Supply in the United Kingdom during the Industrial Revolution." In Joel Mokyr, ed., *The Economics of the Industrial Revolution*. Totowa, N.J.: Rowman and Allanheld. 137–50.

——. 1985b. "Escaping from Constraints: The Industrial Revolution in a Malthusian Context." *Journal of Interdisciplinary History* 15:4 (Spring): 729–53.

Thomaz, Luis Filipe Feirera Reis. 1993. "The Malay Sultanate of Melaka." In Anthony Reid, ed., *Southeast Asia in the Early Modern Period: Trade, Power, and Belief*. Ithaca: Cornell University Press. 70–89.

Thompson, E. P. 1966. *The Making of the English Working Class*. New York: Vintage.

——. 1967. "Work, Time and Industrial Discipline." *Past and Present* 38 (December): 56–97.

Thompson, F. M. L. 1963. *English Landed Society in the Nineteenth Century*. London: Routledge.

——. 1968. "The Second Agricultural Revolution, 1815–1880." *Economic History Review*

Stein, Burton. 1982a. "Vijayanagara c.1350–1564." In Tapan Raychaudhuri and Irfan Habib, eds., *The Cambridge Economic History of India, Volume 1 c.1200–c.1750.* Cambridge: Cambridge University Press. 102–24.

——. 1982b. "State and Economy: The South." In Tapan Raychaudhuri and Irfan Habib, eds., *The Cambridge Economic History of India, Volume 1 c.1200–c.1750.* Cambridge: Cambridge University Press. 203–13.

——. 1985. "State Formation and Economy Reconsidered Part One." *Modern Asian Studies* 19:3. 387–413.

Stern, Steve J. 1988. "Feudalism, Capitalism and the World System in the Perspective of Latin America and the Caribbean." *American Historical Review* 93:4 (October): 829–72.

Stone, Lawrence. 1979. *The Family, Sex, and Marriage in England, 1500–1800.* New York: Harper and Row.

Stross, Randall. 1985. "Number Games Rejected: The Misleading Allure of Tenancy Estimates." *Republican China* 10:3 (June): 1–17.

Subrahmanyam, Sanjay. 1986. "Aspects of State Formation in South India and Southeast Asia." *Indian Economic and Social History Review* 23:4. 357–77.

——. 1990. *The Political Economy of Commerce: South India, 1500–1650.* Cambridge: Cambridge University Press.

——. 1993. *The Portuguese Empire in Asia, 1500–1700.* London: Longman's.

——. 1996. "The European Miracle and the East Asian Miracle: Towards a New Global Economic History."《産業と経済》11:2. 27–48.

Sugihara, Kaoru（杉原薫）. 1997. "Agriculture and Industrialization: the Japanese Experience." In Peter Mathias and John Davis, eds., *Agriculture and Economic Growth.* Oxford: Blackwell Publishers. 148–66.

Sun Jingzhi（孫敬之）. 1988. *Economic Geography of China.* New York: Oxford University Press.

Sun Xiaofen（孫曉芬），1997，《清代前期的移民填四川》，成都：四川大學出版社。

Takekoshi, Yosaburo（竹越與三郎）. 1967 (1930). *The Economic Aspects of the History of the Civilization of Japan.* Vol. 3. New York: Macmillan.

Tanaka Masatoshi（田中正俊），1984，〈明・清時代の問屋制前貸生産について一衣

Snookes, ed., *Was the Industrial Revolution Necessary?* London: Routledge. 1–26.

——. 1994b. "Great Waves of Economic Change." In Graham Snookes, ed., *Was the Industrial Revolution Necessary?* London: Routledge. 43–78.

So, Alvin(蘇耀昌). 1986. *The South China Silk District: Local Historical Transformation and World-System Theory*. Albany: SUNY Press.

Soboul, Albert. 1966. *La France à la veille de la Revolution: Economie et société* (France on the eve of the revolution: Economy and society). Paris: Sociétéd'Edition d'Enseignement Superieur.

Sokoloff, Kenneth, and David Dollar. 1997. "Agricultural Seasonality and the Organization of Manufacturing in Early Industrial Economies: The Contrast between England and the United States." *Journal of Economic History* 57:2 (June): 1–20.

Solow, Barbara. 1992. "Why Columbus Failed: The New World without Slavery." In Wolfgang Reinhard and Peter Waldman, eds., *Nord und Süd in Amerika*. Freiburg: Rombach Verlag. 1111–23.

Sombart, Werner. 1924–27. *Der Modern Kapitalismus* (Modern capitalism). Munich: Dunckner and Humblot.

——. 1967. *Capitalism and Luxury*. Ann Arbor: University of Michigan Press.

Spence, Jonathan(史景遷). 1977. "Ch'ing." In K. C. Chang, ed., *Food in Chinese Culture*. New Haven: Yale University Press. 259–94.

Stansell, Christine. 1986. *City of Women: Sex and Class in New York City, 1790–1860*. Urbana: University of Illinois Press.

Staunton, George. 1799. *An Authentic Account of an Embassy from the King of Great Britain to the Emperor of China*. 3 vols. Philadelphia: R. Campbell.

Steensgaard, Niels. 1982. "The Dutch East India Co. as an Institutional Innovation." In Maurice Aymard, ed., *Dutch Capitalism and World Capitalism*. New York: Cambridge University Press. 235–58.

——. 1990a. "Trade of England and the Dutch before 1750." In James Tracy, ed., *The Rise of Merchant Empires*. New York: Cambridge University Press. 102–52.

——. 1990b. "Commodities, Bullion and Services in International Transactions before 1750." In Hans Pohl, ed., *The European Discovery of the World and Its Economic Effects on Pre-Industrial Society, 1500–1800*. Stuttgart: Franz Steiner Verlag. 9–23.

Skinner, G. William（施堅雅）. 1971. "Chinese Peasants and the Closed Community: An Open and Shut Case." *Comparative Studies in Society and History* 13:2. 270–81.

——. 1976. "Mobility Strategies in Late Imperial China: A Regional Systems Analysis." In Carol A. Smith, ed., *Regional Analysis*. New York: Academic Press. Vol. 1. 327–64.

——. 1977a. "Regional Urbanization in Nineteenth-Century China." In G. William Skinner, ed., *The City in Late Imperial China*. Stanford: Stanford University Press. 211–49.

——. 1977b. "Cities and the Hierarchy of Local Systems." In G. William Skinner, ed., *The City in Late Imperial China*. Stanford: Stanford University Press. 275–351.

——. 1987. "Sichuan's Population in the 19th Century: Lessons from Disaggregated Data." *Late Imperial China* 8:1 (June): 1–79.

Slicher Van Bath, B. H. 1977. "Agr iculture in the Vital Revolution." In E. E. Rich and C. H. Wilson, *The Cambridge Economic History of Europe*. Vol. 5. New York: Cambridge University Press. 42–132.

Smil, Vaclav. 1983. *Biomass Energies*. New York: Plenum.

——. 1984. *The Bad Earth*. Armonk, N.Y.: M. E. Sharpe.

——. 1985. *Carbon, Nitrogen, Sulfur*. New York: Plenum.

——. 1990. "Nitrogen and Phosphorus." In B. L. Turner et. al., *The Earth as Transformed by Human Action*. New York: Cambridge University Press. 423–36.

——. 1993. *China's Environmental Crisis: An Inquiry into the Limits of National Development*. Armonk, N.Y.: M. E. Sharpe.

——. 1994. *Energy in World History*. Boulder: Westview.

——, and William Knowland. 1980. *Energy in the Developing World: The Real Energy Crisis*. Oxford: Oxford University Press.

Smith, Adam. 1937 (1776). *The Wealth of Nations*. Ed. Edwin Cannan. New York: Modern Library.

Smith, Thomas. 1958. *The Agrarian Origins of Modern Japan*. Stanford: Stanford University Press.

——, Robert Eng, and Robert Lundy. 1977. *Nakahara: Family Farming and Population in a Japanese Village*. Stanford: Stanford University Press.

Snookes, Graham. 1994a. "New Perspectives on the Industrial Revolution." In Graham

Journal of Family History 8:1 (Spring): 30–54.

——. 1985，《プロト工業化の時代—西欧と日本の比較史》，東京：日本評論社。

——.and Shibo（新保博），1989，《近代成長の胎動》，東京：岩波書店。

Salaman, Redcliffe N. 1949. *The History and Social Influence of the Potato*. Cambridge: Cambridge University Press.

Santamaria, Alberto. 1966. "The Chinese Parian." In Alfonso Felix, ed., *The Chinese in the Philippines, 1570–1770*. Manila: Solidaridad Publishing. 67–118.

Schama, Simon. 1988. *The Embarrassment of Riches: An Interpretation of Dutch Culture in the Golden Age*. New York: Alfred A. Knopf.

Schoppa, R. Keith（蕭邦齊）. 1989. *Xiang Lake: Nine Centuries of Chinese Life*. New Haven: Yale University Press.

Schran, Peter. 1978. "A Reassessment of Inland Communications in Late Ch'ing China." *Ch'ing-shih wen-t'i*（《清史問題》）3:10 28–48.

Schultz, Theodore. 1964. *Transforming Traditional Agriculture*. New Haven: Yale University Press.

Schurz, William. 1939. *The Manila Galleon*. New York: E. P. Dutton.

Schwartz, Stuart. 1985. *Sugar Plantations in the Formation of Brazilian Society: Bahia, 1550–1835*. New York: Cambridge University Press.

——. 1992. *Slaves, Peasants, and Rebels: Reconsidering Brazilian Slavery*. Chicago: University of Chicago Press.

Senghaas, Dieter. 1985. *The European Experience: A Historical Critique of Development Theory*. Dover: Berg Publishers.

Sewell, William. 1980. *Work and Revolution in France: The Language of Labor from the Old Regime to 1848*. New York: Cambridge University Press.

上海社會局，1989 (1935)，《上海之商業》，台北：文海出版社。

Shen Congwen（沈從文），1992，《中國古代服飾研究》，香港：商務印書館。

Shepherd, John Z（邵式柏）. 1993. *Statecraft and Political Economy on the Taiwan Frontier, 1600–1800*. Stanford: Stanford University Press.

Shepherd, James F. and Gary M. Walton. 1972. *Shipping, Maritime Trade, and the Economic Development of Colonial North America*. Cambridge: Cambridge University Press.

Century Tosa." Ph.D. diss., Princeton University.

Roberts, Michael. 1967. "Sweden." In Albert Goodwin, ed., *The European Nobility in the Eighteenth Century* New York: Harper and Row. 136–53.

Rosener, Werner. 1994. *The Peasantry of Europe*. London: Basil Blackwell.

Rosenthal, Jean-Laurent. 1992. *The Fruits of Revolution: Property Rights, Litigation, and French Agriculture, 1700–1860*. Cambridge: Cambridge University Press.

Rossiter, Margaret. 1975. *The Emergence of Agricultural Science: Justus Liebig and the Americans, 1840–1880*. New Haven: Yale University Press.

Rowe, William. 1984. *Hankow: Commerce and Society in a Chinese City, 1796–1889*. Stanford: Stanford University Press.

——. 1989. *Hankow: Conflict and Community in a Chinese City, 1796–1895*. Stanford: Stanford University Press.

——. 1990. "Success Stories: Lineage and Elite Status in Hanyang County Hubei, c.1368–1949." In Joseph Esherick and Mary Rankin, *Chinese Rural Elites and Patterns of Dominance*. Berkeley: University of California Press. 51–81.

——. 1992. "Women and the Family in Mid-Qing Thought: The Case of Chen Hongmou." *Late Imperial China* 13:2 (December): 1–41.

Roy, William G. 1997. *Socializing Capital: The Rise of the Large Industrial Corporation in America*. Princeton: Princeton University Press.

Rozanov, Boris, Victor Targulian, and D. S. Orlov. 1990. "Soils." In B. L. Turner et al., *The Earth as Transformed by Human Action*. New York: Cambridge University Press. 203–14.

Sahlins, Marshall. 1976. *Culture and Practical Reason*. Chicago: University of Chicago Press.

——. 1994 (1989). "Cosmologies of Capitalism: The Trans-Pacific Sector of the World System." In Nicholas Dirks, Geoff Eley, and Sherry B. Ortner, eds., *Culture/Power/History*. Princeton: Princeton University Press. 412–55.

Saito Osamu（斎藤修）. 1978. "The Labor Market in Tokugawa Japan:Wage Differentials and the Real Wage Level, 1727–1830." *Explorations in Economic History* 15. 84–100.

——. 1983. "Population and the Peasant Family Economy in Proto-Industrial Japan." In

Cambridge Economic History of India, Volume 1 c.1200–c.1750. Cambridge: Cambridge University Press. 325–59.

Razzell, Peter. 1993. "The Growth of Population in Eighteenth Century England: A Critical Reappraisal." *Journal of Economic History* 53:4 (December): 743–71.

Reid, Anthony. 1988a. *Southeast Asia in the Age of Commerce: Volume I, The Lands below the Winds*. New Haven: Yale University Press.

——. 1988b. "Women's Roles in Pre-Colonial Southeast Asia." *Modern Asian Studies* 22:3 (July): 626–46.

——. 1989. "The Organization of Production in Southeast Asian Port Cities." In Frank Broeze, ed., *Brides of the Sea: Port Cities of Asia from the 16th to 20th Centuries*. Honolulu: University of Hawaii Press. 55–74.

——. 1990. "The System of Trade and Shipping in Maritime South and Southeast Asia and the Effects of the Development of the Cape Route to Europe." In Hans Pohl, ed., *The European Discovery of the World and Its Economic Effects on Pre-Industrial Society, 1500–1800*. Stuttgart: Franz Steiner Verlag. 74–96.

—— 1993. *Southeast Asia in the Age of Commerce: Volume II, Expansion and Commerce*. New Haven: Yale University Press.

Richards, John. 1990. "Land Transformation." In B. L. Turner II et al., eds., *The Earth as Transformed by Human Action*. Cambridge: Cambridge University Press. 163–78.

Richardson, David. 1987. "The Slave Trade, Sugar, and British Economic Growth, 1748–1776." *Journal of Interdisciplinary History* 17:4 (Spring): 739–69.

Rimmer, W. G. 1960. *Marshalls of Leeds, Flax Spinners, 1788–1886*. Cambridge: Cambridge University Press.

Ringrose, David. 1970. *Transportation and Economic Stagnation in Spain*. Durham: Duke University Press.

Riskin, Carl. 1975. "Surplus and Stagnation in Modern China." In Dwight Perkins, ed., *China's Modern Economy in Historical Perspective*. Stanford: Stanford University Press. 49–84.

Roberts, J. M. 1967. "Lombardy." In Albert Goodwin, ed., *The European Nobility in the Eighteenth Century*. New York: Harper and Row. 60–82.

Roberts, Luke. 1991. "The Merchant Origins of National Prosperity Thought in 18th

R. Bin Wong, Theodore Hunters, and Pauline Yu, eds., *Culture and State in Chinese History*. Stanford: Stanford University Press. 182–204.

——. 1997b. "Gentry Merchants Revisited: Family, Firm, and Financing in the Yutang Co. of Jining, 1779–1956." *Late Imperial China* 18:1 (June): 1–38.

Postel-Vinay, Giles. 1994. "The Dis-Integration of Traditional Labour Markets in France: From Agriculture *and* Industry to Agriculture *or* Industry." In George Grantham and Mary MacKinnon, eds., *Labour Market Evolution*. London: Routledge 1994. 64–83.

Powelson, John. 1994. *Centuries of Economic Endeavor: Parallel Paths in Japan and Europe and Their Contrast with the Third World*. Ann Arbor: University of Michigan Press.

Prakash, Om. 1981. "European Trade and South Asian Economies: Some Regional Contrasts, 1600–1800." In Leonard Blusséand Femme Gaastra, eds., *Companies and Trade: Essays on Overseas Trading Companies during the Ancien Régime*. Leiden: Leiden University Press. 189–205.

Rabb, Theodore K. 1967. *Enterprise and Empire: Merchant and Gentry Investment in the Expansion of England, 1575–1630*. Cambridge, Mass.: Harvard University Press.

Rangarajan, Mahesh. 1994. "Imperial Agendas and India's Forests: The Early History of Indian Forestry, 1800–1878." *Indian Economic and Social History Review* 31:2. 147–167.

Rawski, Evelyn. 1972. *Agrarian Change and the Peasant Economy of South China*. Cambridge, Mass.: Harvard University Press.

——. 1985. "Economic and Social Foundations of Late Imperial Culture." In David Johnson, Andrew Nathan, and Evelyn Rawski, eds., *Popular Culture in Late Imperial China*. Berkeley: University of California Press. 3–33.

Raychaudhuri, Tapan. 1982a. "The State and the Economy: The Mughal Empire." In Tapan Raychaudhuri and Irfan Habib, eds., *The Cambridge Economic History of India, Volume 1 c.1200–c.1750*. Cambridge: Cambridge University Press. 172–92.

——. 1982b. "Non-Agricultural Production: Mughal India." In Tapan Raychaudhuri and Irfan Habib, eds., *The Cambridge Economic History of India, Volume 1 c.1200–c.1750*. Cambridge: Cambridge University Press. 261–307.

——. 1982c. "Inland Trade." In Tapan Raychaudhuri and Irfan Habib, eds., *The*

——. 1991. "World Economic Integration before Industrialization and the Euro-Asian Monetary Continuum." In H. G. Van Cauwenberghe, ed., *Money, Coin, and Commerce: Essays in the Monetary History of Asia and Europe*. Leuven: Leuven University Press. 239–374.

——. 1994. *Unbroken Landscape: Commodity, Category, Sign and Identity: Their Production as Myth and Knowledge from 1500*. Aldershot, U.K.: Variorum.

Peterson, Willard. 1978. *Bitter Gourd: Fang I-chih and the Impetus for Intellectual Change in the Ming*. New Haven: Yale University Press.

Phelps Brown, E. H., and Sheila Hopkins. 1956. "Seven Centuries of the Prices of Consumables, Compared with Builders' Wage-rates." *Economica* 23:4 (November): 296–314.

——. 1957. "Wage-rates and Prices: Evidence for Population Pressure in the Sixteenth Century." *Economica* 24:4 (November): 289–99.

——. 1981. *A Perspective of Wages and Prices*. London: Methuen.

Phillips, Carla Rahn. 1990. "The Growth and Composition of Trade in the Iberian Empires, 1450–1750." In James Tracy, ed., *The Rise of Merchant Empires*. New York: Cambridge University Press. 34–101.

Platt, D. C. M. 1972. *Latin America and British Trade, 1806–1914*. London: A&C Black.

Plumb, J. H. 1972. *The Commercialization of Leisure in Eighteenth-Century England*. Reading: University of Reading Press.

Polanyi, Karl. 1957. *The Great Transformation*. Boston: Beacon Press.

Pollard, Sidney. 1981. *Peaceful Conquest: The Industrialization of Europe, 1760–1970*. New York: Oxford University Press.

Pomeranz, Kenneth（彭慕蘭）. 1988. "The Making of a Hinterland: State, Society, and Economy in Inland North China 1900–1937." Ph.D. diss., Yale University.

——. 1993. *The Making of a Hinterland: State, Society, and Economy in Inland North China, 1853–1937*. Berkeley: University of California Press.

——. 1995. "How Exhausted an Earth? Some Thoughts on Qing (1644–1911) Environmental History." *Chinese Environmental History Newsletter* 2:2 (November): 7–11.

——. 1997a. "Power , Gender and Pluralism in the Cult of the Goddess of Taishan." In

West, 1500–1800. New York: Cambridge University Press.

Parker, Willam. 1984, 1991. *America, Europe, and the Wider World*. 2 vols. Cambridge: Cambridge University Press.

Parker, David, and Patricia Croot. 1985. "Agrarian Class Structure and the Development of Capitalism: France and England Compared." In T. H. Aston and C. H. E. Philpin, eds., *The Brenner Debate: Agrarian Class Structure and Economic Development in Pre-Industrial Europe*. Cambridge: Cambridge University Press. 79–90.

Parthasarathi, Prasannan. 1998. "Rethinking Wages and Competitiveness in the Eighteenth Century: Britain and South India." *Past and Present* 158 (February): 79–109.

Pearson, M. N. 1991. "Merchants and States." In James D. Tracy, ed., *The Political Economy of Merchant Empires*. Cambridge: Cambridge University Press. 41–116.

Perdue, Peter. 1987. *Exhausting the Earth: State and Peasant in Hunan, 1500–1850*. Cambridge, Mass.: Harvard University Press.

Perkins, Dwight H. 1969. *Agricultural Development in China, 1368–1968*. Chicago: Aldine Publishing.

Perlin, Frank. 1978. "Of White Whale and Countrymen in the 18th Century Maratha Deccan: Extended Class Relations, Rights, and the Problem of Rural Autonomy under the Old Regime." *Journal of Peasant Studies* 5:2. 172–237.

——. 1983. "Proto-Industrialization and Pre-Colonial South Asia." *Past and Present* 98 (February): 30–95.

——. 1985. "State Formation Reconsidered, Part Two." *Modern Asian Studies* 19:3. 415–80.

——. 1987. "Money Use in Pre-colonial India." In John F. Richards, ed., *Imperial Monetary Systems in Early Modern India*. New York: Oxford University Press. 232–373.

——. 1988. "Disarticulation of theWorld: Writing India's Economic History." *Comparative Studies in Society and History* 30:2 (April): 379–87.

——. 1990. "Financial Institutions and Business Practices across the Euro-Asian Interface: Comparative and Structural Considerations, 1500–1900." In Hans Pohl, ed., *The European Discovery of the World and Its Economic Effects on Pre-Industrial Society, 1500–1800*. Stuttgart: Franz Steiner Verlag. 257–303.

——, and Caglar Keydar. 1978. *Economic Growth in Britain and France, 1780–1914*. London: George Allen and Unwin.

Ogilvie, Sheilagh. 1996. "Proto-In dustrialization in Germany." In Sheilagh Ogilvie and Markus Cerman, eds., *European Proto-Industrialization*. Cambridge: Cambridge University Press. 118–36.

——, and Markus Cerman. 1996. "Introduction: The Theories of Proto-Industrialization." In Sheilagh Ogilvie and Markus Cerman, eds., *European Proto-Industrialization*. Cambridge: Cambridge University Press. 1–11.

Osako, Masako M. 1983. "Forest Preservation in Tokugawa Japan." In John R. Richards and Richard P. Tucker, eds., *Global Deforestation and the 19th Century World Economy*. Durham: Duke University Press Policy Series. 129–45.

Osborne, Anne. 1994. "The Local Politics of Land Reclamation in the Lower Yangzi Highlands." *Late Imperial China* 15:1 (June): 1–46.

Owen, E. R. J. 1966. "Egyptian Cotton and the American Civil War, 1860–1866." In Chalres Issawi, ed., *The Economic History of the Middle East, 1800—1914*. Chicago: University of Chicago Press. 416–29.

Pach, Z. S. P. 1990. "The East-Central European Aspect of the Overseas Discoveries and Colonization." In Hans Pohl, ed., *The European Discovery of the World and Its Economic Effects on Pre-Industrial Society, 1500–1800*. Stuttgart: Franz Steinr Verlag. 178–94.

Palat, Ravi. 1995. "Historical Transformations in Agrarian Systems Based on Wet-Rice Cultivation: Toward an Alternative Model of Social Change." In Philip McMichael, ed., *Food and Agrarian Orders in the World Economy*. Westport, Conn.: Greenwood Press. 55–76.

Pan, Ming-te（潘敏德）1985，《中國近代典當業之研究（1644～1937）》，台北：國立台灣師範大學歷史研究所專刊13號。

——. 1994. "Rural Credit Market and the Peasant Economy (1600–1949)—The State, Elite, Peasant, and 'Usury.'" Ph.D. diss., University of California, Irvine.

——. 1998. "Who Was Worse Off?" Paper delivered at 1998 meeting of Chinese Historians in the United States, Seattle, Wash.

Parker, Geoffrey. 1988. *The Military Revolution: Military Innovation and the Rise of the*

Industry." In Linda Grove and Christian Daniels, eds., *State and Society in China*. Tokyo: University of Tokyo Press. 17–78.

Nishikawa, Shunsaku（西川俊作）. 1978. "Productivity, Subsistence, and By-Employment in the Mid-Nineteenth Century Choshu." *Explorations in Economic History* 15. 69–83.

North, Douglass. 1981. *Structure and Change in Economic History*. New York: W. W. Norton.

——. 1991. "Institutions, Transaction Costs, and the Rise of Merchant Empires." In James D. Tracy, ed., *The Political Economy of Merchant Empires*. Cambridge: Cambridge University Press. 22–40.

——. 1994. "The Evolution of Efficient Markets in History." In John James and Mark Thomas, eds., *Capitalism in Context: Essays on Economic Development and Culture in Honor of R. M. Hartwell*. Chicago: University of Chicago Press. 257–64.

——, and Robert Paul Thomas. 1973. *The Rise of the Western World: A New Economic History*. Cambridge: Cambridge University Press.

——, and BarryWeingast. 1989. "Constitutions and Commitment: The Evolution of Institutions Governing Public Choice in 17th Century England." *Journal of Economic History* 49. 803–32.

Nyren, Eve. 1995. *The Bonds of Matrimony = Hsing Shih Yin Yuan Chuan*.（十七世紀小說《醒世姻緣傳》英譯本，某些人認為此小說作者為蒲松齡）, Lewiston, N.Y.: E. Mellen Press.

O'Brien, Patrick K. 1977. "Agriculture and the Industrial Revolution." *Economic History Review* 2d ser. 30:166–81.

——. 1982. "European Economic Development: The Contribution of the Periphery." *Economic History Review* 35:1 (February): 1–18.

——. 1988. "The Political Economy of English Taxation." *Economic History Review* 41:1 (February): 1–32.

——. 1990. "European Industrialization: From the Voyages of Discovery to the Industrial Revolution." In Hans Pohl, ed., *The European Discovery of the World and Its Economic Effects on Pre-Industrial Society, 1500–1800*. Stuttgart: Franz Steiner Verlag. 154–77.

Cardiff: University of Wales Press.

Morse, Hosea Ballou. 1966. *A Chronicle of the East India Company Trading to China*. 4 vols。台北：成文出版社（重印本）。

Morton, A. G. 1981. *History of Botanical Science*. New York: Academic Press.

Mote, Frederick. 1977. "Yuan and Ming." In K. C. Chang, ed., *Food in Chinese Culture*. New Haven: Yale University Press. 195–257.

Mukerji, Chandra. 1983. *From Graven Images: Patterns of Modern Materialism*. New York: Columbia University Press.

Myers, Ramon. 1982. "Customary Law, Markets, and Resource Transactions in Late Imperial China." In Roger Ransom, Richard Sutch, and Gary Walton, eds., *Explorations in the New Economic History: Essays in Honor of Douglass C. North*. New York: Academic Press 273–98.

Myint, H. 1958. "The 'Classical' Theory of International Trade and the Underdeveloped Counties." *Economic Journal* 68. 317–37.

Najita, Tetsuo. 1987. *Visions of Virtue in Tokugawa Japan*. Chicago: University of Chicago Press.

Naquin, Susan, and Evelyn Rawski, 1987. *Chinese Society in the Eighteenth Century*. New Haven: Yale University Press.

Needham, Joseph（李約瑟）. 1965. With assistance from Wang Ling. *Physics and Physical Technology*. Vol. 4, part 2 (vol. 27 overall). In Joseph Needham, et al., *Science and Civilization in China*. Cambridge: Cambridge University Press.

Nef, John. *The Rise of the British Coal Industry*. London: Routledge.

——. 1964. *The Conquest of the Material World*. Chicago: University of Chicago Press.

Ng Chin-keong（吳振強）. 1983. *Trade and Society: The Amoy Network on the China Coast, 1683–1735*. Singapore: Singapore University Press.

——. 1990. "The South Fukienese Junk Trade at Amoy from the 17th to the Early 18th Centuries." In Eduard Vermeer, ed., *Development and Decline of Fukien Province in the 17th and 18th Centuries*. Leiden: E. J. Brill. 297–316.

Nipperdey, Thomas. 1996. *Germany from Napoleon to Bismarck, 1800–1866*. Princeton: Princeton University Press.

Nishijima Sadao（西嶋定生）. 1984. "The Formation of the Early Chinese Cotton

Mitra, Debendra Bijoy. 1978. *The Cotton Weavers of Bengal, 1757–1833*. Calcutta: Firma KLM Private Limited.

Mokyr, Joel. 1976. *Industrialization in the Low Countries, 1795–1850*. New Haven: Yale University Press.

——. 1985a. "Demand and Supply in the Industrial Revolution." In Joel Mokyr, ed., *The Economics of the Industrial Revolution*. Totowa, N.J.: Rowman and Allanheld. 97–118.

——. 1985b. "The Industrial Revolution and the New Economic History." In Joel Mokyr, ed., *The Economics of the Industrial Revolution*. Totowa, N.J.: Rowman and Allanheld. 1–52.

——. 1988. "Is There Life in the Pessimist Case? Consumption during the Industrial Revolution, 1790–1850." *Journal of Economic History* 48:1. 69–92.

——. 1990. *The Lever of Riches: Technological Creativity and Economic Progress*. New York: Oxford University Press.

——. 1991. "Cheap Labor, Dear Labor and the Industrial Revolution." In David Landes, Patrice Higgonet, and Henry Rosovsky, eds., *Favorites of Fortune*. Cambridge, Mass.: Harvard University Press. 177–200.

——. 1994. "Progress and Inertia in Technological Change." In Mark Thomas and

John James, eds., *Capitalism in Context: Essays on Economic Development and Culture in Honor of R. M. Hartwell*. Chicago: University of Chicago Press. 230–54.

Moore, Barrington. 1966. *Social Origins of Dictatorship and Democracy*. Boston: Beacon Press.

Mooser, Josef. 1984. *Ländliche Klassengesellschaft, 1770–1848* (Rural class society, 1770–1848). Gottingen: Vandenhoeck and Ruprecht.

Moosvi, Shireen. 1987. *The Economy of the Mughal Empire c.1595: A Statistical Study*. Delhi: Oxford University Press.

Morgan, Edmund S. 1975. *American Slavery, American Freedom: The Ordeal of Colonial Virginia*. New York: W. W. Norton and Co.

Morineau, Michel. 1985. *Incroyables Gazettes et Fabuleux Metaux* (Incredible gazettes and fabulous metals). Cambridge: Cambridge University Press.

Morris, J. H., and L. J. Williams, 1958. *The South Wales Coal Industry, 1841–1875*.

The Commercialization of Eighteenth-Century England. Bloomington: Indiana University Press.

McNeill, John R. 1994. "Of Rats and Men: A Synoptic Environmental History of the Island Pacific." *Journal of World History* 5:2. 299–349.

Medick, Hans. 1982. "Plebeian Culture in the Transition to Capitalism." In Raphael Samuel and Gareth Stedman-Jones, eds., *Culture, Ideology, and Politics*. Cambridge: Cambridge University Press. 84–112.

Menzies, Nicholas. 1992a "Sources of Demand and Cycles of Logging in Pre-Modern China." In John Dargavel and Richard Tucker, eds., *Changing Pacific Forests*. Durham, N.C.: Forest History Society. 64–76.

——. 1992b. "Strategic Space: Exclusion and Inclusion in Wildland Policies in Late Imperial China." *Modern Asian Studies* 6:4 (October): 719–34.

——. 1996. "Forestry." In Joseph Needham, ed., *Science and Civilization in China*. Vol. 27. Cambridge: Cambridge University Press. 541–690.

Metzger, Thomas（墨子刻）. 1973. *The Internal Organization of the Chinese Bureaucracy: Legal, Normative, and Communications Aspects*. Cambridge, Mass.: Harvard University Press.

——. 1977. *Escape from Predicament: Neo-Confucianism and China's Evolving Political Culture*. New York: Columbia University Press.

Meuvret, Jean. 1977–88. *Le problème des subsistances à l'époque Louis XIV* (The subsistence problem in the age of Louis the Fourteenth). 6 vols. Paris: Mouton.

Miller, Joseph. 1986."Slave Prices in the Portuguese Southern Atlantic, 1600–1830." In Paul Lovejoy, ed., *Africans in Bondage*. Madison: University of Wisconsin Press. 43–77.

Minami Manshu Tetsudo Kabushiki Kaisha（南満州鉄道株式会社），1936，《山東の畜牛》，天津：満鉄。

Mintz, Sidney. 1985. *Sweetness and Power: The Place of Sugar in Modern History*. New York: Penguin.

Mitchell, B. R. 1980. *European Historical Statistics, 1750–1975*. New York: Facts on File.

——. 1988. *British Historical Statistics*. New York: Cambridge University Press.

——. 1993. *Historical Statistics: The Americas*. New York: Stockton Press.

——. 1997. *Tigers, Rice, Silk, and Silt: Environment and Economy in Guangdong, 1250–1850*. New York: Cambridge University Press.

Marshall, P. J. 1980. "Western Arms in Maritime Asia in the Early Phases of Expansion." *Modern Asian Studies* 14:1. 13–28.

——. 1987. *Bengal—The British Bridgehead: Eastern India, 1740–1828*. New York: Cambridge University Press.

Mazumdar, Sucheta（穆素潔）. 1984. "A History of the Sugar Industry in China: The Political Economy of a Cash Crop in Guangdong, 1644–1834." Ph.D. diss. UCLA.

McAlpin, Michele, and John Richards. 1983. "Cotton Cultivation and Land Clearing in the Bombay Deccan and Karnatak, 1818–1920." In John Richards and Richard Tucker, eds., *Global Deforestation and the Nineteenth-Century World Economy*. Durham: Duke Press Policy Studies. 68–94.

McCloskey, Donald. 1975a. "The Persistence of English Common Fields." In E. L. Jones and William Parker, eds., *European Peasants and Their Markets: Essays in Agrarian Economic History*. Princeton: Princeton University Press. 73–119.

——. 1975b. "The Economics of Enclosure: A Market Analysis." In E. L. Jones and William Parker, eds., *European Peasants and Their Markets: Essays in Agrarian Economic History*. Princeton: Princeton University Press. 123–60.

——. 1989. "The Open Fields of England: Rent, Risk and the Rate of Interest, 1300–1815." In David Galenson, ed., *Markets in History: Economic Studies of the Past*. Cambridge: Cambridge University Press. 5–49.

——. 1991. "History, Differential Equations, and the Problem of Narration." *History and Theory* 30:1 21–36.

McCusker, John, and Russell Menard. 1985. *The Economy of British America, 1607–1789*. Chapel Hill: University of North Carolina Press.

McEvedy, Colin, and Richard Jones. 1978. *Atlas of World Population History*. New York: Penguin.

McGowan, Bruce. 1994. "The Age of the Ayans, 1699–1812." In Halil Inalcik and Donald Quatert, eds., *An Economic and Social History of the Ottoman Empire*. 2 vols. New York: Cambridge University Press. 637–758.

McKendrick, Neil, John Brewer, and J. H. Plumb. 1982. *The Birth of a Consumer Society:*

Gui Zhou au XVIIIe siècle. Paris: Éco le Française d'Extreme Orient.

Lower, Arthur R. M. 1973. *Great Britain's Woodyard: British America and the Timber Trade, 1763–1867*. Montreal: McGill University Press.

Lu Hanchao（盧漢超）. 1992. "Arrested Development: Cotton and Cotton Markets in Shanghai, 1350–1843." *Modern China* 18:4 (October): 468–99.

Ludden, David. 1985. *Peasant History in South India*. Princeton: Princeton University Press.

——. 1988. "Agrarian Commercialism in Eighteenth-Century South India: Evidence from the 1823 Titunelveli Census." *Indian Economic and Social History Review* 25:4. 493–517.

Ludwig, Armin K. 1985. *Brazil: A Handbook of Historical Statistics*. Boston: G. K. Hall and Co.

MacLeod, Christine. 1988. *Inventing the Industrial Revolution: The English Patent System, 1660–1800*. New York: Cambridge University Press.

Majewski, John. 1994. "Commerce and Community: Economic Culture and Internal Improvements in Pennsylvania and Virginia, 1790–1860." Ph.D. diss. UCLA.

Mann, James A. 1860. *The Cotton Trade of Great Britain*. London: Simpkin and Marshall.

Mann, Susan. 1987. *Local Merchants and the Chinese Bureaucracy, 1750–1950*. Stanford: Stanford University Press.

——. 1992. "Household Handicrafts and State Policy in Qing Times." In Jane Kate Leonard and John Watt, eds., *To Achieve Security and Wealth: The Qing State and the Economy*. Ithaca: Cornell University Press. 75–96.

——. 1997. *Precious Records: Women in China's Long Eighteenth Century*. Stanford: Stanford University Press.

Markovitch, T. J. 1976. *Les industries lainières de Colbert à la Revolution*. (The woolen industries from Colbert to the Revolution). Geneva: Librairie Droz.

Marks, Robert（馬立博）. 1984. *Rural Revolution in South China: Peasants and the Making of History in Haifeng County, 1570–1930*. Madison: University of Wisconsin Press.

——. 1991. "Rice Prices, Food Supply, and Market Structure in 18th Century China." *Late Imperial China* 12:2 (December): 64–116.

《新史學》，5:3（九月）：25–71。
——. 1994b，〈明清時期江南的木材問題〉，《中國社會經濟史研究》，1:86–96。
——. 1996，〈從「夫婦並做」到「男耕女織」〉，《中國經濟史研究》，11:3. 99–107。
——. 1998. *Agricultural Development in Jiangnan, 1620–1850*. New York: St. Martin's Press.
Li Wenzhi et al（李文治等著），1983，《明清時代的農業資本主義萌芽問題》，北京：中國社會科學出版社。
Li Zhihuan（李治寰），1990，《中國食糖史稿》，北京：農業出版社。
Li Zhongqing（李中清），1994，〈中國歷史人口制度：清代人口行為及其意義〉，收入李中清、郭松義編，《清代皇族人口行為的社會環境》，北京：北京大學出版社，頁1–17。
——，和郭松義編，1994，《清代皇族人口行為的社會環境》，北京：北京大學出版社。
Liang Fangzhong（梁方仲），1981，《中國歷代戶口、田地、田賦統計》，上海：上海人民出版社。
Lieberman, Victor. 1990. "Wallerstein's System and the International Context of Early Modern Southeast Asian History." *Journal of Asian History* 24: 70–90.
——. 1993. "Abu-Lughod's Egalitarian World Order. A Review Article." *Comparative Studies in Society and History* 544–50.
Lin Man-houng（林滿紅）. 1990. "From Sweet Potato to Silver: The NewWorld and 18th Century China as Reflected inWang Hui-tsu's Passage about the Grain Prices." In Hans Pohl, ed., *The European Discovery of the World and Its Economic Effects on Pre-Industrial Society, 1500–1800*. Stuttgart: Franz Steiner Verlag. 304–27.
Li Dangrui and Chen Daiguang（陳代光），1981，《河南人口地理志》，河南省科學院地理研究所。
Lindert, Peter, and JeffreyWilliamson. 1982. "Revising England's Social Tables 1688–1812." *Explorations in Economic History* 19:4 (October). 385–408.
Ling Daxie（凌大燮），1983，〈我國森林資源的變遷〉，《中國農史》，3:2. 26–36.
Lombard, Denys. 1981. "Questions on the Contact between European Companies and Asian Societies." In Leonard Blussé and Femme Gaastra, eds., *Companies and Trade*. The Hague: Martinus Nijhoff. 179–87.
Lombard-Salmon, Claudine. 1972. *Un example d'Acculturation Chinoise: La province du*

Lavely, William, and R. Bin Wong. 1998. "Revising the Malthusian Narrative: The Comparative Study of Population Dynamics in Late Imperial China." *Journal of Asian Studies* 57:3 (August): 714–48.

Lazonick, William. 1981. "Product ion Relations, Labor Productivity and Choice of Technique: British and U.S. Spinning." *Journal of Economic History* 41:3 (September): 491–516.

Ledderose, Lothar. 1991. "Chinese Influence on European Art, Sixteenth to Eighteenth Centuries." In Thomas Lee, ed., *China and Europe*. Hong Kong: Chinese University Press. 221–50.

Lee, Ching Kwan（李靜君）. 1995. "Engen dering the Worlds of Labor: Women Workers, Labor Markets and Production Politics in the South China Economic Miracle." *American Sociological Review* 60 (June): 378–97.

Lee, James（李中清）. 1982. "The Legacy of Immigration in Southwest China, 1250–1850." *Annales de Demographie Historique* 279–304.

——, and Cameron Campbell. 1997. *Fate and Fortune in Rural China: Social Organization and Population Behavior in Liaoning, 1774–1873*. Cambridge: Cambridge University Press.

——, and Wang Feng（王豐）. Forthcoming. "Malthusian Mythologies and Chinese Realities." Cambridge, Mass.: Harvard University Press.

——, and R. Bin Wong（王國斌）. 1991. "Population Movements in Qing China and Their Linguistic Legacy." In William S-Y. Wang, ed., *Languages and Dialects of China*. Berkeley: Journal of Chinese Linguistics Monograph Series. 52–77.

Lee, Robert H. G. 1979. *The Manchurian Frontier in Ch'ing History*. Cambridge, Mass.: Harvard University Press.

Levi, Giovanni. 1988. *Inheriting Power: The Story of an Exorcist*. Chicago: University of Chicago Press.

Levine, David. 1977. *Family Formation in an Age of Nascent Capitalism*. New York: Academic Press.

Lewis, Arthur. 1954. "Economic Development with Unlimited Supplies of Labor." *Manchester School of Economics and Social Studies* 22:2 (May): 139–91.

Li Bozhong（李伯重），1994a，〈控制增長，以保富裕：清代前中期江南的人口行為〉，

University Press of Virginia.

Kuznets, Simon（顧志耐）. 1968. "Capital Formation in Modern Economic Growth (and Some Implications for the Past)." *Third International Conference of Economic History: Munich 1965*. Paris: Mouton 1968. 1: 15–53.

Kwan Man-bun（關文斌）. 1990. "The Merchant World of Tianjin: Society and Economy of a Chinese City." Ph.D. diss. Stanford University.

Labrousse, Ernest. 1984 (1933). *Esquisse du mouvement des prix et des revenus en France au XVIIIe siècle* (Outline of the movements of prices and incomes in eighteenth-century France). Paris: Librairie Dalloz.

Ladurie, Emmanuel LeRoy. 1974. "A Long Agrarian Cycle: Languedoc, 1500–1700." In Peter Earle, ed., *Essays in European Economic History*. Oxford: Oxford University Press. 143–64.

——. 1976. "De la crise ultime à la vraie croissance, 1660–1789" (From the final crisis to true growth). In Georges Duby and A.Walton, *Historie de la France Rurale*. Volume 2. (Paris: Seuil). 359–575.

Lamb, H. H. 1982. *Climate, History and the Modern World*. London and New York: Methuen.

Lamoreaux, Naomi. 1994. *Insider Lending: Banks, Personal Connections and Economic Development in Industrial New England*. Cambridge: Cambridge University Press and National Bureau of Economic Research.

Landes, David. 1969. *The Unbound Prometheus: Technological Change and Industrial Development in Western Europe from 1750 to the Present*. Cambridge: Cambridge University Press.

Lang, James. 1975. *Conquest and Commerce: Spain and England in the Americas*. New York: Academic Press.

Latham, A. J. H. 1978a. "Merchandise Trade Imbalances and Uneven Development in India and China." *Journal of European Economic History* 7 (Spring): 33–60.

——. 1978b. *The International Economy and the Undeveloped World, 1865–1914*. Totowa, N.J.: Rowman and Littlefield.

——, and Larry Neal. 1983. "The International Market in Rice and Wheat, 1868–1914." *Economic History Review* 2d ser. 36. 260–80.

Kindleberger, Charles. 1990. "Spenders and Hoarders." In Charles Kindleberger, ed., *Historical Economics: Art or Science*. Berkeley: University of California Press. 35–85.

Kishimoto Mio（岸本美緒），1987，〈清代物価史研究の現状〉，《中國近代史研究》，5（四月）：79–104。

——. 1997，《清代中国の物価と経済変動》，東京：研文出版。

Kjaergaard, Thorkild. 1994. *The Danish Revolution, 1500–1800*. Cambridge: Cambridge University Press.

Klein, Daniel, and John Majewski. 1991. "Promoters and Investors in Antebellum America: The Spread of Plank Road Fever." Irvine: University of California Irvine Institute for Transportation Studies Working Paper 91–1.

Klein, Herbert. 1990. "Economic Aspects of the 18th Century Atlantic Slave Trade." In James Tracy, ed., *The Rise of Merchant Empires*. Cambridge: Cambridge University Press. 287–310.

Klein, Julius. 1920. *The Mesta: A Study in Spanish Economic History*. Port Washington, N.Y.: Kennikat Press.

Knaap, Gerritt. 1995. "The Demography of Ambon in the 17th Century: Evidence from Proto-Censuses." *Journal of Southeast Asian Studies* 26:2 (September): 227–41.

Knodel, John. 1988. *Demographic Behavior in the Past: A Study of Fourteen German Village Populations in the Eighteenth and Nineteenth Centuries*. New York: Cambridge University Press.

Ko, Dorothy（高彥頤）. 1994. *Teachers of the Inner Chambers: Women and Culture in Seventeenth-Century China*. Stanford: Stanford University Press.

Kochanowicz, Jacek. 1989. "The Polish Economy and the Evolution of Dependency." In Daniel Chirot, ed., *The Origins of Backwardness in Eastern Europe*. Berkeley: University of California Press. 92–130.

Kraus, Richard. 1968. "Cotton and Cotton Goods in China, 1918–1936: The Impact of Modernization on the Traditional Sector." Ph.D. diss., Harvard University.

Kriedte, Peter, Hans Medick, and Jürgen Schlumbohm. 1981. *Industrialization before Industrialization*. Cambridge: Cambridge University Press.

Kulikoff, Alan. 1992. *The Agrarian Origins of American Capitalism*. Charlottesville:

Iwahashi Masaru（岩橋勝），1981，《近世日本物価史の研究—近世米価の構造と変動》，東京：大原新生社。

Jacob, Margaret. 1988. *The Cultural Meaning of the ScientificRevolution*. New York: Alfred A. Knopf.

Jeannin, Pierre. 1969. *L'Europe de nord-Ouest et du nord aux XVIIe et XVIIIe siècles* (North and northwest Europe in the seventeenth and eighteenth centuries). Paris: Presses Universitaires de France.

Jenkins, D. T., and K. G. Ponting. *The British Wool Textile Industry, 1770–1914*. London: Heinemann Educational Books.

《金瓶梅》，1957（十七世紀，作者、確切年代不詳），上海：卿雲圖書公司。英譯本 *The Golden Lotus*，譯者Clement Egerton，London: Routledge and Kegan Paul.

《濟南府志》，濟南：1839。

Jing Su and Luo Lun（景甦、羅倫），1986 (1958)，《清代山東經營地主經濟研究》，1958年版本的修訂版，濟南：齊魯書社。英文節譯本譯自1958年版本：Endymion Wilkinson, ed., *Landlord and Labor in Late Imperial China*.

Johnson, David, Andrew Nathan, and Evelyn Rawski. 1985. *Popular Culture in Late Imperial China*. Berkeley: University of California Press.

Jones, Eric L. 1981. *The European Miracle: Environments, Economies, and Geopolitics in the History of Europe and Asia*. Cambridge: Cambridge University Press.

——. 1988. *Growth Recurring: Economic Change in World History*. New York: Oxford University Press.

Judd, Ellen. 1994. *Gender and Power in Rural North China*. Stanford: Stanford University Press.

Kaplan, Steven. 1976. *Bread, Politics, and Political Economy in the Reign of Louis XV*. The Hague: Martinus Nijhoff.

Kawata Tei'i chi（河田悌一），1979，〈清代学術の一側面〉，《東方學》，57. 84–105.

Kellenblenz, Herman. 1974. "Rural Industries in the West from the End of the Middle Ages to the Eighteenth Century." In Peter Earle, ed., *Essays in European Economic History, 1500–1800*. Oxford: Clarendon. 45–88.

Kelly, William. 1982. *Water Control in Tokugawa Japan: Irrigation Organization in a Japanese River Basin, 1600–1870*. Ithaca: Cornell University East Asia Papers #3.

——. 1962. *The Ladder of Success in Imperial China: Aspects of Social Mobility, 1368–1911*. New York: Columbia University Press.

Hobsbawm, Eric. 1975. *Industry and Empire*. London: Penguin.

Hodgson, Marshall. 1993. *Rethinking World History: Essays on Europe, Islam, and World History*. Edited, with an introduction and conclusion by Edmund Burke III. Cambridge: Cambridge University Press.

Horrell, Sara, and Jane Humphries. 1995. "Women's Labour Force Participation and the Transition to the Male-Breadwinner Family, 1790–1865." *Economic History Review* 48:1. 89–117.

Hoshi Ayao（星斌夫），1971，《大運河》，東京：近藤出版社。

Hoskins, W. G. 1953. "The Rebuilding of Rural England." *Past and Present* 4. 44–59.

Hossain, Hameeda. 1979. "The Alienation of Weavers: Impact of the Conflict between the Revenue and Commercial Interests of the East India Company, 1750–1800." *Indian Economic and Social History Review* 16:3. 323–45.

Howell, David. 1992. "Proto-Industrial Origins of Japanese Capitalism." *Journal of Asian Studies* 51:2 (May): 269–80.

Hsieh, Chiao-min（謝覺民）. 1973. *Atlas of China*. New York: McGraw-Hill.

Huang, Philip（黃宗智）. 1985. *The Peasant Economy and Social Change in North China*. Stanford: Stanford University Press.

——. 1990. *The Peasant Family and Rural Development in the Lower Yangzi Region, 1350–1988*. Stanford: Stanford University Press.

Huang Qichen（黃啟臣），1989，《14～17世紀中國鋼鐵生產史》，鄭州：中州古籍出版社。

Huang, Ray（黃仁宇）. 1974. *Taxation and Government Finance in 16th Century Ming China*. Cambridge: Cambridge University Press.

Idema,Wilt. 1990. "Cannons, Clocks and Clever Monkeys: Europeana, Europeans, and Europe in Some Early Ch'ing Novels." In Eduard Vermeer, ed., *The Development and Decline of Fukien Province in the 17th and 18th Centuries*. Leiden: E. J. Brill. 459–88.

Issawi, Charles, ed. 1966. *The Economic History of the Middle East, 1800–1914*. Chicago: University of Chicago Press.

Harris, John R. 1992. *Essays on Industry and Technology in the 18th Century: England and France*. New York: Variorum.

Hartwell, Robert. 1962. "A Revolution in the Iron and Coal Industries during the Northern Sung." *Journal of Asian Studies* 21:2 (February): 153–62.

——. 1967. "A Cycle of Economic Change in Imperial China: Coal and Iron in Northeast China, 750–1350." *Journal of the Economic and Social History of the Orient* 10:1 (July): 102–59.

——. 1982. "Demographic, Social and Political Transformations of China, 750–1550." *Harvard Journal of Asiatic Studies* 42:2 (December): 365–442.

Hayami Akira（速水融），1989.〈近世日本の経済発展とIndustrious Revolution〉，收於速水融、斎藤修、杉山伸也編，《德川社會からの展望：発展・構造・国際関係》，東京：同文館，頁19-32。

Heidhues, Mary Somers. 1996. "Chinese Settlements in Rural Southeast Asia: Unwritten Histories." In Anthony Reid, ed., *Sojourners and Settlers: Histories of Southeast Asia and the Chinese in Honour of Jennifer Cushman*. St. Leonards, New South Wales: Association for Asian Studies of Australia with Allen and Unwin. 164–82.

Henderson, John. 1984. *The Development and Decline of Chinese Cosmology*. New York: Columbia University Press.

Heske, Franz. 1938. *German Forestry*. New Haven: Yale University Press.

Hill, Christopher. 1980. *The Century of Revolution: 1603–1714*. Walton-on-Thames: Nelson.

Hill, Lamar. unpublished "Extreame Detriment: Failed Credit and the Narration of Indebtedness in the Jacobean Court of Requests." 未出版的文稿，獲作者同意引用。

Hirschman, Albert. 1970. *Exit, Voice and Loyalty: Responses to Decline in Firms, Organizations, and States*. Cambridge, Mass.: Harvard University Press.

Ho Ping-ti（何炳棣）. 1954. "The Salt Merchants of Yang-chou." *Harvard Journal of Asiatic Studies* 17. 130–68.

——. 1955. "The Introduction of American Food Plants into China." *American Anthropologist* 57. 191–201.

——. 1959. *Studies on the Population of China, 1368–1953*. Cambridge, Mass.: Harvard University Press.

Hajnal, John. 1965. "European Marriage Patterns in Perspective." In D. V. Glass and D. E. C. Eversley, eds., *Population in History*. Chicago: Aldine Publishing. 101–46.

——. 1982. "Two Kinds of Preindustrial Household Formation System." *Population and Development Review* 8:3 (September): 449–94.

Hamashita Takeshi（濱下武志）. 1988. "The Tribute Trade System and Modern Asia." *Memoirs of the Research Department of the T.y. Bunko* 46. 7–25.

Hamashita Takeshi（濱下武志），1994，〈近代東アジア国際体系〉，收入濱下武志等著，《講座近代アジア》第四卷，《地域システムと国際関係》，東京：東京大學出版會，285–325。

Hambly, Gavin R.G. 1982. "Towns and Cities: Mughal India." In Tapan Raychaudhuri and Irfan Habib, eds., *The Cambridge Economic History of India, Volume 1 c.1200–c.1750*. Cambridge: Cambridge University Press. 434–51.

Hamilton, Earl. 1934. *American Treasure and the Price Revolution in Spain*. Cambridge, Mass.: Harvard University Press.

Hammersley, G. 1973. "The Charcoal Iron Industry and Its Fuel, 1540–1750." *Economic History Review* 2d ser. 26:2. 593–613.

Handler, Richard, and Daniel Segal. 1990. *Jane Austen and the Fiction of Culture: An Essay on the Narration of Social Realities*. Tucson: University of Arizona Press.

Hanley, Susan. 1983. "A High Standard of Living in Tokugawa Japan: Fact or Fantasy." *Journal of Economic History* 43:1. 183–92.

——. 1997. *Everyday Things in Premodern Japan: The Hidden Legacy of Material Culture*. Berkeley: University of California Press.

——., and Kozo Yamamura（山村耕造）. 1977. *Economic and Demographic Change in Pre-Industrial Japan, 1600–1868*. Princeton: Princeton University Press.

Hao, Yen-p'ing（郝延平）. 1986. *The Commercial Revolution in Nineteenth Century China: The Rise of Sino-Western Capitalism*. Berkeley: University of California Press.

Harnetty, Peter. 1991. " 'Deindustrialization' Revisited: The Handloom Weavers of the Central Provinces of India, c. 1800–1947." *Modern Asian Studies* 25:3. 455–510.

Harris, John R. 1988. *The British Iron Industry, 1700–1850*. London and New York: Macmillan.

c.1750. Cambridge: Cambridge University Press. 214–25.

——. 1982c. "Agrarian Relations and Land Revenue: North India." In Tapan Raychaudhuri and Irfan Habib, eds., *The Cambridge Economic History of India, Volume 1 c.1200–c.1750*. Cambridge: Cambridge University Press. 235–49.

——. 1982d. "Monetary System and Prices." In Tapan Raychaudhuri and Irfan Habib, eds., *The Cambridge Economic History of India, Volume 1 c.1200–c.1750*. Cambridge: Cambridge University Press. 360–81.

——. 1990. "Merchant Communities in Pre-Colonial India." In James Tracy, ed., *The Rise of Merchant Empires*. Cambridge: Cambridge University Press. 371–99.

Hagen,William. 1985. "How Mighty the Junker? Peasant Rents and Seigneurial Profits in 16th Century Brandenburg." *Past and Present* 108. 80–116.

—— 1986a. "The Junkers' Faithless Servants: Peasant Insubordination and the Breakdown of Serfdom in Brandenburg-Prussia, 1763–1811." In Richard Evans and W. R. Lee, eds., *The German Peasantry*. London: Croom Helm. 71–101.

——. 1986b. "Working for the Junker: The Standard of Living of Manorial Laborers in Brandenburg, 1584–1810." *Journal of Modern History* 58 (March) 143–58.

——. 1988. "Capitalism and the Countryside in Early Modern Europe: Interpretations, Models, Debates." *Agricultural History* 62:1. 13–47.

——. 1991. Review of Daniel Chirot, ed., *The Origins of Backwardness in Eastern Europe*. *Journal of Social History* 24:4 (Summer): 889–92.

——. 1996a. "Subject Farmers in Brandenburg-Prussia and Poland: Village Life and Fortunes under Manorialism in Early Modern Central Europe." In M. L. Bush, ed., *Serfdom and Slavery: Studies in Legal Bondage*. London: Longman. 296–310.

——. 1996b. Review of Jürgen Schlumbohm, *Lebenslaufe, Familien, Höfe. Die Bauern und Heuerleute des OsnabrückischenKirchspiels Belm in proto-industrieller Zeit*. In *Central European History* 29:3. 416–19.

——. Forthcoming. "Village Life in East-Elbian Germany and Poland, 1400–1800: Subjection, Self-Defence, Survival." In Tom Scott, ed., *The Peasantries of Europe, 1400–1800*. London: Longman.

Hai Shan(海山)，1983，〈玉堂春秋—濟寧市玉堂醬園簡史〉，《濟寧市史料》，第一卷：48–78和第二卷：90–106。

George Grantham and Carol Leonard, eds., *Agrarian Organization in the Century of Industrialization: Europe, Russia and North America*. Greenwich, Conn.: JAI Press. 137–61.

Grantham, George. 1989c. "Agricultural Supply during the Industrial Revolution: French Evidence and European Implications." *Journal of Economic History* 49:1 (March): 43–72.

Greenberg, Michael. 1951. *British Trade and the Opening of China*. New York: Oxford University Press.

Greif, Avner. 1998. "Theorie des jeux et analyse historique des institutions" (Game theory and the historical analysis of institutions). *Annales HSS* 3 (May–June): 597– 633.

Greven, Philip. 1970. *Four Generations: Population, Land, and Family in Colonial Andover, Massachusetts*. Ithaca: Cornell University Press.

Griffin, Alan R. 1977. *The British Coalmining Industry: Retrospect and Prospect*. Buxton, Derbys, England: Moorland Publishing.

Grove, Richard. 1995. *Green Imperialism: Colonial Expansion, Tropical Island Edens, and the Origins of Environmentalism, 1600–1800*. Cambridge: Cambridge University Press.

Guerrero, Milagros. 1966. In Alfonso Felix, ed., *The Chinese in the Philippines, 1570–1770*. Manila: Solidaridad Publishing. 15–39.

Gunst, Peter. 1989. "Agrarian Systems of Central and Eastern Europe." In Daniel Chirot, ed., *The Origins of Backwardness in Eastern Europe*. Berkeley: University of California Press. 53–91.

Guo Qiyuan（郭起元），1962 (1820)，〈論閩省務本節用書〉，收入賀長齡、魏源編，《皇朝經世文編》，36:20a–21a (頁929–30)，台北：國風出版社。

Habbakuk, John. 1962. *American and British Technology in the Nineteenth Century: The Search for Labour-Saving Inventions*. Cambridge: Cambridge University Press.

Habib, Irfan. 1982a. "Population." In Tapan Raychaudhuri and Irfan Habib, eds., *The Cambridge Economic History of India, Volume 1 c.1200–c.1750*. Cambridge: Cambridge University Press. 163–71.

——. 1982b. "Systems of Agricultural Production: North India." In Tapan Raychaudhuri and Irfan Habib, eds., *The Cambridge Economic History of India, Volume 1 c.1200–*

Seventeenth and Eighteenth Centuries. Leiden: E. J. Brill. 317–47.

——. 1992a. "Squar ing Accounts." *Journal of Asian Studies* 51:2 (May): 317–39.

——. 1992b. "Qing Administration of the Tea Trade: Four Facets over Three Centuries." In Jane Kate Leonard and John Watt, eds., *To Achieve Security and Wealth: The Qing State and the Economy 1644–1912*. Ithaca: Cornell East Asia Series. 97–118.

——. 1994. *Harvesting Mountains: Fujian and the China Tea Trade, 1757–1937*. Berkeley: University of California Press.

Geertz, Clifford. 1963. *Agricultural Involution: The Process of Ecological Change in Indonesia*. Berkeley: University of California Press.

Glamann, Kristof. 1977. "The Changing Patterns of Trade." In E. E. Rich and C. H. Wilson, eds., *The Cambridge Economic History of Europe*. Volume V. New York: Cambridge University Press. 185–285.

——. 1981. *Dutch Asiatic Trade, 1620–1740*. 's-Gravenhage: Martinus Nijhoff.

Godley, Michael. 1981. *The Mandarin Capitalists from Nanyang: Overseas Chinese Enterprise in the Modernization of China, 1893–1911*. Cambridge: Cambridge University Press.

Goldsmith, James. 1984. "The Agrarian History of Preindustrial France: Where DoWe Go from Here?" *Journal of European Economic History* 13:1 (Spring): 175–99.

Goldstone, Jack. 1991. *Revolution and Rebellion in the Early Modern World*. Berkeley: University of California Press.

——. 1996. "Gender,Work and Culture: Why the Industrial Revolution Came Early to England but Late to China." *Sociological Perspectives* 39:1. 1–21.

Good, David. 1984. *The Economic Rise of the Habsburg Empire*. Berkeley: University of California Press.

Goodrich, Carter. 1960. *Government Promotion of American Canals and Railroads*. New York: Columbia University Press.

Grantham, George. 1989a. "Agrar ian Organization in the Century of Industrialization: Europe, Russia, and North America." In George Grantham and Carol Leonard, eds., *Agrarian Organization in the Century of Industrialization: Europe, Russia and North America*. Greenwich, Conn.: JAI Press. 1–24.

——. 1989b. "Capital and Agrarian Structure in Early Nineteenth Century France." In

Historical Studies of Chile and Brazil. New York: Monthly Review Press.

——. 1998. *ReOrient: The Silver Age in Asia and the World Economy*. Berkeley: University of California Press.

Fu Lo-shu（傅樂淑）. 1966. *A Documentary Chronicle of Sino-Western Relations, 1644–1820*.

Tuscon: University of Arizona Press and Association for Asian Studies.

Fukuzawa, H. 1982a. "The State and the Economy: Maharashtra and the Deccan." In Tapan Raychaudhuri and Irfan Habib, eds., *The Cambridge Economic History of India, Volume 1 c.1200–c.1750*. Cambridge: Cambridge University Press. 193–202.

——. 1982b. "Agrarian Relations and Land Revenue: The Medieval Deccan and Maharashtra." In Tapan Raychaudhuri and Irfan Habib, eds., *The Cambridge Economic History of India, Volume 1 c.1200–c.1750*. Cambridge: Cambridge University Press. 249–60.

——. 1982c. "Non-Agricultural Production: Maharashtra and the Deccan." In Tapan Raychaudhuri and Irfan Habib, eds., *The Cambridge Economic History of India, Volume 1 c.1200–c.1750*. Cambridge: Cambridge University Press. 308–14.

Gaastra, Femme. 1981. "The Shifting Balance of Trade of the Dutch East India Company." In Leonard Blussé and Femme Gaastra, eds., *Companies and Trade*. Leiden: Leiden University Press. 47–70.

Gadgil, Madhav, and Ramachandra Guha. 1993. *This Fissured Land: An Ecological History of India*. Berkeley: University of California Press.

Galenson, David. 1989. "Labor Markets in Colonial America." In David Galenson, ed., *Markets in History*. New York: Cambridge University Press. 52–96.

Galeote Pereira. 1953 (1555). "The Report of Galeote Pereira." In Charles Boxer, ed. and trans., *South China in the Sixteenth Century*. London: Hakluyt Society. 3–45.

Ganesh, K.N. 1991. "Ownership and Control of Land in Medieval Kerala: Janmam-Kanam Relations during the 16th–18th Centuries." *Indian Economic and Social History Review* 28:3. 300–23.

Gardella, Robert. 1990. "The Min-Pei Tea Trade during the Late Ch'ien Lung and Chia-Ch'ing Eras: Foreign Commerce and the Mid-Ch'ing Fu-chien Highlands." In Edward Vermeer, ed., *Development and Decline of Fukien Province in the*

Fan Shuzhi（樊樹志），1990，《明清江南市鎮探微》，上海：復旦大學出版社。
Fang Xing（方行），1987，〈論清代前期棉紡織的社會分工〉，《中國經濟史研究》，2:1. 79–94。
——. 1996.，〈清代江南農民的消費〉，《中國經濟史研究》，11:3. 91–98。
Farnie, D. A. 1979. *The English Cotton Industry and the World Market, 1815–1896*. New York: Oxford University Press.
Ferguson, James. 1988. "Cultural Exchange: New Developments in the Anthropology of Commodities." *Cultural Anthropology* 3:4. 488–513.
Fletcher, Joseph. 1995. *Studies in Chinese and Islamic Inner Asia*. Ed. Beatrice Forbes Manz. Brookfield,Vt.: Variorum.
Flinn, M. W. 1958. "The Growth of the English Iron Industry, 1660–1760." *Economic History Review* 2d ser. 11:2 (1958): 144–53.
——. 1978. "Technical Change as an Escape from Resource Scarcity: England in the 17th and 18th Centuries." In William Parker and Antoni Marczak, eds., *Natural Resources in European History*. Washington, D.C.: Resources for the Future. 139–59.
Flinn, Michael W. 1984. *The History of the British Coal Industry. Volume 2. 1700–1830: The Industrial Revolution*. Oxford: Clarendon Press.
Flynn, Dennis. 1984. "Early Capitalism Despite New World Bullion: An Anti-Wallerstinian Interpretation of Imperial Spain." Translation of "El desarrollo del primer capitalismo a pesar de los metales preciosos del Nuevo Mondo: Una interpretacion anti-Wallerstein de la Espana Imperial." *Revista de Historia Economica* 2:2
(Spring): 29–57.
——. 1995. "Arbitrage, China, and World Trade in the Early Modern Period." *Journal of the Economic and Social History of the Orient* 38:4. 429–48.
——, and Arturo Giraldez. 1996. "China and the Spanish Empire." *Revista de Historia Economica* 14:2 (Spring): 309–38.
——. 1997. "Introduction." In Dennis Flynn and Arturo Giraldez, eds., *Metals and Monies in an Emerging Global Economy*. Aldershot, U.K.: Variorum, xv–xl.
Forster, Robert. 1960. *The Nobility of Toulouse in the Eighteenth Century: A Social and Economic Study*. Baltimore: Johns Hopkins University Press.
Frank, Andre Gunder. 1969. *Capitalism and Underdevelopment in Latin America:*

Dudbridge, Glen. 1991. "A Pilgrimage in Seventeenth Century Fiction: T'ai-shan and the *Hsing-shih yin-yuan chuan*." *T'oung Pao* 77:4–5. 226–52.

Dumont, Louis. 1970. *Homo Hierarchicus: An Essay on the Caste System*. Chicago: University of Chicago Press.

Dunstan, Helen（鄧海倫）. 1977. "Official Thinking on Environmental Issues and the State's Environmental Roles in Eighteenth Century China." In Mark Elvin and Liu Ts'ui-jung, eds., *Sediments of Time*. Cambridge: Cambridge University Press. 585–614.

Earle, Peter. 1989. *The Making of the English Middle Class: Business, Society, and Family Life in London, 1660–1730*. Berkeley: University of California Press.

Elliott, J. H. 1961. "The Decline of Spain." *Past and Present* 20 (November): 52–75.

——. 1990. "The Seizure of Overseas Territories by the European Powers." In Hans Pohl, ed., *The European Discovery of the World and Its Economic Effects on Pre-Industrial Society, 1500–1800*. Stuttgart: Franz Steiner Verlag. 43–61.

Elliott, Mark. 1993. "Resident Aliens: The Manchu Experience in China, 1644–1800." Ph.D. diss., University of California, Berkeley.

Elman, Benjamin（艾爾曼）. 1990. *From Philosophy to Philology: Intellectual and Social Aspects of Change in Late Imperial China*. Cambridge, Mass.: Harvard University Press.

Elvin, Mark（伊懋可）. 1973. *The Pattern of the Chinese Past*. Stanford: Stanford University Press.

Engerman, Stanley. 1994. "The Industrial Revolution Revisited." In Graham Snookes, ed., *Was the Industrial Revolution Necessary?* London: Routledge. 112–23.

Esherick, Joseph. 1981. "Number Games: A Note on Land Distribution in Pre-Revolutionary China." *Modern China* 7:4. 387–412.

Everitt, Alan. 1967. "The Marketing of Agricultural Produce." In Joan Thirsk, ed., *The Agrarian History of England and Wales*. Vol. 4 Cambridge: Cambridge University Press. 460–592.

Fairbank, John K（費正清）. 1968. "A Preliminary Framework," and "The Early Treaty System in the Chinese World Order." In John K. Fairbank, ed., *The Chinese World Order*. Cambridge, Mass.: Harvard University Press. 1–20, 257–75.

209.

Dermigny, Louis. 1964. *La Chine et l'Occident: Le commerce à Canton au XVIIIe siècle 1719–1833*(China and the West: The Canton trade in the eighteenth century, 1719–1833). 4 vols. Paris: S.E.V.P.E.N.

DeVries, Jan. 1974. *The Dutch Rural Economy in the Golden Age, 1500–1700*. New Haven: Yale University Press.

——. 1975. "Peasant Demand and Economic Development: Friesland 1550–1750."

In William Parker and E. L. Jones, eds., *European Peasants and Their Markets*. Princeton: Princeton University Press. 205–65.

——. 1976. *The Economy of Europe in an Age of Crisis, 1600–1750*. New York: Cambridge University Press.

——. 1993. "Between Consumption and the World of Goods." In John Brewer and Roy Porter, eds., *Consumption and the World of Goods*. London: Routledge. 85–132.

——. 1994a. "How Did Pre-Industrial Labour Markets Function?" In George Grantham and Mary MacKinnon, eds., *Labour Market Evolution*. London: Routledge. 39–63.

——. 1994b. "The Industrious Revolution and the Industrial Revolution." *Journal of Economic History* 54:2 (June): 249–70.

——, and Ad. Van der Woude. 1997. *The First Modern Economy: Success, Failure, and Perseverance of the Dutch Economy, 1500–1815*. Cambridge: Cambridge University Press.

Dewald, Jonathan. 1987. *Pont St. Pierre, 1398–1789:Lordship, Community, and Capitalism in Early Modern France*. Berkeley: University of California Press.

de Zeeuw, J. W. 1978. "Peat and the Dutch Golden Age: The Historical Meaning of Energy Attainability." *Afdeling Agrarische Geschiedenis Bijdragen* 21. 3–31.

Dharampal, ed. 1971. *Indian Science and Technology in the Eighteenth Century: Some Contemporary European Accounts*. Dehli: Impex India.

Diamond, Jared. 1992. *The Third Chimpanzee: The Evolution and Future of the Human Animal*. New York: Harper Collins.

Du Jiaji（杜家驥），1994，〈清代天花病之流傳、防治及其對皇族人口之影響初探〉，收入李中清、郭松義編，《清代皇族人口行為的社會環境》，北京：北京大學出版社，頁154-169。

Curtin, Philip. 1969. *The Atlantic Slave Trade: A Census*. Madison: University of Wisconsin Press.

——. 1984. *Cross-Cultural Trade in World History*. Cambridge: Cambridge University Press.

——. 1990. *The Rise and Fall of the Plantation Complex: Essays in Atlantic History*. New York: Cambridge University Press.

Cushman, Jennifer. 1975. "Fields from the Sea: Chinese Junk Trade with Siam during the Late Eighteenth and Early Nineteenth Centuries." Ph.D. diss., Cornell University.

——. 1978. "Duke Ch'ing-fu Deliberates: A Mid-Eighteenth Century Reassessment of Sino-Nanyang Commercial Relations." *Papers on Far Eastern History* 17 (March): 137–56.

Da Cruz, Gaspar. 1953 (1570). "The Treatise of Fr. Gaspar da Cruz, O.P." In Charles R. Boxer, ed. and trans., *South China in the Sixteenth Century*. London: Hakluyt Society. 45–239.

Daniels, Christian. 1996. "Agro-Industries: Sugarcane Technology." Volume 6, Part III of Joseph Needham, ed., *Science and Civilization in China*. New York: Cambridge University Press. Section 42a:5–539.

Darby, H. C. 1956. "The Clearing of the Woodland in Europe." In B. L. Thomas, ed., *Man's Role in Changing the Face of the Earth*. Chicago: University of Chicago Press. 187–216.

Day, John. 1978. "The Bullion Famine of the 15th Century." *Past and Present* 79 (May): 3–54.

Deane, Phyllis, and W. A. Cole. 1962. *British Economic Growth, 1688–1959*. New York: Cambridge University Press.

Deerr, Noel. 1949–50. *The History of Sugar*. Vols. 1 and 2. New York: Chapman and Hall.

deJesus, Eduard C. 1982. "Control and Compromise in the Cagayan Valley." In Eduard C. deJesus and Alfred W. McCoy, *Philippine Social History: Global Trade and Local Transformation*. Quezon City: Ateneo de Manila University Press. 21–38.

Dennerline, Jerry. 1986. "Marriage, Adoption and Charity in the Development of Lineages in Wu-Hsi from Sung to Ch'ing." In Patricia Ebrey and James Watson, eds., *Kinship Organization in Late Imperial China*. Berkeley: University of California Press. 170–

York: Paragon.

China News Digest, May 21, 1998.

Chu Dajun（屈大均）編，1968 (1680)，《廣東新語》，台北：台灣學生書局。

Clark, Gregory. 1991. "Yields Per Acre in English Agriculture, 1250–1860: Evidence from Labour Inputs." *Economic History Review* 44:3. 445–60.

——. 1996. "The Political Foundations of Modern Economic Growth: England 1540–1800." *Journal of Interdisciplinary History* 26:4 (Spring): 563–88.

——. 1998. "Commons Sense: Common Property Rights, Efficiency, and Institutional Change." *Journal of Economic History* 58:1 (March): 73–102.

Clark, Gregory, Michael Huberman, and Peter H. Lindert. 1995. "A British Food Puzzle, 1770–1850." *Economic History Review* 48:1. 215–37.

Clunas, Craig. 1988. *Chinese Furniture*. London: Bamboo Publishers.

——. 1991. *Superfluous Things: Material Culture and Social Status in Early Modern China*. Cambridge: Polity Press.

Cooper, J. P. 1985. "In Search of Agrarian Capitalism." In T. H. Aston and C. H. Philpin, eds., *The Brenner Debate: Agrarian Class Structure and Economic Development in Pre-Industrial Europe*. New York: Cambridge University Press. 138–91.

Cornell, Laurel. 1996. "Infanticide in Early Modern Japan? Demography, Culture and Population Growth." *Journal of Asian Studies* 55:1 (February): 22–50.

Cranmer-Byng, J. L., 1962. *An Embassy to China: Being the Journal Kept by Lord Macartney during His Embassy to the Emperor Ch'ien-lung, 1793–1794*. London: Longman's.

Crawcour, E. S. 1965. "The Tokugawa Heritage." In William W. Lockwood, ed., *The State and Economic Enterprise in Japan*. Princeton: Princeton University Press. 17–44.

——. 1968. "Changes in Japanese Commerce in the Tokugawa Period." In John W. Hall, ed., *Studies in the Institutional History of Early Modern Japan*. Princeton: Princeton University Press. 189–202.

Cronon, William. 1983. *Changes in the Land: Indians, Colonists, and the Ecology of New England*. New York: Hill and Wang.

Crosby, Alfred. 1986. *Ecological Imperialism: The Biological Expansion of Europe, 900–1900*. Cambridge: Cambridge University Press.

Nineteenth Century Chinese Society. Seattle: University of Washington Press.

——. 1962. *The Income of the Chinese Gentry*. Seattle: University of Washington Press.

Chao Kang (Zhao Gang)（趙岡）. 1975. "The Growth of a Modern Cotton Textile Industry and the Competition with Handicrafts." In Dwight Perkins et.al., *China's Modern Economy in Historical Perspective*. Stanford: Stanford University Press. 167–201.

——. 1977. *The Development of Cotton Textile Production in China*. Cambridge, Mass.: Harvard University Press.

——. 1983.〈中國歷史上工資水平的變遷〉，《中國文化復興月刊》，16:9（九月）: 52–57.

——. 1986. *Man and Land in Chinese History: An Economic Analysis*. Stanford: Stanford University Press.

Chaudhuri, 1978. K. N. Chaudhuri, *The Trading World of Asia and the English East India Company, 1660–1760*. Cambridge: Cambridge University Press.

Chaudhuri, K. N. 1981. "The English East India Company in the 17th and 18th Centuries: A Pre-Modern Multi-national Organization." In Leonard Blussé and Femme Gaastra, eds., *Companies and Trade*. Leiden: Leiden University Press. 29–46.

——. 1985. *Trade and Civilization in the Indian Ocean: An Economic History from the Rise of Islam to 1750*. Cambridge: Cambridge University Press.

——. 1990. *Asia before Europe: Economy and Civilization of the Indian Ocean from the Rise of Islam to 1750*. Cambridge: Cambridge University Press.

Chaussinand-Nogaret, Guy. 1985. *The French Nobility in the 18th Century*. Cambridge: Cambridge University Press.

Chayanov, A. U. 1966 (1925). *The Theory of Peasant Economy*. Homewood, Ill.: Irwin.

Chen Han-seng（陳翰笙）. 1936. *Landlord and Peasant in China*. New York: International Publishers.

Chen Hongmou（陳宏謀），1962（1820），〈風俗條約〉，收入賀長齡、魏源編，《皇朝經世文編》，68:4a-6b（頁1752–53），台北：國風出版社。

Chen Fu-mei and Ramon Myers（陳富美、馬孟若）. 1976. "Customary Law and the Economic Growth of China during the Ch'ing Period." *Ch'ing-shi wen-t'i*（《清史問題》）3:1. 4–12.

Chi Ch'ao-t ing（冀朝鼎）. 1963 (1936). *Key Economic Areas in Chinese History*. New

Cambridge University Press.

Brook, Timothy. 1993. *Praying for Power: Buddhism and the Formation of Gentry Society in Late-Ming China*. Cambridge, Mass.: Harvard University Press.

——. 1998. *The Confusions of Pleasure: Commerce and Culture in Ming China*. Berkeley: University of California Press.

Bruchey, Stuart. 1967. *Cotton and the Growth of the American Economy, 1790–1860*. New York: Harcourt Brace.

Brundage, Anthony. 1978. *The Making of the New Poor Law: The Politics of Inquiry, Enactment, and Implementation, 1832–1839*. New Brunswick, N.J.: Rutgers University Press.

Buck, John L（卜凱）. 1964 (1937). *Land Utilization in China*. New York: Paragon Book Reprint Corp.

Buoye, Thomas（步德茂）. 1993. "From Patrimony to Commodity: Changing Concepts of Land and Social Conflict in Guangdong Province during the Qianlong Reign (1736–1795)." *Late Imperial China* 14:2 (December): 33–59.

Burke, Peter. 1993. " *Res et Verba*: Conspicuous Consumption in the Early Modern World." In John Brewer and Roy Porter, eds., *Consumption and the World of Goods*. New York: Routledge. 148–61.

Butel, Paul. 1990. "France, the Antilles, and Europe, 1700–1900." In James Tracy, ed., *The Rise of Merchant Empires*. Cambridge: Cambridge University Press. 153–73.

Cain, M. 1982. "Perspectives on Family and Fertility in Developing Countries." *Population Studies* 36:2 (July): 159–75.

Carr, Raymond. 1967. "Spain." In Albert Goodwin, ed., *The European Nobility in the Eighteenth Century*. New York: Harper and Row. 43–59.

Chan,Wellington（陳錦江）. 1977. *Merchants, Mandarins and Modern Enterprise in Late Ch'ing China*. Cambridge, Mass.: Harvard University Press.

——. 1982. "The Organizational Structure of the Traditional Chinese Firm and Its Modern Reform." *Business History Review* 56:2 (Summer): 218–35.

Chandler, Alfred D. 1977. *The Visible Hand: The Managerial Revolution in American Business*. Cambridge, Mass.: Harvard University Press.

Chang Chung-li（張仲禮）. 1955. *The Chinese Gentry: Studies on Their Role in*

Bowden, Peter, ed. 1990. *Economic Change: Wages, Profits,and Rents, 1500–1750.* Vol. 1 of Joan Thirsk, gen. ed., *Chapters from the Agrarian History of England and Wales*. Cambridge: Cambridge University Press.

Boxer, Charles, ed. 1953. *South China in the 16th Century*. London: Hakluyt Society.

Braudel, Fernand. 1977. *Afterthoughts on Material Civilization and Capitalism*. Baltimore: Johns Hopkins University Press.

——. 1981. *The Structures of Everyday Life: The Limits of the Possible*. Trans. Sian Reynolds. New York: Harper and Row.

——. 1982. *The Wheels of Commerce*. Trans. Sian Reynolds. New York: Harper and Row.

——. 1984. *The Perspective of the World*. Trans. Sian Reynolds. Berkeley: University of California Press.

Bray, Francesca（白馥蘭）. 1984. *Agriculture*. Part II of Vol. 6, *Biology and Biological Technology* (Vol. 41 overall). In Joseph Needham, ed., *Science and Civilization in China*. Cambridge: Cambridge University Press.

——. 1985. *The Rice Economies: Technology and Development in Asian Societies*. New York: Oxford University Press.

——. 1997. *Technology and Gender: Fabrics of Power in Late Imperial China*. Berkeley: University of California Press.

Brenner, Robert. 1985a. "Agrarian Class Structure and Economic Development." In T. H. Aston and C. H. E. Philpin, eds., *The Brenner Debate: Agrarian Class Structure and Economic Development in Pre-Industrial Europe*. Cambridge: Cambridge University Press. 10–63.

Brenner, Robert. 1985. "The Agrarian Roots of European Capitalism." In T. H. Aston and C. H. Philpin, eds., *The Brenner Debate*: *Agrarian Class Structure and Economic Development in Pre-Industrial Europe*. New York: Cambridge University Press. 213–327.

Brennig, Joseph. 1977. "Chief Merchants and the European Enclaves of 17th Century Coromandel." *Modern Asian Studies* 11:3. 321–40.

——. 1986. "Textile Producers and Production in Late 17th Century Coromandel." *Indian Economic and Social History Review* 23:4. 333–53.

Britnell, R. H. 1993. *The Commercialization of English Society, 1000–1500*. Cambridge:

The Cambridge Economic History of Europe, Volume V. Cambridge: Cambridge University Press. 549–620.

Bellah, Robert. 1957. *Tokugawa Religion: The Values of Pre-Industrial Japan*. Glencoe, Ill.: Free Press.

Bernal, Rafael. 1966. "The Chinese Colony in Manila, 1570–1770." In Alfonso Felix, ed., *The Chinese in the Philippines, 1570–1770*. Manila: Solidaridad Publishing. 40–66.

Bernhardt, Kathryn. 1992. *Rents, Taxes and Peasant Resistance: The Lower Yangzi Region, 1840–1950*. Stanford: Stanford University Press.

Bhargava, Meena. 1993. "Percept ion and Classification of the Rights of the Social Classes: Gorakhpur and the East India Company in the Late 18th and Early 19th Centuries." *Indian Economic and Social History Review* 30:2. 215–37.

Blaikie, Piers, and Harold Brookfield.1987. *Land Degradation and Society*. London: Meteun.

Blaut, James. 1993. *The Colonizer's Model of the World: Geographical Diffusionism and Eurocentric History*. New York: Guilford.

Blayo, Yves. 1975. "La mortalitéen France de 1740 à 1829" (Mortality in France, 1740 to 1829). *Population* (November–December): 138–39.

Bloch, Marc. 1966. *French Rural History*. Berkeley: University of California Press.

Blum, Jerome. 1961. *Lord and Peasant in Russia, from the Ninth to the Nineteenth Century*. Princeton: Princeton University Press.

——. 1971. "The Internal Structure and Polity of the European Village Community from the Fifteenth to the Nineteenth Century." *Journal of Modern History* 43:4 (December): 541–76.

Blussé, Leonard. 1981. "Batavia 1619–1740: The Rise and Fall of a Chinese Colonial Town." *Journal of Southeast Asian Studies* 12:1 (March): 159–78.

——. 1986. *Strange Company: Chinese Settlers, Mestizo Women and the Dutch in VOC Batavia*. Dordrecht, Holland: Foris Pubications.

Borah, Woodrow. 1943. *Silk Raising in Colonial Mexico*. Berkeley: University of California Press.

Borgstrom, George. 1972. *The Hungry Planet: The Modern World at the Edge of Famine*. New York: MacMillan.

Genesis of the British Empire, 1480–1630. Cambridge: Cambridge University Press.

Appadurai, Arjun. 1986. "Introduction: Commodities and the Politics of Value." In Arjun Appadurai, *The Social Life of Things: Commodities in Cultural Perspective*. Cambridge: Cambridge University Press. 3–63.

Arasaratnam, S. 1980. "Weavers, Merchants and Company: The Handloom Industry in Southeastern India, 1750–1790." *Indian Economic and Social History Review* 17:3. 257–81.

Arrighi, Giovanni. 1994. *The Long Twentieth Century: Money, Power, and the Origins of Our Times*. New York: Verso.

Asian Development Bank. 1982. *Asian Energy Problems*. New York: Frederick A. Praeger.

Aykroyd, W. R., and Joyce Doughty. 1970. *Wheat in Human Nutrition*. Rome: United Nations Food and Agriculture Organization.

Bagchi, A. K. 1976. "De-industrialization in India in the Nineteenth Century: Some Theoretical Implications." *Journal of Development Studies* 12:2 (January): 135–64.

——. 1979. "A Reply [to Marika Vicziany]." *Indian Economic and Social History Review* 16:2. 147–61.

Bairoch, Paul. 1975. "The Main Trends in National Economic Disparities since the Industrial Revolution." In Paul Bairoch and Maurice Levy-Leboyer, eds., *Disparities in Economic Development since the Industrial Revolution*. New York: St. Martin's Press. 3–17.

Bakewell, Peter. 1988. *Silver and Entrepreneurship in Seventeenth Century Potosi*. Santa Fe: University of New Mexico Press.

Barrett,Ward. 1990. "World Bullion Flows, 1450–1800." In James Tracy, ed., *The Rise of Merchant Empires*. New York: Cambridge University Press. 224–54.

Bayly, C. A. 1983. *Rulers, Townsmen, and Bazaars*. Cambridge: Cambridge University Press.

——. 1989. *Imperial Meridian: The British Empire and the World, 1780–1830*. London: Longman's.

Beattie, Hilary. 1979. *Land and Lineage in China: A Study of T'ung-ch'eng County, Anhwei, in the Ming and Ch'ing Dynasties*. Cambridge: Cambridge University Press.

Behrens, Betty. 1977. "Government and Society." In E. E. Rich and C. H. Wilson, eds.,

參考書目

Bibliography

Abel, Wilhelm. 1980. *Agrarian Fluctuations in Europe from the 13th to the 20th Centuries*. New York: St. Martin's Press.

Abu-Lughod, Janet. 1989. *Before European Hegemony: The World System, A.D. 1250–1350*. New York: Oxford University Press.

Adachi Keiji（足立啟二），1978，〈大豆粕流通と清代の商業的農業〉，《東洋史研究》，37:3. 35–63.

Adshead, S. A. M. 1997. *Material Culture in Europe and China, 1400–1800*. New York: St. Martin's Press; London: MacMillan Press.

Albion, R. G. 1965 (1926). *Forests and Sea Power: The Timber Problem of the Royal Navy*. Hamden, Conn.: Archon.

Alexander, Paul, Peter Boomgaard, and Ben White. 1991. *In the Shadow of Agriculture: Non-farm Activities in the Javanese Economy, Past and Present*. Amsterdam: Royal Tropical Institute.

Allen, Robert. 1982. "The Efficiency and Distributional Consequences of Eighteenth Century Enclosures." *Economic Journal* 92:4 937–53.

Ambrosoli, Mauro. 1997. *The Wild and the Sown*. Cambridge: Cambridge University Press.

Amin, Samir. 1974. *Accumulation on a World Scale*. New York: Monthly Review Press.

Anderson, Eugene. 1988. *The Food of China*. New Haven: Yale University Press.

——, and Marja Anderson. 1977. "Modern China: South." In K. C. Chang, ed., *Food in Chinese Culture: Anthropological and Historical Perspectives*. New Haven: Yale University Press. 317–82.

Andrews, Kenneth. 1984. *Trade, Plunder and Settlement: Maritime Enterprise and the*

知識共同體 30

大分流：現代世界經濟的形成，歐洲與中國為何走上不同道路？

The Great Divergence: China, Europe, and the Making of the Modern World Economy

作者	彭慕蘭（Kenneth Pomeranz）
譯者	黃中憲
副總編輯	洪仕翰
行銷總監	陳雅雯
行銷	張偉豪
封面設計	莊謹銘
排版	宸遠彩藝
出版	衛城出版 / 遠足文化事業股份有限公司
發行	遠足文化事業股份有限公司（讀書共和國出版集團）
地址	23141 新北市新店區民權路 108-2 號九樓
電話	02-22181417
傳真	02-22180727
客服專線	0800-221029
法律顧問	華洋法律事務所　蘇文生律師
印刷	呈靖彩藝有限公司
初版	2019 年 7 月
初版十四刷	2024 年 3 月
定價	650 元

大分流：現代世界經濟的形成，歐洲與中國為何走上不同道路？/ 彭慕蘭(Kenneth Pomeranz)著；黃中憲譯. -- 初版. -- 新北市：衛城出版：遠足文化發行, 2019.07
面；　公分. --（藍書系；30）
譯自：The great divergence : China, Europe, and the making of the modern world economy
ISBN 978-986-97165-2-9（平裝）

1.國際經濟　2.經濟發展　3.比較研究

552.1　　108008356

填寫本書線上回函

ACRO POLIS
衛城出版

Facebook　www.facebook.com/acropolispublish

● 親愛的讀者你好，非常感謝你購買衛城出版品。
我們非常需要你的意見，請於回函中告訴我們你對此書的意見，
我們會針對你的意見加強改進。

若不方便郵寄回函，歡迎傳真回函給我們。傳真電話 —— 02-2218-0727

或是到「衛城出版 FACEBOOK」填寫回函
http://www.facebook.com/acropolispublish

● 讀者資料

你的性別是 □ 男性 □ 女性 □ 其他

你的職業是 ______________________ 你的最高學歷是 ______________________

年齡 □20歲以下 □21～30歲 □31～40歲 □41～50歲 □51～60歲 □60歲以上

若你願意留下 e-mail，我們將優先寄送______________________衛城出版相關活動訊息與優惠活動

● 購書資料

● 請問你是從哪裡得知本書出版訊息？（可複選）
□ 實體書店 □ 網路書店 □ 報紙 □ 電視 □ 網路 □ 廣播 □ 雜誌 □ 朋友介紹
□ 參加講座活動 □ 其他 __________

● 是在哪裡購買的呢？（單選）
□ 實體連鎖書店 □ 網路書店 □ 獨立書店 □ 傳統書店 □ 團購 □ 其他 __________

● 讓你燃起購買慾的主要原因是？（可複選）
□ 對此類主題感興趣
□ 覺得書籍設計好美，看起來好有質感！
□ 議題好熱，好像很多人都在看，我也想知道裡面在寫什麼
□ 其他 __________
□ 參加講座後，覺得好像不賴
□ 價格優惠吸引我
□ 其實我沒有買書啦！這是送（借）的

● 如果你覺得這本書還不錯，那它的優點是？（可複選）
□ 內容主題具參考價值 □ 文筆流暢 □ 書籍整體設計優美 □ 價格實在 □ 其他 __________

● 如果你覺得這本書讓你好失望，請務必告訴我們它的缺點（可複選）
□ 內容與想像中不符 □ 文筆不流暢 □ 印刷品質差 □ 版面設計影響閱讀 □ 價格偏高 □ 其他 ________

● 大都經由哪些管道得到書籍出版訊息？（可複選）
□ 實體書店 □ 網路書店 □ 報紙 □ 電視 □ 網路 □ 廣播 □ 親友介紹 □ 圖書館 □ 其他 ______

● 習慣購書的地方是？（可複選）
□ 實體連鎖書店 □ 網路書店 □ 獨立書店 □ 傳統書店 □ 學校團購 □ 其他 __________

● 如果你發現書中錯字或是內文有任何需要改進之處，請不吝給我們指教，我們將於再版時更正錯誤

____

____

____

____

____

請沿虛線剪下

廣　告　回　信
臺灣北區郵政管理局登記證
第　1　4　4　3　7　號

請直接投郵•郵資由本公司支付

23141
新北市新店區民權路108-2號9樓

衛城出版 收

● 請沿虛線對折裝訂後寄回，謝謝！

藍
書系
知識共同體

現代世界經濟的形成，
中國與歐洲為何走上不同道路？

大分流

THE GREAT DIVERGENCE

China, Europe, and the Making of the Modern World Economy

大分流創造的現代世界經濟，即將終結？
唯一費正清獎兩屆得主｜彭慕蘭・大師經典之作